HEYNE <

Angelika Selina Braun

Taguarí

Das Leben findet seinen Weg

Die wahre Geschichte des weißen Amazonas-Schamanen

WILHELM HEYNE VERLAG
MÜNCHEN

MIX
Papier | Fördert gute Waldnutzung
FSC® C014496

Penguin Random House Verlagsgruppe FSC® N001967

6. Auflage
Taschenbucherstausgabe 08/2020

Umschlaggestaltung: Guter Punkt, München
Umschlagmotive: © © Zamir Popat/GettyImages;
© Passakorn_14/GettyImages (Papagei)
Herstellung: Helga Schörnig
Satz: satz-bau Leingärtner, Nabburg
Druck und Bindung: GGP Media GmbH, Pößneck
Printed in Germany
ISBN 978-3-453-70395-7

www.heyne.de

Für meinen Sohn Jonas und alle Kinder dieser Welt.
Möge die Realität, in der ihr aufwachst,
euch nahrhaften Boden dafür geben,
zu wachsen und das Leben in all seinen Facetten zu feiern.

Inhalt

Widmung von Don José Ariza

Dies ist ein authentischer Auszug meiner bereits vor vielen Jahren gesammelten Erfahrungen, und ich freue mich sehr darüber, sie mit vielen Menschen unterschiedlicher Kulturen teilen zu können. Wir befinden uns derzeit in einem Moment der Evolution auf Erden, in dem die moderne Welt sich danach sehnt, mit dem alten Wissen wieder in Berührung zu kommen, denn eine neue Zeitepoche wartet darauf, geboren zu werden.

Wichtig ist mir an dieser Stelle, darauf hinzuweisen, dass die Geschichte meine eigene Wahrheit widerspiegelt, die ich mir im Laufe der Jahre selbst zu eigen gemacht habe. Selbstverständlich muss sie nicht zwangsläufig mit Ihrer Wahrheit übereinstimmen, verehrte Leserinnen und Leser, und es liegt mir fern, Sie von etwas überzeugen zu wollen, das sich für Sie nicht wahr und richtig anfühlt.

Ich möchte Sie aber gern dazu einladen, dieses Buch mit Ihrem Herzen zu lesen und nicht mit Ihrem Verstand. Nur so geben Sie sich die Chance, neue Samenkörner in sich aufzunehmen, oder, besser: alte, schlafende Samen in sich wieder zum Leben zu erwecken, aus denen dann kraftvolle Bäume wachsen können, die ihre eigene, leibhaftige Wahrheit aufzeigen.

Hierzu ist es wichtig und notwendig, dass Sie selbst aktiv werden. Gehen Sie in die Natur, verbinden Sie sich und probieren Sie das aus, was Sie in meiner Geschichte angesprochen hat. Denn nur durch die persönliche Erfahrung können sich eigene, neue Wahrheiten formen, die dann die Kraft haben, Ihre Realität zu verändern.

Es ist ein kurviger und äußerst holpriger Weg, der niemals wirklich enden wird. Aber es lohnt sich definitiv, ihn zu beschreiten, denn man wird in hohem Maße dafür belohnt. Es ist der Weg zurück zur ursprünglichen Natur – zu dem spirituellen Wesen, das wir ALLE sind. Der Weg unserer bewussten Rückverbindung mit dem Schöpfer allen Seins, Vater, Mutter, Großer Geist. Es ist der Weg des Kriegers, der sich nicht mehr mit Halbwahrheiten zufrieden geben, sondern alles wissen möchte, was es auf dieser Welt zu entdecken gibt. Es ist der Weg zurück nach Hause, auf dem wir uns erinnern werden, warum wir hier sind.

Ich wünsche Ihnen viel Freude beim Lesen, Üben und Erinnern.

Mit Hochachtung,
Taguarí

Vorwort

Medellín, Kolumbien. Im März 2010:

Es war an einem Samstag, als ich Don José zum ersten Mal traf. Der Himmel leuchtete in seinem prächtigsten Blau und versprühte mit dem Licht der Nachmittagssonne seine ganz besondere Note auf das satte Grün der Pflanzen, die sich im Wind hin und her bewegten. Es war einer dieser Nachmittage, an denen sich ein vollkommen friedvolles, beinahe feierliches Bild der kolumbianischen Welt zeigte: Die Natur schien mit ihrer vielfältigen und farbenprächtigen Kraft die Menschheit in paradiesischem Rahmen zu umarmen.

Und da kam er auch schon: Don José, der 108-jährige Schamane: mit einem breiten, strahlenden Lächeln auf den Lippen und von oben bis unten in Weiß gekleidet. Er trug eine lange, mit schwarzen Turmalinen bestückte Kette, die ihm fast bis zum Bauchnabel reichte. Ich hatte schon viel über ihn gehört und war nun gespannt bis in die Haarspitzen, diesen besonderen Menschen persönlich kennenzulernen.

Eine gemeinsame Freundin hatte uns zusammengeführt. »Es gibt nicht viele Menschen auf der Welt, die über ein so breit gefächertes, profundes Wissen im Bereich der Magie und des Schamanismus verfügen«, so hatte sie Don José beschrieben.

»Er ist ein sehr machtvoller Mann, der die großen Gesetze der Natur und des Lebens durchschaut hat und sie anzuwenden weiß«, fuhr sie in meiner Erinnerung fort. »An die dreißig

Jahre hat er bei verschiedenen indigenen Stämmen Kolumbiens gelebt, im Urwald des Amazonas und in der Sierra Nevada. In dieser Zeit wurde er von mehreren einflussreichen Schamanen ausgebildet. Seine erste Einweihung, die seinen Lebensweg wohl am markantesten gezeichnet hat, erhielt er in den Zwanzigerjahren bei dem Volk der Piapocos, die am Rande des Rio Inírida im nordöstlichen Amazonas lebten und seit 1970 nicht mehr in unserer Welt existieren. Es heißt, der Schamane habe sein Volk mit in eine andere Dimension genommen, da ihre Mission auf der Erde abgeschlossen gewesen sei.

Don José selbst ist kein Indigena, also kein Angehöriger eines Naturvolkes, sondern ein Weißer. Und das ist in Kolumbien etwas sehr Ungewöhnliches, denn eigentlich stammen alle Schamanen von indigenen Naturvölkern ab, die ihr Wissen von Generation zu Generation weiterreichen. Aber das macht gerade das Besondere dieses Mannes aus: Er kennt beide Welten und ist deshalb in der Lage, über den Tellerrand hinauszublicken und kulturübergreifend zu denken.«

Nach einem recht förmlichen Handschlag nahmen wir beide Platz. Ich musterte mein Gegenüber neugierig von oben bis unten. Besonders kolumbianisch wirkte er nicht gerade. Seinem Anblick nach zu urteilen, könnte er glatt als Deutscher durchgehen. Auffällig war sein Bauch, der sich mir eindrucksvoll entgegenwölbte. »Obelix!«, schoss es mir durch den Kopf. »Er sieht ein bisschen aus wie Obelix.« Ich musste unwillkürlich schmunzeln.

Mein Blick fiel auf seine breiten Schultern und wanderte dann über seinen stämmigen Hals und zwei enorm starke, kräftig wirkende Arme. Seine Hände erinnerten mich aus irgendeinem Grund an den gelben Gabelstapler meines Sohnes Jonas. Es waren gewaltige, auffallend breite Hände.

Er musterte mich ebenfalls, und zwar mit einem Blick, der mich zu röntgen schien. Ein kurzes Funkeln blitzte mir aus seinen Augen entgegen, das mich ansprach, etwas in mir zu öffnen schien und mich im selben Moment an den Schalk und die Lebensfreude eines kleinen Jungen erinnerte. Gleichzeitig lag darin der Ausdruck eines Menschen, der sehr viel wusste und einiges gesehen hatte in seinem Leben.

»Er ist nirgendwo richtig zu Hause«, hörte ich die Stimme meiner Freundin in meiner Erinnerung fortfahren. »Er hat in der Welt der Magie so viele Feinde, dass er es sich nicht leisten kann, länger als drei Tage hintereinander an einem Ort zu bleiben.«

»Wie kann solch ein Mensch bloß Feinde haben?«, konnte ich mich nur wundern. Und das ständige Herumziehen im Alter von 108 Jahren! »Obwohl man ihm sein Alter nur schwer abnimmt«, überlegte ich etwas argwöhnisch. »Ob er mir wohl seinen Ausweis zeigt, wenn ich ihn darum bitte?«

»Ich weiß, dass ich nicht noch einmal in diese Welt zurückkommen werde«, riss mich Don José aus meinen Gedanken. Er schien kein Freund der in Kolumbien üblichen Floskeln zu sein, mit denen man Gespräche sonst immer einleitet: »Como estás? – *Wie geht's?*«, »Qué más? – *Und sonst?*«, »Qué has hecho? – *Was hast du so gemacht?*«

Dieser Kolumbianer schien damit keinerlei Zeit vergeuden zu wollen: »Wissen zu haben bedeutet gleichzeitig auch eine große Last zu tragen«, sagte er und rieb sich mit der linken Hand die Stirn. »Ich bin ein wenig müde und möchte mich manchmal einfach nur ausruhen – obwohl ich natürlich gleichzeitig das Leben aus ganzem Herzen liebe … «

Bei diesen Worten konnte ich wieder das Funkeln in seinen

Augen wahrnehmen, und sein Gesicht verzog sich zu einem überaus angenehmen und warmen Lächeln.

Don José galt als äußerst bescheidener Mann, der niemals das Geld zum Ziel seiner Arbeit werden ließ. Er behandelte oft mehrere Tage und Nächte lang Menschen, die mittellos waren und ihm lediglich einige Kartoffeln, Früchte oder Kaffeebohnen als Gegenleistung mitbrachten.

»Um gleich auf den Punkt zu kommen: Ich bin auf der Suche nach einem Menschen, bei dem ich mein Wissen hinterlassen kann. Ich möchte nicht gehen, bevor ich es in guten und vertrauenswürdigen Händen weiß, bei jemandem, der gewillt ist, den von mir eingeschlagenen Pfad fortzusetzen. Erst wenn dies zu meiner vollkommenen Zufriedenheit geschehen ist, werde ich mich dorthin begeben, wo ich wieder leicht und frei sein kann«, sagte er und rieb sich die Augen, die plötzlich sehr müde aussahen.

Im weiteren Verlauf dieses ersten Gesprächs erfuhr ich, dass Don José bis zum heutigen Tage insgesamt fünf Schüler ausgebildet hatte, von denen inzwischen keiner mehr in Kolumbien lebte.

»Sie sind jetzt allesamt sehr erfolgreiche Menschen, die ihr spirituelles Wissen dafür genutzt haben, eine gute Ausbildung zu absolvieren und daraufhin viel Geld zu verdienen. Jedem von ihnen ist es gelungen, eine sozial anerkannte Position einzunehmen, und ich freue mich sehr für sie«, erzählte Don José etwas nachdenklich, und seine Stirnfalten vertieften sich merklich.

»Als sie meinen Lebensweg kreuzten und ich begann, sie zu unterrichten, gehörten sie zu den Ärmsten der Armen. Ein zwölfjähriges Mädchen, das sich prostituierte, war eine von ihnen. Heute lebt sie als erfolgreiche Wissenschaftlerin und

Künstlerin in Österreich. Und auch die anderen vier habe ich alle von der Straße aufgelesen. Es ist schön, dass sie nun in so viel Wohlstand und Sicherheit leben können.«

Ein liebevolles Lächeln umspielte seine Lippen, und mir wurde warm ums Herz. »Jedoch wünsche ich mir einen Nachfolger. Jemanden, der in meine Fußstapfen tritt und meinen Weg fortführt.« Es entstand eine Stille, die beinahe körperlich spürbar war.

»Als ich in der letzten Woche Yagé[1] *getrunken habe«, fuhr Don José unvermittelt fort, »teilte mir die Pflanze mit, dass nun der Mensch erscheinen würde, der dies für mich realisieren wird. Die Pflanze erklärte mir weiter, dass dieser Mensch eine Ausländerin sei, die seit geraumer Zeit in unserem Land lebt. Ich weiß, dass Sie dieser Mensch sind, Frau Braun, und ich bin zutiefst dankbar, Sie heute endlich kennenlernen zu dürfen.«*

Mein Herz setzte einen Schlag aus, und das gesamte Weltgeschehen schien für einen Moment innezuhalten: So groß waren meine Verwunderung und die unbändige Freude, die Don Josés Worte in mir hervorgerufen hatten. Denn da sich weit und breit keine andere Ausländerin befand – und noch weniger eine Frau Braun –, konnte nur ich gemeint sein.

Aber das war doch totaler Wahnsinn! Sollte sich nun für mich die langersehnte Eingangstür in die Welt der Schamanen endlich öffnen? In Deutschland hatte ich mich seinerzeit zur Physiotherapeutin ausbilden lassen: ein Beruf, dem ich nie wirklich viel an Überzeugungskraft abgewinnen konnte, da mich ständig das Gefühl begleitete, nie zu der eigentlichen Ursache des Problems zu gelangen. Die daraus resultierende Suche ließ mich nie zur Ruhe kommen und führte mich letztlich bis hierher, nach Kolumbien. Es war mir ein Bedürfnis, Menschen zur wirklichen Heilung zu begleiten. Zur echten Heilung – und nicht nur zur

Verschiebung oder Unterdrückung ihrer Symptome. Zur Ganzwerdung, zu sich selbst, zurück zu ihrer wirklichen Essenz.

Der Schamane machte keine Umschweife: »Ich werde Ihnen alles erzählen, was ich weiß, und Sie werden Bücher darüber schreiben. Was halten Sie davon? … Frau Braun?«

Von weit entfernt erreichte mich die Stimme Don Josés. Ich versuchte, mich wieder auf das Hier und Jetzt zu konzentrieren und spontanen Impulsen zu widerstehen, die von lautem Schreien bis hin zu wilden Umarmungen reichten. Die Welt um mich herum schien immer noch vollkommen stillzustehen.

Ich konnte mir beim besten Willen nichts Spannenderes vorstellen. Gleichzeitig meldete sich mein Verstand zu Wort. Geschenke von solchem Ausmaß an einem Samstag, der gewöhnlicher nicht hätte beginnen können, erweckten mein Misstrauen. Aber nur flüchtig. Zur selben Zeit vollführte mein Herz einen Freudentanz und gewann schließlich die Oberhand.

»Natürlich! Sicher! Das mache ich!«, hörte ich meine Stimme sagen, die noch etwas von ihrer gewohnten Stabilität vermisste. »Selbstverständlich werde ich das machen. Sehr gerne sogar!«

Und so kam es, dass ich von diesem Tag an viele Stunden damit verbrachte, den Erzählungen von Don José zu lauschen und zunächst dieses Buch, das Sie nun in Ihren Händen halten, niederzuschreiben. Es war kein leichtes Unterfangen, ein handliches Erstlingswerk über einen Mann zu verfassen, der so viel weiß und so viel zu erzählen hat über das Leben und über die Möglichkeiten, es aus dem Herzen heraus zu gestalten.

Es existieren stundenlange Tonbandaufnahmen von unseren Gesprächen. Ich habe mein Bestes getan, sie zu einer für den europäischen Leser gut verständlichen Einführung in das Leben Don Josés zusammenzufassen. Das Buch enthält eine ganze Reihe praktischer Anleitungen sowie eine Liste von Medizinpflanzen, die im Anhang des Buches zu finden ist.

Ich weiß nicht, wie lange Don José noch unter uns weilen wird. Aber ich weiß, dass er durch dieses Buch eine Möglichkeit erhalten hat, sich auf seinen Tod, den »Übergang in die Dimension der absoluten Freiheit«, wie er ihn nennt, vorzubereiten. Dafür sind wir beide dem Leben, das uns zusammengeführt hat, in gleichem Maße grenzenlos dankbar.

Ich hoffe, dass dieses Buch Sie auf Ihrem Lebensweg bereichern und Ihnen ebenso viel Freude und Zuversicht schenken wird wie mir beim Schreiben. Es soll Sie begleiten auf dem Weg Ihres Herzens, auf dem Sie beginnen, sich an Ihre tiefe Verbundenheit mit Mutter Erde zu erinnern, um sich von ihrem grenzenlosen Potenzial an Liebe und Frieden bereichern zu lassen.

Es soll uns ebenfalls daran erinnern, dass Mutter Erde uns in jedem Moment unserer Existenz umsorgt und stets auf unserer Seite ist, um uns all das zu geben, was wir zum Glücklichsein in diesem Leben benötigen. Alles Lebendige stellt eine Einheit dar; es ist an der Zeit, uns an diese wahre Natur der All-Einheit der Menschen zu erinnern und alles dafür zu tun, um unsere Beziehung zu unserer Großen Mutter zu heilen, die unsere Liebe und Hochachtung heute mehr braucht als je zuvor.

Ich bin davon überzeugt, dass dies der einzige Weg ist, in eine von Liebe, Frieden, Freude und Gemeinschaft geprägte Zukunft zu schreiten, die genug Platz und Ressourcen für alle haben wird. Beginnen wir gemeinsam damit, unserem Herzen und unserer Mutter Erde zu lauschen. Dann werden wir wissen, was zu tun ist.

In tiefer Liebe und Verbundenheit,
Angelika Selina Braun

TEIL EINS

Zum Ursprung

Geboren wurde ich am 19. März 1901 am Rande des kleinen Dorfes *El Valle de Jesus Maria*, das sich im Bundesland Santander, im Zentrum von Kolumbien, befindet. In meiner frühsten Kindheit war dies ein sehr kleines, bescheidenes Dorf, umgeben von einem stolz emporragenden Andenzug und viel Wasser, das sich durch Bergbäche seinen Weg hinab ins Tal suchte.

Es wohnten verhältnismäßig viele Menschen dort; vor allem Arbeiterfamilien, die sich ihren Unterhalt in der Landwirtschaft verdienten. Ich kam als fünftes und letztes Kind in meiner Familie zur Welt. Meine Eltern waren sehr arme, jedoch herzensgute Menschen, die in allem und jedem das Gute sehen konnten. Sie waren streng katholisch und lebten vom Anbau von Zuckerrohr, Maniok und Platano, der Kochbanane.

Unser Haus befand sich ein gutes Stück außerhalb des Dorfes. Zu Fuß ins Dorf war man gut zweieinhalb Stunden unterwegs. Wir besaßen viele Tiere, darunter Hunde, Katzen, Kühe, Pferde und Hühner. Ich liebte alle diese Tiere abgöttisch. Sie waren meine liebsten Spielgefährten, und ich verbrachte viele Stunden mit ihnen. Meine Geschwister waren alle sehr viel älter als ich: Meine jüngste Schwester war fünf Jahre vor mir zur Welt gekommen. Aus diesem Grund verbrachte ich nie viel Zeit mit ihnen und zog es meistens vor, mit unseren Tieren zusammen zu sein.

Im Alter von ungefähr drei Jahren traf ich eines schönen Tages einen Kobold im Wald. Es war ein kleines, sehr sympathisches Wesen, das geradewegs auf mich zukam und mich fragte, ob ich mit ihm spielen wollte. Es war ein kleiner Junge wie ich, mit einem lustigen Gesicht voller Sommersprossen, zwei strahlenden, lebensfrohen Augen und einem grünen Hut, den er stets auf seinen dunklen Haaren trug. Sehr schnell war er mir ans Herz gewachsen, und seit unserer ersten Begegnung hatte er mein vollstes Vertrauen.

Von diesem Tag an spielten wir täglich zusammen, kletterten auf Bäume, beobachteten die Tiere, tanzten und lachten viel. Es war der beste Freund, den ich während meiner Kindheit jemals hatte.

Mit den Jahren wurde ich immer größer und stärker; sowohl innerlich als auch äußerlich veränderte ich mich sehr. Mein Freund blieb jedoch immer unverändert mit demselben Hut, denselben Kleidungsstücken, demselben Haarschnitt und demselben jungenhaften Gesichtsausdruck – und mit der immer gleichen lausbübischen Verspieltheit.

Meinen Eltern erzählte ich natürlich eines Tages von meinem Freund, dem Kobold, aber sie schenkten meinen Worten nicht viel Beachtung. Meine Mutter lächelte mir nur jedes Mal belustigt zu und sagte: »Jaja, dein Freund! Geh und spiel mit deinem Freund!«

Schon sehr früh begann ich, mich nützlich zu machen und meine Familie bei den täglichen Arbeiten zu unterstützen. So half ich morgens bei Sonnenaufgang meinem Vater dabei, die vollen Eimer vom Wasserfall ins Haus zu tragen, sodass wir Trink- und Badewasser hatten. Später am Vormittag half ich ihm, Früchte einzuholen, und nachmittags ging ich meiner Mutter bei der Verarbeitung der Guajaven zur Hand. Diese wohlschmeckenden, zuckersüßen Früchte des Guajavabaums verarbeiteten wir zu Bocadillos, die auch heute noch zu den bekanntesten und beliebtesten Süßspeisen Kolumbiens zählen.

Eines Tages, ich war gerade fünf Jahre alt, geschah etwas sehr Eigenartiges: Der gewaltige dunkelbraune Stier unseres Nachbarn brach aus und stürmte wutentbrannt auf unser Grundstück. Unsere Nachbarn brachten sich schreiend in Sicherheit, und auch meine Familie rannte sofort in Richtung Haus. Sie riefen mir zu und gaben mir zu verstehen, dass ich sofort zu ihnen kommen sollte, doch aus irgendeinem Grund blieb ich wie angewurzelt stehen: Es war, als wären meine Füße fest mit der Erde verwachsen.

Die Zeit schien stillzustehen, und ich kann noch heute die Schreie meiner Eltern und Geschwister hören. Wie erstarrt stand ich da, atmete tief und ruhig, und mein Blick war konzentriert auf den Stier gerichtet, der sich mit rasender Geschwindigkeit auf mich zubewegte.

Ich entsinne mich des einzigen klaren Gedankens in diesem Moment: »Wenn ich ihm in die Augen schaue, tut er mir nichts.«

Und so war es auch: Der Stier verlangsamte plötzlich sein Tempo und kam nun gemächlichen Schrittes nahe an mich heran. Er blieb direkt vor mir stehen und schnaubte mir seinen warmen, säuerlichen Atem ins Gesicht. Wir blieben beide völlig ruhig voreinander stehen und schauten uns sehr lange in die Augen, bis der Stier sich langsam hinlegte. Er schnaubte noch einmal tief durch seine bebenden Nüstern und blieb dann einfach liegen, als wäre er das friedlichste Lämmchen auf Erden.

Meine Eltern kamen angerannt, und auch unsere Nachbarn näherten sich aufgeregt. Alle schauten mich vollkommen verständnislos an. Niemand konnte sich erklären, was da soeben passiert war.

Meine Eltern fielen fast gleichzeitig auf die Knie, um Gott, Jesus Christus und dem Heiligen Geist zu danken. Sie waren sicher, soeben Zeugen eines von Gott gewirkten Wunders geworden zu sein, das mich gerettet und vor dem Tod bewahrt hatte. Von meiner Mutter wurde ich heftig umarmt und abgeküsst; sie weinte vor lauter Dankbarkeit und unbändiger Freude darüber, dass ich unversehrt war.

Ich hatte nicht die leiseste Ahnung, was geschehen war. Aber ich spürte schon in diesem jungen Alter, dass ich wohl mit einer besonderen Gabe gesegnet sein musste, die ich von diesem Tag an, hinter dem Rücken meiner Eltern, spielerisch an unseren Tieren erprobte.

Ich schaute zum Beispiel unseren Katzen tief in die Augen, bis sie kurz darauf ganz ruhig wurden und aufhörten, sich zu bewegen. Sie starrten mich einfach an und blieben wie zu Eis erstarrt stehen. Auch mit Menschen funktionierte das. Ich probierte es eines Tages an meiner Schwester aus. Erst viele Jahre später wurde mir klar, was ich da getan hatte: aus irgendeinem Grund besaß ich die angeborene Fähigkeit, Lebewesen zu hypnotisieren.

Als ich sechs Jahre alt war, schickten mich meine Eltern in unsere Dorfschule, wo ich lesen und schreiben lernen sollte. Aufgrund des langen Fußwegs zum nächsten Dorf musste ich von nun an um halb fünf Uhr morgens das Haus verlassen.

So wanderte ich täglich im Halbdunkel durch die Berge und Wälder bis zu meiner Schule, die um sieben Uhr morgens begann. Mein Mittagessen bekam ich immer von einigen netten Menschen aus dem Dorf, und um halb vier Uhr nachmittags machte ich mich wieder auf den Weg nach Hause, wo ich gegen Anbruch der Dämmerung meistens erschöpft eintraf.

Glücklicherweise musste ich auf meinem langen dunklen Weg nie Angst haben, da mein Freund, der Kobold, mich stets begleitete. So war ich nie allein: Wir machten Tag für Tag unsere Späßchen und Spiele und unterhielten uns über alles Mögliche. Ich ging insgesamt drei Jahre lang auf diese Schule. Das war alles, was ich in meinem Leben an Bildung in einer öffentlichen Institution erhalten habe.

In einer Nacht, ich war ungefähr acht Jahre alt, wurde meinem Vater eine Stute gestohlen. Wutentbrannt zog mich mein Papa aus dem Haus und ging schimpfend mit mir in Richtung Dorf. Auch mein Freund begleitete uns; mittlerweile hatte ich mich daran gewöhnt, dass ihn außer mir niemand sehen oder hören konnte, und akzeptierte diesen Umstand ohne weitere Bedenken. Ich war froh, wenn er bei mir war, und erzählte ihm alles, was ich auf dem Herzen hatte. Von meinen Eltern erntete ich zu diesem Thema immer sonderbarere Blicke. Sie sagten aber nie etwas dazu und schienen sich damit abgefunden zu haben, dass ich einen »imaginären« Freund an meiner Seite hatte.

Ich erinnere mich daran, dass ich aber, trotz der Akzeptanz meiner Eltern, anfing, das, was ich tat, als etwas Verbotenes anzusehen. Aus diesem Grund hörte ich schon sehr bald damit auf, irgendjemandem von meinem Freund oder meinen Hypnoseversuchen zu erzählen. Ich lernte, dass dies ein Teil der Welt war, der nur mir zu gehören schien.

Wir begleiteten also meinen Vater an diesem Samstagmorgen ins Dorf, wo wir einen sehr alten Freund der Familie besuchten, einen Seher. Dies war ein ganz besonderes Treffen für mich, und es ist mir bis heute glasklar im Gedächtnis geblieben. Mich beeindruckte dieser Mann zutiefst, mit seinem durchdringenden Blick und seinen klugen Augen, die mich wissend und freundlich anschauten.

Mein Vater erzählte ihm, was geschehen war, und bat ihn um seine Hilfe, damit der Schuldige ausfindig gemacht werden konnte. Und tatsächlich: Er konnte uns weiterhelfen und gab meinem Vater eine genaue Beschreibung des Mannes, der uns die Stute gestohlen hatte.

»Er ist ein sehr armer Mann mit vier kleinen Kindern. Sei nicht zu hart zu ihm«, sagte der Seher am Ende des Gesprächs zu meinem Vater.

Ich weiß noch, wie ich mir die ganze Zeit, in der wir bei ihm saßen, den Kopf darüber zerbrach, ob es wohl möglich war, dass dieser Mann meinen Freund sehen konnte. Während des Besuchs hatte er den Kobold, der es sich auf dem Fensterbrett gemütlich gemacht hatte, mehrmals lange und unverwandt angeblickt. Das hatte noch kein Mensch zuvor getan.

Am Ende unseres Gesprächs gab der Seher meinem Vater die Hand und sagte: »Pass gut auf deinen Sohn auf. Er hat eine ganz besondere Gabe und wird einmal vielen, vielen Menschen helfen.«

So verlebte ich eine insgesamt glückliche, wohlbehütete und sorgenfreie Kindheit, bis sich eines Tages alles ändern sollte. Ich kam gerade von meinem langen Schulweg zurück in die Nähe meines Elternhauses und tollte unterwegs mit meinem kleinen grünen Freund auf einem verlassenen Grundstück herum. Wir kamen öfter hierher, um auf einem großen, schönen Baum herumzuklettern, der sich hier befand. Ich liebte diesen Baum abgöttisch und konnte stundenlang auf ihm herumturnen. Schon vor Monaten war die Familie, die hier gewohnt hatte, weggezogen, und das Haus stand leer.

Mein Freund und ich kletterten gerade im Wipfel unseres Baums herum, als wir plötzlich die Schreie einiger Frauen und daraufhin schrille Hilferufe hörten. Mein Freund kam schnell zu mir und gab mir in unserer Zeichensprache zu verstehen, dass ich ruhig auf diesem Ast sitzenbleiben und mich nicht bewegen sollte. Mein Magen zog sich schmerzhaft zusammen, meine Halsschlagader pochte wie verrückt, und ich fühlte mich, als wäre ich zu einer Säule erstarrt.

Ich kannte die Frauen nicht, die dort unten von drei Männern aus unserer Nachbarschaft auf das Grundstück gezerrt wurden. Die Männer hatten Messer in den Händen, die sie den Frauen gegen die Hälse drückten. Es war das Grausamste, was ich je in meinem Leben gesehen hatte: Die Frauen wurden vergewaltigt und dann auf bestialische Art und Weise vor unseren Augen ermordet. Mir drehte sich der Magen um, und ich fürchtete, vor lauter Abscheu und Entsetzen von meinem Baum zu fallen.

Mein Freund hielt die ganze Zeit über meine Hände und drückte sie fest. Trotzdem war mir in diesem Moment so schwindelig, dass ich schließlich kurz die Kontrolle über meinen Körper verlor und geräuschvoll ein Stück zur Seite rutschte. Die Männer hatten ihr Verbrechen gerade beendet und die Überreste der verstümmelten Frauenkörper in nahe gelegenen Büschen versteckt. Als sie das Geräusch meiner unbeholfenen Bewegung hörten, schauten sie erschrocken zu mir hoch und rannten dann weg.

Ich war der Ohnmacht nahe und so entsetzt, dass mehrere Minuten vergangen sein mussten, ehe ich es wagte, den Ast, den ich krampfhaft umklammert hielt, loszulassen. Mein ganzer

Körper schmerzte. Mit letzter Kraft schaffte ich es, am Baum hinunterzuklettern, und übergab mich neben seinem Stamm.

Die Nacht war inzwischen schon angebrochen, und die Luft roch nach Verbrechen und Angst. Ohne ein Wort mit meinem Freund zu sprechen, ging ich langsam auf das Haus meiner Eltern zu, die bereits voller Sorge auf mich warteten und zum Glück recht bald damit aufhörten, mich zu löchern, wo ich so spät noch gewesen sei.

Ich sprach mit niemandem ein Wort. Ich konnte es nicht! Plötzlich war ich unfähig, meinen Mund zu bewegen. Er war wie zu Stein erstarrt und unterlag nicht mehr meiner Gewalt. Ich hatte keine Kontrolle mehr über meinen Körper, konnte nur noch geradeaus starren, auf meine weiße Zimmerdecke. So lag ich die ganze Nacht wach.

Da ich dem Gespräch mit meinen Eltern am nächsten Morgen aus dem Weg gehen wollte, erhob sich mein Körper pünktlich um halb fünf, zog sich die Schuluniform an und verließ das Haus. Was an diesem Tag in der Schule passierte, weiß ich nicht mehr. Ich kann mich nur noch an den Heimweg erinnern, wie ich im Wald plötzlich von einem kleinen Wesen angesprochen wurde, das so aussah, als sei es ein Verwandter von meinem Freund, dem Kobold. Es wusste meinen Namen und sagte mir, dass ich heute einen anderen Weg zurück zum Haus meiner Familie gehen sollte. Aus irgendeinem Grund wusste ich, dass es wichtig war, auf dieses Wesen zu hören, und befolgte daher seine Anweisungen. Den Umweg von etwa einer halben Stunde ging ich im Stillen, ohne ein Wort mit meinem Freund und seinem »Onkel« zu wechseln, die den gesamten Weg über an meiner Seite waren.

Als ich die Haustür öffnete, wurde ich ohne Vorwarnung von der Seite gepackt und gewaltsam zu Boden gedrückt. Mein

Herz blieb fast stehen vor Schreck, und ich dachte nur: »Jetzt ist es aus mit mir«, als ich den Geruch und die Stimme meines Vaters erkannte:

»Vor zwei Stunden waren drei Männer hier, die sehr wütend waren. Mit Revolvern in der Hand haben sie mir gedroht und gefragt, wo du bist. Sie haben mir keinen Grund genannt und nur gesagt, dass sie dich finden und töten würden.« Mein Vater begann zu weinen und drückte mich fest an sich. »Gott sei Dank ist dir nichts geschehen!«

Ich hatte immer noch keine Kontrolle über meine Gesichtsmuskulatur und blieb stumm. »Du musst weg von hier!«, sagte mein Vater. »Sofort! Pack schnell ein paar Sachen ein und verabschiede dich von deiner Mutter, dann bringe ich dich fort. Beeil dich!«

Die Reise beginnt

Mein Vater brachte mich zu einem Onkel von ihm, der in Bogotá, der Landeshauptstadt, wohnte. Es war eine Wanderung von mehreren Tagen, die wir zum Großteil schweigend Seite an Seite zurücklegten. Hin und wieder wurden wir von einem Pferdewagen ein Stück mitgenommen und konnten auf diese Weise etwas Energie und Zeit sparen.

So kamen wir nach etwas mehr als einer Woche in Bogotá an. Der Onkel hatte eine Frau und einen Sohn, und ich konnte vorübergehend bei ihnen unterkommen.

»Ich liebe dich, mein Sohn!«, hatte mein Vater mir beim Abschied noch zugeflüstert. Er hatte mich fest an sich gedrückt und dann alleine gelassen. Ich sollte ihn erst 25 Jahre später wiedersehen. Was er dem Onkel als Grund für meinen Aufenthalt nannte, weiß ich nicht; jedenfalls fragte mich nie irgendjemand danach.

Es begann ein hartes, langweiliges und trauriges Jahr, in dem ich mich sehr einsam fühlte. Ohne meine Familie und meinen Freund lebte ich unter fremden Menschen, die mich nur halbherzig in ihrem Kreis akzeptierten. Tagtäglich nahm mich der Onkel mit auf einen Bauernhof, der außerhalb von Bogotá im benachbarten Ort Chia lag. Dort half ich ihm bei seiner Arbeit auf den Maisfeldern. Ich arbeitete hart, kam abends immer vollkommen erschöpft nach Hause und ging sofort schlafen. Meinen elften Geburtstag feierte ich allein mit einer weißen Kerze.

Es verging fast ein ganzes Jahr, bis ich mich dazu entschloss,

Bogotá wieder zu verlassen. Ich fühlte mich alles andere als zu Hause bei meinem Onkel, und außerdem zog mich die Neugierde weg von dort.

Ich wollte wissen, und ich wollte lernen. Alles! Ich wusste, dass die Welt große Geheimnisse für mich bereithielt, die ich ausfindig machen musste. Meine Fähigkeit zur Hypnose war erst der Anfang, das konnte ich instinktiv spüren. Ich brannte förmlich auf neues Wissen, und nichts in der Großstadt Bogotá konnte mich von diesem Herzenswunsch abbringen.

Und so kam es, dass ich eines Tages bei der Arbeit auf dem Bauernhof in Chia einen Jungen in meinem Alter kennenlernte, der mit seinem Vater auf einem großen Pferdekarren bei uns vorbeikam, um eine Lieferung Blumen abzuholen, die nach Armenia gebracht werden sollte. Armenia war eine Stadt in der sogenannten Kaffeezone Kolumbiens, welche seit eh und je den Ruf besaß, landesweites Zentrum der Hexerei und Magie zu sein. Sofort wurde ich hellhörig und richtete meine Aufmerksamkeit auf diesen Jungen.

Ich legte meine Arbeit beiseite und sah ihn an. Er hatte einen außergewöhnlichen Blick und musterte mich sehr genau mit seinen großen, kaffeebraunen Augen. In seinem Gesichtsausdruck lag etwas Einladendes, das mich Vertrauen zu ihm fassen ließ, um ohne Umschweife das zu fragen, was ich fragen musste: »Kann ich mitfahren?«

Und so kam es, dass ich an diesem sonnigen Tag, umgeben von Hunderten von gelben, weißen und rosafarbenen Blumen, auf der Tragfläche eines großen Pferdewagens Richtung Westen fuhr. Wir sagten niemandem Bescheid. Nicht meinem Onkel und auch nicht dem Vater dieses Jungen. Wortlos waren wir übereingekommen, dass es so das Beste sei.

Ich weiß noch, wie wir etwa auf der Hälfte der Strecke plötzlich anhielten und ich mich geschwind unter dem Blumenberg versteckte. Ich hörte Schritte, die sich vom Wagen entfernten, und kam zu dem Schluss, dass meine beiden Fahrer wohl eine kleine Pause machten. Nach einem kurzen Augenblick vernahm ich die Stimme des Jungen und wühlte mich ins Freie. Da stand er, mein neuer Freund, und grinste mich breit an: »Na? Alles klar?«

»Ja, alles bestens. Vielen Dank.«

»Hier, das ist für dich«, hörte ich ihn noch sagen, bevor sein Kopf wieder aus meinem Blickfeld verschwand. Er hatte mir eine Bananenstaude dagelassen. Etwas zu essen! Ich musste an meine Mutter denken und an den Rest meiner Familie. *»Sie werden sich bestimmt Sorgen machen, wenn mein Onkel ihnen erzählt, dass ich verschwunden bin«*, dachte ich. *»Meine arme Mama!«*

Die Pferde wieherten noch einmal abschließend, und ich war heilfroh, endlich von diesem Karren zu kommen, der alles andere als gemütlich war. Ich hörte noch, wie der Fahrer den Wagen verließ und über den Schotterweg in Richtung Haus lief. Kurz darauf kam mein Freund zu mir und wies mich an: »Los jetzt. Du musst verschwinden!«, woraufhin ich aufsprang und mich, so schnell es ging, aus dem Staub machte.

Die Nacht brach schon an, und so konnte ich mich unbemerkt in den nahegelegenen Büschen verstecken. Gerade noch rechtzeitig, bevor der Vater des Jungen zurückkam, um mit zwei weiteren Männern den Wagen zu entladen.

Ich saß in meinem Versteck, umschlang meine Knöchel mit beiden Armen und beobachtete die Männer bei ihrer Arbeit. Es roch nach Frieden an diesem Ort: nach Frieden und Reinheit. Mir gefiel dieser Fleck auf Anhieb.

Mein Herz blieb fast stehen, als mich plötzlich jemand von hinten an der rechten Schulter fasste.

»Nicht erschrecken, ich bin's!«, hörte ich dann aber zum Glück eine vertraute Stimme sagen und erkannte in der Dämmerung meinen treuen Reisegefährten.

»Weißt du eigentlich, wo du bleiben kannst?«, fragte er mich, und ich konnte als Antwort nur mit den Achseln zucken. Ich hatte nicht den leisesten Schimmer, was das Leben nun für mich vorgesehen hatte. Aber ich konnte die Gewissheit spüren, dass alles in Ordnung war und ich mir keine Sorgen zu machen brauchte.

Nach einer kurzen Pause hörte ich meinen Freund in der Dunkelheit zu mir sagen: »Ich kenne eine Frau, die etwa eine halbe Stunde von hier entfernt wohnt. Ihr Mann ist vor einigen Monaten gestorben, und sie lebt allein. Ich habe gehört, dass sie hin und wieder jemanden bei sich aufnimmt. Wenn du möchtest, bringe ich dich morgen früh zu ihr. Heute Nacht kannst du dort drüben in der Scheune schlafen.«

Am nächsten Morgen gingen wir also zu dieser Frau. Sie hieß Elvia und wohnte in einem abgeschiedenen kleinen Landhaus hoch oben auf einer Berghöhe. Es war eine ältere Frau um die sechzig, die mich mit etwas müden, aber durchaus freundlichen Augen ansah. »Du kannst bei mir wohnen, wenn du möchtest. Hier ist viel Platz. Und wir können gut einen Mann im Haus gebrauchen«, sagte sie und lächelte mich an.

Es wohnten noch zwei Mädchen bei Elvia, die auch von ihr aufgenommen worden waren und etwas älter waren als ich. Sie hatten ihre Eltern in einem der zurzeit stark eskalierenden Bandenkriege verloren und waren vor etwa drei Monaten bei der alten Frau untergekommen.

Irgendetwas Ungewöhnliches hatte dieses Haus an sich, das spürte ich sofort. Die Luft fühlte sich rein und leicht an, und das Licht schien eine andere und stärkere Qualität zu haben als üblich. Schon sehr bald wurde mir bewusst, dass Elvia besondere Fähigkeiten hatte und die beiden Mädchen sich bei ihr in Ausbildung befanden. Mir gegenüber wurde dieser Umstand nie erwähnt, aber bald schnappte ich bei einem alten Ehepaar auf, sie sei eine *Bruja Voladora*, eine frei fliegende Hexe.

Sogleich überzog mich eine Gänsehaut. Sollte ich nun wirklich im Hause einer *Bruja* angekommen sein, die mich in die Welt der Magie einführen würde? Mein Herz begann aufgeregt zu pochen, und ich überlegte voller Vorfreude, wie ich Elvia wohl dazu bringen könnte, auch mich zu unterrichten.

»Ich brauche eine Einnahmequelle«, dachte ich. Irgendein Geschäft, womit ich Geld verdienen konnte, denn ich würde Elvia etwas als Gegenleistung für ihren Unterricht bieten müssen. Ich setzte mich also am Wegesrand auf einen großen Stein und begann, die Menschen um mich herum zu beobachten. Was könnte ich tun? Womit würde sich etwas Geld verdienen lassen?

Die Leute, die ich sah, waren zum großen Teil Landarbeiter. Menschen, die auf nahe gelegenen Kaffeeplantagen arbeiteten. Kaffee war das Hauptanbauprodukt meines neuen Zuhauses, und mir wurde etwas unbehaglich zumute bei dem Gedanken, vielleicht wieder als Landarbeiter schuften zu müssen. Nicht dass mir meine letzte Tätigkeit bei dem Onkel meines Vaters keinen Spaß gemacht hätte; allerdings war ich nun mal von Natur aus wissbegierig und stets darauf bedacht, Neues und Unbekanntes zu erforschen. So konnte ich mich schwerlich mit dem Gedanken anfreunden, diese allzu wohlbekannte Arbeit nochmals aufzunehmen.

Mein Blick fiel auf einen kleinen Jungen, ungefähr in meinem Alter, der neben einem struppigen alten Esel herlief. Der Esel war mit allen möglichen Waren bepackt: mit großen Holzgefäßen, schweren Decken und Flaschen, die mit langen Schnüren auf dem Rücken des armen, völlig überladenen Tieres festgebunden waren. Mit einem lauten Krachen ließ sich dieses auch just in diesem Augenblick zur Seite fallen und gab seinem Herrn auf diese Weise nachdrücklich zu verstehen, dass es seinen Weg nicht fortzusetzen gedachte.

Ich sprang auf, um dem Jungen zu helfen, der fluchend und wild gestikulierend um den Esel herumtanzte, offensichtlich ohne irgendeine Idee, was nun zu tun sei. Ich half ihm, die Knoten der Schnüre zu entwirren, um den alten, müden Esel von seiner Last zu befreien. Diesen schien das alles wenig zu bekümmern; bald schloss er demonstrativ die Augen, wohl, um uns mitzuteilen, dass nun der Moment seiner Siesta angebrochen sei.

Mir gefiel die Situation; ja, sie erschien mir zunehmend so erheiternd, dass ich aus tiefstem Herzen zu lachen begann. Das tat gut! Schon seit Monaten hatte ich nichts zu lachen gehabt. Zunächst musterte mich der Junge verwundert, fast entsetzt, doch schon bald sah auch er die komische Seite der Situation, und im nächsten Moment hielten wir uns gemeinsam die Bäuche.

In den folgenden Monaten wurden wir gute Freunde. Freunde und Arbeitskollegen, denn wir erarbeiteten gemeinsam ein System zur Bewässerung für einige Kaffeeplantagen in der Umgebung. Bald besaßen wir drei Esel – jüngere Esel wohlgemerkt – sowie einige selbstgebaute Seilbahnen, mit denen wir Wasser in Kanistern von nahegelegenen Flüssen zu den Kaffeeplantagen transportierten. Auf diese Weise konnten wir ein wenig Geld verdienen.

Die Arbeit war kreativ und neu und machte mir daher Spaß.

Mehr als alles andere genoss ich jedoch die tägliche Gesellschaft meines neuen Partners nach so vielen einsamen Monaten.

Schon bald waren wir in der Nachbarschaft bekannt, und täglich kamen immer mehr Plantagenbesitzer mit neuen Aufträgen zu uns. Ich verließ morgens um vier das Haus, um mich mit meinem Partner am Fluss zu treffen. Bis um fünf sollten die ersten Plantagen beliefert sein, und wir waren den ganzen Tag über bis in den späten Nachmittag hinein beschäftigt. Das Geld, das ich verdiente, hob ich in einer kleinen Holzschachtel auf, die ich in der Nähe meines Nachtlagers unter einer losen Bodendiele versteckt hielt.

An einem Sonntag ging ich mit meinem erworbenen Schatz auf Elvia zu, streckte ihr ein paar Scheine entgegen und sagte: »Ich möchte, dass du es mir beibringst!«

Elvia legte gerade einige Kräuter, die sie gesammelt hatte, zum Trocknen auf altes Zeitungspapier und schaute mich nun verdutzt an. »Beibringen? Was soll ich dir beibringen?«

»Alles!«, erwiderte ich entschlossen. »Ich will alles lernen. Alles, was mit Magie und Hexerei zu tun hat. Ich zahle auch. Hier, sieh, das habe ich schon verdient!«

Elvia kam näher und schaute erst verblüfft meinen Schatz, dann wieder mich an und brach dann in schallendes Gelächter aus. »Du willst, dass ich dich unterrichte. Haha, das ist gut! Mein kleiner Freund, das ist wirklich gut!« Aus irgendeinem Grund schien sie sehr erheitert zu sein.

»Nur leider kann ich das nicht, auch wenn ich es gerne täte. In meiner Tradition waren schon immer ausschließlich wir Frauen die Träger der Geheimnisse, und so soll es auch weiterhin sein. Ich weiß, mein Kleiner: Wir leben in einem Land, in dem die Männer sich an der Macht fühlen. Aber das trifft zum Glück nicht auf alle Bereiche zu!«

Sie krümmte sich vor Lachen. »Tut mir wirklich leid, Kleiner, aber geh doch schnell zum Nachbarn und kauf uns von deinem Geld ein schönes fettes Huhn für das Mittagessen, ja?«

Amüsiert und selbstgefällig ging Elvia wieder an ihre Arbeit, und ich hatte keine Wahl, als verwirrt und enttäuscht ein Huhn zu kaufen. Ich hatte das Gefühl, das Leben stellte mich auf eine Probe und wollte wissen, wie ernst es mir wirklich mit dem Wissen war. Vorerst blieb es mir also weiterhin verborgen.

Ich versuchte einige Male, heimlich zu lauschen, wenn Elvia den beiden Mädchen Unterricht erteilte, aber schon nach wenigen Sekunden fühlten sie meine Anwesenheit und scheuchten mich weg. Oder die Hühner um mich herum fingen lauthals an zu gackern und zogen so die Aufmerksamkeit der Frauen in meine Richtung.

Es blieb mir nichts anderes übrig, als mich wieder auf meine Arbeit zu konzentrieren. Doch schon sehr bald wurde sie mir langweilig, und ich merkte, dass Geld und Erfolg nicht den Mangel dessen wettmachen konnten, was ich aus tiefstem Herzen wollte und nicht erreichen konnte.

Der ursprüngliche Antrieb, der Sinn meiner Arbeit, hatte sich in Luft aufgelöst, und so begann ich, jeden Morgen etwas später das Haus zu verlassen und meine Pflichten mit der Zeit immer mehr zu vernachlässigen. Es musste etwas geschehen.

In jener Zeit stieg die Gewaltbereitschaft in Kolumbien immer weiter an. Es verging kaum ein Tag, an dem ich nicht Zeuge einer Auseinandersetzung wurde, eines Raubüberfalls oder gar eines Mordes. Ich kann mich noch sehr genau an die Geräusche und Gerüche der allabendlichen Gefechte und Hinrichtungen erinnern. Es war schrecklich!

Es gab keinen besseren Moment, um erneut meinen Aufenthaltsort zu wechseln. Ich hatte etwas Geld angespart, und mein Ziel stellte sich mir klarer dar als je zuvor: Ich wollte in die Geheimnisse eingeführt werden – und zwar sofort. Und ich wusste auch, wohin ich dazu gehen musste: an den Amazonas, in den Dschungel, denn dort, so sagte man, waren die Geheimnisse verborgen und warteten auf mich.

Eines Tages nahm ich also meinen ganzen Mut zusammen, kaufte mir von meinen Ersparnissen ein Pferd und schloss mich einem herumziehenden Mann an, der nach Villavicencio reisen wollte: eine Stadt, die sich am Rand der sogenannten Llanos befand, der weiten, steppenähnlichen Gegend am Rand des Amazonas. Den Rest meines Geldes ließ ich bei Elvia, zum Dank für ihre Gastfreundlichkeit. Für mich nahm ich nur wenig mit.

Die Reise war lang, aber wunderschön. Ich liebte es, unterwegs zu sein: eine Neigung, die ich mein gesamtes Leben lang beibehalten sollte. Wir ritten morgens um vier Uhr los und machten kurz vor Mittag Rast. Zum Essen suchten wir uns Früchte oder nahrhafte Pflanzen, die in Hülle und Fülle am Wegesrand wuchsen. Wie reich Kolumbien doch eigentlich war, bemerkte ich zum ersten Mal auf dieser Reise. Überall gediehen die herrlichsten Früchte und plätscherten die reinsten Wasserquellen.

Später auf unserer Reise lehrte mich mein Weggefährte das Jagen. Und so aßen wir auch Fisch, Huhn oder Rindfleisch, das wir abends über dem Feuer brieten. Wir jagten mit Pfeil und Bogen, und meine Jagdfähigkeiten verbesserten sich stetig.

Wir waren etwa vier Wochen unterwegs, bis wir in den Llanos ankamen, dem Grenzgebiet zum Urwald Amazonas. Ich war dreizehn Jahre jung, als ich am Fuß des großen und geheimnisvollen Dschungels, dem Hüter des übersinnlichen Wissens und der ursprünglichen, überbordenden Natur, angekommen war. Das Abenteuer konnte beginnen.

Überleben

Die Llanos sind ein südlich von Bogotá gelegener Landstrich mit tropischem Klima und vielen Wasserstraßen und großen Flüssen. Weite Felder und Orte mit üppiger, farbenfroher Vegetation beherbergen eine Tierwelt von enormer Vielgestaltigkeit. Kolumbien ist das Land mit den meisten Vogelarten und einem ungeheuren Reichtum an Pflanzen. Vor allem seine Vielfalt an Orchideen sucht weltweit ihresgleichen.

Mein Reisepartner und ich organisierten uns ein Motorboot, das uns fortan täglich als Fortbewegungsmittel diente. Wir fuhren tagein, tagaus auf den Flüssen der Llanos, und ich kam zum ersten Mal in meinem Leben mit Indigenas in Berührung.

Diese Indigenas waren ein Volk, welches sich *Guahibos* nannte und aus *Semidomados* bestand, es handelte sich also um einen Stamm, der relativ eng mit Weißen in Kontakt stand, vor allem wegen wechselseitiger Handelsgeschäfte. Die Guahibos hatten den Ruf, dass es schwierig bis unmöglich sei, näher an sie heranzukommen. Sie hatten ihren eigenen Jargon und sprachen nur dann spanisch, wenn sie etwas von uns Weißen wollten.

Trotz dieser kulturellen Barriere schafften wir es, mit drei Guahibos eine Art Freundschaft aufzubauen. Sie brachten uns einige grundlegende Überlebensregeln für den Urwald bei und zeigten uns verschiedene Heilpflanzen sowie deren Wirkung auf den Menschen. Als Gegenleistung überließen wir ihnen unser drittes Messer. Sie lehrten mich außerdem einige äußerst nützliche Kniffe und Tricks für den Fischfang. Ich vermachte ihnen dafür meinen Ledergürtel, den mir meine Eltern zum zehnten Geburtstag geschenkt hatten.

Auch einige Heilsprüche, die zusammen mit den Blättern des *Cordonsillo*-Baums[2] wirkungsvoll gegen das Gift vieler Amazonasschlangen halfen, verrieten sie mir. Es war deutlich zu erahnen, ja fast schon zu riechen: Ich war den großen Geheimnissen der übersinnlichen Welt schon sehr nahe gekommen, und es würde nicht mehr lange dauern, bis ich zu den Mysterien des Amazonas vordringen würde.

Doch zunächst sollte mein Weg mich ein weiteres Mal von meinem ursprünglichen Ziel entfernen. Eines Tages lernten wir einen *Gringo* kennen: einen Nordamerikaner, der für ein Unternehmen arbeitete, das viel Geld für Tierfelle bezahlte. Das Fell eines »Tigers«, wie er sämtliche Raubkatzen nannte, war eine gefragte Ware in dieser Firma.

Ich kann mir heute nicht mehr erklären, was ich mir dabei dachte, in dieses schmutzige Geschäft einzusteigen. Doch mein männlicher Jagdinstinkt sowie die Verlockung der US-Dollar übten wohl seinerzeit eine stärkere Anziehung auf mich aus als die Geheimnisse, auf deren Spuren ich mich bewegte. Und so kam es, dass ich anfing, für diese Firma zu arbeiten, um schon bald darauf die ersten und gleichzeitig auch die letzten US-Dollar meines Lebens in den Händen zu halten.

Viel nachgedacht habe ich nicht über das, was ich da tat. Wie konnte ich auch? Es vergingen viele Monate, in denen ich mich hoffnungslos verfing in der Welt des Geldes, des Prestiges und des vermeintlichen Erfolges. Wir wagten uns immer weiter in den Amazonas hinein: dorthin, wo wir die fetteste und kostbarste Beute vermuteten.

Eines Tages jedoch entschloss ich mich, alleine weiterzumachen, und trennte mich von meinem Weggefährten. Es war zu einer Art Konkurrenzkampf zwischen uns gekommen, der mir unangenehm war und mich das Weite suchen ließ. Einige Wochen vergingen, und ich fuhr den Rio Meta immer weiter flussabwärts, bis mir eines Tages am Flussufer einige unbekannte Indigenas begegneten.

Erst in diesem Augenblick bemerkte ich, dass sich die Landschaft um mich herum verändert hatte und ich mich nun wohl tief im Inneren des Amazonasurwaldes befand. Es waren sehr dunkelhäutige Indigenas, die ihre Körper auf natürliche Art und Weise zu Schau trugen und keine Kleidung an ihrem Leib hatten. Sie sprachen eine andere Sprache als die Guahibos, und ich fühlte deutlich, dass sie mir zunächst alles andere als freundlich gesinnt waren.

Sie beobachteten mich aus der Ferne, tuschelten und lachten über mich. Ihre Blicke waren mir sehr unangenehm und fühlten sich wie bohrende Pfeile auf meiner Haut an. Doch meine Neugierde war geweckt worden, und ich wollte einen Weg finden, mich diesen Menschen zu nähern.

So versuchte ich, mich zunächst durch Körpersprache mit ihnen zu verständigen, ihnen zu zeigen, dass ich mit friedlichen Absichten gekommen war. Ich begann, große Bilder in den Sand zu malen. Minuten vergingen, und ich erntete nicht mehr als fragende Blicke und das feindselige Gelächter der Indigenas, bis sich irgendwann ein Mann aus der Gruppe zu mir wandte und mich in gebrochenem Spanisch fragte: »Du Jäger sein?«

»Ja, ja. Ich bin Jäger – genau!«, erwiderte ich, mir keiner Schuld bewusst.

»Du wollen wissen, wo warten Beute auf dich?«

»Natürlich möchte ich das wissen. Gerne!«

Daraufhin reichte mir der Indigena eine große, schalenförmige Kürbisfrucht, die mit einer eigenartig riechenden Flüssigkeit gefüllt war. »Das trinken du! Alles, bis Ende! Los!«

Es war keine Bitte.

Mir war etwas mulmig zumute, und ich überlegte kurz, was ich nun tun sollte. Konnte ich diesen Menschen vertrauen? Vielleicht boten sie mir ja Gift an, um mich zu töten? Aus welchem Grund sollten sie das aber tun wollen?

»Ist Medizin von uns. Yagé. Wird dir sagen, wo warten Beute auf dich«, erklärte nun der Indigena, der mein Zögern wohlweislich bemerkt hatte. Das beseitigte dann doch alle meine Zweifel, denn natürlich war ich neugierig und wollte wissen, wo die Beute auf mich wartete. So trank ich die Schale mit einem Zug aus und schüttelte mich danach kräftig. Einige der Indigenas klopften mir aufmunternd auf die Schulter, als ich, von dem unangenehm säuerlichen Geschmack angewidert, das Gesicht verzerrte.

Auch einige von ihnen tranken nun einen großen Schluck Yagé. Es fiel kein einziges Wort mehr zwischen uns, und so zog ich mich zurück und suchte den Schutz einiger Bäume mit steil zur Seite gebogenen Stämmen.

Ich lehnte mich mit dem Rücken an einen der hohen, weit ausladenden Bäume in Ufernähe und schaute auf das Wasser. Allmählich begann ich mich eigenartig und schummerig zu fühlen. Mein Körper wurde mit einem Mal schwer und schien nicht mehr zu mir zu gehören. Von Minute zu Minute wurde mir bewusster, dass ich die Kontrolle über mich zu verlieren begann und in eine mir unbekannte Welt eintauchte.

Mit einem Mal bemerkte ich, dass ein Indigena neben mir

stand, in seiner Hand eine weitere Schale mit Yagé. Ohne zu überlegen trank ich auch die zweite Portion bereitwillig aus und sank dann wieder gegen den Baumstamm.

Es begann langsam zu dämmern. Ich fühlte eine Art Beklommenheit in mir aufsteigen. Mein Kopf schien die Größe eines Heißluftballons anzunehmen, und den Rest meines Körpers konnte ich überhaupt nicht mehr fühlen. Ein intensiver, stechender Geruch nach Feuchtigkeit, Erde und Wildheit erfüllte mich, und ich nahm wahr, dass das Rascheln der Blätter über meinem Kopf immer lauter wurde, bis es Furcht erregende Ausmaße annahm. Ich hielt mir die Ohren zu, doch dadurch verstärkte sich das Rauschen nur.

Es dröhnte, raschelte und pochte in meinem Kopf, und ich wurde von panischer Angst ergriffen. Mir wurde schwindelig, als ich sah, wie sich die Bäume auf mich zubewegten und mir hässliche Fratzen mit gefletschten Zähnen zeigten. Ich hatte keine Kontrolle über meinen Körper, daher konnte ich nichts anderes machen, als diesen Fratzen hilflos entgegenzublicken und dem Röcheln aus ihren Kehlen zu lauschen.

Das wilde Pochen meines Herzens vermischte sich mit dem dröhnenden Lärm der Bäume. Plötzlich sah ich andere, dunkle Wesen näherkommen und bemerkte, wie sich mein Körper mechanisch erhob, um in Deckung zu gehen. Wie von Sinnen begann ich zu rennen: geradeaus in den Urwald hinein. Es war stockdunkel um mich herum, und weit und breit war kein anderes menschliches Wesen zu sehen.

Die Indigenas hatten mich alleine gelassen, und in mir stieg ein rasendes Gefühl der Panik hoch. Ich war verloren! Ich wusste nicht mehr, wo mein Boot war, geschweige denn, in welcher Richtung sich der Fluss befand. Das Dröhnen in meinem Kopf wurde immer stärker, und mein Körper hörte nicht auf, orientierungslos herumzustolpern. Immer wieder sah ich dunkle Wesen herandrängen, um mir Angst zu machen, mich auszulachen oder mich gar zu berühren.

Ich begann mich wie weniger als nichts zu fühlen. Mehrmals übergab ich mich, doch selbst in diesen Augenblicken hörte mein Körper nicht auf, sich fortzubewegen. An weitere Details kann ich mich nicht mehr genau erinnern. Ich weiß nur, dass der Moment kam, in dem es hell wurde und ich die Sonne hinter einem Nebelstreif durchscheinen sah. Mein Zustand war unverändert, und ich irrte gepeinigt und voller Angst weiter.

Irgendwann wurde es wieder dunkel, und mein Körper ließ sich fallen. Ich lag auf der feuchten Erde, als es erneut zu regnen begann, und die dunklen Energien um mich herum brachten mich zunehmend um den Verstand. Ich spürte Tiere, die über mich stiegen, und Mücken, die mich zerstachen. Eine wütende Raubkatze mit blutunterlaufenen Augen funkelte mich an und raunte: »Ich werde dich töten. Du hast meine Familie getötet, und jetzt werde ich mich an dir rächen.«

Die Raubkatze begann ein unwirkliches, grässliches Geräusch von sich zu geben, das sich auf beängstigende Weise mit dem Rauschen der Bäume mischte. Ich richtete mich wieder auf und begann wie ein Wahnsinniger zu rennen. Wohin auch immer. Einfach nur weg von hier.

Meine nächste Erinnerung ist, dass ich erwachte und wieder annähernd Herr über meine Sinne war. Ich lag inmitten von riesigen Baumwurzeln und dämmrigem Licht auf dem nassen Boden. Dicker Nebel umgab mich, der Geruch von Erde und Feuchtigkeit war durchdringend und unverkennbar.

Die Wirkung des Trankes schien endlich nachzulassen, und

ich begann, den Ernst meiner Lage zu erkennen: Ich war allein, hatte mich verirrt, war ohne mein Gewehr und den geringsten Anhaltspunkt, aus welcher Richtung ich gekommen war – völlig hilflos und verloren.

Meine Haut schmerzte, und mein Körper war übersät von Schrammen, Beulen und tiefroten Entzündungen, die wohl die Folge unzähliger Insektenstiche waren. Meine Kleidung löste sich an mehreren Stellen auf, und ich blutete leicht an der unteren Hälfte meines rechten Rippenbogens.

Der Nebel ließ mich nur etwa zwei Meter weit sehen. Der Rest war ein undurchschaubares, bedrohliches Territorium voller unbekannter Geräusche, Bewegungen und Gefahren. Ich konnte die Raubkatze hören; ihr ächzendes Brüllen, das mir durch Mark und Bein drang.

Vor Angst war ich wie von Sinnen. Tagelang irrte ich so durch den Amazonasurwald. Es waren mit Abstand die schlimmsten Tage meines Lebens, die meinen weiteren Weg unwiderruflich prägen sollten. Ich weiß bis heute nicht genau, was das für ein Yagé war, der mir damals verabreicht wurde. Niemals wieder war die Wirkung so langandauernd und intensiv wie bei dieser Odyssee des Schreckens.

Aufgrund der Dichte des Waldes und des Nebels, der mich durchgehend begleitete, konnte ich an keinem dieser entsetzlichen Tage die Sonne sehen, die mir als Orientierung hätte dienen können. Die Stunden, in denen ich meine Umgebung im dämmrigen Licht erkennen konnte, waren spärlich: Ich schätze aus heutiger Sicht, dass es gegen halb elf Uhr vormittags hell wurde und sich das Licht schon um drei Uhr nachmittags im Dunkel verlor: So dicht waren der Nebel und das Gestrüpp an diesem Ort des Amazonas.

Besonders die Nächte waren verstörend. Die Geräusche der Bäume um mich herum verwirrten mich zutiefst. Sie schienen mir unaufhörlich etwas zuzuflüstern und mir Angst machen zu wollen. Im Dunkeln konnte ich die Hand vor meinen Augen nicht sehen. Dazu kamen die anhaltende Feuchtigkeit, die zahllosen Insektenstiche und die Gewissheit, dass in jedem Moment unzählige Feinde versteckt auf mich lauerten.

Es regnete die ganze Zeit über, und meine Kleider begannen, sich langsam in einzelne Fäden aufzulösen. Die Laute der Raubkatze ganz in meiner Nähe waren mir ständige Begleiter in diesen Tagen. Jedes Mal dachte ich: *»Jetzt ist es aus mit mir!«*, und ich konnte spüren, wie ich bis in die Knochen zitterte.

Es kam mir einfach nicht in den Sinn, dass ich irgendetwas gegen die gewaltige Kraft der wilden Natur ausrichten könnte. Ich fühlte mich wertlos, unbedeutend und verlassen, als ich hoffnungslos durch den undurchdringlich scheinenden Dschungel irrte.

Aus irgendeinem Grund geschah mir aber nichts. Keine giftige Schlange biss mich, und auch die Raubkatzen, die mir oft so nahe kamen, dass ich einmal sogar ihren Atem hören konnte, taten mir nichts zuleide.

Ich ernährte mich von Früchten, die ich vorher in den Händen der Indigenas gesehen hatte. In den Nächten suchte ich die Nähe hoch emporragender Baumwurzeln und drängte meinen geschundenen, vor Kälte starren Körper schutzsuchend gegen sie.

Bald jedoch änderte sich etwas in mir, und meine Lage begann sich allmählich zu entspannen. Meine Angst hatte ihren Höhepunkt längst erreicht, sodass ich anfing, mich an meine aussichtslose Situation zu gewöhnen. Während der wenigen

Stunden des Tages, in denen man etwas sehen konnte, lief ich nun gezielt in eine Richtung und spürte gleichzeitig die Lebensgeister wieder in mir aufsteigen.

Mit jedem Augenblick, der verstrich, schaffte ich es ein bisschen besser, mich wieder zu zentrieren und zu meinem Selbstvertrauen zurückzufinden. Ich wollte es schaffen! Ich wollte hier wieder lebend herauskommen! Schließlich begann ich, unablässig zu beten und mich mit Gott zu unterhalten.

Und so kam es, dass ich nach einem Tag, der sich wie eine Ewigkeit anfühlte, auf einen Fluss stieß. Dankbarkeit ergriff mich, und ich begann, von diesem Gefühl begleitet und getragen, in Strömungsrichtung am Ufer entlangzulaufen. Das Wasser glitzerte geheimnisvoll, und ich konnte mit jeder Zelle meines Körpers spüren, dass nun die Rettung nahe war.

In welcher Form diese Rettung kommen würde, war mir vollkommen unklar. Dennoch hielt mich diese Gewissheit für die nächsten Stunden auf den Beinen, und ich trottete beharrlich vor mich hin, bis der Himmel sich dunkelorange verfärbte. Ich spürte nun mehr als deutlich die Erschöpfung der letzten Tage.

Bald fühlte ich mich der Ohnmacht nahe; meine Füße schmerzten, und meine Haut spannte so stark, dass ich es kaum aushielt. Aus irgendeinem Grund schleppte sich mein Körper jedoch immer weiter geradeaus. Ich weiß noch, wie ich bemerkte, dass die Sonne bald untergehen würde und ich mich nach einem Schlafplatz umsehen sollte, als plötzlich etwas geräuschvoll an meinem Kopf vorbeisurrte und ich einen leichten Windhauch an meiner linken Schläfe spürte.

Reflexartig ließ ich mich in den heißen Sand fallen und stützte meinen schmerzenden Kopf in meine Hände. Eine kleine Ewigkeit lag ich so da, atmete tief und wartete ab, was nun passieren mochte. Als nichts weiter geschah, spähte ich vorsichtig zwischen meinen Oberarmen hindurch und bemerkte etwa zwanzig Indigenas – nackt und mit Pfeil und Bogen bewaffnet –, die mich anstarrten. Ich war unsicher, ob dies nun Anlass zur Freude oder zur Furcht war. Ein wenig verhalten streckte ich meine schlaffen Arme gen Himmel und wies so auf meine Mittellosigkeit und meine guten Absichten hin.

Zu meinem Entsetzen schienen diese Menschen aber zunächst alles andere als freundlich gesinnt zu sein, und ich konnte hören, wie sie sich in einer mir unverständlichen Sprache miteinander unterhielten – oder vielmehr anbrummten. Ich las eindeutigen Argwohn in den Augen eines der Indigenas, und es vergingen einige angespannte Augenblicke, die mir wie eine Ewigkeit erschienen.

Es blieb mir jedoch nichts anderes übrig, als mit erhobenen Armen auszuharren und auf Gnade zu hoffen. Und schon im nächsten Augenblick nahm ich die Umrisse eines Mannes wahr, der wohl so etwas wie der Anführer der Indigenas war und mit bestimmendem Tonfall auf sie einredete. Daraufhin ließen alle ihre Waffen sinken und kamen langsam auf mich zu.

Das ist das Letzte, woran ich mich erinnere, bevor ich ohnmächtig wurde. Meine erste Lektion in Bescheidenheit und Demut hatte ich hiermit erhalten.

Der Stamm der Piapocos

Als ich wieder erwachte, wusste ich zunächst nicht, wo ich mich befand und ob ich tot oder lebendig war. Den stechenden Schmerzen in meinem gesamten Körper nach zu urteilen, musste ich jedoch lebendig sein. Ich sah mich um und entdeckte einige Indigenas, die in einigen Metern Entfernung um ein Feuer saßen. Sie bemerkten schnell, dass ich erwacht war. Unverständliche Laute wehten zu mir herüber, und sie zeigten in meine Richtung. Mir war etwas unbehaglich zumute, doch schon nach wenigen Minuten stand einer der unbekleideten Indigenas auf, kam zu mir und reichte mir ein Stück Maniok, das ich dankbar entgegennahm und verschlang.

Ich weiß nicht, wie viel Zeit vergangen war. Ich schien in eine vakuumähnliche Dimension eingetreten zu sein, in der Zeit und Raum keinerlei Bedeutung zu haben schienen. Langsam wurde mir klar, dass ich mich nicht mehr am Flussufer befand, sondern mich diese Menschen in ihr Lager getragen hatten, als ich bewusstlos gewesen war.

In meinem Kopf machte sich eine bodenlose Leere breit, und mein Körper war ein einziger dumpfer Schmerz, der jedoch schon bald von einer Welle der Dankbarkeit überflutet wurde: Ich würde leben. Das konnte ich deutlich spüren. Ich würde eines Tages wieder meinen Weg finden. Alles würde gut. Ein Lächeln huschte über mein Gesicht, doch sogleich fuhr ein Stechen, von meiner Gesichtshaut ausgehend, durch meinen gesamten Körper. Ich legte meine Hand auf die schmerzenden Stellen und fühlte, wie geschwollen und zerstochen mein Gesicht und der Großteil meines Körpers waren.

Ich begann, den Unterhaltungen der Indigenas zu lauschen. Ein wenig erinnerten mich die Laute an das Guahibo, das ich bruchstückhaft während meiner Zeit bei den Semidomados gelernt hatte. Einzelne Worte konnte ich nach einigen Minuten verstehen. Dennoch machte sich ein nagendes Gefühl der Fremdheit in meiner Magengegend breit, das mich aber trotzdem nicht davon abhalten konnte, mich über die Anwesenheit menschlicher Wesen zu freuen.

Plötzlich wurde ich von hinten an der Schulter berührt. Darauf war ich nicht vorbereitet gewesen, und ich drehte mich erschrocken um. Wieder durchfuhr ein rasender Schmerz meinen Körper. Ein großer, nackter Indigena stand mir gegenüber und sah mir eindringlich in die Augen. Sein Blick hatte etwas, das mich beunruhigte und im selben Augenblick zu entspannen schien. Ich konnte ihm nicht lange standhalten. Verunsichert und überfordert senkte ich meine Augen zur Erde.

Nachdem mich der Mann einige Augenblicke von oben bis unten gemustert hatte, wandte er sich abrupt und ohne ein Wort zu verlieren wieder von mir ab und verschwand hinter einem dichten Busch. Wie zu Stein erstarrt war ich nun wieder allein und verstand nicht, was geschehen war. Mein Kopf dröhnte, und ich war unfähig, einen klaren Gedanken zu fassen.

Doch schon wenige Augenblicke später war der sonderbare Mensch wieder da und hielt nun verschiedene Kräuter, einen länglichen weißen Kristall und ein Stück Baumrinde in seinen großen Händen. Er begann, einen unverständlichen Sprechgesang anzustimmen und mit dem Kristall dicht an meinem Körper zu hantieren. Seine Augen schienen dabei vollkommen in ihren Höhlen zu verschwinden. Einen Großteil der Kräuter hielt er vor meinen Bauchnabel und gab mir zu verstehen, dass ich sie dort festhalten sollte.

Mit kreisförmigen Bewegungen fuhr der Indigena, der ein Schamane sein musste, fort, meinen Körper mit seinem weißen Kristall zu bearbeiten. Seine Lippen bewegten sich dabei unaufhörlich. Mit der Baumrinde, die eine gelartige Flüssigkeit absonderte, bestrich er behutsam meine Haut. Später erfuhr ich, dass die Rinde von dem Baum *Guayacan Negro*[3] stammte und zusammen mit dem Rindenextrakt des Baumes *Flor morado*[4] eine sehr wirkungsvolle Naturmedizin gegen Insektenstiche lieferte. Der Duft dieser Rinde verlieh den Indigenas ihren typischen Geruch, da sich alle Menschen nativer Gemeinschaften des Amazonas etwa alle zwanzig Tage mit diesem Saft einrieben und ihn zusätzlich als Tee tranken, um Insektenstichen vorzubeugen.

Etwa eine halbe Stunde lang behandelte mich der Schamane, und ich fiel daraufhin wieder in einen tiefen und traumlosen Schlaf.

Als ich wieder erwachte, kam es mir so vor, als hätte ich tagelang geschlafen. Es war stockdunkel um mich herum, doch als sich meine Augen an die Finsternis gewöhnt hatten, sah ich in einiger Entfernung das flackernde Licht eines Lagerfeuers.

Ich stützte mich mühsam auf und bemerkte voller Verwunderung, dass ein Großteil meiner Wunden bereits verheilt und vernarbt war und die Entzündungen und Schwellungen erheblich zurückgegangen waren. Ich fühlte mich wieder kräftiger, fast ausgeruht, und war guter Dinge. Ich war angekommen – das wusste ich in diesem Augenblick. Ich war am Amazonas, dem Ort der Geheimnisse, und ich hatte Kontakt zu den

Eingeborenen und ihrem Schamanen, dem Hüter und Eingeweihten der großen Gesetze des Lebens.

Die Mitglieder meines neuen Stammes nannten sich *Piapocos*. Ihren Namen haben sie einem Vogel entliehen, einer Tukan-Art, die in vielen verschiedenen Gebieten Kolumbiens heimisch ist und sozusagen das Wappentier des Piapoco-Volks darstellte. Der Piapoco hat ein schwarzes Federkleid mit bunten Abschnitten in allen Farben und einen auffallend großen, nach unten gebogenen Schnabel.

Der Stamm der Piapocos besaß eine eigene Sprache, die, wie viele andere native Sprachen, ihre Wurzeln im Arawak hatte, einer der vier großen Indigenasprachen Kolumbiens. Die kleinste Verschiebung in der Betonung eines Wortes führte oft zu allgemeinem Gelächter im Stamm, da der Sinn des Wortes dadurch vollkommen verändert werden konnte. *Puramá* ist beispielsweise eine magische Heilpflanze des Amazonas. *Puráma*, mit Betonung auf der zweiten Silbe, eine Lagune, und *Púrama* die Wasserschnelle eines Flusses.

So war es natürlich alles andere als leicht für mich, diese Sprache zu erlernen, und nicht selten gaben meine anfänglichen Versuche Anlass zur allseitigen Belustigung meiner Umgebung.

Nach einiger Zeit des Lernens sprangen mir bestimmte Auffälligkeiten entgegen: So gab es in der Sprache der Piapocos keinen Ausdruck für »ich«, »mir« oder »mich«. Es gab nur Wörter für »wir« und »uns«, denn für die Piapocos stand immer die Gemeinschaft im Mittelpunkt ihres Lebens, und die Betrachtung einer von ihr getrennten Einzelperson ergab für sie keinen Sinn.

Sehr sympathisch war mir sofort die Tatsache, dass es keine Zahlen in der Piapoco-Sprache gab, außer »eins«, »zwei« und

»viele«. »*Guharinago*« sagten die Indigenas, wenn sie über drei oder mehr Menschen, Tiere oder Pflanzen sprachen: »Viele«. Es wurde wenig unter ihnen gesprochen. Meistens brummten sie sich nur an oder verständigten sich durch andere Laute, die zur Informationsweitergabe auszureichen schienen.

Die Piapocos waren ein Nomadenvolk. Zu Beginn der Regenzeit versammelten sie sich in vier riesigen *Malokas*, runde und wasserdichte Hauskonstruktionen, die aus Palmen gebaut wurden. Hier wurde bis zum Abklingen des Regens auf engstem Raum zusammen geschlafen, gekocht, gegessen und sich unterhalten. Der Boden einer Maloka bestand aus festgetretener Erde, wodurch eine direkte Verbindung zu Mutter Erde gegeben war. Die Balkenkonstruktion in der Maloka war so gewählt, dass in der Mitte der Rauch des Feuers nach oben hin abziehen konnte. Zwischen den Balken waren ausreichend Palmenblätter gewunden, die das Dach und die Wände regensicher abdeckten.

In jeder Maloka wohnten zirka fünfzig Familien. Jeder war einem schmalen, zur Mitte hin auslaufenden Bereich zugeordnet. Hier hingen die Hängematten aller Familienmitglieder, und es wurden ebenfalls alle ihre bescheidenen Besitztümer aufbewahrt: Pfeile und Bogen, Macheten, Kochgefäße, Musikinstrumente und Schmuck für Rituale und Handwerksarbeiten der Frauen. Zur Mitte hin loderte in jeder Familiensektion rund um die Uhr ein Feuer und wurde stets von einer Frau der Familie behütet, sodass es nie erlosch. Außerhalb der Maloka, direkt hinter jeder Familiensektion, hatten sie Platz zum Anbau von verschiedenen Pflanzen wie Tabak, Medizinalpflanzen und Platano. War die Regenzeit vorbei, zogen die Piapocos von Ort zu Ort und kamen oft wochenlang nicht zu ihren Malokas zurück, die sich am Rande des Flusses Inírida befanden, ziemlich weit im Norden des kolumbianischen Amazonasgebiets. Nur die Ältesten des Stamms sowie Mütter von Säuglingen und kleine Kinder blieben in den Malokas, die insgesamt zwei Jahre bewohnt wurden. Dann wurde eine neue Umgebung zum Aufbau der Malokas gesucht, um Mutter Erde zu schonen und ihr Zeit zur Regeneration zu geben.

Kinder, die älter als zwölf Monate waren, wurden von den Ältesten des Stammes versorgt, damit Mutter und Vater arbeiten konnten. Die Rollen bei den täglichen Aufgaben waren streng getrennt: Die Männer gingen auf die Jagd und fischten. Die Frauen sammelten Früchte, Kräuter, Wurzeln und Feuerholz und trugen das Wasser zu ihren Familien. Sie waren außerdem für die Zubereitung der Speisen verantwortlich und hielten sich die meiste Zeit um das Feuer auf. So verbrachten die Frauen meistens den Tag unter sich, während die Männer einzeln oder in kleineren Gruppen in den Wald gingen.

Schon sehr bald fiel mir auf, dass oft ein Mann vier bis fünf Frauen gleichzeitig und mit allen jeweils Kinder hatte. Es gab einfach mehr Frauen als Männer in diesem Stamm, und eine Frau, die älter als zwanzig war, gehörte bei den Piapocos an die Seite eines Mannes. Da war es unwichtig, ob dieser bereits eine Familie hatte oder nicht. Ich beobachtete eine vollkommen friedvolle und ungezwungene Art des Umgangs mit dieser Situation. Es war nie die Rede von »meiner« Frau, sondern immer von »der« Frau, die ein Teil der Gemeinschaft war.

Die Piapocos trugen keine Kleidung. Lediglich die Männer hatten eine schlauchförmige Liane schützend um ihren Penis angebracht, fast wie ein Kondom, und die Frauen trugen eine dünne Liane um ihre Hüften. Insgesamt gab es zu dieser Zeit etwa zweihundert Piapocos, die aber die meiste Zeit in verschiedenen Untergruppen lebten, vor allem, um so bessere Voraussetzungen bei der Nahrungssuche zu haben.

Ihre Hauptnahrung bestand aus Maniok, der hier in Kolumbien *Yuca* genannt wurde, aus Früchten des Amazonasurwalds und aus Fisch, der an Stöcken aufgespießt über dem abendlichen Feuer gebraten wurde. Hin und wieder wurden auch weiße Bohnen, die sogenannten *Kurumana*-Bohnen, essbare Pilze und Schildkröteneier gegessen, die man in gewissen Monaten am Strand finden konnte.

Zu den Früchten, die von nun an täglich auf meinem Speiseplan standen, gehörte zum Beispiel die *Chontaduro*[5]-Frucht, die auch *Cachipai* genannt wurde. Das war eine rote, manchmal gelbe Palmenfrucht mit süßlich-mehligem Geschmack, die von den Frauen oft aufgekocht und als süße Suppe – oder als heiliges Getränk, *Chicha* – verzehrt wurde. Auch die *Maduraverde*[6] – oder *Lechosa* –, eine säuerlich schmeckende, grüne Frucht, die an hohen Bäumen wuchs und sehr vitamin- und nährstoffreich war, aß ich in dieser Zeit sehr häufig. Sie war Gold wert gegen den Durst.

Dann gab es noch die *Clavellino*-Frucht[7], mit der ich mich zunächst nicht so recht anfreunden konnte. Sie ist eine schwarze Schalenfrucht, die an der Baumrinde von bis zu 80 Meter hohen Bäumen wächst und deren weißes Fruchtfleisch neutral und etwas pelzig schmeckt. Diese Frucht wurde auch als Köder bei der Jagd verwendet, da fast alle Tiere sie lieben und instinktiv wissen, dass sie sehr nahrhaft ist.

Es gab überhaupt kein Salz. Fisch und auch Fleisch wurden in ein riesiges dunkelgrünes Blatt gelegt und so, auf einen Stock gespießt, in das Feuer gehalten. Hierfür wurden Blätter der

Bäume *Piedra*[8] oder *Vijao*[9] verwendet, die bis zu zwei Quadratmeter groß waren. Daraufhin schmeckte das Fleisch sehr würzig und gut – fast ein wenig wie gesalzen.

Die Piapocos standen im regen Austausch mit ihrem Nachbarstamm, den *Salilas*. Diese bauten Yuca und Mais an, welche sie gegen Umhängetaschen eintauschten, die von den Piapoco-Frauen aus *Chicichici*[10]-Palmen hergestellt wurden.

Von Anfang an gab es eine Sache, die mir besonders auffiel: Niemand jagte mehr, als er für sich und seine Familie jeweils brauchte. Und auch ich wurde dazu angehalten, dasselbe zu tun. Ich verstand zunächst den Sinn dieser Regel nicht, hätte ich doch gut und gerne anderen Menschen etwas von meinen Jagdausflügen mitbringen können. Es wurde mir jedoch unmissverständlich zu verstehen gegeben, dass dies nicht erwünscht sei.

Erst viel später wurde mir bewusst, dass dieses Verhalten seinen Sinn hatte: Die Naturvölker leben in absoluter Harmonie mit ihrer Umwelt. Einer der grundlegenden Leitsätze war, dass man aus seiner Umgebung immer nur so viel nahm, wie im Moment tatsächlich nötig war. Alles andere galt als Missbrauch und brachte das natürliche Gleichgewicht durcheinander.

So wurden keine Vorräte angelegt, es wurde nichts aufbewahrt und auch nichts für andere mitgebracht, denn jeder hatte seine eigene Verantwortung zu tragen, um seinen persönlichen Beitrag zur natürlichen Balance von Mutter Erde zu leisten.

Die Piapocos, ob Mann oder Frau, trugen ihre Haare lang, mit einem Pony über der Stirn, der oft sehr kurz geschnitten war. Hierzu benutzten sie Quarzkristalle mit besonders spitzen Kanten. Die verheirateten Frauen trugen bei Ritualen und Zeremonien drei schwarze Stäbchen durch ihre Unterlippe, was als heiliges Symbol der Stammeszugehörigkeit verstanden wurde und deshalb hoch angesehen war. Weiße Stäbchen bedeuteten, dass diese Frau gerade einen Ehemann suchte. Manche Frauen trugen diese Stäbchen, die ihre Macht und Kraft repräsentierten, durch Bauchnabel, Nase oder Ohr. Je höher die soziale Stellung war, die eine Frau innerhalb des Stammes genoss, desto mehr Stäbchen zierten ihren Körper bei festlichen Anlässen. Bei Ritualen und anderen Festivitäten schmückten Männer und Frauen ihre Körper zusätzlich mit Farben, Fellen, Masken und vielen Baumsamenketten.

Bis auf diese Schmuckutensilien, die Musikinstrumente, die zu Ritualen jeweils in Aktion traten, und einige riesige Töpfe besaßen die Piapocos nichts an materiellen Gütern – und gleichzeitig besaßen sie doch alles, nämlich die grenzenlose Freiheit, die man nur in einer Welt erfahren kann, in der es so gut wie keine materiellen Bedürfnisse gibt.

Es gab nur einen einzigen *Chapori* in diesem Stamm. Chapori bedeutet auf Piapoco Schamane. Außerhalb der Malokas war es seine Aufgabe, abends das Nachtlager für uns auszusuchen und es mit Gebeten und der Magie des Kreises zu präparieren: Mit seinem Stock in der Hand ging er einmal gegen den Uhrzeigersinn um das ganze Nachlager herum, den Stock als »drittes Bein« benutzend. *»Hecedión!«*, wiederholte er mehrmals in seinem Geist, mit der klaren Intention, um dieses Gebiet herum einen energetischen Schutz zu wirken. Er rief zusätzlich immer einige Schutzgeister an und bat sie um ihre Hilfe, dieses Stück Erde vor den Feinden der Piapocos zu bewahren. Manchmal sang er auch ein Schutzlied, das er mir einige Monate später beibrachte:

»Komm herab, Licht des Mondes, und fülle mich aus mit deiner kraftvollen Energie, denn deine Geister sind es, die mich anleiten und beschützen.«

Es gab viele Gefahren im Amazonasgebiet – etwa die Raubkatzen. Schon sehr bald fiel mir auf, dass sie sich oft in unmittelbarer Nähe aufzuhalten schienen, uns aber niemals angriffen. Mir wurde erklärt, dass die Raubkatzen wohl die Gegenwart der Indigenas suchten, deren unverkennbarer Baumrindenduft sie angeblich anzog. Der Schamane schien immer genau zu wissen, wo sich der nächste Jaguar oder Puma aufhielt, als stünde er auf telepathischer Ebene mit den Tieren in Verbindung. So brauchten wir diese Raubtiere niemals ernsthaft zu fürchten.

Man schlief in Hängematten, die aus der *Cumari*[11]-Palme hergestellt und meistens in erheblicher Höhe über dem Waldboden an einem Baum aufgehängt wurden. Wenn es regnete und wir fernab unserer Malokas waren, bauten wir unter Anleitung des Schamanen aus den riesigen Blättern des Vijao-Baums, die uns nicht nur als Gewürz, sondern auch als magischer Schutz dienten, eine Art Zeltplane. Darunter legten wir uns, gut geschützt, zum Schlafen in unsere Hängematten.

Besonders in den Nächten war ich heilfroh, nicht mehr alleine zu sein. Zwar war mir die Anwesenheit der Indigenas zunächst alles andere als behaglich erschienen, doch letztlich war mir alles lieber, als allein unter wilden Tieren und unbekannten, stacheligen Pflanzen zu sein. In gewisser Hinsicht begann ich schnell Vertrauen zu den Piapocos zu fassen; vor allem zu ihrem Schamanen, der mich von Anfang an faszinierte.

Bis zu meinem Erscheinen hatten die Piapocos noch nie Kontakt zu Weißen – die sie *Nape* nannten – gehabt. Dementsprechend war auch meine Anfangszeit mit einigen Spannungen und Komplikationen verbunden. Sie nahmen mich nur bei sich auf, weil ihr Schamane darauf bestanden hatte. Dementsprechend war bei vielen Stammesangehörigen mir gegenüber ein erheblicher Widerstand zu spüren. Für sie war ich kein Teil der Familie, sondern eben nur ein Nape, der zwar geduldet wurde, aber nie wirklich dazugehörte.

Das war natürlich eine Realität, die ich manchmal nur schwer akzeptieren konnte. Es war nicht leicht, mich in meiner neuen Umgebung heimisch zu fühlen. Ich verstand nur wenig von dem, was die Menschen untereinander sprachen, und es suchte nur sehr selten jemand das Gespräch mit mir. Den meisten Menschen war meine Anwesenheit eher gleichgültig. Andere wiederum hatten offensichtlich Angst vor mir, misstrauten mir oder machten sich über mich lustig.

Ich fühlte mich ein wenig wie ein Eindringling, wie das schwarze Schaf der Herde. Vor allem abends, wenn ich mit den Piapocos vor dem Lagerfeuer saß und sie in geselliger Runde ihre Lieder anstimmten, machte sich oft eine bleischwere Nostalgie in meinem Herzen breit. Ich dachte dann an meine Familie und hoffte, dass es allen gut ging und sie sich nicht um mich sorgten.

Maisblüte

Die ersten Wochen verbrachte ich zum Großteil alleine und in einigem Abstand zu den Piapocos. Aus dieser Distanz beobachtete ich ihr Leben. Vieles davon empfand ich als sinnvoll, anderes wiederum stieß bei mir zunächst auf bloßes Unverständnis. Zum Beispiel konnte ich nur äußerst selten einen Piapoco beim Waschen unter einem Wasserfall antreffen. Zahnbürsten besaßen sie selbstverständlich auch nicht. So begann ich mich natürlich zu fragen, warum sie dennoch nicht unangenehm rochen und warum sie so auffallend weiße und gesunde Zähne hatten. Diese Dinge waren sehr merkwürdig, und ich zerbrach mir oft stundenlang darüber den Kopf.

Wenn es regnete, wurde diese Gelegenheit hin und wieder genutzt, um sich zu waschen. Die Flüsse wurden zu diesem Zweck nie aufgesucht: Zu groß seien die Gefahren, die in ihnen lauerten: zum Beispiel die Piranhas, die in Gruppen innerhalb weniger Minuten einen gesamten Menschen bis auf sein Skelett abnagen konnten.

So war ich der Einzige, der morgens immer einen kleinen Wasserfall aufsuchte, um sich spärlich zu waschen. Manchmal konnte ich die anderen lachen hören oder fühlte zumindest ihre spöttischen Blicke auf mir. Die Geschichte des Bades, das ich an meinem ersten Tag nehmen wollte, hatte natürlich längst die Runde gemacht.

An diesem Tag stakste ich unbeholfen in Richtung eines nahe gelegenen Gewässers, legte meine zerfetzte, schmutzige

Kleidung ab und wollte soeben in das kühle Nass steigen, um mich zu reinigen, als ein Pfeil direkt an meinem Kopf vorbeisurrte und geräuschvoll in einen Baumstamm einschlug, der sich unmittelbar neben mir befand. Ich blickte mich erschrocken um und sah den Schamanen in einigem Abstand auf einem großen Felsen stehen. Mit Hilfe von Gesten und seinem scharfen Blick gab er mir zu verstehen, dass ich nicht in dieses Gewässer gehen durfte und führte mich zu einem kleinen Wasserfall, der ausreichend in Bewegung war, sodass mich die Piranhas nicht zerfleischen konnten. Noch heute höre ich die Piapocos über mich lachen.

Ein klarer Vorteil meiner Stellung als einziger Weißer war, dass einige der festen Regeln des Stammes nicht für mich galten. So war ich zum Beispiel der Einzige, der sich frei von Gruppe zu Gruppe bewegen konnte. Alle anderen durften dies nur nach vorheriger Anweisung des Schamanen. Diese wurde nur äußerst selten, zum Beispiel zur Partnerfindung, erteilt.

Auf diese Weise konnte ich mir sehr genau aussuchen, mit welchen Menschen ich tagsüber zusammen sein wollte, und ich entschied mich schon sehr bald für eine mittelgroße Gruppe von etwa fünfunddreißig Piapocos. Zwar gab es auch unter ihnen einige, die sich an meiner Anwesenheit zu stören schienen, jedoch gelang es mir schon bald, diese wenigen Streitbolde zu ignorieren und mich in dieser Gemeinschaft fast heimisch zu fühlen.

Die Präsenz einer alleinstehenden Frau, die mich von Anfang an sehr beeindruckte, trug entscheidend zu diesem Prozess bei. Sie war älter als ich, vielleicht Anfang vierzig, und hatte langes, blauschwarzes Haar und große Augen, die honigfarben funkelten. Sie war von einer herzlichen, geradezu mütterlichbeschützenden Ausstrahlung umgeben und versprühte die Energie weiblicher Weisheit und Kraft.

Sie war anders als die anderen Frauen des Stammes und ihre Statur deutlich kräftiger. Sie wirkte muskulöser und in sich abgerundeter. Ihre Bewegungen hatten etwas elfenhaft Elegantes und gleichzeitig etwas auffallend Würdevolles. Sie war stets von einer Aura des Magischen und Geheimnisvollen umgeben, was mich natürlich von Anfang an in ihren Bann zog. Und sie war wunderschön! Sie war die schönste Indigena-Frau, die ich je in meinem Leben gesehen hatte.

Wir kamen sehr schnell miteinander ins Gespräch. Als ich sie zum ersten Mal sah, kam sie schon nach einigen Minuten mit einem strahlenden Lächeln auf mich zu und sagte: »*Cuniao!* Du bist der Neue, nicht wahr?«

Ich nickte ihr freundlich zu und konnte gar nicht anders, als ihr strahlendes Lächeln zu erwidern. Sie reichte mir die Hand, zog mich zu einem großen Stein, der sich ganz in der Nähe befand, und begann, mir von ihrem Leben zu erzählen. »Tempo imoehs«, bat ich sehr bald in meinem gebrochenen Piapoco. »Bitte langsamer!«

Ich erfuhr, dass sie keine Piapoco-Frau war, aber schon seit einigen Jahren fest zum Stamm gehörte. Ihr Name war Tutex, was so viel bedeutete wie Maisblüte. Alle Namen der Indigenas haben eine spezielle Bedeutung und einen direkten Bezug zu den charakterlichen oder äußerlichen Eigenschaften ihres Trägers. Ihr Name spielte auf eine besondere, kraftvolle Präsenz an, denn der Mais ist in ganz Südamerika ein Symbol der Stärke.

Sie war eines Tages, ungefähr drei Jahre vor meiner Ankunft, von einem anderen Stamm zu den Piapocos gekommen und lebte seither mit ihnen. Aus irgendwelchen Gründen war sie ihres alten Stammes verwiesen worden. Vielleicht war sie auch freiwillig gegangen. Das ist mir nie ganz klar geworden.

Ihre schnell von sich aus übernommene Aufgabe bei den Piapocos war, diese in verschiedenen Bereichen zu unterrichten und sie viele nützliche Dinge im Hinblick auf das Leben im Urwald zu lehren. So war sie zum Beispiel eine wahre Meisterin in der Herstellung von Hängematten oder anderen Gebrauchsgegenständen. Die Hängematte, die sie für mich anfertigte, hielt dreißig lange Jahre. Sie verstand sich außerdem vorzüglich auf die Zubereitung von Leckerbissen aus dem Urwald des Amazonas und war so etwas wie eine Geisteslehrerin, die viel über die Gesetze des Lebens wusste.

Wenig später wurde mir bewusst, dass sie bei feierlichen Anlässen eine assistierende Position an der Seite des Schamanen einnahm und so etwas wie eine spirituelle Stütze für ihn darstellte. Sie drängte sich aber nie in den Vordergrund und agierte auch niemals allein. Sie stand stets fest an seiner Seite, und es war unschwer zu spüren, dass eine starke weibliche Kraft von ihr ausging, welche die Kraft des Schamanen gleichsam zu ergänzen schien.

Ich konnte mich sehr gut mir ihr unterhalten. Sie sprach zwar nicht meine Sprache, verstand mich aber, wenn ich langsam spanisch mit ihr sprach, und hatte eine erstaunliche Gabe, sich mir mit Händen, Füßen und betont deutlicher Aussprache verständlich zu machen.

Und so kam es, dass diese überaus interessante und zutiefst geheimnisvolle Frau es sich zur Aufgabe machte, sich um mich zu kümmern und mir meine Eingewöhnung zu erleichtern. Ich war unsagbar froh und dankbar dafür. Sie war es, die mir die Augen für all die Schönheit und die tiefe Weisheit öffnete, die unsere natürliche Umgebung in sich barg. Gleichzeitig erweckte sie Liebe in mir: die Liebe und grenzenlose Hochachtung der Natur gegenüber, die ich noch heute in meinem Herzen trage.

Sie lehrte mich, dass die Natur voller Weisheit sei: Wenn der Mensch einige Regeln im harmonischen und respektvollen Umgang mit Natur beachte, sei er dazu imstande, all dieses Wissen um Gesundheit und Heilung, Glück, Freude, Beziehungen und den Sinn des Lebens zu nutzen. Wir Menschen sind ein Teil der Natur, und somit steht dieses Wissen auch uns zur Verfügung. Wir müssen es nur zulassen, dann kann dieses Wissen unser Leben zutiefst bereichern.

Vieles von dem, was Tutex mir erklärte, verstand ich zunächst noch nicht so recht, doch fühlte ich gleichzeitig, dass es mir später klar werden würde.

Schon sehr bald zogen wir gemeinsam durch den Urwald. In den ersten Tagen zeigte sie mir die unterschiedlichsten Pflanzen, die für den Alltag am Amazonas überlebenswichtig waren. Sie wies mich auf die Lianen hin, die sie für die Herstellung von Hängematten und Taschen benutzte, erschloss mir Dutzende von Medizinpflanzen, die zur Milderung und Heilung verschiedenster Beschwerden dienten, und brachte mir bei, dass Pflanzen und Bäume beseelte – also lebendige – Wesen seien, die, ebenso wie Menschen, Tiere und Steine, ein Geistwesen besaßen. Das sei der Grund, warum wir mit all diesen »Brüdern der Natur« in Kontakt treten und unmittelbar mit ihnen kommunizieren könnten.

Die Erkenntnis, dass wir vollkommen gleichgestellte Mitglieder der Natur – neben den Tieren, Pflanzen und Steinen – seien, müsse uns ins Bewusstsein dringen und zu einer inneren Haltung der Demut und der Bescheidenheit gegenüber der

Natur führen. Diese würde uns in unserem Leben von großem Nutzen sein. Warum dem so war, sollte ich erst Monate später erfahren.

Schon sehr bald kristallisierte sich meine tiefe Faszination für Bäume heraus, die meine Lehrerin nur allzu gerne mit fundiertem Hintergrundwissen schulte. Bäume seien sehr alte und weise Wesen, erklärte sie mir, von denen jeder einzelne seine persönliche Mission mit auf diese Welt gebracht habe. In ihrer Gesamtheit haben sie alle eine Schutzmission gegenüber uns Menschen und allem anderen, das lebe. »Deshalb sind sie sehr darum bemüht, uns zu helfen. Sie sind so etwas wie unsere persönlichen grünen Schutzengel, die darauf bedacht sind, uns Menschen das Leben zu vereinfachen. Sie freuen sich wie kleine Kinder, wenn wir sie ansprechen und um Hilfe bitten«, weihte Tutex mich ein.

»Sie sind immer und zu jeder Zeit in der Lage, uns zu reinigen und zu harmonisieren, egal, in welch schlimmem Zustand wir uns befinden mögen. Im Falle einer Krankheit, ob physischer, mentaler, emotionaler oder spiritueller Natur, gibt es fast keine effektivere Kur, als sich einem Baum zu nähern und ihn um Hilfe und Reinigung zu bitten«, erzählte mir meine Lehrerin weiter.

»Es gibt Bäume, die uns durch den bloßen Aufenthalt in ihrem Schatten Heilung bringen können. Ich zeige dir bald den Baum, in dessen Schatten sich ein Mensch mit schwachem Herzen an drei aufeinanderfolgenden Tagen jeweils drei Stunden lang setzen sollte. Nach diesen drei Tagen wird er sich vollkommen erneuert und kraftvoll fühlen.«

Die reine physische Präsenz des Baumes spende Heilung, erfuhr ich einige Tage später. Abhängig von der Art der Krankheit entnahm man ein Stück Rinde, einige Blätter oder etwas von der Wurzel. Zur äußerlichen Anwendung, als Teeaufguss oder durch das bloße Halten seiner Blätter in unseren Händen sei der Baum dazu imstande, uns das zu geben, was wir gerade benötigten. Hierbei sei es natürlich wichtig, nur so viel vom Baum zu nehmen, wie wir wirklich zu unserer Genesung brauchten.

»Außerdem sind Bäume besonders kompetente Berater und Wegweiser. Du musst wissen, dass sie über zwei unterschiedliche Sprachen mit ihrem Umfeld in Kontakt stehen: Zum einen kommunizieren sie durch die Beschaffenheit ihrer Blätter, ihrer Stängel oder ihrer Rinde, die man als Eingeweihter lesen und interpretieren kann. Zum anderen teilen sie sich über die Laute mit, die der Wind durch die Bewegung ihrer Blätter verursacht. Es ist kein Zufall, welche Geräusche die Bäume und Pflanzen bei einem Windstoß von sich geben«, verriet mir Tutex.

»Da! Hör dir das an«, rief sie und nahm ruckartig eine gebückte Haltung ein. »Dieses Rasselgeräusch bedeutet Gefahr. Ein natürlicher Feind ist in unserer Nähe. Leg dich flach auf den Boden und beweg dich nicht.«

Wenige Momente später kam tatsächlich ein Puma hinter den Büschen in unser Blickfeld, der uns für einen kurzen Augenblick mit seinen hellgelben Augen anvisierte. Zum Glück schien er aber gerade auf einer anderen Fährte zu sein. Er schenkte uns weiter keine Beachtung, sondern setzte seinen Weg fort.

Ich lag direkt neben Tutex und atmete bewusst flach, um keine unnötigen Geräusche von mir zu geben. Mein Unterarm berührte den ihren, und ich konnte ihre warme, weiche Haut spüren. Der Duft ihrer Haare erinnerte mich an gelbe Blüten.

Obwohl sie sicher an die zwanzig Jahre älter war als ich, konnte ich in diesem Moment eine eindeutige Anziehungskraft zwischen uns spüren, die mich verwirrte.

»Und wenn du eine Frage oder ein bestimmtes Anliegen hast, mein Freund, dann machst du Folgendes ...«

Gespannt sah ich meine Lehrerin an und fragte mich, was nun wohl kommen würde. »Du gehst mit deinem klar formulierten Anliegen auf den Baum zu, begrüßt ihn und fragst ihn mit deiner inneren Stimme um seine Erlaubnis, mit ihm in Kontakt zu treten. Das sollte übrigens immer so sein, wenn du dich einem Baum näherst!«

Konzentriert lauschte ich jedem ihrer Worte, um sie mir genau einzuprägen.

»Dann legst du deine Handflächen und deine Stirn gegen den Stamm oder umarmst ihn. Atme tief und ruhig und versuche, dich mit ihm energetisch zu verbinden.«

»Um Erlaubnis fragen, klares Anliegen, energetisch verbinden«, resümierte ich in Gedanken.

»Wenn du spürst, dass du mit dem Baum eine energetische Einheit bildest, bitte ihn um alles, was du möchtest. Du wirst später merken, dass die Wirkung nie ausbleiben wird. Nach einiger Zeit werden sich die gestellten Fragen beantworten: Du wirst auf Menschen treffen, die dir bei der Klärung deiner Aufgaben helfen, und du wirst neue Gewissheiten in dir keimen sehen.«

Für heute beendete sie ihren Unterricht. Ich wollte schon zu einem Protest anheben, aber plötzlich spürte ich meine bislang nicht wahrgenommene geistige Ermüdung und blieb stumm.

Immer, wenn wir wieder zu den anderen zurückkehrten, ging meine Freundin täglich etwa zur gleichen Stunde ohne ein

Wort des Abschieds in eine bestimmte Richtung und kam den ganzen Abend über nicht wieder zurück. Ich wusste nie, wohin sie ging und wo sie die Nächte verbrachte. Morgens war sie einfach wieder da, als sei nichts geschehen.

Ich nahm mir ein paar Mal vor, ihr nachzugehen, um herauszufinden, was hinter diesem Geheimnis steckte, aber jedes Mal kam etwas dazwischen, und es gelang ihr letztlich immer, mir zu entwischen. Ich stolperte über eine Wurzel, ein Ast schlug mir ins Gesicht oder ein Vogel flog mir auf den Kopf. Irgendetwas lenkte immer kurzzeitig meine Aufmerksamkeit von ihr ab. Ein kleiner Augenblick genügte – schon war sie verschwunden, und ich stand allein im Urwald, ohne irgendeinen Anhaltspunkt.

Eines Tages, als sie morgens wieder einmal wie aus dem Nichts neben mir auftauchte, nahm ich meinen ganzen Mut zusammen und fragte sie: »Wo verbringst du die Nächte? Ich habe dich schon einige Male gesucht, finde dich aber nie.«

Daraufhin sah mich meine Freundin nur besonnen an, lächelte und wechselte, ohne auf meine Frage einzugehen, das Thema: »Komm mit! Heute gehen wir zu dem großen Baum, der die Macht hat, bei allen Frauen, die in die Nähe seines Stamms kommen, ihre Menstruation auszulösen. Egal, an welchem Punkt ihres Zyklus die Frau gerade steht. Ich habe dir schon von ihm erzählt, erinnerst du dich? Es ist ein besonders alter Baum.«

Auf halbem Weg kamen wir an einer kleinen Hütte vorbei, in der zwei junge Frauen auf einem Lager aus dunkelgrünen, runden Blättern lagen. Ihre Gesichter waren mit zwei Linien bemalt, die jeweils vom Ohr bis zur Nase reichten.

»Was ist denn mit den Frauen?«, fragte ich Tutex. »Sind sie krank?«

»Nein«, lächelte sie. »Sie sind im Mond!«

»Wie soll ich denn das verstehen?«, fragte ich verdutzt und kratzte mich hinterm Ohr.

»Das sagen wir zu Frauen, die gerade menstruieren. Sie werden vom Stamm entfernt, und nur Frauen dürfen sich ihnen nähern. Der Moment der Menstruation wird bei uns als heiliger Vorgang der Säuberung angesehen. Wir sagen, dass sich die Frau in ihrer eigenen Medizin befindet und sich ihr aus diesem Grund kein Mann nähern darf. Die Frauen liegen auf den großen *Platanillo*-Blättern[12], die ihr Blut aufsaugen, und abends wird dieses Blut dann Mutter Erde in einer kleinen Zeremonie als Opfergabe zurückgegeben. Das Blut einer menstruierenden Frau ist unsagbar wertvoll.«

Ich war sehr froh, dass sie da war und mich unterrichtete. Sie war mir Lehrerin, Freundin und Mutter in gleichem Maße: eine einfühlsame, sehr weise und überaus angenehme Begleitung, die es sich aus irgendeinem Grund zur Aufgabe gemacht hatte, mich an die Lehren des Amazonas heranzuführen. Ich sollte erst viel später erfahren, warum das so war.

An einem anderen Tag kam sie sehr früh am Morgen zu mir und gab mir zu verstehen, dass ich ihr folgen sollte. Schnell rappelte ich mich auf und legte meine schon sehr lang gewordenen Haare zurecht. Sie wartete im Morgengrauen, einige Meter entfernt, am Flussufer auf mich. Mein Blick fiel auf ihr Gesicht, und ich kam nicht umhin, auch die warme und alterslose Haut ihres Rückens und Gesäßes im Licht der aufgehenden Sonne zu bewundern. Plötzlich raschelte es direkt neben mir, und im nächsten Moment stand der Schamane mit einem sehr ernsten Gesichtsausdruck vor mir.

»Es gibt einige Regeln, die wichtig sind und die du einzuhalten hast!«

Er war definitiv kein Freund von leeren Floskeln, sondern kam geradewegs auf den Punkt seines Anliegens. Ich betrachtete ihn ehrfurchtsvoll und gleichzeitig mit einer großen Portion Neugier.

Der Schamane trat noch einen Schritt näher an mich heran. Wir standen fast Nase an Nase, als er mir mit seinen durchdringenden Augen bis in die Seele zu blicken schien. Mir wurde leicht schwindelig und etwas unbehaglich zumute. »Keine Frauen! Verstehst du? Du fasst keine unserer Frauen an! Niemals!«

Sein Tonfall war von einer mir fremden Autorität durchdrungen, die mich verwirrte. Für einen Augenblick verlor ich innerlich die Beherrschung und konnte nicht reagieren. Ich fühlte mich wie ein fünfjähriger mutterloser Junge, der nicht wusste, was er tun sollte.

Und so wartete ich einfach ab, was passierte. Es schienen Minuten zu vergehen, ehe sich der Schamane von mir abwandte und ich erleichtert aufatmen konnte. Ich spähte in Richtung Flussufer, wo Tutex auf mich wartete, und sah dann fragend den Schamanen an.

Als hätte er meine stille Frage gehört, erwiderte er: »Du kannst mit ihr gehen. Lerne von ihr! Aber sonst nichts! Niemals! Hast du verstanden?«

Ich nickte mit ernstem Gesichtsausdruck und bemerkte, dass ich langsam wieder die Kontrolle über meinen Körper zurückgewann.

Ich ging einige Schritte in Richtung Flussufer und drehte mich dann noch einmal zum Schamanen um, der mich aufmerksam ansah. »Ich habe verstanden. Danke!«

Ich verneigte mich knapp und wandte mich dann langsam dem Flussufer zu.

Tutex verwirrte mich zutiefst. Sie forderte mir ein Maximum an Selbstbeherrschung ab, wenn ich sie, nackt und schön, wie sie war, neben mir wusste. Doch der Auftritt des Schamanen hatte einen nachhaltigen Eindruck bei mir hinterlassen. Mir war bewusst, dass ich die Piapocos würde verlassen müssen, wenn ich mein Versprechen brach. Ich war mir sicher, dass es schlichtweg unmöglich war, ein Geheimnis vor dem Schamanen zu bewahren: Er wusste alles, was um ihn herum geschah.

Um von meiner Verlegenheit abzulenken, fragte ich Tutex, warum sich die Piapocos nicht wuschen und ihre Zähne nicht putzten. Sie lächelte mich an, und das Weiß ihrer Zähne blitzte mir entgegen: »Mutter Natur versorgt uns mit allem, was wir brauchen«, sagte sie. Ein Kribbeln in meinem Herzen bestätigte mir die Wahrheit ihrer Worte. Diese Art von Wahrheitsfindung war mir schon seit vielen Jahren zur Gewohnheit geworden, da ich für mich erkannt hatte, dass mein Körper oft mehr wusste als mein Verstand.

»Deshalb gibt es auch kaum Krankheiten unter uns«, fuhr Tutex fort. »Es gibt für und gegen alles eine Pflanze, und wir benutzen sie oft vorbeugend, damit Krankheiten gar nicht erst entstehen können.«

Meine Freundin erzählte mir von speziellen Pflanzen, die sie zur Zahnpflege kauten, und von anderen, die man über dem Feuer in einem Wasserbad aufkochte: Der Sud hatte eine desinfizierende und säubernde Wirkung auf den gesamten Organismus.

»Es ist nicht nötig, mehr für seine Körperhygiene zu tun, wenn man so im natürlichen Gleichgewicht lebt«, erklärte mir Tutex. »Hin und wieder reinigt uns der Regen, und das ist genug. Es sind vorrangig zwei verschiedene Lianen, die wir zur Körperhygiene benutzen. Wir nennen sie *Cascache*[13] und *Cunabe*[14]. Später zeige ich sie dir.«

»Und wie pflegt ihr eure langen Haare?«, fragte ich nach, denn ich war mir sicher, dass sie weder Shampoo noch Kämme besaßen.

»Wir pflegen sie mit dem Saft der Rinde vom *Balso*[15]-Baum und mit einem Öl, das der *Cascarilla*[16]-Baum abgibt. Das reicht, zusätzlich zum Regenwasser, aus.«

Mich faszinierte die Welt der Pflanzen sehr, und ich saugte all die Informationen auf wie ein trockener Schwamm. Es war eine Offenbarung, in diese Welt einzutauchen. Ich lernte Pflanzen kennen, die den Blutdruck regulierten, solche, die den Zuckerhaushalt im Körper wieder in sein gesundes Gleichgewicht zurückbrachten, und andere, die entzündungshemmend wirkten.

Die wichtigste Pflanze in der Welt der Piapocos war jedoch zweifelsohne das Yagé. Man könnte sagen, dass sich die Existenz der Piapocos auf der Herstellung und der Anwendung des Yagé begründete, welches bei ihnen als Allheilmittel verwendet wurde. Das Yagé stellte so etwas wie ihr Heiligtum dar – ihre Religion –, so könnte man es ausdrücken. Seit vielen Generationen war sie schon die Meisterpflanze des amazonischen Schamanismus und verkörperte die unbegrenzte Weisheit von Mutter Natur.

»Es heißt, dass eines Tages Gott auf die Erde kam und ein Haar von sich einpflanzte: Daraus ist die Pflanze Yagé entstanden«, ließ mich Tutex wissen, und ich erhielt eine erste Ahnung davon, wie heilig diese Medizin für die Indigenas des Amazonas sein musste und warum sie als Geschenk Gottes gefeiert und verehrt wurde. Ich lernte daneben viele andere Pflanzen kennen, die uns Menschen wohlgesonnen waren, und auch solche, die sich uns gegenüber von Natur aus nicht so freundlich verhielten.

»Alle Pflanzen besitzen einen Geist – das sogenannte Elementarwesen –, das mit unserem eigenen Geistwesen in Kontakt treten kann.« Tutex wiederholte sich häufig bei diesem Thema, und so prägte sich all dies tief in mein sich neu formierendes Weltbild ein.

»Natürlich können auch *wir* umgekehrt den ersten Schritt machen und auf *sie* zugehen. Unter normalen Umständen sind so gut wie alle Pflanzen von Mutter Erde dem Menschen wohlgesonnen und stehen ihm helfend zur Seite. Ihre Geistwesen besitzen die Macht, zu uns zu sprechen, auf uns Einfluss zu nehmen und uns anzuleiten. Es ist egal, welche Sprache du sprichst, sie antworten dir so, dass du begreifst. Alle Sprachen der Erde haben denselben Ursprung, wusstest du das?«

Ich nickte ihr erneut fasziniert zu, räusperte mich dann aber und gab zu: »Äh, nein!«

Tutex sprach weiter: »Nun, dort, wo du herkommst, haben die Menschen leider vergessen, dass wir ein Teil der Natur sind, und hören daher nicht zu, wenn sie zu uns spricht. Wir müssen uns immer wieder darauf besinnen, um diese Tatsache wieder in unser Leben zu integrieren.«

Ich blickte auf einen schönen, imposanten Baum vor uns und dann wieder auf Tutex.

»So können die Bäume uns, wie wir ja schon gesehen haben, vor Gefahren und Feinden warnen.« Sie kaute bei diesen Worten auf dem langen Stängel einer Pflanze herum. »Sie harmonisieren unseren Energiehaushalt und bringen uns wieder zu uns selbst und unserem inneren Gleichgewicht zurück. Wer jedoch die Gesetze der Natur missachtet und ohne Bewusstheit gegen sich und die Umwelt handelt, muss damit rechnen, dass ihn diese Geistwesen regelrecht verhexen.«

Ich verschluckte mich an meinem eigenen Speichel und hustete wie wild. Kurzzeitig hatte ich das Gefühl zu ersticken. Jene letzten Worte berührten mich eigenartig und ließen mich erröten.

»Sie haben die Macht, dich in einen Zustand des Chaos zu versetzen, sodass du dich hoffnungslos verirrst – in deiner Umgebung und in deiner Haut. Du weißt nicht mehr, wer du bist, wo oben und wo unten ist.«

Meine Erinnerungen schweiften zurück in meine jüngste Vergangenheit, und ich begann zu verstehen.

»Was genau bedeutet es denn, mit den Gesetzen der Natur zu leben?«, fragte ich, und meine Stimme hörte sich dabei etwas fremd an.

»Es bedeutet, dass immer ein Ausgleich zwischen Geben und Nehmen besteht. Du trinkst nur so viel Wasser, wie du zum Stillen deines Durstes brauchst, und verschwendest kein weiteres. Du pflückst nur die Pflanzen, die du brauchst, um dich zu pflegen, dich zu heilen und deine momentanen Bedürfnisse zu stillen, und nicht mehr. Du erweist den Geistwesen dieser Pflanze deinen Respekt, indem du sie um Erlaubnis bittest, bevor du dich bedienst, und du bedankst dich anschließend bei ihnen. Dies gilt auch für den Umgang mit Tieren. Ehrfurcht, Mäßigung und Dankbarkeit sind entscheidende Grundhaltungen für ein Leben in Harmonie mit der Natur!«

Ich starrte ins Leere. Reue und Scham bemächtigten sich meiner. Ich hatte unzählige Male gegen die Gesetze der Natur verstoßen und gegen Mutter Erde gearbeitet. Ich hatte Tiere getötet, in Unmaßen, um ihre Felle für Geld zu verkaufen. Zu Recht war ich dafür bestraft worden.

Es dämmerte mir langsam, dass dies als Gemeinschaftswerk zu verstehen war: Das Yagé hatte wirkungsvoll mit den anderen Urwaldpflanzen in meinem damaligen Umfeld zusammengewirkt und so für Ausgleich gesorgt. Gemeinsam hatten sie mich fast um den Verstand gebracht, indem sie mich auf einen Irrweg geleitet und mir die entsetzlichsten Momente meines Lebens bereitet hatten. Ich hatte mich wie ein egoistischer Mistkerl verhalten – vollkommen respektlos Mutter Erde gegenüber. Ich hatte verdient, was mir geschehen war.

Ein tiefes Gefühl von Schuld überkam mich wie eine Ohnmacht und stürzte mich in bodenlose Dunkelheit. Ich stand auf, murmelte einige verwirrte Worte in Richtung Tutex und suchte das Weite.

Momente der Heilung

Ich fühlte mich erbärmlich. Für einige Tage zog ich mich zurück und wollte niemanden sehen. Ich brauchte Zeit zum Nachdenken und zum Verdauen meiner neuen Erkenntnisse. Tagsüber hielt ich mich von meiner Gruppe fern und versteckte mich besonders vor Tutex, die mich jeden Tag aufs Neue suchte und die anderen nach mir fragte. Aber ich konnte und wollte ihr nicht in die Augen sehen. Zu groß war die Scham über das, was ich getan hatte.

Die folgenden Wochen verbrachte ich in einem Zustand der vollkommenen Stille. Ich suchte dichte Büsche, in denen ich mich verkriechen konnte, oder erklomm hohe Bäume, um mich in ihren Wipfeln zu verstecken.

Stundenlang starrte ich vor mich hin, gedankenlos und vollkommen gleichgültig meiner Umwelt gegenüber. Ich spürte eine mich völlig vereinnahmende Leere im Inneren, fühlte mich traurig und einsam: An einem Ort gefangen, an dem ich mich nach wie vor fremd fühlte und dessen Lebensregeln ich immer noch nicht ganz verstand.

Ich war abgeschnitten von meiner Familie, meinen Freunden und von allem, was vorher mich und meine Welt ausgemacht hatte. War meine Entscheidung, hierher zu kommen, wirklich richtig gewesen? Würde ich wirklich das erhalten, weswegen ich gekommen war?

Der Schamane war mir gegenüber bisher sehr wortkarg gewesen, und in dieser Zeit der Ernüchterung fühlte ich ein bohrendes Gefühl des Zweifels in meiner Magengrube. *»Wahr-*

scheinlich will er mich gar nicht unterrichten. Warum sollte er auch? Ich bin ein unbedeutender und selbstsüchtiger Räuber, der die Natur aufs Übelste missbraucht hat.«

Und so dümpelte ich viele Tage alleine in einem Zustand der Bitterkeit und der Selbstvorwürfe vor mich hin. Außer Tutex schien mich niemand zu vermissen, wenn auch kein Tag verging, an dem ich nicht die Präsenz des Schamanen für einen kurzen Augenblick spüren konnte. Ich ahnte, dass er wusste, wo ich war – und warum. So näherte er sich mir täglich, sah mich prüfend mit seinen wissenden Augen an und überließ mich dann wieder wortlos meiner Selbstbegegnung.

Allmählich erst bemerkte ich, wie sehr sich meine Aufmerksamkeit von der Außenwelt abgewandt hatte und wie ich mich zunehmend in einem Zustand der inneren Reise befand. Ich begann, mit mir selbst zu sprechen, mit den Wesen meiner Innenwelt, mit meinem Herzen. Ich erzählte von meinen Sorgen und den Ängsten, die in der letzten Zeit hochgekommen waren: Mein Verstand führte Zwiegespräche mit meinem Herzen und meiner Seele.

Oft weinte ich und verlieh meinen tiefsitzenden Ängsten vor dem Unbekannten Ausdruck. Das Unbekannte, wofür die ungebändigte Natur des Amazonas als Symbol stehen könnte. Ich weinte meine Trauer über den Verlust der alten, mir bekannten Welt aus mir heraus und verspürte Zorn auf die Gleichgültigkeit und die Ignoranz von meinesgleichen. Wie hatte es nur so weit kommen können, dass sich der weiße Mann von der Welt, die ihn umgab, abgetrennt und isoliert hatte? War es bereits zu spät für eine Umkehr?

Es dauerte eine Weile, bis ich die ersten Antworten erhielt. Nach einigen Tagen tauchten Bilder in meinem Inneren auf, die mich in innigster Umarmung mit Pflanzen und Bäumen zeigten. Im selben Moment stiegen die Worte von Tutex in mir auf: »Die Geistwesen der Pflanzen und Bäume besitzen die Macht, zu uns zu sprechen, Einfluss auf uns zu nehmen und uns anzuleiten.«

Ich betrachtete den festen, dickgliedrigen Ast des Baumes, auf dem ich gerade saß. Ich fühlte mich wie ein dreijähriger Junge, der soeben seine Welt neu entdeckte. Langsam und vorsichtig strichen meine Handflächen über die Rinde des Baumes, der bestimmt einige hundert Jahre alt sein musste.

»Stimmt das wirklich? Kannst du mit mir sprechen? Bist du genauso lebendig wie ich?«, fragte ich flüsternd den Baum. In diesem Moment verspürte ich ein leises Kribbeln in meiner rechten Handfläche, die immer noch liebevoll über die Baumrinde glitt. Daraufhin hielt die Bewegung meiner Hand inne, und ich schloss meine Augen, um mich in die Welt des Fühlens zu begeben. *»War das jetzt eine Antwort?«*

Nun begann meine linke Hand, über die Oberfläche der Baumrinde zu streichen, diese abzutasten und zu befühlen. Bald darauf war das Kribbeln in beiden Händen spürbar und wanderte langsam hoch bis in die Ellbogen. Ich hielt meine Augen weiterhin geschlossen und atmete tief. Nach einigen Minuten konnte ich ein Gefühl des endlosen Friedens in mir spüren, das wie eine Meeresbrandung mein Herz umspülte.

Es war, als hätte jemand eine Schleuse in mir geöffnet, und meine Lasten, meine Zweifel und Ängste flossen davon. Auf einmal fühlte ich mich frei, geborgen und geliebt. Viele Stunden verbrachte ich noch auf diesem Baum, auf dem Bauch liegend und ihn innig umarmend. Ich spürte, wie es meinem Herzen wieder besser ging und ich neue Lebenskräfte sammeln konnte.

Es kam der Moment, an dem ich mich erhob, den Baumstamm hinabkletterte und mich ohne Ziel auf einen langen Spaziergang begab. Ich näherte mich den verschiedensten Urwaldpflanzen und erlebte meine ersten geistigen Begegnungen mit ihnen, ohne genau zu wissen, was genau ich eigentlich tat.

Ohne eine bestimmte Absicht bewegte ich mich, als würde eine fremde Hand mich leiten. Der Verstand ruhte, sodass geschehen konnte, was geschehen sollte. Ich näherte mich intuitiv den Pflanzen auf meinem Weg, die mich anzogen und in mir ein inneres Wissen freigaben.

Ich hielt ihnen meine Handflächen entgegen und spürte ein energiegeladenes Kribbeln. Es war unglaublich und magisch, denn obwohl die Tier- und Pflanzenwelt natürlich schon immer einen Platz in meinem Leben eingenommen hatte, begann ich an diesem Tag zum ersten Mal, sie wirklich zu *sehen* und als lebendigen Begleiter auf meinem Lebensweg zu entdecken. Ich beobachtete mich dabei, wie ich bei diesen Begegnungen Mutter Natur um Verzeihung bat. Bei jeder Pflanze, der ich mich näherte, schossen mir automatisch dieselben Worte durch den Kopf: »Es tut mir leid, es tut mir leid, es tut mir leid …«

Ich ließ einfach geschehen, was mein Körper tun wollte, ließ jegliche Kontrolle fallen. Es gab keine weiteren Gedanken in diesen Tagen, keine weiteren Worte, denn mit diesen Handlungen war alles gesagt.

Hin und wieder raschelten die Blätter zustimmend, und einige Tiere gaben mir durch ihre Blicke ihren Segen und ihre Vergebung. In mir stieg ein tiefes Gefühl des Friedens und der Liebe auf, das alle Spuren von Schuld, Gram und Einsamkeit beseitigte und mich als neuen Menschen zurückließ. »Die Natur ist voller Liebe«, pochte es durch meinen Blutkreislauf, und ein seliges Lächeln umspielte meine Lippen.

Ich erinnere mich an einen besonderen Tag in dieser Phase der Heilung. Es war an einem verregneten, nebligen Morgen, der sehr schwül war. Ich lag bäuchlings auf einem breiten Ast, den ich mit meinen Armen umschlang. In der Stille atmete ich gleichmäßig vor mich hin und befand mich in einem leichten Dämmerzustand. Es kam der Augenblick, in dem ich begann, mich wie eine Schlange zu fühlen. Das mittlerweile schon vertraute Gefühl vollkommenen Friedens stieg in mir auf, und ich spürte, wie ich immer tiefer in einen Zustand der Gedankenfreiheit eintrat und den Bezug zu meinem Körper allmählich verlor.

Ich spürte das feuchte Holz des Baumes an meiner Haut, die Beschaffenheit seiner Rinde und ein vibrierendes Kribbeln, das sich in mir ausbreitete. Bald begann ich ein rhythmisches Pochen wahrzunehmen, das offenbar von dem Baum ausging. Ich erschrak. Deutlich fühlte ich meinen eigenen Pulsschlag und gleichzeitig einen anderen, der nicht zu meinem Körper gehörte. Alarmiert fuhr ich herum, in Erwartung einer Raubkatze oder eines vergleichbar gefährlichen Tieres.

Aber da war nichts. Weit und breit waren nur ich, der Baum und der Regen, der ebenfalls seinen eigenen Rhythmus, seine eigene Musik hatte. Und so wurde mir an diesem Tag bewusst, dass Bäume eine Art Pulsschlag haben.

»*Ein bisschen wie bei uns Menschen*«, schoss es mir durch den Kopf, und ich musste schmunzeln. Je mehr ich darüber nachdachte, umso mehr Gemeinsamkeiten fielen mir zwischen den Bäumen und uns Menschen auf: »Wie auch wir benötigen sie für die direkte Kommunikation über ihre Blätter einen konstanten Luftzug, einen Atem. Sowohl die Bäume als auch wir Menschen weisen indirekt, über Veränderungen unseres Körpers, auf ein Ungleichgewicht in unserem Inneren hin. Nur haben die meisten von uns diese Sprache leider vergessen.« So erklärte es Tutex einige Zeit später.

Und es stimmte: Bäume waren Wesen voller Liebe und Weisheit, die in uns Menschen wahre Wunder bewirken konnten, wenn wir uns darauf einließen. Mich zumindest holten sie aus tiefster Depression und führten mich in einen Zustand des Vertrauens und des sicheren Gefühls, nicht alleine zu sein, sondern ein ebenbürtiger und geliebter Teil des gesamten Kosmos.

An einem sonnigen Nachmittag war die Zeit meiner Abgrenzung vorbei. Die Sonne drang zum ersten Mal seit vielen Tagen durch die dichte Nebeldecke bis auf den Boden. Plötzlich stand der Schamane vor mir und gab mir zu verstehen, dass ich ihm folgen sollte. Er war festlich geschmückt mit seinem *Airon*, einem Kranz, der sein Haupt mit unzähligen farbenprächtigen Federn schmückte. Um seine Schultern trug er die Haut seines Krafttiers, einer riesigen Boa, was er nur zu besonderen Anlässen tat, wie mir Tutex erzählt hatte. In seiner rechten Hand hielt er eine *Guarura*, eine lange Bambusflöte, die er in regelmäßigen Abständen zu seinem Mund führte, um ihr einen schrillen Ton zu entlocken. Dies war wohl das Signal für seinen Stamm, zur bevorstehenden Festivität zu erscheinen, denn aus allen Richtungen kamen Piapoco-Familien herbeigelaufen.

Ich freute mich zutiefst über diesen willkommenen Anlass, wieder aus meiner Isolation herauszutreten, und sprang frohen Mutes hinter dem Schamanen her.

Wunderschön sah der Amazonas am heutigen Tag aus. Die Sonne glitzerte mir aus den kleinen Wassertropfen entgegen, die sich auf den Pflanzen um mich herum niedergelassen hatten. Diese perfekte Schönheit blendete mich – oder lag es an meinen lichtempfindlich gewordenen Augen?

Ich fragte mich, was wohl der besondere Anlass an diesem Tag sein mochte. In diesem Augenblick kam Tutex auf mich zu. Mit einem strahlenden Lächeln umarmte sie mich fest und voller Herzlichkeit: »Na? Geht es dir besser?«

Ich freute mich sehr, sie wiederzusehen, und erwiderte ihre Umarmung innig.

»Das ist es, was eine Umarmung wirklich ausmacht«, hörte ich plötzlich eine Stimme in mir sagen: »Die Zusammenkunft zweier Herzen.«

Auch Tutex war festlich geschmückt: Sie hatte einige Federn in ihren Haaren, und ihr Körper war mit weißer, roter und schwarzer Farbe bemalt. Durch Ohren und Nase hatte sie mehrere weiße Stöckchen gesteckt.

»Was gibt es denn heute zu feiern?«, fragte ich sie nach einer Weile.

»Das Sonnenritual«, erklärte sie. »Wir feiern es einmal pro Mond. Rituale nehmen bei uns eine sehr zentrale Stellung ein. In der Regel feiern wir zwei davon jede Woche, und die meisten dieser Rituale richten sich an die vier Elemente: Wir bedanken uns für ihre Präsenz und ihre Hilfe in unserem Leben. Bisher haben wir dir nie Bescheid gesagt, da der Schamane dich noch nicht dabeihaben wollte. Kinder unter zwölf Jahren sowie Besucher, die nicht zu unserem Stamm gehören, sind von den Ritualen ausgeschlossen.«

Erst in diesem Augenblick fiel mir auf, dass während meines Aufenthalts bei den Piapoco schon an vielen Tagen von einem Moment auf den anderen sämtliche Stammesmitglieder plötzlich verschwunden waren. Diesen Momenten hatte ich nie besondere Aufmerksamkeit geschenkt; ich hatte mich damit zufrieden gegeben, dass sie wohl etwas unter sich zu besprechen hatten. Da ich schon immer ein Mensch gewesen war, der sehr gut mit sich allein zurechtkommt, hatte ich diese regelmäßigen Momente des Alleinseins nicht weiter hinterfragt.

»Du kannst dich freuen, Taguarí. Dass der Schamane dich heute dabeihaben möchte, beweist, dass du nun offiziell zu uns gehörst. Herzlich willkommen, mein Freund!« Sie strahlte mich an, und ich konnte nicht anders, als zurückzulächeln.

»Wie hast du mich gerade genannt?«, stutzte ich.

»Taguarí«, erwiderte sie. Nach einer kurzen Pause, in der ich vergeblich auf eine Erläuterung wartete, hakte ich nach: »Warum sprichst du mich mit diesem eigenartigen Namen an? Mein Name ist José, das weißt du doch.«

Tutex schmunzelte mich an und erwiderte: »Der Schamane hat dir diesen Namen gegeben. Von nun an heißt du bei uns Taguarí. Der Name bedeutet: Der seine Macht im Wasser hat.«

Wie so oft in den letzten Wochen verstand ich den Sinn dieser Worte nicht und fühlte mich erneut wie ein verwirrter kleiner Junge. »Was soll das bedeuten? Seine Macht im Wasser haben?«

»Es bedeutet, dass das Wasser dein starkes Element ist. Jeder Mensch hat eine besondere Neigung zu einem der vier Elemente. Eine bessere Verbindung zu ihm, wenn du so willst. Verbindest du dich mit dem Elementarwesen des Wassers, was dir leichterfallen wird als anderen Menschen, haben deine Taten mehr Kraft und Stärke.«

Ich starrte sie an, und mein Gesichtsausdruck musste sie wohl an eine Kuh kurz vor dem Melken erinnert haben. Sie lachte, und ihre Augen blitzten fröhlich. »Es macht nichts, dass du das noch nicht verstehst. Hab einfach Vertrauen in dich und etwas Geduld. Vorerst sind nur zwei Dinge wichtig. Erstens: Etéwa, der Schamane, hat dir den Namen Taguarí gegeben, und so heißt du ab jetzt bei uns. Zweitens: Wenn du wachsen und lernen willst, halte dich oft in der Nähe des Wassers auf. Es wird sein Übriges tun und dir auf deinem Weg helfen.«

»Und was bedeutet der Name des Schamanen?«, wollte ich wissen.

»Etéwa: Der alles sieht«, antwortete Tutex, und ich grinste in mich hinein.

Bei diesen Worten erreichten wir den Gipfel eines steinigen Hügels und hielten kurz auf unserem Weg inne. Vor uns lag ein Tal mit einem breiten, weißen Sandstrand. Weiter hinten war das Flussufer mit seinem glitzernden, bräunlichblauen Wasser zu sehen. *»Da ist es ja: mein Element!«*

Auf der anderen Seite des Flusses machten sich wiederum die dichten Urwaldpflanzen breit und schnitten uns die Sicht ab. Es war ein herrlicher Ausblick, und wir blieben für eine Weile dort stehen und genossen die Sonne auf unserer Haut und die Weite des Horizonts, denn das war etwas, das man im Dickicht des Amazonas nicht allzu oft genießen konnte.

An dem breiten Sandstrand waren schon an die hundertfünfzig Piapocos zusammengekommen. Alle hatten ihren Körper bemalt, einige trugen wie Tutex Federn im Haar, und wiederum andere schmückten sich mit Ketten aus Baumsamen. In einiger Entfernung konnte ich den Schamanen erkennen, der durch seinen Airon auf dem Kopf unweigerlich aus der Masse herausstach und gerade dabei war, mit seinen Füßen einen weiten Kreis in den Sand zu zeichnen.

»Was genau passiert denn heute?«, fragte ich Tutex, und sie zog mich zu einem kleinen Felsen, auf dem wir uns niederließen. Wir blickten gemeinsam hinunter auf das Tal, in dem sich mittlerweile fast das gesamte Volk der Piapocos eingefunden hatte.

»Das Sonnenritual ist ein Ritual der Säuberung, der Reinigung unseres Körpers, unserer Seele und auch unseres Lebensraums«, erklärte mir meine Lehrerin. »Für uns stellt die Sonne eine große und mächtige Gottheit dar, deren Geistwesen Leben, Vitalität und Gesundheit spendet und die somit eine unschätzbare Begleitung auf unserem Lebensweg darstellt. Dieses Geistwesen laden wir im Sonnenritual dazu ein, in unseren Körper und unser Leben einzutreten.«

Sie legte ihre Haare zurecht und zupfte an ihrem Federschmuck, ehe sie fortfuhr: »Die Sonne ist eine Energiequelle, von der wir Menschen Dinge empfangen, die uns zu unserem Gleichgewicht fehlen. So hat dieses Ritual sowohl vorbeugende als auch nachbereitende Wirkung. Es vertreibt dunkle Energien, die Auslöser für Krankheit, Streit und Missgunst sind, und stärkt gleichzeitig unsere Abwehrkräfte. Die Sonne verbannt also alles Dunkle und Belastende aus unserer Umgebung und aus unserem Körper. Sie erfüllt uns mit neuer Kraft und frischer Energie.«

Sie pflückte ein Blatt von dem Baum neben ihr und begann versonnen an seinem Stiel herumzuknabbern. Ihre Haare bewegten sich leicht im Wind, und sie sah in diesem Augenblick atemberaubend schön und kraftvoll aus.

Ich hatte unendlich viele Fragen in meinem Kopf, wollte aber den Fluss ihrer Worte nicht unterbrechen und beschloss einfach abzuwarten, was mir Tutex noch zu erzählen hatte.

»Wir öffnen also bewusst unsere Pforten, um diese reinigende, positive Energie in uns aufzunehmen, die uns mit neuen Lebensgeistern versorgt. Das wiederholen wir alle vier Tage. Es stellt eine sehr wirkungsvolle Gesundheitsvorsorge dar, du wirst sehen. Komm! Wir müssen los«, sagte sie unvermittelt und sprang auf.

Schon auf unserem Weg bergab konnte ich beobachten, wie die Piapocos sich kreisförmig aufstellten. Als wir einige Augenblicke darauf vor dem Schamanen standen, fiel mir auf, dass er eine weiße Feder durch die Nasenlöcher trug. Später wurde mir erklärt, dass dies nach Ansicht der Piapocos dem Geist der Krankheit oder gar des Todes den Eintritt in seinen Körper verwehren sollte. Die Piapocos glaubten nämlich, dass Geister sich durch unsere natürlichen Körperöffnungen Zugang zu unserem Inneren verschaffen können. Nase und Ohren seien in besonderem Maße zu schützen, da man diese Öffnungen nicht bewusst verschließen kann, wie etwa den Mund.

Und tatsächlich trug der Schamane auch jeweils eine weiße Feder in jedem Ohr, wie ich nun sehen konnte. Die Farbe Weiß stand im Piapoco-Glauben für Schutz.

Ein kräftig gebauter Indigena kam nun auf mich zu und behängte mich mit zwei langen Ketten aus Baumsamen, die mir fast bis zum Bauchnabel reichten. Seine Frau, eine kleinwüchsige und gebeugte Gestalt, hatte zwei schalenförmige Gefäße in der Hand, in denen sich weiße und schwarze Pflanzenfarbe befand. Sie begann, mein Gesicht, meine Brust und meinen Rücken damit zu bemalen. Die kleine Frau sah sehr sympathisch aus, hatte strahlende Augen und ein besonders warmes Lächeln.

Der Schamane stellte sich in die Mitte des Kreises, und man sah deutlich, dass er bereits vollkommen in seine eigene Welt vertieft war und sich gänzlich von der äußerlichen Wirklichkeit distanziert hatte. Unablässig murmelte er unverständliche Formeln vor sich hin, und seine Augen konnte man in den Tiefen ihrer Höhlen nur erahnen. Er schien unsere Dimension bereits verlassen zu haben und in eine Trance entrückt zu sein.

Alle Piapocos hielten Masken in ihren Händen oder vor ihr Gesicht. Es waren Tiermasken der unterschiedlichsten Art: Hunde, Raubkatzen, Vögel – die gesamte Tierwelt schien vertreten zu sein.

Ich sah Tutex hilfesuchend an, und sie lächelte aufmunternd zurück. »Es macht nichts, dass du keine Maske hast. Lass dir dieses Mal einfach das Gesicht bemalen. Ich helfe dir in den nächsten Tagen, die Maske deines Krafttiers der spirituellen Welt herzustellen.«

Zu diesem Zeitpunkt konnte ich mit der Bezeichnung »Krafttier der spirituellen Welt« noch nicht viel anfangen. Einige Wochen später erklärte mir Tutex jedoch, dass nach Piapoco-Glauben jeder Mensch drei verschiedene Krafttiere besaß, die ihn sein ganzes Leben lang begleiteten und ihm helfend zur Seite standen: »Das erste Krafttier repräsentiert unsere Persönlichkeit in der materiellen Welt. Das zweite steht für unsere wesentlichen Charaktereigenschaften im Umgang mit unseren Nächsten, also für das Ich, das wir nach außen von uns zeigen. Das dritte Krafttier ist unser Ich in der spirituellen Welt, der Ebene des erweiterten Bewusstseins.«

Kurz nachdem Tutex und ich ausgiebig bemalt und geschmückt worden waren, begann der Schamane laut ein Lied anzustimmen, und ich wurde sanft von meiner Freundin in Richtung der anderen gezogen. Sie zeigte mir an meinen beiden Nachbarn die richtige Handhaltung: Die linke Hand wies nach unten zu Mutter Erde, die rechte Hand nach oben zu Vater Himmel.

Mit beiden Händen hielt der Schamane nun seinen *Bastón de poder*, sein Zepter, in Form eines neungliedrigen Bambusstabs und streckte ihn der Sonne entgegen. Er begann, ihn kreisförmig in der Luft zu schwingen, und stieß dabei ein außergewöhnlich scharfes, leopardenartiges Fauchen aus, das durch Mark und Bein ging. Das Volk verneigte sich und senkte den Blick, als der Schamane aus voller Kehle verlauten ließ: »*Amaru chisam amaru!*« – »Wir rufen den Großen Geist!«

Das Volk antwortete, immer noch zum Boden blickend: »*Passura messsa passura!*« – »Wir alle wollen dasselbe!«

Daraufhin setzte sich der Menschenkreis langsam gegen den Uhrzeigersinn in Bewegung, und bei jedem zweiten Schritt wurde der linke Fuß betont auf die Erde gestampft.

»*Aiiiiiiooooooooooooooo*«, sang das Volk aus voller Kehle, und ich versuchte, mitzuhalten und gleichzeitig meine aufsteigende Belustigung zu verbergen.

Der Schamane drehte sich in der Mitte schwungvoll um seine eigene Achse, stieß kraftvolle Laute aus und wirbelte dabei seinen heiligen Stab durch die Luft. Als die Piapocos eine Runde vollendet hatten, blieben sie plötzlich stehen und blickten schweigend auf den Boden. Der Schamane stieß den Lockruf des Piapocovogels aus, der in unseren Herzen ein bemerkenswertes Vibrieren auslöste.

»*YUPARA UANU RIRIPU JIRICA CAUSIS CAMAN CAMARU!*« – »Wir sind in Verbindung mit dem Großen Geist, um dich, Sonne, um deinen Schutz zu bitten!«, rief er daraufhin. Der Menschenkreis setzte sich nun in entgegengesetzter Richtung in Bewegung. Wir sangen gemeinsam die Laute: »*Oooooiiiiiiaaaa*«, dieses Mal mit dem rechten Fuß geräuschvoll auf die Erde stampfend.

»Schau nicht so finster drein!«, zischte mir Tutex zu, die vor mir lief und sich mehrmals zu mir umdrehte.

»Du musst lächeln! Das Sonnenritual ist ein Fest der

Freude!«, ergänzte sie und ließ ihr vertrautes, warmes Lächeln erstrahlen, das mich unausweichlich ansteckte.

Während der darauffolgenden Runde hatte ich ausreichend Gelegenheit, die Gesichter der Stammesmitglieder zu beobachten. In den sonst so ernsten Mienen der Piapocos konnte ich viel Heiterkeit erkennen. Anfangs kam mir das ein wenig gekünstelt vor, und ich bemerkte einen aufrichtigen Widerstand in mir, eine Freude zu zeigen, die momentan einfach nicht fühlbar war.

Doch schon bald traten die einzelnen Menschen der Gruppe in eine jäh aufkommende, mitreißende Stimmung der Freude und der Ausgelassenheit ein. Es war, als ob sie sich in viele kleine Sonnen verwandelten, die sich gegenseitig anstrahlten und sich so neue Kraft gaben. Auch ich konnte mich dieser Stimmung nicht entziehen, und es kam der Moment, in dem ich nicht mehr anders konnte als zu strahlen und, nur wenige Augenblicke später, aus vollem Herzen zu lachen. Und es tat mir unendlich gut! Nach so vielen Tagen der inneren Zurückgezogenheit und den zuvor durchlebten Momenten der Beklemmung hüpfte mein Herz nun wahrhaft vor Fröhlichkeit.

Währenddessen tanzte in der Mitte des Kreises der Schamane mit ausladenden Bewegungen und zischte und pustete dabei in verschiedene Richtungen. Er schien etwas vertreiben zu wollen, und im selben Augenblick fielen mir die Erläuterungen von Tutex ein, die sich mit meinen Beobachtungen deckten: Er wollte dunkle Wesen vertreiben, die Auslöser von Krankheit waren und die Harmonie des ganzen Stammes bedrohten.

Nachdem ich einige Zeit belustigt und gleichermaßen fasziniert dem Tanz des Schamanen zugesehen hatte, fiel mein

Blick in die gegenüberliegende Richtung, und ich beobachtete eine Weile ehrfürchtig das Wasser des Flusses.

»Da würde ich jetzt gerne hineinspringen«, dachte etwas in mir. Ich erkannte in einiger Entfernung den großen Kreis, den der Schamane zu Beginn in den Sand gezeichnet hatte und der nun die Stätte des Rituals umgab.

»Schutz«, hallte es in meinem Kopf. *»Ein Kreis hat immer mit Schutz zu tun, mit einem energetischen Schutz vor Feinden und anderen Störungen.«*

Schließlich setzten sich alle – mit Ausnahme des Schamanen – an ihrer Ausgangsposition in den warmen Sand und richteten den Blick hinab zur Erde.

Der Schamane ging zu jedem einzelnen Piapoco, um ihn mit seinem magischen Stab auf dem Kopf zu berühren und ihn zu segnen: *»Carujo«*, sagte er zu den Männern, *»Carujana«* zu den Frauen: »Möge der Große Geist mit dir sein!«

Der Schamane pustete jedem Stammesmitglied kräftig zuerst am linken, dann am rechten Ohr vorbei, bevor er zum nächsten weiterging. Ich musste grinsen; es fühlte sich an, als würden meine Mundwinkel von einem Ohr zum anderen reichen. Tutex drehte sich kurz zu mir um und raunte: »Siehst du? So verjagt er die Geister aus dem Körper von jedem Einzelnen.«

Das Volk hielt die Hände in die Höhe gestreckt, während Etéwa der Sonnengottheit seine Dankbarkeit und Hochachtung kundtat.

Nun erhoben sich die Piapocos und begannen, zusammen mit ihrem Schamanen fröhliche Lieder der Dankbarkeit und der Gemeinschaft anzustimmen. Etéwa gab jeweils die erste Strophe vor, und die Gruppe sang daraufhin das gesamte Lied.

Nun betraten drei Piapocos den Kreis, die offenkundig an einer Krankheit litten. Der Schamane und Tutex bearbeiteten ihre Körper mit der *Guaira*[17], dem Blätterfächer, der alles Dunkle aus dem Energiefeld des Menschen löst. Tutex schenkte dem Schamanen, seinen Schülern, den Kranken und schließlich sich selbst Yagé ein. Ersterer sprach einige Heilgebete und pustete auf verschiedene Körperstellen der Heilungssuchenden.

Die Gruppe löste sich daraufhin langsam auf. Die Mehrheit der Menschen strömte zum Wasser, um ihre von der Sonne erhitzten Körper zu erfrischen. Einige Frauen schenkten Chicha aus, ein gegorenes Maisgetränk, das eine berauschende Wirkung auf den Menschen hat. Damit erreichte die ausgelassene Stimmung natürlich einen weiteren Höhepunkt.

Es wurde viel gesungen und getanzt, und die Heiterkeit des Volkes wurde immer überschäumender, um schon bald in hemmungsloser Trunkenheit und Chaos zu gipfeln. Der Schamane verabschiedete sich nach einiger Zeit mit den Worten, die er, seinen Stab über den Kopf haltend, an die Sonne richtete:

»CHUMANA RIGES CURUNAU CARASTIA JAMU JAMUS CRIS-TARA BURUFAINE QUIROS JAMAY QUIRO QUIROS TRAMAN LAARUSMI QUIRIS QUIROS BUAN KAREN KARENI TUANA YIYU BUREN TIANU ZALSALANA ZALSALANAR BUREN BURENE TARI BIRU.«

Alle, die sich noch auf den Beinen halten konnten, wiederholten dieses Dankgebet: »Großer Geist, wir danken dir, dass du unsere Seele gereinigt und uns mit neuer Kraft versehen hast. Mögest du uns stets die Richtung weisen, denn immer, wenn du uns leitest, nähern wir uns ein Stück dem Land der grenzenlosen Freiheit, fernab von Misere, Krankheit und Leid.«

Nun zog sich der Schamane zurück, und ich stellte fest, dass die allgemeine Müdigkeit und Trunkenheit eine beinahe feierliche Stille unter den Piapocos verursacht hatten. Viele lagen schlafend in der Gegend herum; der Schauplatz erinnerte ein wenig an die Ruhe nach einem großen Gefecht. Einige schnarchten laut und begleiteten auf diese Weise die Musik der Nachtvögel des Amazonas.

Ich blieb bis spät in die Nacht hinein mit Tutex in der Nähe des Flusses. Wir schauten gemeinsam auf das Wasser und ließen die angenehme Stille zu uns sprechen. So war ich in der Lage, alle Eindrücke dieser Festivität gründlich zu verarbeiten.

Irgendwann erhob sich Tutex und ging ihren gewohnten allnächtlichen Weg. Es dauerte eine Weile, bis mir auffiel, dass sie gegangen war, so sehr war ich in meine Gedanken vertieft gewesen. Als ich ihr schließlich folgen wollte, hatte das Dunkel der Nacht sie bereits verschluckt, und sie blieb auch dieses Mal spurlos verschwunden. Müde, aber unsagbar glücklich nach den Geschehnissen des Tages, sank ich wenig später in meine Hängematte und schlief sofort ein.

Ein Fest der Freude

Als ich am nächsten Morgen erwachte, steckte ich voller Vitalität und Tatendrang. Ich setzte mich in meiner Hängematte auf, reckte meine etwas steif gewordenen Glieder in alle Richtungen und bemerkte plötzlich voller Staunen, dass Tutex ganz in meiner Nähe tief und fest in ihrer Hängematte schlief, die genau neben meiner am selben Ast des Baumes aufgehängt war. Sie sah wunderschön und friedlich aus. Das Licht der Morgensonne spielte in ihren blauschwarzen Haaren und ließ sie wie eine Göttin erscheinen.

Natürlich wunderte ich mich sehr, da ich sie doch gestern Nacht wie üblich in der Finsternis hatte verschwinden sehen. Ich blieb einige Minuten so sitzen, um sie beim Schlafen zu beobachten. Fasziniert blickte ich auf die Makellosigkeit ihrer Haut, und meine rechte Hand begann sich ihrem Arm zu nähern.

Vielleicht waren es Nachwirkungen der Chicha, vielleicht war es lediglich ein Moment der geistigen Umnachtung, aber ich berührte voller Faszination die Haut meiner Freundin, die so weich war wie Seide. Doch plötzlich zog ein hysterisch krächzender Vogel direkt neben meinem Kopf meine Aufmerksamkeit auf sich. Ich suchte verwirrt die Umgebung nach dem Verursacher des ungewöhnlich lauten Geräusches ab, kam dann aber recht bald zu dem Schluss, dass das im Moment wohl nicht so wichtig sei.

Mein Blick wanderte wieder zurück zu meiner ausgestreckten Hand, die immer noch auf Tutex' Haut lag, doch sogleich schrie ich vor Entsetzen laut auf: Das, was ich da sanft und liebevoll mit meinen Fingern berührte, war nicht mehr der Arm meiner Freundin, sondern die feuchtkalte Haut einer schwarzweiß-roten Schlange, die mich mit honigfarbenen Augen, denen von Tutex verblüffend ähnlich, drohend und eigenartig vorwurfsvoll anstarrte. Wie von der Tarantel gestochen sprang ich auf, kletterte den Baum hinunter, in dem ich meine Hängematte aufgespannt hatte, und lief, so schnell ich konnte, davon.

Mehrere Stunden lang verkroch ich mich in einem dichten Busch und glaubte vor Schreck und Verwirrung dem Wahnsinn nahe zu sein. Was war soeben passiert? Wohin war Tutex so plötzlich verschwunden?

Ich hatte nicht die leiseste Ahnung, was geschehen war, doch war ich mir gleichzeitig sicher, dass hier eine höhere Kraft im Spiel gewesen sein musste. Ich grübelte weiter verstört vor mich hin, als mir plötzlich erneut das Herz vor Schreck fast stehen blieb. Ohne Vorwarnung wurde ich plötzlich von hinten an der rechten Schulter berührt. Blitzschnell drehte ich mich um und erkannte zum Glück meine Freundin Tutex, die mich gewohnt mild und freundschaftlich anlächelte. »Wir müssen los, Taguarí. Komm mit!«

Ohne ein Wort der Erklärung zog sie mich, der ich vollkommen verwirrt war, mit sich.

»Aber was denn? Wo denn?«, stotterte ich vor mich hin.

»Komm einfach mit, du wirst schon sehen!« Eine kleine Pause machten wir an einem Busch, der ein Stück über meinen Kopf hinausragte und dem Tutex für uns beide genügend Blätter zum Kauen und »Zähneputzen« abzwackte.

Den ganzen Weg über sprachen wir kein Wort, und ich fühlte, dass sich meine Freundin innerlich bereits an einem anderen Ort befand. Mein Entsetzen und meine Benommenheit legten sich langsam, und ich war gespannt, was mich nun wieder Interessantes erwartete. Nach kurzem Überlegen verwarf ich die Idee, meine Freundin auf den Vorfall dieses Morgens anzusprechen. Was sollte ich sie auch fragen? »Als ich dich heute früh berührte ...« Nein, das konnte ich ihr unmöglich so einfach sagen. Ich brauchte eine Strategie. Eine diplomatische Formulierung, die von meiner morgendlichen Handlung wirkungsvoll ablenkte.

Eiligen Schrittes liefen wir durch viele Büsche und Täler, bis wir nach etwa zwanzig Minuten in die Nähe eines kleinen Wasserfalls kamen. Das Wasser plätscherte mit einem einladenden Geräusch der Frische und der Kraft. Das war also mein starkes Element in der übersinnlichen Welt.

Von Weitem erkannte ich den Schamanen und einige Frauen, die sich zusammen in der Nähe des Wasserfalls aufhielten. »Du musst hierbleiben. Hinterher erkläre ich dir alles. Heute wird der erste Sohn von Weißer Stein und Schwarzer Esel geboren.«

Sie wies mich an, mich auf einen kleinen Felsen zu setzen, von dem aus ich das Geschehen am Wasserfall zwar nur aus der Ferne, doch insgesamt recht deutlich verfolgen konnte. Sie gab mir noch einen flüchtigen, mütterlichen Kuss auf die Stirn und ging dann zu der Gruppe.

Ich blieb also auf dem Felsen sitzen und beobachtete den Schamanen, der gerade angefangen hatte, den Ort der Geburt vorzubereiten. Er umging ihn in Kreisform gegen den Uhrzeigersinn, seinen magischen Stab als drittes Bein verwendend, und schützte ihn mit dem Mantra *Hecedión*. Meine Gedanken begannen wieder zu wandern, und ich grübelte erneut über die Geschehnisse dieses Morgens: *»Wie kann ein Mensch so einfach verschwinden?«*

Plötzlich fiel mein Blick zum ersten Mal auf die Schwangere, die mir vorher überhaupt nicht aufgefallen war. Sie lag auf etwas Grünem und machte einen vollkommen entspannten Eindruck. Man hätte denken können, dass sie einfach nur in der Sonne döste. Tutex sprach kurz mit ihr und streichelte ihr sanft über den enormen Bauch. Mir fiel auf, dass die werdende Mutter dort vor ihrem Unterleib mit einem langen Band einige Pflanzen festgebunden hatte.

Auch die fünf anderen Frauen gesellten sich nun zu ihr und setzten sich auf das für die Geburt angeordnete Lager. Die Szenerie sah viel mehr nach einem gemütlichen Frauengesprächskreis aus als nach den Vorbereitungen für eine Entbindung.

Schon nach wenigen Minuten kam der Schamane zu den Frauen, schaute nach dem Befinden der werdenden Mutter und wies die Gruppe dann an, ihr in einen kleinen Tümpel, der am Wasserfall gelegen war, zu helfen. Wenige Augenblicke später war das Baby auch schon da und schrie aus Leibeskräften.

Ich konnte nicht glauben, dass eine Geburt so unkompliziert verlaufen konnte. Der Vater wurde kurz darauf verständigt; er war sichtlich bewegt und unsagbar glücklich.

Mir fiel es sehr schwer, still sitzen zu bleiben und dem Bedürfnis zu widerstehen, mich ebenfalls zu der Gruppe zu gesellen, um den neuen Piapoco-Sohn zu begrüßen. Die Heiligkeit, die in der Luft lag, dämpfte jedoch mein Ungestüm.

Wenige Augenblicke später erschien Tutex. Ich hatte sie nicht kommen sehen; plötzlich stand sie vor mir, lächelte glücklich und setzte sich zu mir auf den Felsen. Noch immer verblüfft sah ich sie an und wartete ab, was sie mir nun zu berichten hatte.

»Das ging schnell! Es ist ein prächtiger kleiner Junge, der vor Gesundheit nur so strotzt. Die beiden sind sehr glücklich«, erzählte sie, und ihre Augen blitzten voller Freude.

»Ich konnte nicht viel erkennen. Erzähl mir doch bitte, was sich dort am Wasserfall genau ereignet hat«, bat ich sie. Tutex suchte sich eine bequemere Sitzposition, um gemütlich mit ihrer Erzählung zu beginnen.

»Die Seele des Kindes, das geboren werden soll, kommt einige Stunden, bevor die Wehen der Mutter einsetzen, zum Schamanen. So hat dieser ausreichend Zeit, den Geburtsort auszusuchen. Es ist bei uns üblich, dass die Babys im Wasser geboren werden. Es muss aber ein spezielles Gewässer sein, in dem bestimmt keine Piranhas sind, die von dem Blut, das die Mutter während der Geburt verliert, angelockt werden könnten. Deshalb wählt der Schamane eine Stelle mit einem Wasserfall, der nicht allzu groß ist, aber doch für ausreichend Bewegung sorgt, um die Piranhas fernzuhalten.«

Meine Lehrerin machte eine kurze Pause und schien einen Augenblick abzuwarten, ob ich vielleicht eine Frage hätte.

»Die Frau sah so entspannt aus. Ist es möglich, dass sie gar keine Schmerzen hatte?«

»Gut beobachtet, Taguarí. Die Geburten verlaufen bei uns fast alle vollkommen schmerzfrei. Der Schamane errichtet ein Lager aus den Blättern der *Frambueso*-Pflanze[18] und der *Yira Yira*[19], beides wilde Himbeergewächse aus den Bergen des Amazonas. Auf diesem Lager hält sich die Gebärende während der Entbindung die meiste Zeit auf, und der bloße Hautkontakt mit den beiden Pflanzen sorgt dafür, dass sie meistens völlig schmerzfrei ihre Wehen durchstehen kann. Vielleicht hast du es gesehen: Zusätzlich bekommt die werdende Mutter einen Bauchgurt aus einer Liane vor den Bauchnabel geschnallt, der dort Blätter der Hortensie festhält. Wir sagen zu dieser Pflanze auch *Idragea*[20]. Sie wirkt ebenfalls stark schmerzstillend. Selbst der Moment, in dem der Kopf des Kindes das Tageslicht erblickt, ist durch die Begleitung der Pflanzen, der Gesänge und der Gebete des Schamanen für die meisten Frauen nicht schmerzhaft.«

Sie stand kurz auf und winkte der Gruppe zu, die soeben bemerkt hatte, dass Tutex verschwunden war. Dann setzte sie sich wieder zu mir und fuhr mit ihren Erklärungen fort. »Diese Mutter hatte sogar einen Ausdruck von Genuss und Hingabe in ihrem Gesicht, als sie ihrem ersten Sohn das Leben schenkte.«

»Und ich dachte immer, dass Geburten zwangsläufig wehtun müssen.«

»Nein, Taguarí. Das ist ein großer Irrglaube von euch Weißen«, erwiderte sie.

»Und der Vater? Warum durfte er nicht dabei sein?«

»Traditionsgemäß ist es bei den Piapocos nur Frauen gestattet, bei Geburten anwesend zu sein. Der Schamane ist der einzige Mann, der – wenn auch in diskretem Abstand – ständig anwesend ist und das Neugeborene später in Empfang nimmt. Mit dem Baby in seinen Händen bedankt er sich beim Großen Geist, beim Schöpfer, der Mutter Erde, dem Himmel, der Sonne, dem Mond und den Wesen des Lichts. Das Kleine schaut dabei meist zufrieden vor sich hin.« Sie lächelte verträumt und stellte sich wohl das süße Gesicht des Piapoco-Jungen vor.

»Erst nach dieser Danksagung darf auch der Vater dazukommen. Er schneidet unter Anleitung des Schamanen die Nabelschnur durch, wozu er zwei verschiedene Steine zur Hilfe nimmt. Sowohl der Mutter als auch dem Baby wird Yagé auf die Wunden geträufelt, um die Heilung zu fördern. Morgen wird alles verheilt sein. Du wirst sehen.«

Fasziniert von Tutex' Worten und den jüngsten Ereignissen beobachtete ich nun, wie sich die kleine Gruppe langsam auflöste. Der Schamane ging seines Weges, und auch der Vater verließ die Gruppe und folgte entschlossen einer anderen Richtung. »Was macht denn der Vater? Und was hat er da in seinen Händen?«

»Die Plazenta«, erwiderte Tutex. »Es ist bei uns üblich, dass der Vater nach der Geburt seines Kindes die Plazenta feierlich vergräbt und an derselben Stelle einen Baum pflanzt. Als Danksagung an Mutter Erde für das große Geschenk, das er und seine Frau erhalten haben.«

Gemeinsam kletterten wir wieder den Felsen hinunter und schlenderten zu den anderen, die gemeinsam um ein großes Feuer saßen und ihr Mittagessen brieten. In Vijao-Blätter gewickelte Pakete schmorten an langen Stöcken über den Flammen. »Hast du Hunger, Taguarí? Der Schamane hat gestern ein Wildschwein erlegt, und es ist genügend Fleisch für jeden da. Das machen wir nur in einigen seltenen Ausnahmefällen. Aber heute ist ja ein Fest der Freude.«

Wenig später ließen wir uns das zarte Fleisch in feierlicher Gemeinschaft munden, und ich bemerkte erst jetzt, wie lange ich schon nichts mehr gegessen hatte.

Mich beeindruckte dieses Ereignis sehr, und es ist mir bis heute noch sehr detailliert im Gedächtnis geblieben. Es brachte erneut ein großes Stück meines damaligen Weltbilds ins Wanken. In diesen Momenten – während wir die Geburt eines neuen Stammesmitglieds feierten – war ich gezwungen, viele meiner bisherigen »Wahrheiten« neu zu überdenken und mich zu fragen: Gab es eine objektive Wahrheit, oder war die Wahrheit von den jeweiligen Erfahrungen und kulturellen Hintergründen eines Menschen abhängig – und somit doch sehr individuell und persönlich?

Das Fest der Geburt dauerte bis spät in die Nacht. Es wurde getanzt und gefeiert, und alles war durchdrungen von einer freudigen Dankbarkeit gegenüber den Kräften des Lebens. Sie hatten dem Volk einen neuen Piapoco-Sohn geschenkt, der zwar fast so klein war wie ein Kolibri, aber dessen Lungen bereits kräftig zirpten.

Nach vielen Stunden des ausgelassenen Tanzes und mehreren Schalen Chicha setzte ich mich erschöpft auf einen runden Stein, um mich auszuruhen. In meinem Kopf drehte sich alles von den wilden Bewegungen des Tanzes und dem ebenso schwindelerregenden Getränk.

Ich sog die feuchte, klare Amazonasluft tief in meine Lungenflügel ein: Sie roch nach nasser Erde und schien Freude und Herzlichkeit zu verströmen. Das Fest war noch in vollem Gange: Ich beobachtete erheitert die Indigenas um mich herum, wie ausgelassen sie sich um das hell auflodernde Lagerfeuer bewegten, aus voller Kehle sangen, sich umarmten und sich miteinander freuten. Es gab keine Möglichkeit, sich dieser Freude zu entziehen.

Mein Blick fiel auf Tutex, die abseits der tobenden Bande auf einem kleinen Felsen saß und ebenfalls das Feuer bestaunte. Ich hatte sie seit vielen Stunden nicht mehr gesehen und war überzeugt gewesen, sie erst wieder – wie üblich – am nächsten Morgen zu treffen.

Umso mehr freute ich mich nun, ihr zu begegnen und mich noch ein wenig mit ihr über die heutigen Ereignisse austauschen zu können. Ich stand auf, ging an den wild tanzenden

Indigenas vorbei und setzte mich neben meine große Freundin, die herzlich ihren linken Arm um meine Schultern legte. Ihre nackte Brust berührte sanft meinen Oberkörper und brachte mich für einen kurzen Augenblick in Verlegenheit.

Ich setzte mich aufrecht hin, atmete tief durch die Nase ein und blickte in die schönen, honigfarbenen Augen meiner Freundin: »Genießt du die Feier?«

Als Antwort schenkte sie mir ein besonders warmes und zustimmendes Lächeln. Eine Weile schauten wir uns an, und ich hatte das Gefühl, mich in der Weite ihrer Augen zu verlieren. Doch schon einen Atemzug später zog ein dunkler, bedrohlicher Schatten meine Aufmerksamkeit auf sich: ein Schatten, der sich spürbar auf meiner rechten Schulter niedergelassen hatte.

Mit der linken Hand griff ich nach meiner Schulter und spürte hinein in diese eigenartige Empfindung, die sich in meinem ganzen Körper ausbreitete. Wie von Geisterhand gelenkt erhob sich mein Blick über meine rechte Schulter, und ich erkannte sofort die Umrisse des Schamanen, der in einiger Entfernung an einen großen Baum gelehnt stand. Ich konnte seine Augen nicht erkennen, und trotzdem wusste ich genau, dass er uns beobachtete und ihm das, was er sah, nicht gefiel. Ich räusperte mich betreten und rutschte etwas zur Seite, um ein wenig mehr Abstand zwischen mir und der schönen Frau zu schaffen.

Um meine Verlegenheit zu überspielen und gleichzeitig meine Neugierde zu befriedigen, fragte ich Tutex nach den frischgebackenen Eltern.

»Bestens! Alles bestens! Sie sind unbeschreiblich glücklich«, sagte sie, und ihr Blick zwinkerte erheitert in Richtung der tanzenden Menge. Ich erkannte in einiger Entfernung den

Vater des Babys, der in den Armen seiner Brüder um das Feuer tanzte – sehr betrunken, aber offensichtlich auch sehr glücklich.

»Ich habe vorhin noch einmal nach der Mutter gesehen. Sie schläft schon in inniger Umarmung mit ihrem Kind, dort hinten bei den anderen. Es war ein anstrengender Tag für die beiden.«

Sie berührte mich leicht am Kopf, um mir behutsam einige kleine Blätter aus den Haaren zu zupfen. Es machte mich etwas nervös, und so fragte ich schnell weiter: »War eigentlich bei dieser Geburt auch Yagé im Spiel?«

»Natürlich«, gab Tutex zurück. »Das Yagé spielt eine zentrale Rolle bei der Geburt, immerhin ermöglicht es Mutter und Kind, in direktem Kontakt zu stehen und sich während dieses aufregenden Ereignisses gegenseitig zu unterstützen.«

Sie machte eine kurze Pause und starrte in die tanzenden Flammen. »Außerdem verhilft das Yagé der Mutter zu einer entspannten, vertrauensvollen Grundhaltung und zu einem Gefühl der Geborgenheit. Wenn bei der Mutter Empfindungen des Zweifels, des Schmerzes oder der Trennung aufkommen, greift das Yagé sofort ein und zieht sie zurück auf eine Bewusstseinsebene, auf der kein Platz ist für Besorgnisse und wo nichts außer Perfektion, Freude und Liebe existiert.«

So ganz konnte ich den Worten meiner Freundin nicht folgen. Ich fragte aber nicht weiter nach, da ich deutlich spürte, dass einige Dinge Zeit brauchten, um verdaut und verstanden zu werden. Nach einem Moment der Ruhe und der Besinnung würden sich alle Ungewissheiten von alleine klären.

Die nächsten Minuten beobachteten wir stumm das Flackern des Feuers, das sich in grünlichen, orange-gelben und roten Bögen hin und her, auf und nieder bewegte.

»Und das Baby? Bekommt das Baby auch Yagé zu trinken?«

»Nein, mein lieber Freund. Das Baby nicht«, erwiderte sie schmunzelnd. »Die Piapoco-Kinder bekommen erst ab ihrem siebten Lebensjahr Yagé. Vorher gelten sie als vollkommen reine und mit der Geistigen Welt verbundene Wesen. Es besteht daher keine Notwendigkeit, ihnen Yagé zu geben. An ihrem siebten Geburtstag werden sie getauft, erhalten ihren Namen vom Schamanen und später ihre erste Schale Yagé. Wir feiern mit ihnen ein großes Ritual, das sie in ihren nächsten Lebensabschnitt begleiten soll.«

»Was hat es denn mit diesem neuen Lebensabschnitt auf sich?«, wollte ich nach einer kleinen Gesprächspause wissen.

»Nach dem Glauben der Piapocos findet nach Ablauf des siebten Lebensjahres eines Menschen ein Einschnitt statt, eine große Veränderung im Hinblick auf die Selbstständigkeit. Die enge Beziehung zu den Eltern lockert sich, und das Kind beginnt allmählich, eigene Wege zu gehen, auch in spiritueller Hinsicht. Wir denken, dass das Bewusstmachen dieses Übergangs von entscheidender Bedeutung für die weitere gesunde Entwicklung des Menschen ist. Mit seinem Namen bekommt das Kind von dem Schamanen gleichsam einen Wegweiser mit, da der Name eines Piapocos immer bestimmte Charaktereigenschaften oder besondere Neigungen und Talente des Menschen zum Ausdruck bringt.«

Als Tutex ihre Ausführungen beendet hatte, wanderten meine Gedanken ab in eine andere Zeit und an einen anderen Ort, und ich erinnerte mich an meine eigene Kindheit in unserem Dorf. Dort gab es diese Sitte natürlich nicht. Ich musste an meinen großen Bruder denken, der im Alter von über dreißig Jahren noch im Haus meiner Eltern wohnte und dabei alles andere als frei und unabhängig war. Er führte – ohne sich dessen bewusst zu sein – das Leben unserer Eltern fort und begleitete sie auf ihrem Weg.

Doch was war mit *seinem* Leben und *seinem* Weg? Wie wäre sein Leben verlaufen, hätte man ihm im Alter von sieben Jahren bereits bewusst gemacht, dass er hier auf Erden eine eigene Mission zu erfüllen hatte und es den eigenen, persönlichen Weg zu finden und zu beschreiten galt? Sollten manche Menschen vielleicht die Berufung haben, ihre Eltern zu begleiten? Ich wusste es nicht.

Ich bat Tutex, mit ihren Schilderungen fortzufahren.

»Ein Ritual verstehen wir als eine Annäherung an Gott und als eine Zwiesprache mit dem Großen Geist. Wir bringen durch diese Rituale zum Ausdruck: *Ich bin mir bewusst, zu SEIN.* – Ich bin mir meines göttlichen Kerns, also meiner eigenen Göttlichkeit als ein Sohn, eine Tochter Gottes bewusst. Gleichzeitig nutzen wir das Ritual auch zur Danksagung an den Kosmos, an das Leben, an Gott, für all die Geschenke, die wir tagtäglich erhalten.«

»Das hört sich schön an«, gab ich als Antwort zurück, und in meinem Bauch machte sich in diesem Moment ein wohltuendes Gefühl des Friedens breit.

»Ein anderes Ritual, das wir einmal pro Mond zelebrieren, ist das Mondritual. *Crepi Yeni*, der Mond, ist die Göttin der Fruchtbarkeit, die das Leben bewahrt, indem sie seine ewigen Kreisläufe koordiniert. Sie befeuchtet zum Beispiel die Erde, damit diese bereit ist, Samen in sich aufzunehmen. Sie leitet die Tiere dazu an, bestimmte Früchte zu essen, damit ihre Kerne andernorts auf die Erde fallen und dort wieder Pflanzen entstehen. Sie behütet die Brut in ihrem Nest und bietet ihr Schutz, bis zu dem Moment, in dem sie bereit ist, das Licht der Welt zu erblicken. Sie ist die Fürstin der Nacht, der Dunkelheit, des Schattens, und eine große Lehrmeisterin in vielen Dingen.«

Tutex warf mir einen kurzen, prüfenden Blick zu, um sich zu vergewissern, dass ich ihr noch zuhörte. »In diesem Ritual bitten wir die Mondgöttin um Begleitung in unserem Leben, damit wir immer ausreichend Nahrung und Nachkommen haben.« Sie machte eine kurze Pause, um mich nochmals anzuschauen, und in diesem Moment sah ich zwei goldene Monde in ihren Augen.

»Der Schamane trägt seine festliche Kleidung. Sein Airon ist mit roten Federn geschmückt, und ich stehe meistens an seiner Seite, den ganzen Körper mit rotweißen Rhomben verziert und mit einer blauen Papageienfeder in der Nase. Nachdem der Schamane das Ritual eröffnet hat, stimmt das Volk in ein Danksagungslied mit ein und begleitet es mit Gesängen und Bambusflöten. Die Frauen bewegen sich in einem Kreis um Etéwa und mich herum, und die Männer bilden dahinter einen zweiten Kreis.

Es ist das Ritual der Weiblichkeit, daher stehen die Frauen im Zentrum des Geschehens. Sie sind prächtig geschmückt mit heiligen, aphrodisierenden Kräutern und halten in den Händen eine Rute aus drei verschiedenen machtvollen Medizinpflanzen. Zumeist sind es Zweige des *Amarillo*[21], des *Quamo negro*[22] und des *Cedro amargo*[23].«

Tutex blickte eine Weile ins Feuer und schien ihre Gedanken zu ordnen. Plötzlich begann sie zu singen:

»Mara huaca, pucan yeica tan ya, mujaku yumi, ja pu ra mar,
Mara huaca tan ya puca, mujaco yumi jay saija,
Murray, catum maray japuramay, sanatanjay!«

»Dies ist eine Mischung aus Piapoco, Salila und Guahibo«, erklärte sie mir im Anschluss, »und es bedeutet: Göttin Mond, du ewig sprudelnde Quelle weiblicher Energie, die das Leben umsorgt und aufrechterhält, möge deine Lebensenergie in dieser Nacht in unsere Pflanzen eintreten und uns durch deine Kraft zur Heilung unseres Körpers und unseres Geistes leiten.

Während dieser Worte halten die Frauen ihre Ruten in Richtung Himmel, die ihre verschiedenen Fähigkeiten symbolisieren, wie zum Beispiel die der Ernährung oder der Macht, Leben zu schenken. Nun wird ein Feuer entzündet, das wir als Götterboten verstehen und das sicherstellt, dass die Ansprache des Schamanen auch bis zu der Gottheit des Mondes gelangt. Später werden die Frauen von ihren Männern mit den Ruten behandelt, abgeklopft und gereinigt. Zum Schluss wird, genau wie beim Sonnenritual, Chicha ausgeschenkt, und es wird bis zum Morgengrauen getanzt, gesungen und getrunken. Bis zum nächsten Ritual dauert es nicht mehr lange. Etéwa wird dir sicherlich Bescheid sagen!«

Ich blickte noch eine ganze Weile in das Feuer und sann über unser Gespräch nach. Der Tag, der sich nun seinem Ende zuneigte, erschien mir wie ein ganzes Leben: voller neuer Erkenntnisse und Einsichten.

Mein Maestro

In der Morgendämmerung erschien der Schamane urplötzlich an meinem Nachtlager und gab mir mit einer kurzen Handbewegung zu verstehen, dass ich ihm folgen sollte. Ich lebte inzwischen schon etwa zwei Monate bei den Piapocos – oder wie man hier sagen würde: zwei Monde. Schweigend gingen wir im Halbdunkel zu einem großen Felsen, der sich mächtig vor einem Abhang erhob.

Wir zogen uns an Sträuchern, Lianen und Bäumen hoch auf ihn hinauf und setzten uns, oben angekommen, in eine kleine, moosbewachsene Einbuchtung. Von hier hatte man eine weite Aussicht, und da wir in Richtung Osten blickten, sahen wir einen majestätischen Sonnenaufgang in milchigem Dunkelrot und Orange. Der Himmel war an diesem Morgen mit dicken Regenwolken und Nebelschleiern verhangen, den ständigen Begleitern am Amazonas. Zwei leuchtend bunte Papageien, die wohl gerade ausgeschlafen hatten, zogen laut krächzend über unseren Köpfen am morgendlichen Himmel entlang. Der Ausblick von hier oben war atemberaubend schön und erinnerte mich an die Präsenz Gottes in allem, was auf Erden ist.

Ich begann mich zu fragen, warum der Schamane, anders als ich, durch das Erklimmen des Felsens nicht außer Atem geraten war. Mein Herz pochte, Schweißperlen standen mir auf der Stirn, und meine Oberschenkel zitterten. Er war bestimmt schon siebzig oder achtzig Jahre alt und saß unbekümmert neben mir, als sei er soeben von einer längeren Bettruhe erwacht.

Er schien in bester körperlicher Verfassung zu sein und eine starke Energiequelle zu haben, die niemals versiegte.

Er saß in aufrechter Körperhaltung neben mir, sein Gesicht zur Sonne gerichtet. Seine Lippen bewegten sich stumm, und er schien sich mit der Sonne zu unterhalten. Nach einer Weile öffnete er die Augen, und ich hörte mich in diesem Moment fragen: »Hast du mit der Sonne gesprochen?«

Er nickte, immer noch wortlos der Sonne zugewandt, drehte sich aber schließlich zu mir um und sah mich mit einem ernsten Ausdruck an. »Das machen wir jeden Morgen. Wir begrüßen die Sonne und danken ihr für die Geschenke, die sie uns jeden Tag schickt. Dieses allmorgendliche Ritual und auch das abendliche zur Verabschiedung der Sonne sind von großer Wichtigkeit in unserem Leben. Du solltest ab heute auch damit anfangen!«

Der Schamane sah mich für einen Augenblick auffordernd an und blickte dann wieder zur Sonne. Bevor ich meine nächste Frage stellen konnte, fuhr er auch schon mit seinen Erklärungen fort: »Wenn du morgens erwachst, blickst du also zur Sonne, in Richtung Osten. Zuerst bedankst du dich für das gesegnete Geschenk des Universums, mit Leben erfüllt zu sein und vor einem frischen Tag voller Möglichkeiten zu stehen. Daraufhin bittest du den Sonnengott, dich während des gesamten Tages mit ausreichend Kraft, Vitalität und Willen zu versorgen, um die Erfahrungen, die du machen wirst, meistern zu können.«

»Und abends verabschiede ich mich dann von der Sonne?«, fragte ich wissbegierig, da ich diese Angewohnheit der Piapocos für wichtig und sinnvoll hielt.

»So ist es. Du bedankst dich für alle Erfahrungen des Tages, egal, ob sie zunächst positiv oder negativ erscheinen, und kannst gleichzeitig um eine Reinigung deines Körpers bitten, sodass sich keine dunklen Wesen in dir einnisten können. So werden die Erlebnisse deines Tages geordnet, und du erhältst außerdem die wundervolle Energie der Sonne, die viel Süße und Wärme in sich birgt.«

Ich überlegte, ob mir die Einhaltung dieser täglichen Besinnungsübung wohl sehr schwerfallen würde. Ich konnte den Sinn dieser Kommunikationsform mit der Sonne nachvollziehen und auch fühlen, dass es durchaus von Vorteil war, dieses Geistwesen unterstützend in sein Leben zu bitten. Allerdings zweifelte ich an meiner Fähigkeit, mich so weit zu disziplinieren. Dennoch versuchte ich, diese Bedenken zunächst aus meinen Gedanken zu verbannen.

Mein Gegenüber blickte geistesabwesend in Richtung Horizont. Einige Sekunden vergingen, ehe er sich wieder an mich wandte und mich prüfend ansah: »Hast du dazu noch Fragen?«

Ich verneinte. Plötzlich änderte sich der Gesichtsausdruck des Schamanen vollkommen, und er sah mich nun mit seinem eigentümlich ernsthaften Blick so eindringlich an, dass mein Atem ins Stocken geriet und ich kurzzeitig das Gefühl hatte, die Bodenhaftung zu verlieren.

»Abgesehen von den Dingen, die wir gerade besprochen haben, gilt es einige Regeln für dich zu beachten, wenn du weiterhin bei uns leben möchtest, Taguarí. Regel Nummer eins habe ich dir ja schon vor ein paar Tagen mitgeteilt, erinnerst du dich?«

Seine Augen hatten etwas Kaltes und erinnerten mich an einen Stein, oder vielmehr an einen blitzenden Kristall: vollkommen bewegungslos, aber vor innerer Schönheit strahlend. Wortlos nickte ich ihm zu, woraufhin er unvermittelt fortfuhr: »Regel Nummer zwei lautet, dass du meine Anweisungen mit absolutem Gehorsam befolgst. Mein Wort ist dein Gesetz, verstehst du?«

Langsam erholte sich meine Atmung, doch meine Augen konnten nun nicht mehr anders, als dem intensiven Blick dieses Mannes auszuweichen.

»Selbstverständlich, Maestro!«, hörte ich mich sagen und wunderte mich noch im selben Augenblick über meine Wortwahl.

»Weiterhin ist es von absoluter Notwendigkeit, dass du mit sämtlichen Stammesangehörigen kooperierst. Respektiere sie im selben Maße, wie du auch dich und deinesgleichen respektierst. Bemühe dich um Brüderlichkeit!«

Erst jetzt fiel mir auf, dass der Schamane einen langen Stock in seiner rechten Hand hielt, auf den er sich nun stützte, um aufzustehen. Er ging einige langsame, würdevolle Schritte in Richtung Abhang, blickte für einen Augenblick starr in eine Richtung und kam dann wieder zu mir zurück.

»Es ist wichtig, dass du lernst, wie man in Harmonie mit seiner Umgebung lebt. Der Sonnengruß ist nur ein kleiner Teil davon, aber ich weiß, dass Tutex dich schon in einige andere Regeln eingeweiht hat. Hast du dazu noch Fragen, oder ist dir alles klar und verständlich, was sie dir über dieses Thema erzählt hat?«

Ich überlegte kurz und horchte in mich herein. »Ja, da gibt es etwas: Wie ist das mit dem Gleichgewicht des Gebens und Nehmens zu verstehen? Ich esse so viel Fleisch, wie ich brauche, um meinen Hunger zu stillen. Aber was gebe ich denn dann den Tieren zurück, um mit ihnen im Gleichgewicht zu bleiben? Oder auch den Bäumen, die mich mit ihren Blättern versorgen?«

»Eine sehr gute Frage, Taguarí! Sie zeigt mir, dass du wirklich über dieses Thema nachgedacht hast. Wie du ja schon weißt, ist es von fundamentaler Wichtigkeit, dass du deine Bedürfnisse grundlegend überdenkst. Vor allem kommt es darauf an, dass du stets nur so viel nimmst, wie du tatsächlich benötigst. Viele Menschen haben ein sehr seltsames und stark überdimensioniertes Verhältnis zu ihren Bedürfnissen, daher ist eine Neubewertung notwendig. Das Gleichgewicht, von dem wir sprechen, stellst du mit deiner Bescheidenheit, deinem Dank und deinem Respekt vor deinem Bruder wieder her, der dein Bedürfnis gestillt und dir gedient hat. Hin und wieder kannst du zusätzlich mit materiellen Gaben, wie etwa Futter für die Tiere oder eine Pflanze für Mutter Erde, deinen Dank bekunden. Das ist aber von zweitrangiger Bedeutung, da die Ressourcen unserer Erde unter natürlichen Bedingungen fast unerschöpflich sind und immer genug für uns alle da ist.«

»Du meinst also, dass ich eigentlich nichts Materielles zurückgeben muss?«

»Genau, Taguarí. Deine innere Einstellung, deine Bewusstheit und vor allem dein Dank sind vollkommen ausreichend!«

Ich blickte zum Horizont und sog so viel von der frischen, kühlen Morgenluft ein, wie meine Lungen aufnehmen konnten. Wieder kam ich mir ein wenig wie ein junger und hilfloser Mensch vor, der gerade erst dabei war, die Grundregeln des Lebens zu verstehen. Als hätte mein Gegenüber dieses Gefühl erraten, beantwortete er meine Gedanken:

»Du hast noch viel zu lernen, Taguarí. Wenn man in ein Leben in vollkommener Harmonie mit Mutter Erde und dem Kosmos tritt, nimmt die Unbeschwertheit erst ihren Lauf. Du kannst dir gar nicht vorstellen, welche reichhaltigen Geschenke auf dich warten und wie einfach und leicht dein Leben sein wird.«

Nach einer kurzen Pause fuhr der Schamane fort: »Ich möchte, dass du beginnst, dich so zu kleiden wie die anderen.«

Ich schaute an meinem Körper herunter und musste beim Anblick meines zerfetzten Hemdes verlegen grinsen. Es war vor allem die Gewohnheit, die ich nur schwer ablegen konnte. Den ganzen Tag unter den anderen Stammesmitgliedern nackt herumzulaufen, durch Büsche und Sträucher zu klettern und mir dabei die Haut aufzuschürfen, war ungewohnt und im selben Maße unpraktisch für mich. Als hätte der Schamane auch dieses Mal meine Gedanken erahnt, erwiderte er:

»Wenn wir Wanderungen unternehmen und uns durch dichtes Buschwerk bewegen, darfst du dir Kleidung anziehen, Taguarí. Ich weiß, dass deine Haut anders und viel sensibler ist als die unsrige!«

»Es wird trotzdem noch eine Weile dauern, bis ich mich an die Nacktheit gewöhnt habe«, dachte ich und nickte dem Schamanen dankbar zu.

»Es ist außerdem sehr wichtig, dass du an allen unseren Zeremonien und Ritualen teilnimmst und damit beginnst, unsere heiligen Pflanzen zu ehren. Wenn du ein gleichberechtigtes Mitglied der Piapocos werden möchtest, ist dies von grundlegender Wichtigkeit.«

Hierzu erklärte ich mich nur zu gerne bereit. *»Deshalb bin ich doch hier«,* dachte ich, und mein Herz machte vor Freude einen kleinen Sprung.

»Du musst dich an diese Regeln halten, dann ist es gut. Es gibt einige Menschen hier, denen deine Anwesenheit nicht gefällt, aber das wird sich mit der Zeit bessern. Tutex wird weiterhin für dich da sein, als Beraterin und als Freundin. Aber unsere Frauen bleiben dir verwehrt: ohne Ausnahme! Das hast du verstanden, nicht wahr?«

Erneut spürte ich den forschenden Blick des Schamanen auf mir und nickte demütig. Ich war sehr darum bemüht, überzeugend zu wirken.

Im selben Moment begann ich mich jedoch zu fragen, was Etéwa nun wohl im Sinn hatte: Versonnen blickte er zum Himmel und schien wieder mit irgendetwas oder irgendjemandem zu sprechen. Ich war mir nicht ganz sicher, ob unsere Unterhaltung womöglich schon abgeschlossen war und ich mich von dem Schamanen entfernen sollte. Er fuhr jedoch abermals in seinen Ausführungen fort: »Sofern du dich an diese Regeln hältst, Taguarí, bringe ich dir alles bei, was du wissen willst. Du hast eine besondere Gabe, weißt du das?«

Bei diesen Worten wandte er mir plötzlich erneut sein Gesicht zu, und seine Augen nahmen einen Ausdruck an, der an eine Raubkatze erinnerte. Ich hatte das Gefühl, von einem starken Windstoß umgeblasen zu werden und schnappte verhalten, wie ein kleiner Fisch, nach Luft.

»Ich weiß, dass du eine große Berufung in dieses Leben mitgebracht hast, und ich werde dich unterrichten und ausbilden.«

Ich spürte, wie mein Herz vor Aufregung erneut einen Satz machte.

»Ich habe bereits fünf junge Männer bei mir in Ausbildung. Du kommst ab morgen dazu!«

Der Schamane erhob sich bei diesen Worten und ging einige zügige Schritte auf einen Baum zu. Er schien dort etwas zu hören, denn er legte seinen Kopf leicht zur Seite und lauschte bedächtig.

Ich traute mich kaum zu atmen oder mich zu bewegen. Gebannt beobachtete ich den Schamanen und wartete ab, was als Nächstes geschehen würde.

Wie entrückt begann Etéwa nun, unverständliche Worte vor sich hin zu murmeln, bis er jäh auflachte. Im nächsten Augenblick schien seine Unterhaltung beendet zu sein, und er warf einen flüchtigen Blick in meine Richtung.

»Bei Sonnenaufgang beginnen wir, Taguarí«, waren seine abschließenden Worte, bevor er sich ohne weitere Erläuterungen von mir wegdrehte und zielsicher an den Rand des steilen, tief abfallenden Felsens trat, auf dem wir uns aufgehalten hatten. Direkt vor dem Abhang blieb er stehen und starrte mit seinen scharfen Adleraugen in die Ferne. Seine Lippen begannen, sich abermals tonlos zu bewegen. Ich hatte das Gefühl, dass die Luft um mich herum elektrisiert war und die Zeit ihre Beziehung zur Welt zu verlieren begann.

»Fhuti!«, rief der Schamane: »Komm her!«

Er streckte seine geballte Faust der tiefstehenden Sonne entgegen.

Urplötzlich sah ich ganz in der Ferne einen schwarzen Punkt, der wohl mit dem Tun des Schamanen zusammenhängen musste. Der Punkt wurde größer und größer, und schon bald konnte ich hoch in den Lüften einen Raubvogel erkennen: einen Kondor, groß und machtvoll, mit riesigen Schwingen, die sich bewegungslos an seinen Seiten ausbreiteten. Ich erkannte seinen scharfen, nach unten gebogenen Schnabel, als er sich uns weiter näherte und dann zielbewusst auf uns zugeflogen kam.

Schon von Weitem konnte man seine krächzenden Begrüßungslaute hören. Der Schamane verharrte reglos und erwartete den Vogel mit aufrechtem Blick.

Im nächsten Atemzug streckte er ihm seinen rechten Arm entgegen, und der prachtvolle Vogel landete auf seiner Faust. Ich hatte noch nie einen Kondor aus dieser Nähe gesehen.

Voller Bewunderung und Ehrfurcht betrachtete ich das Tier und meinen Maestro, der vollkommen ruhig und in sich zentriert dastand und eine Einheit mit diesem König der Lüfte bildete. Der gewaltige Vogel war etwa halb so groß wie mein Maestro und flößte mir gewaltigen Respekt ein. Ich wusste, dass ich diesen Moment niemals vergessen werde!

Lektionen in Hingabe

Die Nächte am Amazonas haben ihren ganz eigenen Zauber. Das Schwarz der Nacht ist von einer knisternden Atmosphäre durchzogen und von einem Schleier des Mystischen umhüllt. Es lässt sich nur erahnen, dass sich hinter dem dichten feuchten Nebel und der tiefen Finsternis der Himmel mit seinen silbern funkelnden Gestirnen verbirgt.

In dieser Nacht konnte ich vor lauter Aufregung und Vorfreude nicht schlafen. Ich konnte mein Glück kaum fassen, nun endlich am langersehnten Ziel meiner Träume angekommen zu sein – oder zumindest an einer Eingangstür. Ich würde bei diesem machtvollen Schamanen in Ausbildung gehen!

Stundenlang wälzte ich mich in meiner Hängematte von einer Seite zur anderen. Ich verspürte nicht die geringste Müdigkeit, und mein Körper konnte sich keinen Augenblick lang entspannen. Endlich sollte es losgehen! Ich wollte lernen und am liebsten jetzt sofort damit beginnen.

Viele Jahre waren verstrichen, in denen ich diesen Wunsch, klar und deutlich formuliert, in meinem Herzen getragen hatte. Nun war es endlich so weit, und die große, uns Menschen übergeordnete Macht des Lebens gab ihre Einwilligung: Meine Lehrzeit zum Schamanen konnte beginnen.

Ich wollte alles spirituelle Wissen, was ich nur erlangen konnte, in mich aufsaugen. Meine Gedanken rasten in dieser Nacht im Kreis. So viele Jahre hatte ich warten, so viele Entbehrungen hinnehmen müssen. Nun trennte mich nur noch eine Nacht vom Beginn meiner Ausbildung zum Schamanen. *Eine einzige Nacht …*

Plötzlich raschelte es laut unmittelbar über meinem Kopf. Ich erschrak aus der Tiefe meines Herzens und plumpste geräuschvoll aus meiner Hängematte. *»Autsch, das war mein Steißbein!«*

Für einen kurzen Augenblick war meine Aufmerksamkeit ganz auf diesen Schmerz gerichtet, der an meiner Wirbelsäule emporzog. Doch schon im nächsten Augenblick erinnerte ich mich wieder an den Auslöser meines Sturzes und blickte gebannt in die Höhe. Es herrschte vollkommene Finsternis um mich herum.

Kein Stern, kein Mond: Es war nichts zu sehen, nichts, das die Quelle eines Lichtschimmers hätte sein können. So blieb mir nichts anderes übrig, als abzuwarten, was passieren würde, und zu Gott zu beten, dass ich nun, so kurz vor meinem Ziel, nicht das Opfer eines hungrigen Raubtiers oder einer wütenden Boa wurde.

Etwas eingeschüchtert zog ich mich wieder hoch in meine Hängematte und legte mich flach auf den Rücken. Die beiden Enden klappte ich schutzsuchend über meinem Kopf zusammen und lauschte gebannt in die Nacht hinein. Mein Herz hatte sich gerade wieder beruhigt, als ich plötzlich etwas an meiner rechten Hand fühlte, mit der ich die beiden Enden der Hängematte zusammenhielt.

Zuerst erschrak ich, doch schnell wurde mir klar, dass es sich nicht um ein gefährliches Wesen handeln konnte. Mit der linken Hand zog ich sorgsam das eine Ende der Hängematte zur Seite und spähte vorsichtig nach draußen.

Mir stockte der Atem, als ich im Dunkeln die Umrisse eines wunderschönen, eulengroßen Vogels ausmachen konnte, der auf der Kante meiner Hängematte saß und seinen Blick auf mich richtete. Ich blieb still liegen und rührte mich nicht, sondern starrte sprachlos das Tier an, das mir zu so später Stunde noch einen Besuch abstattete.

Als wäre der schwarze Schleier der Nacht mit einem Mal gelüftet worden, erblickte ich das Tier in seiner gesamten Farbenpracht. Es schien eine eigene Lichtquelle in sich zu tragen, wie es mir so in seiner vollen Schönheit entgegenleuchtete. Ich weiß, es klingt unglaubwürdig, aber ich kann nur beschreiben, was ich mit eigenen Augen gesehen habe.

Es war ein Piapoco, eines dieser prachtvollen Tiere, die dem Stamm, dessen Gast ich war, seinen Namen gegeben hatten. Tutex hatte mir eines Tages diesen Vogel gezeigt, und so erkannte ich ihn zweifelsfrei wieder. Es war einer der magischsten Momente meines Lebens: Ich lag da und blickte auf den Vogel, der wie ein Heiliger wirkte.

Weiter geschah nichts. Einige Sekunden später flog der Piapoco weiter und hinterließ einen bunten Farbbogen in meinem Blickfeld. Mir kam es so vor, als hätte ich vom Leben ein Begrüßungsgeschenk erhalten und sei nun auch »von oben« als Mitglied des Piapoco-Volkes anerkannt worden. Seelenfroh fiel ich in einen tiefen Schlaf.

Nur wenig später erwachte ich mit einem Ruck, setzte mich in meiner Hängematte auf und ging geradewegs zu dem Ort, an dem ich den Schamanen mit seinen Schülern erahnte. Obwohl es noch dunkel war, wusste ich intuitiv, dass der Beginn meiner ersten Lektion unmittelbar bevorstand. Mein Blick fiel auf einen Baum zu meiner Rechten, und ich erkannte beim Näherkommen, dass er mit der Liane *Cunabe* verwachsen war. Dankbar nahm ich ein Blatt dieser Pflanze in meine Hand, schloss für einen kleinen Moment die Augen und pflückte es daraufhin vorsichtig ab. Ich steckte es in meinen Mund und kam mir plötzlich unsagbar einheimisch vor, als ich auf indianische Art begann, meine Zähne zu putzen.

Ich musste lange auf die fünf anderen und unseren Maestro warten und nutzte diese Zeit dazu, die Sonne mit dem Ritual zu begrüßen, das mir Etéwa am Tag zuvor beigebracht hatte.

»Es ist wichtig, dass du deine eigene Art, deine eigenen Worte findest«, hatte er mir erklärt. Also versuchte ich mein Bestes und hielt meine erste kleine Ansprache in Richtung Sonne.

Nach einer gefühlten Ewigkeit erschienen sie dann endlich. Mein Herz begann vor Anspannung und unbändiger Vorfreude zu rasen.

Der Schamane trug eine lange Fackel in der Hand, mit der er einen Scheiterhaufen entzündete, den die übrigen Schüler zuvor errichtet hatten. Bald darauf flackerte ein munteres, etwa drei Meter hohes Lagerfeuer.

Erst jetzt bemerkte ich das große Gefäß sowie eine kleine Baumsamenschale, die der Schamane in seinen Händen hielt. Nachdem er sich mit einem kurzen Sprechgesang eingestimmt und seine Helfer der Geistigen Welt angerufen hatte, kam er mit feierlichem Schritt auf mich zu. Wortlos, aber mit einem freundschaftlichen Zwinkern in den Augen, gab er mir zu verstehen, dass er mich im Kreis seiner Schüler willkommen hieß. Ich lächelte ihm stolz entgegen und konnte meine unbändige Freude kaum verbergen.

Etéwa legte seine rechte Handfläche auf meinen Kopf und stimmte einen für mich unverständlichen Singsang an, wobei sich seine Augen nach oben verdrehten. Plötzlich wurde alles ruhig und friedvoll in meinem Körper. Ich schloss meine

Augen und genoss diesen Moment, in dem mich ein Gefühl des grenzenlosen Friedens von innen her erfüllte.

Im nächsten Augenblick beendete der Schamane seinen Gesang und wandte sich mir zu. Aus seinen Augen schienen mir Pfeile entgegenzuschnellen. Er musterte mich sehr aufmerksam, doch gleichzeitig freundlich, beinahe aufmunternd.

»Nimm!«, sagte er auf Spanisch und hielt mir die kleine Baumsamenschale vors Gesicht, die bis zum Rand mit einer bräunlichen Flüssigkeit gefüllt war. Er bedeutete mir, das Gebräu auszutrinken.

Der vertraute säuerlich-bittere, leicht erdige Geruch des Yagés stieg mir in die Nase, begleitet von einem kalten Schauer, der meinen Rücken hinauflief. Ich dachte an die schrecklichen Erfahrungen, die ich nach meiner ersten Berührung mit diesem Getränk gemacht hatte. Ein Teil von mir schien meinem Körper Folge leisten zu wollen, der Anstalten machte, sich angewidert abzuwenden.

Doch da hörte ich die Worte des Schamanen durch meinen Kopf gehen: »Du willst lernen? Dann musst du vertrauen und dich dem Leben und deinem Maestro bedingungslos hingeben. Du bist nun bereit dazu! Hab Vertrauen!«

Ich warf meinem Maestro einen hilfesuchenden Blick zu. Er erwiderte diesen mit einem besänftigenden Funkeln seines rechten Auges und mit seiner gewohnt väterlichen Ausstrahlung. Ich setzte also die runde Schale an meine Lippen und versuchte, den beißenden Geruch des Yagé zu ignorieren.

»Fuerza, Fuerza, Fuerza!« – »Kraft, Kraft, Kraft!«, sangen nun die fünf anderen Schüler und der Schamane aufmunternd im Chor, bis ich alles ausgetrunken hatte.

Ich versuchte, meinen Mitschülern ein dankbares Lächeln zu schenken, jedoch konnte ich es nicht verhindern, dass sich meine Gesichtsmuskeln zu einer angewiderten Grimasse verzogen. Schon verspürte ich den kaum bezwingbaren Impuls, mich zu übergeben. Ich holte tief Luft und befahl meinem Körper, stark zu sein und diese heilige Naturmedizin in sich aufzunehmen.

Der Schamane forderte mich augenzwinkernd dazu auf, in der Umgebung auf und ab zu laufen. »Aber nicht weit weg!«, hörte ich ihn noch sagen, während mich meine zittrigen Beine zu einem weit ausladenden Baum trugen.

Dort angekommen, sackte ich auf den weichen Sandboden, lehnte mich mit dem Rücken gegen den starken Baumstamm und schaute auf die Gruppe von fünf nackten Indigenas.

Mein Blick fiel auf meinen Maestro, der soeben einem der Schüler Yagé gab. Der Schamane war für einen Indigena relativ hochgewachsen, hatte einen großen Kopf mit einer auffallend tiefen Stirn, über der er schützend einen Pony trug, und wallende, tiefschwarze Haare, die er mit einer Liane im Nacken zusammengebunden hatte. Seine Haltung war stets aufrecht. Zu jeder Tages- und Nachtzeit trug er einen weißen, zapfenförmigen Kristall in einem kleinen Beutel um seinen linken Knöchel. Diesen Kristall benutzte er häufig in Heilsitzungen. Einen weiteren Beutel hatte er sich um die Schultern gebunden. Hier bewahrte er seine Verbündeten auf, wie er mir später erzählte.

Erneut spürte ich meine grenzenlose Hochachtung für diesen Mann. Ich bewunderte ihn für viele Dinge, am meisten jedoch für die Kraft seines Blickes: Mit seinen Augen vermochte er ganze Geschichten zu erzählen und versetzte dabei sein Gegenüber in einen Zustand der absoluten Stille und Faszination. Je nach Absicht oder Gemütslage konnte sich dieser Blick von Grund auf ändern: Auf der Jagd schien er aus Adleraugen zu kommen, die wach und konzentriert hervorstachen.

Führte er Rituale oder Anrufungen durch, verschwanden seine Augen hingegen tief in ihren Höhlen.

In Heilsitzungen mit Kranken kamen seine Augen wieder weit hervor und sahen den Betreffenden durchdringend an. Man konnte fühlen, wie sich durch diesen Blick das Energiefeld des Kranken änderte: Er besaß eine hypnotisierende Kraft, der sich niemand entziehen konnte, und kein Mensch vermochte ihm standzuhalten. Die Welt schien geradezu den Atem anzuhalten, wenn der Schamane jemanden mit seinen durchdringenden Blicken fixierte.

Wenn er etwas freie Zeit hatte, strahlten seine Augen in manchen Momenten etwas so Sympathisches und Verspieltes aus, dass man den Eindruck hatte, er habe sich um mindestens sechzig Jahre verjüngt.

Vom ersten Augenblick an war ich zutiefst fasziniert von diesem Menschen. Er stellte für mich die personifizierte Weisheit, Güte und Göttlichkeit dar.

Bisweilen konnte er ein recht unnachgiebiger Anführer sein, doch waren seine Entscheidungen immer gerecht, und er fällte sie stets zum Wohl der Gemeinschaft. Er war im richtigen Moment zur Stelle, wenn er gebraucht wurde, und spürte offenbar im Voraus, wann man seine Hilfe benötigte.

Weiterhin besaß er ein nach meinem Empfinden beispielloses Verständnis für die Menschen und alles, was mit Gesundheit und Krankheit zu tun hatte. Er war Friedensstifter und Medizinmann, Gesetzgeber, Priester und Anführer in einem. Ohne jeden Zweifel hatte mir das Leben in ihm einen überaus facettenreichen und außergewöhnlichen Mann als Lehrer bereitgestellt.

Nach uns sechs Schülern trank auch der Schamane Yagé, setzte dann das große, kalebassenähnliche Gefäß im Schatten eines Baumes ab und begann ebenfalls, einige Schritte zu gehen.

Wenige Augenblicke später saß er ganz in meiner Nähe unter einem Baum und ließ windige, raschelnde Geräusche auf seiner Bambusflöte erklingen. In einer Hand hielt er eine Baumsamenrassel, die er dazu unablässig hin und her schwenkte: eine Bewegung, die eine eigene Dynamik zu haben schien, frei von jeglicher Intention und Führung.

Ich beschloss, meine Konzentration zunächst von meiner Umgebung abzuwenden, um Kontakt mit meinem Innenleben aufzunehmen. Ich fühlte, dass dies nun von größerer Wichtigkeit war, also schloss ich die Augen und nahm einen tiefen Atemzug.

Ich spürte in mich hinein, um zu ergründen, was sich nun in mir abspielte und wie mein Körper auf die heilige Medizin reagierte, die mich nun langsam vollständig durchdrang. Und plötzlich, nach drei weiteren tiefen Atemzügen, tauchten Worte in mir auf, die ich nicht bewusst erdachte, die mir jedoch sehr passend erschienen. Ich kann mich daher noch genau an sie erinnern:

»Liebe Pflanze Yagé! Ich heiße dich in meinem Körper willkommen. Ich fühle mich zutiefst geehrt und dankbar, dich in mir begrüßen zu dürfen, und freue mich darauf, mit dir eine tiefe Freundschaft aufzubauen, die auf bedingungslosem Vertrauen und Respekt basiert.«

Tutex hatte mir schon einiges über diese Medizin erzählt, deshalb wusste ich ungefähr, worauf ich mich nun einzustimmen hatte. Die Pflanze Yagé wird traditionsgemäß zusammen mit einer weiteren Amazonaspflanze, die *Chagropanga* genannt wird, tage- und wochenlang gekocht. Sie ist fähig, alle Krankheiten zu heilen und besitzt eine einweihende Kraft, die den Menschen zum Erwachen führen kann.

»Das Yagé ist ein Geistwesen, das die grenzenlose Weisheit und Perfektion von Mutter Erde wohl auf die eindrucksvollste und vollkommenste Art und Weise repräsentiert. Ihrer Kraft müssen wir Menschen uns als Teil von Mutter Erde unterordnen, aus dem Vertrauen und dem intuitiven Wissen heraus, dass das Yagé uns zur Heilung führen wird, egal, wie dieser Weg auch aussehen mag«, hörte ich Tutex in meiner Erinnerung erklären.

Ich öffnete die Augen und blickte zum Schamanen, der seinen Instrumenten weiterhin Laute des Windes und der Leichtigkeit entlockte. Ich versuchte aufzustehen, um mich der Gruppe wieder zu nähern und der Musik des Schamanen zu lauschen, doch bereits bei dem Versuch bemerkte ich, wie sich meine Wahrnehmung durch das Yagé verändert hatte. Mit einem Mal wurde mir bewusst, dass sich mein Magen flau anfühlte und meine Beine mich nicht mehr tragen wollten. Dennoch wagte ich einen zweiten Versuch.

Auf halbem Weg zu meinem Lehrer übergab ich mich. Ich fühlte mich, als sei ich nur ein außenstehender Beobachter meines Körpers und nicht selbst an diesem Säuberungsakt beteiligt. Ich fühlte mich eigenartig, wie in Watte gepackt, doch zum Glück hatte immerhin das flaue Gefühl im Magen aufgehört. Ich setzte mich in den Schatten des nächsten Baumes in der unmittelbaren Umgebung des Schamanen und grub meine Füße in den Sand. Von dort aus lauschte ich den Tönen, die aus der Richtung meines Maestros kamen – und den würgenden, spuckenden Geräuschen meiner Mitschüler.

Tutex hatte mir bereits erzählt, dass die Wirkung des Yagé

meistens auf diese Art und Weise eintritt, denn der Weg, den diese Medizin einschlägt, um den Menschen zur Heilung zu führen, ist der einer vierschichtigen Reinigung. Unser physischer, mentaler, emotionaler und spiritueller Körper wird von allem befreit, was nicht mehr benötigt wird, damit Neues in uns entstehen und seinen Platz finden kann. Daher sind Erbrechen und Durchfall sehr typische Reaktionen. Und schon krümmte sich mein Körper unter erneutem unangekündigtem Brechreiz.

Ich fühlte plötzlich, dass die Musik des Schamanen einen Einfluss auf die Bewegungen hatte, die sich innerhalb meines Körpers vollzogen. Meine Gedärme schienen sich im Rhythmus der Töne auszudehnen und wieder zu entspannen. Alles Gewebe meines Körpers tanzte zu ihrem Rhythmus.

In diesem Augenblick sah ich in meinem Kopf ein Bild, auf dem eine grüne Pflanze weiße Handschuhe trug und mich mit einem blanken Tuch polierte. »Das geschieht gerade in deinem Körper«, hörte ich jemanden in einem sehr deutlichen Tonfall sagen und drehte mich erschrocken um.

Da ich jedoch niemanden sehen konnte, lehnte ich mich wieder an meinen Baum und versuchte, mich zu entspannen.

Wieder tauchte das Bild der Pflanze mit den weißen Handschuhen vor meinem inneren Auge auf. Dieses Mal hielt sie sich ihren Bauch und lachte mich schallend aus. »Ich bin das, du Dummkopf. Hier in deinem Inneren! Ich rede mit dir.«

Die weißen Hände winkten mir spöttisch zu. Ich fühlte mich bloßgestellt und verspürte erneut den Drang, mich umzudrehen, um den wirklichen Redner zu entlarven. Als jedoch einige Augenblicke später sanfte, aber deutliche Orchestermusik ertönte, begann es mir langsam zu dämmern, dass diese seltsamen Töne wohl wahrhaftig aus meinem Inneren kommen mussten. Ein Sinfonieorchester mitten im Amazonasgebiet? Nein, das war dann doch zu absurd. Ich beschloss also, still sitzen zu bleiben, um der Musik und der geheimnisvollen Stimme weiter zuzuhören.

»Vertraue mir und entspanne dich! Es gibt keinen Grund zur Sorge. Übergib mir einfach die Kontrolle über deinen Körper.«

Ich wusste in diesem Moment, dass es Wirklichkeit war: Die Pflanze Yagé sprach tatsächlich zu mir. Natürlich hatte ich hierfür keinerlei logische Erklärung – und dennoch war es Realität. Ebenso deutlich konnte ich fühlen, dass ich zwar etwas Angst hatte, aber trotzdem intuitiv wusste, dass ich dieser Stimme und allen inneren Vorgängen vertrauen konnte.

Das Orchester drang nun wieder etwas mehr in den Vordergrund, und ich sah, wie sich die Pflanze mit den Handschuhen zum Takt der Musik bewegte und hin und wieder jauchzende Laute von sich gab. Kurzzeitig befürchtete ich, endgültig verrückt zu werden, beschloss aber letztlich, mich zu entspannen und dem Yagé vollends hinzugeben.

»Dir bleibt keine Wahl!«, hörte ich nun Tutex' Stimme in meiner Erinnerung. »Du musst der Pflanze vollkommen vertrauen und dich ihr ganz ausliefern. Kämpfst du gegen sie an, hast du schon verloren. Niemand kann die Natur kontrollieren! Wenn du versuchst, dich zu wehren, wird es dir schlecht ergehen, denn die Pflanze ist viel stärker, als du es jemals sein könntest. Vergiss nicht, du bist ein Teil von ihr und ein Teil von Mutter Erde, die sie repräsentiert. Oder kannst du dir vorstellen, dass ein Blatt etwas gegen den Willen des Baumes ausrichten könnte?«

Ich lehnte mich also zurück und versuchte bewusst, meinen Körper der Weisheit dieser Pflanze zu öffnen. In meinen

Ohren begann es zu dröhnen, und die Orchestermusik wurde immer lauter. Ich sah einige unförmige Gestalten, die in dunklen Farben leuchteten und einen bedrohlichen Eindruck auf mich machten. Im nächsten Augenblick war dieses Bild verschwunden, und ich sah grüne Farbtöne, die sich wandelten, sich ineinander verschlangen, sich in violetten und gelblichen Formen auflösten. Vielleicht waren es Pflanzen – vielleicht auch nicht.

Nach einer Weile stellte ich fest, dass das Yagé wohl gerade meine Zunge durchdrang, denn sie fühlte sich wie aufgeblasen an und kribbelte von innen heraus. Das Bild der polierenden Hände stieg wieder in mir hoch und dazu ein Gefühl der überdimensionalen Ausdehnung in meinem Mundraum. Es war verrückt, aber ich war mir sicher, dass meine Zunge inzwischen den Umfang eines Heißluftballons angenommen hatte.

Darauf folgten wiederum farbenfrohe Bögen, die mir dieses Mal lila, rosa, hellgrün entgegenleuchteten und dabei die chaotischsten Formen und Konstellationen bildeten.

»Ich bin du!«, waren die Worte, die ich vernahm, und für kurze Zeit hielten die Farben in ihrem heiteren Spiel inne. Ich sah nun viele kleine Krokodilsaugen, die sich im nächsten Atemzug gleichzeitig auf mich richteten und mich unverwandt und eindringlich anstarrten. Wer sprach da zu mir? War es die Pflanze Yagé?

Ich spürte, wie mein Atem für einen Moment aussetzte und alles um mich herum zu stocken schien. Eine Stimme eröffnete mir, dass dies meine eigenen Augen seien, die bisher den Großteil meines Lebens in die andere Richtung, nach außen, geblickt hatten.

»Hör auf, Antworten in der Außenwelt zu suchen. Finde sie

in dir! Hier findest du alles, wonach du suchst«, raunte es in mir.

Ich erinnerte mich daran, dass Tutex mir wiederholt von den Botschaften des Yagé erzählt hatte, auf die man besonders achtgeben sollte. Aber war es wirklich möglich, dass der Geist dieser Pflanze zu mir sprach? War das, was ich da hörte, nicht vielmehr ein Trick meines Unterbewusstseins, das mir etwas vorzugaukeln versuchte?

»*Ich?* Wer bin ich? Du bist ich! Ich bin ich! Ich bin du! Wer bin *ich?*«

Die Stimme, die nun wieder durch meinen Organismus dröhnte, hatte einen metallischen und harten Klang, und mein Körper drehte sich mit einem kräftigen Ruck zur Seite, um sich erneut zu übergeben.

»*Nein!*«, dachte es in mir, als ich meine ursprüngliche Liegeposition wiedergefunden hatte. »*Diese Worte kommen nicht von mir. Unmöglich! Es ist wirklich und wahrhaftig die Pflanze, die zu mir spricht!*«

Alles drehte sich, alles bewegte sich. In mir und um mich herum. Überall. Der gesamte Kosmos schien verrückt geworden zu sein: Außerhalb seiner gewohnten Bahnen trieb er wild tanzend seinen regellosen Unfug. Vielleicht stießen soeben große Planeten aufeinander. Vielleicht aber auch nicht. Das Rasseln des Schamanen untermalte gemeinsam mit dem Rauschen der Bäume und der gespenstischen Orchestermusik diesen Moment der absoluten Hingabe, der eine schon fast vergessene Angst in mir heraufbeschwor: »*Was passiert, wenn man jegliche Kontrolle abtritt und sich dem Leben und der Natur vertrauensvoll hingibt? Ist die Natur wirklich auf meiner Seite, oder liefere ich mich gerade einer dunklen Welt aus, die voller Feinde und Gefahren steckt?*«

Es dröhnte, es bewegte sich, es hallte wider. Alles. In allem. In einem. Meine Zähne waren wie aus Knetmasse – sie schienen sich auszudehnen und von innen heraus poliert zu werden. Dann der große Zeh meines rechten Fußes. Es war unheimlich: Ich hatte keinerlei Kontrolle über die Vorgänge, die in mir abliefen. Trotzdem gelang es mir, mich leidlich wohlzufühlen.

»Trink das!«, hörte ich nun eine bekannte Stimme aus der Ferne und erkannte mit leichter Verzögerung meinen Maestro. Ich versuchte, meine gesamte Willenskraft zu bündeln und mich aufzusetzen.

Es kam mir vor wie eine Ewigkeit, aber irgendwann saß ich wieder einigermaßen aufrecht angelehnt an meinem Baum und trank die zweite Yagé-Ration, die mir mein Maestro anbot.

»Die zweite Portion ist dafür gedacht, dich wieder etwas zu erden. Sie verhilft dir außerdem zu einer abschließenden Reinigung«, hörte ich erneut Tutex in meiner Erinnerung sagen.

Der Schamane richtete nicht ein einziges Wort an mich. Er schien mit seinen Augen alles auszudrücken, was im Moment wichtig war, was ich aber zu diesem Zeitpunkt noch nicht verstehen konnte.

Wie Tutex es mir beschrieben hatte, erlangte ich tatsächlich, nachdem ich mich noch einmal kräftig übergeben hatte, langsam mein normales Bewusstsein zurück. Ich begann, mich in meinem Körper wieder heimisch zu fühlen und mein Umfeld wie gewohnt wahrzunehmen.

Ich sah den Schamanen, der gerade bei einem anderen Schüler hockte und dessen Kopf mit seinem *Guaira* bearbeitete.

Der *Guaira* ist eine spezifische Rassel aus den Blättern des gleichnamigen Amazonasbaums. Das Geräusch dieser Blätter ist dazu fähig, dunkle Wesen aus dem menschlichen Energiefeld zu vertreiben.

Im nächsten Augenblick pustete der Schamane dreimal kräftig am linken Ohr des Schülers vorbei. Diese Geste wiederholte er an seinem rechten Ohr, woraufhin er das Energiefeld des Jungen erneut berasselte.

Ich selbst begann, mich langsam wieder stabil zu fühlen, setzte mich auf und klopfte mir den Sand vom Körper. Ich sah, dass auch die anderen Schüler dabei waren, wieder in die alltägliche Wirklichkeit zurückzufinden; nur einer von ihnen schien noch etwas Unterstützung vom Schamanen zu brauchen.

Es dauerte etwa eine Viertelstunde, bis auch der letzte von uns langsam wieder auf die Beine kam. Er rieb sich die Augen, fuhr sich über Gesicht und Brust und begann offenbar nach und nach in seinen Körper zurückzufinden. Ohne ein weiteres Wort zu verlieren, ging der Schamane zu seinem Lager zurück und ließ uns allein.

Ich weiß noch, wie ich mich über dieses Verhalten wunderte, ja, sogar etwas ärgerte, denn ich hätte mir doch ein wenig mehr Anleitung gewünscht.

Was hatte das alles zu bedeuten? Und was sollte mich meine eben erlebte Yagé-Erfahrung lehren? Was hatte es mit meinen Visionen auf sich? Dies war der Moment, in dem ich etwas Entscheidendes begriff, was Tutex mir schon mehrmals erklärt hatte, ich aber nie wirklich fassen konnte. Ihre Worte waren: »Es geht in der Welt des Schamanismus nicht um das rationale Verstehen, Taguarí. Es zählt nur das, was du fühlst und intuitiv weißt.«

Nun konnte ich endlich die tiefe Wahrheit dieser Worte fühlen, und ich begann von Herzen zu verstehen, dass es nicht darauf ankam, nach Erklärungen zu suchen. Es war wichtig, das wahrzunehmen, was ich fühlte, welche körperlichen Empfindungen durch die Geschehnisse der letzten Stunden geweckt worden waren. Nur darum ging es.

Im nächsten Moment fielen erste schwere Tropfen auf meine Unterarme. Ich blickte nach oben und bemerkte, dass es angefangen hatte zu regnen. Ich stand auf und streckte meine müden Arme in Richtung Himmel. Mein Herz wurde mit einem Mal von einer Woge reiner Freude und Glückseligkeit umspült, wie man sie in ihrer vollen Schönheit in den Augen eines Kleinkindes beim Entdecken seiner neuen Welt sehen kann.

Ich öffnete meinen Mund und nahm einige Tropfen des himmlischen Wassers in mich auf. Aus der Tiefe meines Bauchraums stieg ein animalischer Schrei empor, der zur allgemeinen Erheiterung meiner Mitschüler führte und dessen Kraft alle Bäume und Sträucher in der Nähe erzittern ließ. Ich fühlte mich so lebendig wie noch nie zuvor in meinem Leben. Und ich spürte, welch ein Segen es ist, wenn einem ein Leben auf dieser Erde geschenkt wird, mit allem, was dazu gehört.

Ich konnte dieses Glück zum ersten Mal in seinem gesamten Umfang erfassen: Das Privileg, einen Körper zu haben, mit all seinen Empfindungen und Gefühlen.

Schon bald goss es wie aus Kübeln, und ich stand nackt da, streckte meine Arme zum Himmel, hielt die Augen geschlossen, während in meinem ganzen Körper ein Wort vibrierte:

»DANKE!«

Zeit der Neuerung

Das Yagé war der zentrale Bestandteil meiner nun folgenden etwa siebenjährigen Einweihung in die Welt des Schamanismus. In dieser Zeit nahmen wir es oft zu uns, meistens zwei- bis dreimal am Tag. Es kam auch des Öfteren vor, dass wir zusammen mit dem ganzen Stamm Yagé tranken, wenn der Schamane es für nötig befand: zum Beispiel bei aufkommenden Konflikten, bei Krankheit, bei Unfällen und in anderen Momenten, die man als Anzeichen verstehen konnte, dass etwas im Leben der Piapocos aus dem Gleichgewicht geraten war. In solchen Situationen wurde stets auf die unbeschreibliche Weisheit dieser Pflanze vertraut. Wir erinnerten uns bei solchen Anlässen daran, dass der menschliche Geist nur begrenzt überblicken kann, was unternommen werden muss, wenn jemand uneins mit sich oder einem anderen ist.

Der Geist des Yagé, als Repräsentant des Lebens und unserer Mutter Erde, weiß hingegen immer einen Weg zurück in die Harmonie, die ja der natürliche Zustand des Lebens ist. Er verändert die Perspektive und verhilft zu einem integraleren und umfassenderen Verständnis der Situation.

Man könnte sich das Yagé als ein Transportmittel vorstellen, das uns aus unserem gewöhnlichen in einen erweiterten Bewusstseinszustand befördert und somit eine ganzheitliche Sichtweise auf unser Leben ermöglicht.

Das Leben mit den Piapocos wurde mit der Zeit einfacher für mich, und ich begann, langsam ein Gefühl von neuer Heimat zu entwickeln. Viele der Verhaltensweisen, die ich anfangs nicht verstehen konnte und als befremdlich empfand, stellten sich mir mit der Zeit in einem neuen Licht dar, sodass ich meine Vorurteile überdenken und mit der Zeit ablegen konnte.

Zum Beispiel ihr Sinn für Gemeinschaft: In ihrer Sprache gab es, wie schon erwähnt, keinen Ausdruck für »ich« oder »mein«. Es existierten nur Wörter für »wir« und »uns«, was viel über ihre Wertschätzung der Gemeinschaft aussagt. Individualität kannten die Piapocos nicht und konnten sie demnach auch nicht vermissen. Sie brauchten sie schlichtweg nicht. Jeder war Bestandteil der Gemeinschaft, niemand besaß oder beanspruchte irgendetwas für sich. Alles gehörte zur Gemeinschaft und lebte für sie; sogar Kinder und Partner waren niemals einer einzigen Person zugeordnet.

Die Kinder des Stammes hatten viele Erwachsene gleichzeitig um sich, die sich alle im selben Maß für sie verantwortlich fühlten. Und ich denke heute, dass auch nur deshalb das System der Polygamie bei den Piapocos funktionierte, weil niemand etwas für sich allein suchte. Kein Stammesmitglied schien das Bedürfnis zu verspüren, etwas nur für sich haben zu wollen.

Ich genoss weiterhin die Begleitung von Tutex an meiner Seite, die es sich zur Aufgabe gemacht hatte, mich in meiner Ausbildungszeit zu begleiten und mir zu helfen, in dieser neuen, noch befremdlichen Welt zurechtzukommen. Oft verbrachten wir viele Momente schweigend miteinander, und schon ihre bloße Präsenz schien etwas in mir zu ordnen und zu harmonisieren. An anderen Tagen hörte sie mir geduldig zu, und ich konnte ihr meine Zweifel und Ungewissheiten erzählen, auf die sie immer kurze, prägnante Antworten parat hatte, die mir weiterhalfen.

Ich war überaus dankbar dafür und genoss ihre Anwesenheit in vollen Zügen. Sie strahlte zu jeder Zeit Hilfsbereitschaft und mütterliche Zuneigung aus. Der Schamane tat dies zwar ebenfalls, aber auf eine viel distanziertere, männliche Art und Weise. Vielleicht hatte die Zuwendung von Tutex auch etwas damit zu tun, dass wir beide Außenstehende des Stammes waren und nicht wirklich zur Gemeinschaft gehörten. Wir beide waren anders, und das verband uns zutiefst.

Sie war so etwas wie eine Mutter für mich und gleichzeitig meine beste Freundin. Mir wurde immer mehr bewusst, welch außergewöhnliche Fähigkeiten sie besaß. Besonders wenn wir Yagé getrunken hatten, konnte ich sie dabei beobachten, wie sie sich in eine erhabene, meisterhafte Schamanin verwandelte, die sehr viel Macht und Energie ausstrahlte. Bald war ich nach dem Genuss von Yagé dazu in der Lage, durch das Eintreten in den erweiterten Bewusstseinszustand feinstofflichere Dinge zu sehen: etwa das Energiefeld aller beseelten Lebewesen, also auch von uns Menschen.

Und so fiel mir sehr bald auf, dass das Energiefeld von Tutex nahezu doppelt so groß war wie das der meisten anderen Piapocos. Es war außerordentlich weit und hell und strahlte in weißen, violetten und silbernen Tönen, die viel Kraft und Vitalität versprühten. Das Ereignis mit ihr und der Schlange hatte sicher auch etwas mit ihrer Macht in der Welt des Schamanismus zu tun, daran bestand für mich kein Zweifel mehr. Tutex selbst stellte sich immer als vollkommen gewöhnlich dar. Sie sprach nicht über ihre Fähigkeiten und bezeichnete sich auch nie als Schamanin.

Damals wusste ich noch nicht, dass – bis auf eine einzige Ausnahme – sämtliche indianische Völker Kolumbiens patriarchalisch organisiert waren, also traditionsgemäß nur Männer als spirituelle Anführer eines Stammes fungieren konnten. Frauen standen daher meistens im Hintergrund, egal, welche übersinnlichen Fähigkeiten sie auch haben mochten.

Die *Muiscas* aus dem Bundesland Boyacá stellten die große Ausnahme dar. Bei ihnen hatte die Frau die Position der geistigen Führung inne.

Von Anfang an war mir bewusst, dass Tutex mehr wusste und wahrnahm, als sie mir gegenüber zugab. Sie war mir eine große Hilfe während der gesamten Ausbildungszeit. Stets wusste sie, wie es mir ging, und ich musste sie so gut wie nie um Hilfe bitten, da sie oft schon vor mir wusste, was ich brauchte oder wissen wollte.

Eines verregneten Nachmittags – ich saß gerade auf einem kleinen Baumstumpf, umklammerte meine Knie und döste vor mich hin – kam Tutex auf mich zu und setzte sich zu mir. Sie nahm mein Kinn in ihre rechte Hand und drehte mein Gesicht zu sich. Mit konzentriertem Blick sah sie mich an und fragte: »Du willst wissen, was an jenem Morgen geschehen ist, an dem ich neben dir geschlafen habe, stimmt's?«

Ich schaute sie verdutzt an, denn ich hatte tatsächlich die letzten Minuten damit verbracht, abermals über dieses Vorkommnis zu grübeln. Sie ließ mein Kinn los und schaute mich mit ihrem vertrauten Lächeln freundschaftlich und gleichzeitig herausfordernd an. Ich spürte, wie mir die Röte ins Gesicht stieg und ich mich ein wenig ertappt fühlte. Verlegen stocherte ich mit meinem großen Zeh im Waldboden herum und wusste nicht, was ich antworten sollte.

»Es muss dir nicht unangenehm sein, mein Freund. Es ist alles in Ordnung. Du bist eben auch nur ein Mann.«

Sie grinste mich neckisch an, und ich spürte, wie ich erneut errötete. Hätte sie nicht ohne Unterbrechung weitergesprochen, wäre ich wohl entweder vor Scham im Boden versunken oder hätte das Weite gesucht.

»Du hast an diesem Morgen meine Verbündeten kennengelernt, mein lieber Taguarí.«

»Deine Verbündeten? Wer oder was sind deine Verbündeten?«, fragte ich neugierig und wartete voller Ungeduld auf ihre Antwort.

»Ein Verbündeter ist eine anorganische Kraft, die eine zusätzliche Schutzfunktion über dich ausübt. Einem Verbündeten muss man keine Anweisungen geben. Er agiert von sich aus und ist dazu in der Lage, deine physische Erscheinung dahingehend zu verändern, dass dein Feind das Weite sucht. Man kann diese Helfer mit bestimmten Mantren herbeirufen und …«

»Halt, halt, halt!«, unterbrach ich vehement den Redefluss meiner Freundin. »Bitte nicht so schnell! Ich verstehe nicht ganz. Was ist das genau: ein Verbündeter? So etwas wie ein Schutzengel?«

»Nein. So kann man das nicht sagen. Ein Verbündeter kann sich uns in tausend unterschiedlichen physischen Gestalten zeigen. Wie eine Lehmkugel, die viele verschiedene Formen annehmen kann. Er besitzt also, im Gegensatz zu einem Engel, einen materiellen Körper. Oder vielmehr: tausend verschiedene.«

Mir wurde geradezu schwindelig.

»Es ist vollkommen normal, wenn du nicht sofort alles begreifst. Durch reine Theorie ist das auch schwer zu verstehen. Du wirst in die Praxis gehen und mit deinem Maestro in die Dimension des Anorganischen reisen müssen. Dann erst wird dir klar werden, was genau ein Verbündeter ist.«

»Das werde ich wohl tun müssen. Ich habe keine Ahnung, was das Wort ›anorganisch‹ bedeuten soll. Ich kann mir darunter nichts vorstellen.«

»Natürlich nicht. Genauso wenig kann ich mir deine Welt draußen in den Städten vorstellen, da ich noch nie dort war.«

»Klingt einleuchtend«, erwiderte ich und lächelte Tutex, dankbar für ihre Lektion, an.

»Keine Sorge! Du wirst bald dorthin reisen. Jeder Schamane in Ausbildung wird irgendwann in seiner Lehrzeit von seinem Maestro mit in diese Dimension des Anorganischen genommen. Dort wird sich dein spezieller Verbündeter mit dir vereinigen, und du trägst ihn von diesem Tag an bei dir und versorgst ihn mit deiner Energie.«

»Wie soll ich denn das verstehen?«

»Du ernährst ihn. Er lebt sozusagen von deiner Energie. Somit ist ein Verbündeter auf der einen Seite eine große Hilfe, da er in der Lage ist, dich effektiv vor deinen Feinden zu schützen. Auf der anderen Seite lebt er aber auch von dir, zapft dich an und nimmt dir etwas von deiner Lebenskraft. Der Schamane hat aber sehr gut gelernt, damit umzugehen, und er weiß, wie er seine eigene Energie immer auf derselben hohen Stufe halten kann. Er bewahrt sie in seinem Beutel der Macht auf, den er Tag und Nacht bei sich trägt.«

Bei diesen Worten stieg in mir das Bild des kleinen runden Beutels auf, den der Schamane zu offiziellen Anlässen immer um eine seiner Schultern trug. Das war also sein Beutel der Macht.

»Aber wozu braucht ein Schamane überhaupt einen Verbündeten? Erklär mir das bitte genauer.«

»Pass auf, Taguarí! Ich versuche es dir mit ganz einfachen Worten zu beschreiben: Ein Schamane bewegt sich in vielen unterschiedlichen Dimensionen und bedient sich dort vieler verschiedener Kräfte, die ihn dazu befähigen, die Entwicklungsprozesse von lebenden Organismen zu steuern. Bei diesen Aktionen gibt es sowohl Helfer als auch Neider, die mit den Handlungen des Schamanen nicht einverstanden sind. So hat er zwangsläufig auch mehr Feinde als ein gewöhnlicher Mensch, da er seine Hände – oder vielmehr seinen Geist – einfach in mehr Bereichen des Lebens mit im Spiel hat. Überall, wo Macht ein Thema ist, sind die Neider nicht weit. So ist das leider.«

Tutex blickte mich mit ihren bezaubernden honigfarbenen Augen an und bemerkte sofort meine Verwirrung. Schnell fuhr sie fort: »Ich werde ein praktisches Beispiel wählen, das du aus deiner heutigen Sicht nachvollziehen kannst. Es nähert sich dir ein tollwütiger Hund in einem Moment, in dem du anderweitig beschäftigt bist und nicht flüchten kannst. Dein Verbündeter ist in der Lage, in einer solchen Situation deine Erscheinung für diesen Feind so zu verwandeln, dass er Angst vor dir bekommt und wegläuft. In unserem Beispiel wäre vielleicht die Gestalt einer Raubkatze nützlich.«

Sie blickte mich an, als wollte sie überprüfen, ob ich ihr folgen konnte. »Der Schamane selbst hat in diesem Moment keine Ahnung, welche Gestalt er dem Feind gegenüber annimmt, doch wenn der Verbündete in Aktion tritt, tut er es immer wirkungsvoll. Und das ist das Wichtigste.«

Mit großen Augen betrachtete ich meine Lehrerin.

»Und jetzt habe ich auch an dich noch eine Frage, Taguarí.« Mit diesen Worten riss sie mich aus meinen Gedanken. Ich blickte sie erwartungsvoll an, obwohl ich eigentlich schon wusste, was jetzt kommen würde. »Was hast du gesehen, als du mich an diesem Morgen berührtest?«

»Eine Schlange. Du warst eine riesige weiße Schlange mit roten und schwarzen Flecken und honigbraunen Augen. Und du hast mich zu Tode erschreckt!«

Tutex begann herzhaft zu lachen und klopfte sich vor Erheiterung auf die Schenkel. »Komm schon, Taguarí! Hör auf, so dreinzuschauen, als seist du eine vom Jaguar gefressene Ameise. Komm mit! Ich zeige dir einen Baum, den du noch nicht kennengelernt hast. Es ist ein ganz besonders magischer Baum mit sehr starker Heilkraft.«

Meine Freundin zog mich mit sich und zerstreute so meine aufkommende Verlegenheit.

Wenig später standen wir vor einem großen Baum, der bestimmt mehrere hundert Jahre alt war. Sein Stamm war nicht besonders dick, eher schlank und in sich geschwungen. Seine kleinen Blätter sahen kraftvoll und nahrhaft aus und schimmerten feucht vom letzten Regen.

»Wir nennen ihn *Peláá*25«, erklärte sie mir. »Vor allem seine Baumrinde verwenden wir zu Heilzwecken. Er ist ein sehr magischer Baum und gleichzeitig etwas verrückt, was ja bei magischen Dingen meistens der Fall ist.« Meine Freundin kicherte etwas albern vor sich hin. Unsere Unterhaltung über ihre Verbündeten hatte eine kindliche Verspieltheit in ihr geweckt, die man sonst nur selten an ihr beobachten konnte.

»Wenn wir die Rinde auf folgende Weise entnehmen, ist ihr Wirkstoff in der Lage, hohes Fieber zu senken.«

Sie präsentierte mir ihre Machete und schnitt in Richtung Himmel ein Stück Rinde ab. »Das mache ich nur, weil das Baby von Weißer Stein gerade die Grippe hat. Das hier wird ihm helfen, das Fieber etwas zu senken.«

Sie drückte mir das Stück Baumrinde in die Hand und forderte mich auf, daran zu riechen. Ich tat, was mir aufgetragen wurde, obwohl ich keinen besonderen Geruch wahrnehmen konnte.

»Und schau, Taguarí. Wenn wir die Rinde auf folgende Weise entnehmen«, sie vollführte mit ihrer Machete eine Bewegung in Richtung Erde, »kann man den Sud der Rinde für intensive und wirksame Magen-Darm-Reinigungen verwenden. Man trinkt ein wenig von der ausgekochten Rinde und übergibt sich daraufhin mehrere Stunden lang. Hinterher ist man gereinigt und von dunklen Wesen und Schlacken befreit. Das ist besonders gut für Frauen, die sehr darunter leiden, dass ihre Funktion als Mutter der Vergangenheit angehört, da ihre Kinder nun selbst für sich verantwortlich sind.«

Mit offenem Mund starrte ich Tutex an und konnte nicht anders als nachzuhaken: »Aber wie kann das möglich sein? Wie kann ein und dieselbe Baumrinde so unterschiedliche Wirkungen haben, nur aufgrund der Messerführung?«

»Zerbrich dir nicht den Kopf, Taguarí. Das ist Magie, und Magie hat keine logische Erklärung. Sie ist einfach, wie sie ist, und sie kann uns zur Heilung führen. Das ist alles, was wichtig ist.«

Im Gegensatz zu Tutex war der Schamane während des Großteils meiner Ausbildung sehr zurückhaltend mit Erläuterungen. Er überließ mich in vollem Vertrauen der Pflanze Yagé, da er wusste, dass sie mich besser ausbilden würde, als jeder Lehrer der Welt es hätte tun können. Und wenn die Pflanze mich nicht unmittelbar unterrichtete, so führte sie mich doch stets zu interessanten und lehrreichen Gesprächspartnern: zu Bäumen, Pflanzen, Tieren oder Steinen, die mir ihre ganz persönlichen Botschaften übermittelten. Oder zu den Elementen – aber das folgte etwas später.

Oft vergingen mehrere Tage, in denen der Schamane kein

einziges Wort an mich richtete. Er sah mich nur aufmerksam an, winkte mich zu sich und gab mir meine zwei bis drei Rationen Yagé zu trinken.

Mit der Zeit konnte ich spüren, dass ich mich veränderte. Ich fühlte mich zunehmend auch ohne Yagé ruhiger, zentrierter, friedvoller und selbstsicherer. Bald begann ich am eigenen Leib zu spüren, wie das Yagé mir dazu verhalf, Altes – wie zum Beispiel überholte Glaubensmuster, Ängste oder sonstige Begrenzungen – über Bord zu werfen. So kam ich Stück für Stück immer mehr zu mir: zu dem José Ariza, der ich wirklich war.

Die Lektionen, die ich vom Yagé erhielt, wurden mit der Zeit immer klarer und umfassender. Was sich anfangs in einer beziehungslosen Mischung aus Farben und Formen erschöpfte, begann nach einigen Wochen Gestalt anzunehmen und sich zu ganzen Dialogen, Filmen oder Botschaften auszuweiten, die an mich persönlich gerichtet waren und meine Einweihung in die Welt des Schamanismus besiegelten.

Eines Nachts erhielt ich vom Yagé eine Einweisung in die Kommunikation mit Bäumen. Was ich in meinen Tagen der Isolation und auf meinen Ausflügen mit Tutex begonnen hatte, erfuhr nun eine Vertiefung.

Etwa eine Stunde, nachdem ich Yagé getrunken hatte, saß ich allein am Strand und blickte auf das Wasser. Mit einem Mal sah ich mich vor meinem inneren Auge auf meinem Lieblingsbaum liegen. Ich konnte in einer feinstofflicheren Dimension beobachten, was genau in diesen Momenten des intimen Kontakts mit diesem Baum passiert war.

Ich sah das Geistwesen dieses Baums, eine grünlichblau schimmernde, neblige Gestalt mit einem überaus liebevollen Gesicht. Ich konnte beobachten, wie dieses Wesen sich mütterlich und zärtlich um mich kümmerte, und nahm die Energien wahr, die vom Baum ausgingen und mein eigenes Energiefeld durchfluteten. Es war ein wundervoller Moment, in dem ich mir wünschte, die Fähigkeit zu besitzen, ohne Hilfsmittel von der einen zur anderen Bewusstseinsebene zu wechseln.

»Du willst wissen, wie du es unter gewöhnlichen Bedingungen schaffst, mit dem Baum zu kommunizieren?«, hörte ich im nächsten Moment die Stimme des Yagé in mir hallen. »Es ist ganz einfach. Alles in der Natur ist einfach und leicht. Ihr Menschen denkt nur zu kompliziert.«

»Da könntest du recht haben«, dachte es in mir, und ich musste schmunzeln.

»Du stellst dir im Moment des geistigen Kontakts mit dem Baum einen Eingang vor. Eine Pforte, eine Öffnung, mit allen Einzelheiten und genau so, wie sie dir im ersten intuitiven Augenblick einfällt. Du riechst das Material dieses Eingangs, fühlst seine Beschaffenheit und siehst auch seine winzigsten Details. In dem Moment, der sich richtig für dich anfühlt, betrittst du mit einem bewussten Schritt nach vorne den Raum, der hinter dieser Pforte liegt.

Nun befindest du dich im Raum der Kommunikation mit dem Baum, an dessen Geist du nun konkrete Fragen richten kannst. Du wirst präzise Antworten von ihm erhalten. Versuche es nur, du wirst nicht enttäuscht werden!«

In genau diesem Augenblick wollte ich mich in Bewegung setzen und es versuchen. Doch das Yagé hielt mich zurück. »Nein, Taguarí! Warte noch etwas, bis meine Wirkung in dir nachgelassen hat. Erinnere dich, dass du allein durch die Verbindung mit mir in deine zweite Bewusstseinsebene übergehst und mit Geistwesen aller Art Kontakt aufnehmen kannst.

Warte ab, bis du wieder ganz in deinem normalen Alltagsbewusstsein bist.«

Und so wartete ich.

Bei meinem ersten Versuch hatte ich noch leichte Schwierigkeiten: Das vor meinem inneren Auge entstehende Bild des Eingangs begann immer wieder zu verschwimmen. Ich brauchte etwas Übung und nahm mir vor, mit Geduld an die Sache heranzugehen. Schon nach zwei Tagen war es wirklich fast selbstverständlich für mich, in jenen Raum der Baumkommunikation einzutreten.

Ich merkte, dass Bäume – so wie wir Menschen – ihre eigenen Charaktereigenschaften hatten und mir daher der Zugang zu einigen von ihnen leichter fiel als zu anderen. Etwas später wurde mir bewusst, dass genau die Bäume, deren Charaktereigenschaften den meinen sehr ähnlich waren, mir den Zugang zu sich erleichterten und bereitwilliger auf meine Fragen antworteten.

Ich entdeckte, welch feine Weisheit in diesen Wesen steckte, und dass Bäume sowohl über die geschichtlichen Hintergründe ihres Standorts als auch über Geschehnisse an anderen, entlegenen Orten erstaunlich detailliert Bescheid wussten. Zudem eigneten sie sich bestens als Orakel und persönliche Berater. Es war, wie Tutex gesagt hatte. Aber um wie viel eindrucksvoller ist es, etwas durch seine eigene Erfahrung kennenzulernen!

So erfuhr ich in diesen Tagen von einem vergangenen Leben, in dem ich als Hexer inkarniert war, und von einem anderen Vorleben als Landarbeiter in Irland. Mein Vater war in jenem Leben mein Sohn gewesen. Auch über mein jetziges Dasein wussten die verschiedenen Baumwesen einiges zu berichten: Sie weissagten mir, dass es meine Berufung sei, meine schon in mehreren Leben aufgebaute Fähigkeiten in der Welt des Schamanismus nun voll und ganz zu entwickeln und dadurch vielen Menschen zu helfen. Ich stellte fest, dass ich noch lange nicht am Ziel meiner Ausbildung war, sondern noch ein langer Weg des Lernens vor mir lag.

Und noch etwas fand ich in diesen Tagen heraus: Tutex hatte es mir bereits erzählt, und so war ich nun zum zweiten Mal zutiefst beeindruckt und erfreut. Ich fand heraus, dass Bäume im Normalfall sehr glücklich und dankbar sind, wenn man sich mit ihnen verbindet und sie um ihre Hilfe oder ihren Rat bittet. Ich hatte es mit meinen eigenen Augen gesehen, als ich unter dem Einfluss von Yagé am Strand gesessen hatte: Die Baumwesen strahlten förmlich vor Glückseligkeit, endlich wahrgenommen und beachtet zu werden. Das Ausmaß an Hilfsbereitschaft und Fürsorge, das sie ausstrahlten, war bemerkenswert.

Wie mir meine Lehrerin schon gesagt hatte, haben Bäume im Allgemeinen so etwas wie eine Schutzmission uns Menschen gegenüber. Und wenn wir nicht achtlos an ihnen vorbeigehen, helfen wir ihnen, ihre eigentliche Funktion in diesem Leben zu erfüllen.

Diese Haltung wurde mit der Zeit vollkommen selbstverständlich für mich, und meine Empfänglichkeit für die Nachrichten der Baumwesen wuchs stetig von Tag zu Tag. In jedem Moment, in dem ich mich verloren oder einsam fühlte, suchte ich die Nähe eines Baumes auf, und mein Allgemeinzustand verbesserte sich umgehend. Bäume sind wie Sender, die Informationen von Mutter Erde zu uns weiterleiten: Informationen der Liebe und der Einheit.

Der Weg der Bewusstmachung

Die Regenzeit begann, und die Piapocos fanden sich langsam in ihren vier großen Malokas ein, um dort gemeinsam zu »überwintern«. In der Mitte einer jeden Maloka brannte stets ein Feuer, und meistens saßen einige Frauen daneben und bereiteten Chicha oder andere Nahrungsmittel zu. Etéwa besaß als Einziger ein eigenes kleines Lager, in dem er nächtigte und seine Patienten empfing.

Jeder schien auf Anhieb genau zu wissen, wo sich der Platz für seine Hängematte befand, wenn die Nacht hereinbrach: Es war erstaunlich, wie an die fünfzig Hängematten in einer Maloka über- und nebeneinander geordnet Platz fanden. Tutex und ich trafen an diesem Tag relativ spät im Lager ein, da wir uns längere Zeit mit dem Sammeln von Brennholz aufgehalten hatten.

Ich zögerte verlegen, als ich in die Maloka eintrat, in die mich Tutex mit einem kurzen Nicken schickte. Überall lagen schon Menschen in den kreuz und quer angebrachten Hängematten, und ich war mir nicht sicher, wo mein Platz war.

Schließlich entschied ich mich für eine freie Stelle in der Nähe des Eingangs. Lautes und vielstimmiges Schnarchen begleitete mich beim Befestigen meiner Hängematte. Als ich später auf meinem Schlafplatz lag, bemerkte ich, dass ich von hier aus durch einen offenen Spalt am Eingang genau auf das Lager von Etéwa blicken konnte, der gerade vor sein Häuschen getreten war und zum Himmel blickte. Der Regen hatte für einige Augenblicke fast vollständig aufgehört, was ungewöhnlich war für diese Jahreszeit. Als ich eine gemütliche Liegeposition gefunden hatte, beobachtete ich von meinem Nachtlager aus meinen Maestro.

Etéwa war ein sehr anspruchsvoller Lehrer. Er erklärte uns Schülern sehr wenig, agierte einfach und zog uns auf diese Weise mit in seine Welt. Aus irgendeinem Grund war ich immer der erste Ansprechpartner für ihn. Wenn etwas nicht funktionierte oder es zu Konflikten innerhalb der Gruppe kam, wurde jedes Mal ich zur Rede gestellt und war derjenige, der dafür geradestehen musste.

Ich verstand lange Zeit nicht, warum das so war und haderte mit dieser Ungerechtigkeit. Heute denke ich, dass der Schamane mir gegenüber deshalb besonders streng war, weil er wollte, dass ich alle meine Potenziale ausschöpfte. Er wusste von meiner Berufung in diesem Leben. Und er wusste, dass er mich zu ihrer Erfüllung gut vorbereiten musste.

Mein Vertrauen und mein Respekt diesem Menschen gegenüber waren grenzenlos, daher war ich stets darauf bedacht, ihn nicht zu enttäuschen. Manchmal, wenn er mich ansah, spürte ich eine Welle der Wärme und seine Anerkennung dafür, welchen Lebensweg ich mir ausgesucht hatte.

Er wusste genau, dass es nicht leicht war, in einer vollkommen anderen Welt, in einer völlig fremden Kultur ein neues Leben aufzubauen. Zwar verlor er darüber kein einziges Wort, doch seine Blicke zollten mir in bestimmten Momenten wohltuenden Respekt dafür, wer ich war und welches Opfer ich gebracht hatte, um zu lernen, zu dienen und zu wachsen.

Langsam wurden meine Augenlider schwer. Wo wohl Tutex übernachtete? Hinter dieses Geheimnis war ich immer noch nicht gekommen. Ich hörte noch einige Zeit dem wieder stärker werdenden Regen zu, bevor ich in tiefen Schlaf fiel.

Der nächste Tag war von ungewohntem Stillstand gezeichnet. Tutex tauchte den gesamten Tag über nicht auf, genauso wenig wie der Schamane, und da ich keine Lust auf oberflächliches Geplauder hatte und es draußen wie aus Eimern goss, blieb ich in meiner Hängematte liegen, hörte den Geschichten des Regens zu und döste vor mich hin.

Am Nachmittag begann ich, über mein Verhältnis zu den anderen Stammesmitgliedern nachzudenken. Unser Zusammensein war keineswegs herzlicher oder wärmer geworden. Mir wurde immer mehr bewusst, wie die Indigenas grundsätzlich über uns Weiße dachten: dass wir zerstreute, unmoralische und egozentrische Trampeltiere waren, die ihre wahre Natur vergaßen und von einem Leben im Gleichgewicht mit Mutter Erde keine Ahnung hatten. Entsprechend distanziert und argwöhnisch behandelten sie mich.

Wenn ich an den José Ariza zurückdachte, der ich gewesen war, bevor ich zu den Piapocos gestoßen war, musste ich zugeben, dass diese Vorurteile – zumindest in meinem Fall – nicht ganz abwegig waren.

Als es bereits dämmerte, vernahm ich plötzlich die Stimme meines Maestros und eilte aus meinem Lager. Ich nahm bei den anderen am Feuer Platz. Der Schamane war wohl gerade von einer Zeremonie zurückgekehrt, bei der sich einige Schamanen verschiedener Stämme getroffen und gemeinsam beraten hatten. Später war wohl dieser Anlass auch ausgiebig begossen worden, denn als Etéwa sich zu uns gesellte, war beim besten Willen nicht zu übersehen, dass er offenbar das eine oder andere Becherchen Chicha getrunken hatte.

So etwas kam äußerst selten vor, und der Schamane war ungewohnt gesprächig und guter Dinge. Er saß grinsend, mit einem jungenhaften Schalk im Nacken, bei uns am Feuer und grub mit seinem eigentlich so heiligen Stab im Sand herum. Einige Sekunden lang führte er Selbstgespräche oder unterhielt sich wieder einmal mit irgendwelchen Geistwesen, die sonst niemand sehen konnte. Zumindest hörten wir glucksende, wispernde Laute aus seiner Richtung. Wir Schüler tauschten belustigte Blicke aus. Hin und wieder brach der Schamane in lautes Gelächter aus, sodass sein Bauch auf und niederhüpfte.

Etwas zögerlich beschloss ich, die Gunst der Stunde zu nutzen, um ihm einige Fragen zu stellen. Und ich war erfreut und gleichzeitig erstaunt darüber, dass er bereitwillig Rede und Antwort stand. Allerdings nur, wenn ich mich in seiner Sprache an ihn richtete. Meine erste Frage hatte ich auf Spanisch formuliert, und er hatte einfach so getan, als hätte er mich nicht gehört: Er stocherte weiter mit seinem Bastón im Sand herum und gluckste vor sich hin. Also nahm ich meinen gesamten Mut zusammen und formulierte meine Fragen in gebrochenem Piapoco, verdeutlicht mit Händen, Füßen und in den Sand gemalten Bildern.

Der Schamane hielt einen Moment lang inne, hörte mir aufmerksam zu und bestaunte meine Kunstwerke, die ich für ihn in den Sand kratzte. Die anderen Schüler kicherten amüsiert über meine Kommunikationsversuche, woraufhin der Schamane ihnen einen scharfen, rügenden Blick zuwarf, der sie sogleich zum Verstummen brachte.

Wir unterhielten uns über das Yagé. Ich erfuhr, dass diese heilige Meisterpflanze schon seit vielen Generationen den Schamanismus am Amazonas buchstäblich verkörperte.

»Es ist ein Geschenk der Natur für die menschliche Seele, um sie zu stärken, zu schulen und ihr andere Dimensionen der Realität zu zeigen«, erklärte mein Maestro feierlich. »Das Yagé ist ein integraler Heilgeist, der alle Dimensionen der menschlichen Existenz heilen kann und sie wieder in ihr natürliches Gleichgewicht bringt.

Yagé zu trinken bedeutet, ein Krieger zu sein«, höre ich ihn noch heute sagen. »Ein Krieger zu sein, weil es viel Mut erfordert, sich mit seinen eigenen Dämonen auseinanderzusetzen.«

Ich wusste, dass er in diesem Moment auf Ängste und andere ins Unterbewusstsein verdrängte Emotionen anspielte. In seiner Welt bezeichnet man diese Gefühle als die Schattenseiten des Menschen. Gemeint sind Wesenszüge, die man noch nicht anzusehen und anzunehmen bereit ist.

»Dies ist aber notwendig zur Heilung, denn auch diese Emotionen, die sich im ersten Moment unangenehm anfühlen, gehören zu uns. Heilung bedeutet Ganzwerdung, und sie geschieht durch das Erkennen und das Annehmen unserer Schattenseiten. Das ist notwendig, da diese verdrängten Emotionen die Verursacher der meisten Krankheiten sind. Der einzige Weg zur Heilung ist der Weg der Bewusstmachung und Akzeptanz.«

Ich war beeindruckt, dass der Schamane trotz seines eindeutig beschwipsten Zustandes fähig war, ein so tiefgreifendes Thema verständlich zu erläutern. Er berichtete mir weiter, dass es nur sehr wenig Worte gäbe, die diese weise und heilige Medizin Yagé gebührend beschreiben könnten, die Licht in unseren Schatten bringt.

»Sie konfrontiert uns oft mit verdrängten Teilen unseres Selbst und zwingt uns, hinzuschauen und auch diese Teile in uns zu akzeptieren. Auf diesem Weg bewirkt Yagé Wunder bei fast allen Krankheiten, die mir bekannt sind.«

Nach einer kurzen Pause fuhr der Schamane in seiner Erzählung fort: »Für mich hat das Yagé eine sehr zentrale beratende Funktion. Immer wenn ich vor eine schwierige Entscheidung gestellt werde, trinke ich etwas davon und bitte den Geist der Pflanze um Rat und Beistand. Bisher bin ich von den Antworten, die ich erhalten habe, noch nie enttäuscht worden.«

Als er das sagte, verschwanden die Augen des alten Mannes tief in ihren Höhlen, bis sie fast nicht mehr sichtbar waren. Zwischenzeitlich kam es mir so vor, als sei er eingeschlafen. Doch schon bald öffnete er seine Augen, und seine Gesichtszüge verfinsterten sich.

»Yagé kann jedoch in den falschen Händen auch viel Schaden anrichten«, warnte er mich, und seine Gesichtszüge verfinsterten sich weiter.

»Was meinst du damit, Etéwa?«, fragte ich wie elektrisiert.

»In dem Moment, in dem wir Yagé trinken und uns seinem Geist hingeben, erscheinen viele andere Geistwesen, die ebenfalls an unserer Erfahrung teilhaben wollen. Einige davon kommen nur, um uns zu ärgern. Der Schamane muss in diesem Moment in der Lage sein, diese Wesen zu vertreiben und die yagéisierte Person vor ihnen zu schützen. Tut er das nicht, kann das verheerende Folgen für die betreffende Person haben.«

Der Blick des Schamanen blieb weiterhin düster. »Auf der Versammlung, auf der ich gerade war, haben wir einleitend über die traurige Tatsache gesprochen, dass immer mehr Missbrauch mit Yagé betrieben wird. Immer mehr Menschen – Halbwüchsige oder Unwissende, die von dieser Medizin keine Ahnung haben – gehen in die Städte und wollen mit Yagé Geld beim weißen Mann verdienen. Das ist eine Schande und eine Beleidigung unseres Heiligtums, und zudem ist es eine Gefahr für all die Menschen, die sich in die Hände dieser Scharlatane begeben.«

Er blickte mit wütender und gleichzeitig trauriger Miene in das Feuer und stieß laute Pfeiftöne aus, die ihn offensichtlich wieder sein Gleichgewicht finden ließen. Ich wollte das Thema wechseln, um ihm dabei zu helfen, und fragte daher: »Was passiert genau in dem Moment, in dem die Wirkung des Yagé einsetzt?«

Ich war dankbar für die Klarheit, die mir die Worte meines Lehrers brachten, und hoffte, dass er noch etwas mehr erzählen würde.

»Das Yagé öffnet Türen und nimmt dich mit in andere Dimensionen. Neben der Welt, die du kennst, existieren noch sehr viele andere Sphären, deren Wesen auf anderen Frequenzen schwingen und daher für das ungeschulte Auge nicht erfassbar sind. Wir Schamanen können diese Welten bereisen, um mit ihren Wesen zu kommunizieren. Dazu müssen wir unser zweites Bewusstsein aktivieren und in unseren zweiten Körper treten. Wir treten dann in einen erweiterten Bewusstseinszustand ein, in dem wir fähig sind, mit allem zu sprechen, was lebt und eine Seele hat. Das hast du ja schon erfahren, nicht wahr, Taguarí?«

Bei diesen Worten lallte der Schamane ein wenig und warf mir einen spitzbübischen Blick zu. Ich nickte, noch ganz in Gedanken versunken, woraufhin er mich mit einem lauten und unerwarteten »Hicks« wieder zurückholte. Der Schamane hatte einen Schluckauf und freute sich wie ein kleines Kind darüber: »Hicks … hihihi. Hicks … hihi!«

Unsere Unterhaltung war bis auf Weiteres unterbrochen, und ich begann, mit meinen Füßen ein kleines Loch in den Sand zu graben. Hin und wieder blickte ich zu meinem Maestro auf, der weiterhin vor sich hingluckste, hickste und sich prächtig amüsierte.

Das Feuer flackerte vor sich hin und untermalte mit seinem Knistern die ausgelassene Heiterkeit meines Maestros. Es vergingen einige Minuten, ehe er erneut das Wort ergriff und sich dieses Mal wieder sehr würdevoll und weise anhörte: »Diese beseelten Wesen, mit denen wir im erweiterten Bewusstseinszustand kommunizieren, nennen wir die organischen Teile des Lebens. Wir meinen damit Tiere, Menschen, Steine, Pflanzen und die vier Elemente – also die Erde, das Wasser, die Luft und das Feuer. Das Yagé hilft dir natürlich dabei, mit ihnen in Verbindung zu treten, indem es deine Sinne erweitert und dir dadurch die Kommunikation mit diesen Welten und ihren Wesen erleichtert.«

Der Schamane schwieg kurz, beobachtete, wie ein Vogel in eine der Malokas hineinflog und dabei lauthals etwas mitzuteilen hatte, grinste daraufhin verständnisvoll vor sich hin und wandte sich anschließend wieder dem Feuer zu.

»Wie schon gesagt, öffnet das Yagé die Türen zu vielen verschiedenen Dimensionen, zum Beispiel auch zu der Dimension, in der die Toten weiterleben. Das ist abhängig von der Absicht und der Situation, in der man sich jeweils befindet. Das Yagé zeigt dir immer genau das, was in diesem Moment wichtig für deine Heilung ist.«

Etéwa legte wieder eine seiner wohlbekannten Gesprächspausen ein, in der er sich einen Pflanzenstiel in den Mund steckte, auf dem er nun gedankenverloren herumkaute.

Ich starrte ins Feuer und konnte spüren, wie sich mein Atem beschleunigte. »Was ist das für eine Dimension, in der die Toten leben? Erzähl mir bitte mehr davon«, bat ich meinen Maestro. Etéwa lächelte mich an wie ein Vater, der einem seiner Söhne zum dritten Mal dieselbe Frage beantworten muss.

»Der Tod ist nicht das Ende, Taguarí. Er ist lediglich ein

Moment der Wandlung, in dem eine Form verlassen und eine neue angenommen wird. Nichts, was existiert, verschwindet einfach so; es unterliegt lediglich einem Prozess der Veränderung – wie das Wasser, das vom flüssigen in den festen oder gasförmigen Zustand wechseln, sich aber nicht einfach in Nichts auflösen kann.«

Das Schnarchen eines meiner Mitschüler, der unsere Unterhaltung augenscheinlich für uninteressant befunden hatte, lenkte unsere Aufmerksamkeit für einen Augenblick vom Thema ab. Der Schüler, der dem Schnarcher am nächsten saß, stieß ihn kurz mit dem Ellbogen in die Seite, woraufhin er erschrocken hochfuhr und einige entschuldigende Grunzlaute von sich gab.

»Der Tod ist der Übergang in die Freiheit, in der das Geistwesen Mensch nicht mehr den Grenzen seines materiellen Körpers unterliegt. Er ist der Übergang in eine Dimension, in der es keine Bedürfnisse gibt, die uns einschränken und uns unter Druck setzen. Der Tod ist eine Befreiung.«

Mir gefielen seine Worte sehr, und intuitiv konnte ich in jeder Faser meines Körpers spüren, dass er die Wahrheit sprach.

»Manchmal nimmt dich das Yagé mit in diese Welt, damit du in ihr etwas lernst. Bisweilen ist es notwendig, damit du dort jemanden triffst und ihm zuhörst oder zusiehst. Das kann nur deshalb funktionieren, weil das Trinken von Yagé einem kleinen Tod gleichkommt.«

Wenn mein Kopf gewusst hätte, wie, er hätte in diesem Moment zu qualmen angefangen: So viele neue und bedeutende Erkenntnisse und Informationen, die bleischwer durch meine Gehirnwindungen krochen.

»Erklär mir das bitte genauer. Ich verstehe nicht …«

»Pass auf, Taguarí: Wenn du Yagé trinkst, musst du dich voll und ganz dem Geist dieser Pflanze hingeben. Das hast du doch schon herausgefunden. Dir bleibt keine Wahl. Alles, was dich unter normalen Umständen als Person ausmacht – dein Wille, dein Ego, deine Gedanken, die dich als Individuum kennzeichnen –, diese Dinge musst du vollständig loslassen. Was übrig bleibt, ist deine Verbindung zu Mutter Erde und zu allem, was lebt. Wenn ein Mensch stirbt, passiert nichts anderes. Deshalb sage ich, dass das Yagétrinken wie ein kleiner Tod ist.

Ich weiß, dass ihr Weißen daraus ein gewaltiges Thema macht. Der Tod ist für euch etwas Dunkles, Angsteinflößendes, etwas, das ihr lieber verdrängt, als es kennenzulernen. Ihr wisst so wenig darüber, Taguarí, das kannst du mir glauben, denn ich war oft dort. Die Menschen machen aus einer natürlichen Erfahrung etwas, das quälend ist und an ihnen nagt. Der Tod selbst ist eine Befreiung und überhaupt nicht schmerzhaft.«

»Wieso hast du mich eigentlich Taguarí genannt?«, fragte ich etwas zaghaft und war mir dabei der Tatsache bewusst, ein vollkommen anderes Thema anzuschneiden. Es vergingen einige lange Sekunden, in denen ich mir eine Antwort auf diese Frage erhoffte. Der Schamane war sichtlich in Gedanken versunken und schien nicht die Absicht zu haben, auf meine Zwischenfrage einzugehen. Er malte erneut einige Augenblicke mit seinem Bastón im Sand herum, ehe er unbeirrt in seinen Erklärungen fortfuhr:

»Der Tod ist etwas sehr Angenehmes, Taguarí. Deine Seele wird wieder frei und unterliegt keinerlei Begrenzungen mehr, bis sie sich eines Tages wieder dazu entscheidet, in einem physischen Körper auf diese Welt zurückzukehren, um neue Erfahrungen zu sammeln.« Seine weißen Zähne blitzten mir bei diesen Worten entgegen.

»Aber wenn es dort so schön ist, wieso bist du nicht dort geblieben?«, fragte ich nun forsch meinen Maestro.

»Weil meine Mission hier noch nicht ganz vollendet ist«, war die verblüffend simple Antwort. »Ich weiß aber, dass es bald so weit sein wird. Wir Piapocos werden nicht mehr lange in dieser Dimension zu finden sein. Ich werde mich auf die andere Seite transformieren und meinen Stamm mitnehmen. Unsere Mission hier auf Mutter Erde wird dann zu Ende sein.«

Das Feuer hatte mittlerweile etwas an Kraft verloren, und einer meiner Mitschüler erhob sich, um etwas Holz nachzulegen. Schon nach wenigen Minuten loderten die Flammen wieder in ihrer ganzen Helligkeit.

»Was gibt es noch für Dimensionen, in die einen das Yagé mitnehmen kann?«, wollte ich wissen.

»Nun, es kann dir zum Beispiel vergangene Leben zeigen, denn manchmal sind Geschehnisse aus deinen Vorleben dafür verantwortlich, dass es dir heute schlecht geht. In solch einem Fall bringt dich das Yagé an den Ort, an dem das Problem entstanden ist, und hält dir die Wirklichkeit vor Augen. Alles, was in unser Bewusstsein gehoben wird, kann später geheilt und losgelassen werden. Bringen wir Licht in unsere Schatten und Bewusstsein in Teile, die vorher im Unbewussten verborgen waren, gehen wir ein Stück in Richtung Ganzwerdung, da auch diese verdrängten Anteile zu unserem integralen Ich gehören.«

Das Feuer loderte bei diesen Worten hell auf und zischte gespenstisch. Mir wurde etwas schwindlig, und ich merkte, dass ich mich langsam der Grenze meiner geistigen Aufnahmefähigkeit näherte. Was ich nun brauchte, war Zeit, um diese neu gewonnenen Informationen zu verarbeiten. Mir schwebten zwar noch unzählige Fragen durch den Kopf, doch meine Lippen versperrten ihnen zum Glück den Weg nach draußen.

»Was ist Wirklichkeit? Und was Realität, wenn es so viele unterschiedliche Welten gibt, die alle nebeneinander existieren? Sicher hat der Schamane mir längst noch nicht von allen erzählt. Welche ist die wirkliche Welt? Gibt es sie überhaupt?« Meine Gedanken rasten.

Mein Maestro blickte eine Weile stumm ins Feuer und überließ sich ebenfalls seinem inneren Monolog. Plötzlich, als hätte er meine unausgesprochenen Fragen gehört, richtete er seine Aufmerksamkeit jedoch wieder auf mich:

»In der Welt des schamanischen Bewusstseinszustands gibt es keinen Platz für Zweifel. Alles ist pures Sein, unbegrenzte Möglichkeit und Perfektion.«

Mit diesen Worten erhob er sich unvermittelt und verneigte sich kurz vor dem Feuer. Ohne uns Schüler anzusehen, sagte er *»Buenas noches«* – »Gute Nacht«, und starrte weiterhin auf die zuckenden Flammen. Während er für einige Minuten fast reglos verharrte, hatte ich wieder einmal das Gefühl, dass er nicht mehr anwesend war, nicht mehr in seinem physischen Körper verweilte.

Ich setzte mich aufrecht hin, um den Schamanen besser beobachten zu können. Sein Mund öffnete sich ein Stück, und wie in Zeitlupe kippte sein Kopf langsam nach hinten. Seine Augen verschwanden dabei vollkommen in ihren Höhlen, und sein Körper wirkte plötzlich wie eine leere Hülle, die nur noch von magischen Kräften aufrecht gehalten wurde.

Einige Sekunden vergingen wie kleine Ewigkeiten, bevor ein gewaltiges Zucken seinen gesamten Körper ergriff. Sein Kopf schnellte zurück in die senkrechte Position, und mit der Wachheit eines Adlers öffnete er unvermittelt die Augen. »Okay, Muchachos. Wir sollten jetzt schlafen gehen.«

Wenn das Licht im Außen erlischt …

In dieser Nacht schlief ich sehr unruhig. Es kam mir so vor, als würde ich jedes Mal, wenn ich eingeschlafen war, kurz darauf mit einem heftigen Ruck erwachen. Endlose, wirre Gedankenkreise wollten einfach nicht zur Ruhe kommen, und so stand ich irgendwann mitten in der Nacht auf, um mir ein wenig die Beine zu vertreten.

Der Ruf eines Nachtvogels ertönte, als ich etwas zögerlich aus der Maloka trat. Der Regen plätscherte gleichmütig vor sich hin, und die Erde unter meinen nackten Füßen war so aufgeweicht, dass ich zentimetertief im Matsch versank. Die Nacht war tiefschwarz, und der gesamte Wald schien noch zu schlafen.

Nachdem ich einige Minuten herumgestanden hatte und nicht genau wusste, was ich tun sollte, begann ich, vorsichtig geradeaus zu laufen. Mir war mulmig zumute, als ich daran dachte, dass Etéwa gerade schlief und er daher womöglich nicht mitbekam, wenn mir jetzt etwas zustoßen würde.

»Ist dem wirklich so?«, dachte es in mir. *»Ist ein Schamane, wenn er schläft, nicht genauso wachsam wie am helllichten Tag?«*

Ich wusste es nicht.

Zaghaft tastete ich mich auf meinem Weg voran. Ich fühlte mich unsicher und kam mir schutzloser vor als sonst, doch die nasse Erde fühlte sich sehr angenehm unter meinen Fußsohlen an, und allmählich erfüllte mich ein Gefühl von Abenteuerlust.

Ich war schon einige Minuten unterwegs, als ich auf einen riesigen Baum traf. Ich blieb vor ihm stehen und legte meine Handflächen auf seinen regennassen Stamm. Schon nach einigen Atemzügen konnte ich spüren, wie sich mein Gemütszustand deutlich zu verändern begann. Nachdem die Gefühle der Beklemmung, der Angst und Unschlüssigkeit von mir abgefallen waren, wurde ich nun von einer Ruhe beseelt, die meinen ganzen Körper entspannte.

Ich atmete wieder ruhiger und tiefer, und es huschte ein Lächeln über mein Gesicht. Meine Stirn lehnte nun ebenfalls am Stamm, und ich öffnete meine Arme, um den Baum innig zu umarmen. So stand ich eine ganze Weile da, bis ich plötzlich mit einem Mal zusammenfuhr. Etwas legte sich mir von hinten auf die Schulter. Mein Herz blieb fast stehen.

Es war Tutex, die zu so früher Stunde unterwegs war. Befand ich mich etwa an dem Ort, an dem sie sich immer zur Ruhe legte?

»Komm, Taguarí! Du bist ja ganz aufgeweicht.« Sie zog mich an meinem rechten Ellbogen hinter sich her. Ich war wieder vollkommen bei mir und im Vertrauen. Tutex' Anwesenheit wirkte wie zusätzlicher Balsam auf meiner Seele.

Wenig später schlüpften wir unter einen schmalen Felsvorsprung und saßen im Trockenen. Ich setzte mich auf einen länglichen Felsen und schlang fröstelnd die Arme um meine angezogenen Beine.

»Leg dich mit dem Bauch flach auf den Felsen. So kannst du dich ein wenig an ihm aufwärmen.« Und das tat ich.

Nach einer ganzen Weile drehte ich mich wieder auf die Seite, um zu sehen, was Tutex gerade machte. Sie hatte mir den

Rücken zugekehrt und blickte schweigend nach draußen in den Regen. Es war bereits hell geworden, und einige Vögel brachten uns ein kleines Morgenständchen. In diesem Augenblick drehte sie sich zu mir und sprach: »Ich werde für einige Zeit fortgehen, Taguarí. Unsere Brüder, die Salilas, brauchen meine Hilfe.«

Ich setzte mich auf und sah meine Freundin fragend an: »Wie lange wirst du wegbleiben?«

»Das kann ich dir nicht sagen. Zwei, vielleicht drei Monde lang? Ich weiß es nicht.«

»Du wirst mir fehlen.«

»Du mir auch, Taguarí!« Sie kam auf mich zu und umarmte mich von hinten. Dicht aneinandergeschmiegt lagen wir auf dem Felsen und hörten gemeinsam dem Regen zu. Ich spürte ihren warmen Atem in meinem Nacken und fühlte mich wie ein frisch geschlüpftes Küken im Nest. Irgendwann musste ich eingeschlafen sein, denn als ich mich mit einem Ruck aufsetzte, war Tutex verschwunden.

Die darauffolgenden Wochen regnete es tagein, tagaus; die dicken schwarzen Wolken schienen nicht mehr verschwinden zu wollen. Ich verbrachte viel Zeit alleine und durchlebte eine sehr schwere Zeit. Es kam der Tag, an dem ich ernsthaft in Erwägung zog, wieder den Heimweg anzutreten. Ich fühlte mich einsam, abgeschnitten und immer noch oft als Fremder in einer Welt, deren Spielregeln ich auch jetzt noch viel zu wenig beherrschte, um mich hier heimisch fühlen zu können.

Etéwa hatte in diesen Wochen ebenfalls viel außerhalb unseres Lagers zu tun, und so vergingen viele lange Tage, an denen ich ihn überhaupt nicht zu Gesicht bekam.

Ich fühlte eine innere Zerrissenheit: Einerseits wollte ich

lernen und wusste, dass ich zu diesem Zweck genau am richtigen Platz und bei dem richtigen Lehrer war. Andererseits bezweifelte ich in dieser Phase des Stillstands und des Alleinseins ernsthaft, ob ich zur Bewältigung des Alltags im Urwald wirklich die nötige Kraft und Ausdauer besaß. Ich hatte mein Zentrum verloren. Mehr als einmal ertappte ich mich dabei, wie ich, flach und oberflächlich atmend, mit planlos kreisenden Gedanken im Kopf vor mich hindümpelte. Von Tag zu Tag wurde ich missmutiger und trauriger. Doch zum Glück kam irgendwann der Tag, an dem der Regen aufhörte und auch die grauen Wolken in meinem Inneren sich aufzulösen begannen. Etéwa war wieder da, und ich besuchte ihn in seinem Gemach.

»Ist alles in Ordnung mit dir?« Er sah mich mit prüfendem Blick an.

Mit etwas müdem Tonfall brachte ich eine halbwegs glaubwürdige Bestätigung zustande, und er klopfte mir aufmunternd auf die Schulter.

»Das wird dir guttun«, sagte er und reichte mir eine Schale mit Yagé. »Du kannst heute Nacht hier bei mir übernachten, Taguarí. Morgen früh gehen wir sehr früh los.«

Ich trank das Yagé mit einem Zug aus und setzte mich dankbar auf einen Baumstumpf in Etéwas Lager. In dieser Nacht übergab ich mich unzählige Male; es war, als wollte mein Körper alles Unnötige loswerden, um morgen wieder befreit in Aktion zu treten.

Es war noch dunkel, als meine Mitschüler sich in Etéwas Lager versammelten und wir alle gemeinsam aufbrachen. An diesem Morgen begannen wir eine neue Phase unserer Ausbildung: Tagsüber zogen wir zusammen mit unserem Maestro durch den Urwald, beschäftigten uns mit den unterschiedlichsten Pflanzen und erforschten ihre medizinische Wirkung.

Wir liefen oft bis zu zehn Stunden ohne Pause durch die Wälder, und unser Maestro, für den Müdigkeit anscheinend ein Fremdwort war, erlaubte mir an diesen Tagen, Kleidung zu tragen. So war ich vor größeren Schürf- oder Stichwunden geschützt. Eine ältere Piapoco-Frau hatte mir bei der Herstellung einiger Kleidungsstücke aus Lianen geholfen, die ausgesprochen angenehm und leicht auf der Haut lagen. Langsam ging es mir wieder besser: Die Bewegung half mir dabei, mich zu sammeln. Außerdem genoss ich es insgeheim, Kleidung auf der Haut zu spüren.

Der Schamane zeigte uns viele Pflanzen, mit denen er arbeitete, und brachte uns bei, wie man sie behandelte, wie man sie pflückte oder erntete:

»Nachdem man die Pflanze begrüßt und sie gefragt hat, ob man einen Teil von ihr nehmen darf, erhält man intuitiv eine Antwort; man fühlt oder hört das Einverständnis der Pflanze. Daraufhin darf man den Teil von ihr, den man benötigt, mit einer Machete oder einem Messer abschneiden. Wichtig ist, dass dies in den meisten Fällen mit einer Aufwärtsbewegung geschehen muss: Mit dieser Geste bekundet man seine Hochachtung der Pflanze gegenüber.«

An dieser Stelle musste ich an Tutex denken, als sie mir erklärt hatte, wie man die Rinde des Baums Pelá behandelt, und ein warmes Lächeln huschte über mein Gesicht.

Der Maestro ließ uns beobachten, wie er in seinen zweiten Körper übertrat, um mit dem Geist der Pflanzen zu sprechen. Mühelos glitt er über die Schwelle, die eine Bewusstseinsebene von der anderen trennte. Uns Schülern war das bislang nur mit Hilfsmitteln möglich: Wir benötigten hierzu nach wie vor das Yagé.

So begleiteten wir den Schamanen also einige Male, nachdem wir Yagé getrunken hatten, und konnten ihn dabei beobachten, wie er die Geistwesen der Pflanzen bearbeitete und besprach und auf diese Weise ihre Heilkraft potenzierte.

Dieser Prozess war unglaublich spannend, und ich begann zu begreifen, dass bei der schamanischen Arbeit nicht vorrangig die Wirkstoffe der einzelnen Pflanzen die Heilung bewirkten, sondern die Magie der Intention, der klar formulierten Worte des Schamanen. Die Pflanze erfüllt eher eine begleitende Funktion und kann gewissermaßen als Medium verstanden werden, das die Heilnachricht des Schamanen an den Patienten weiterleitet. Selbstverständlich sind die Pflanzen aber auch ohne die Medizin des Wortes heilsam, da sie die unbegrenzte Weisheit der Natur in sich tragen.

Eines Tages standen wir vor einer mit Pflanzen verhangenen Höhle, die in ihrer Undurchdringlichkeit furchteinflößend auf mich wirkte. Aus einem Gespräch mit einem Baum wusste ich, dass ich in einem vergangenen Leben einmal bei lebendigem Leib in einem Bergstollen verschüttet worden war und so den Tod gefunden hatte. Daher leuchtete mir ein, warum ich solche Angst vor Höhlen hatte. Der Schamane wusste natürlich davon und sah mich prüfend an: »Taguarí, du gehst als Erster rein!«

Ich starrte ihn entgeistert an und wollte protestieren, als mir die Abmachung wieder einfiel, die wir seinerzeit getroffen hatten: »Mein Wort ist dein Gesetz. Du musst absoluten Gehorsam leisten.«

»Kann ich nicht wenigstens einen der anderen mitnehmen?«,

fragte ich meinen Maestro kleinlaut und zeigte hilfesuchend in Richtung meiner Mitschüler.

»Nein, Taguarí. Du musst alleine gehen! Es ist wichtig, dass du das tust, sonst würde ich es nicht von dir verlangen!«

»Warum ist es wichtig? Darf ich das erfahren?«

»Nein! Und denk daran: Zu viele Fragen halten dich davon ab, ein guter Schamane zu werden.«

Er gab mir ein Mantra an die Hand, das mich begleiten und schützen sollte und mit dem mir nichts geschehen würde, wie er mir sagte: *»TARU AMARU CE.«*

Ich fasste mir also ein Herz und bewegte mich zaghaft auf die Höhle zu. Wir hatten seit Tagen kein Yagé mehr getrunken, und ich konnte spüren, dass ich nun schon ein Schritt weiter war auf meinem Weg. Ich blickte noch einmal zu meinem Maestro, der mir aufmunternd zunickte.

»Ich rufe dich, wenn du wieder herauskommen kannst.«

»Das kann ja heiter werden«, dachte ich bei mir.

In der Höhle war es vollkommen finster und feucht, und ich atmete mit flachen Atemzügen ihren modrigen Geruch ein.

»TARU AMARU CE, TARU AMARU CE.«

Ich begann, über den Sinn dieses Mantras nachzugrübeln, sodass die Angst, die meinen Brustkorb einschnürte, ein Stück weit in den Hintergrund trat.

»Ich übergebe mich ... Nein: Ich gebe mich den Geistwesen dieses Ortes hin.«

Wahrscheinlich bewirkte dieser Gedanke, dass die Geistwesen dieser Höhle Gnade mit mir hatten und dafür sorgten, dass mir nichts geschah.

Der Schamane erklärte mir einige Tage später, dass dieses Mantra immer helfe, wenn man fremdes Territorium betrat. Die Geistwesen des Ortes begleiteten einen daraufhin und sorgten dafür, dass man fand, wonach man suchte, und dass man in Sicherheit war.

Ich tastete mich langsam weiter vor und überlegte, was ich nun tun sollte.

»Was mache ich hier? Wozu ist diese Übung gut?«

Meine Halsschlagader begann spürbar zu pulsieren, und ich bemerkte, dass ich die Luft anhielt.

»Ganz ruhig, Taguarí. Das muss für irgendetwas gut sein. Sonst hätte dich Etéwa doch nicht hier hinein geschickt. Alles im Leben hat einen Sinn.«

Ich zwang mich, tief und gleichmäßig zu atmen, um mein Gleichgewicht nicht zu verlieren. Langsam drehte ich mich um und schaute zum Höhleneingang zurück. Weder der Schamane noch einer meiner Mitschüler waren zu sehen. Als ich mich gerade wieder abwenden wollte, wurde mein gesamter Körper von Entsetzen durchfahren: Aus dem Nichts vernahm ich das unverkennbar schnarrende Atemgeräusch eines Jaguars. Es bestand kein Zweifel: Eine Raubkatze war ganz in der Nähe!

Meine Nackenhaare stellten sich auf, und ich hielt meinen Atem nun vollkommen an.

»TARU AMARU CE, TARU AMARU CE!«

Das Geräusch kam etwas näher, und genau in dem Moment, in dem ich vor Angst beinahe ohnmächtig wurde, machte sich mein Körper selbstständig, und ich fiel auf die Knie. Auf allen Vieren versuchte ich, mich lautlos fortzubewegen. In meiner Verzweiflung konnte ich keinen klaren Gedanken mehr fassen. Linkisch und ziellos bewegte ich mich vorwärts.

»Der Schamane weiß immer, wo ein Jaguar ist, also weiß er es auch jetzt«, wiederholte ich immer wieder in Gedanken. *»Alles ist gut, Taguarí. Du sollst hier etwas lernen. Du bist in Sicherheit!«*

Plötzlich öffnete sich eine kleine Lichtquelle direkt vor mir. Hoffnungsvoll steuerte ich auf den Schimmer zu. In mir war eine große, irrationale Gewissheit, dass ich dort meine Rettung finden würde. Ich kroch also weiter dem kleinen Lichtfleck entgegen, immer den Atem des Jaguars in meinem Rücken. Bald darauf entdeckte ich, dass es sich um eine Art Höhlenausgang handelte, der knapp über dem Erdboden lag. Mein Herz pochte wild in meiner Brust, während ich angestrengt weiterkroch. Noch war ich nicht gerettet.

Im nächsten Moment kniete ich vor der Öffnung, die doch eher den Charakter einer kleinen, nach oben hin schmaler werdenden Spalte hatte. Man konnte gerade noch hinausblicken: Ich sah einen Wasserfall, Palmen, bunte Vögel und einen herrlich weiten, strahlenden Horizont. Ich atmete einmal tief durch die Nase ein und aus, und der typische Salzgeruch des Ozeans umwehte mich. Ich kräuselte die Stirn, und in meinem Verstand fing es heftig an zu rattern.

»Was ist hier los? Ich kann doch unmöglich plötzlich an der Küste sein, wo ich mich doch mitten im Amazonasurwald befinde und gerade mal einige Meter in dieser dunklen Höhle zurückgelegt habe!«

Immer schneller raste mein Herz in meiner Brust, während ich fassungslos auf die fragwürdige Landschaft starrte, die mir immer unwirklicher vorkam. Mit offenem Mund kniete ich da und fiel in einen Moment des Nichts, der absoluten gedanklichen Leere.

»Wenn das Licht im Außen erlischt, hat dein eigenes inneres Licht den Raum, sich in seiner gesamten Schönheit zu entfalten.« Diese Worte erhoben sich in meinem Kopf wie das Licht selbst, von dem sie erzählten. »Schließe deine Augen«, war das Nächste, was ich vernehmen konnte, und ich folgte der Aufforderung, ohne weiter darüber nachzudenken.

Vor dem kleinen Spalt sitzend, sah ich zunächst noch die Umrisse der Lichtquelle in zartem Grün, bis allmählich auch dieser Eindruck verblasste und schließlich vollkommen verschwand. Noch vor wenigen Sekunden hatte ich mich in heller Aufregung befunden, nun ging mein Atem wieder langsam und regelmäßig.

Die Schwärze vor meinem inneren Auge begann sich leicht rötlich zu färben und strahlte nun eine angenehme Wärme aus. Von unten aufsteigend wurde mein Blickfeld immer heller: Ich war überwältigt von dem Anblick, der sich mir bot. Wie eine Sonne, die kraftvoller nicht hätte sein können, strahlte ein orange-rötlich schimmerndes Licht aus meinem Zentrum in meinen gesamten Körper aus. Gleichzeitig empfand ich ein Gefühl der Wärme und der bedingungslosen Liebe, das ebenfalls von dieser Quelle auszugehen schien.

»Das ist deine wahre Natur, Taguarí. Du bist Licht«, hörte ich eine Stimme in mir. »Und über dieses Licht, über deine eigene göttliche Quelle, bist du mit allem verbunden, was in unserem Universum lebt. Es ist deine Verbindung zur Göttlichkeit. Zum Ganzen. Zum absoluten Sein.«

In diesem Moment konnte ich spüren, wie sich mein gesamter Körper neu ausrichtete: Sämtliche Muskeln schienen ihre Spannung einfach loszulassen. Eine noch nie zuvor empfundene Gelöstheit machte sich in mir breit, ein Gefühl der Freiheit und der Grenzenlosigkeit. Ich nahm eine völlig neue Distanz zu meinem Körper wahr, und mir wurde klar, dass ich nicht mein Körper war. Es war unglaublich!

»Dein Maestro hat dich in eine andere Dimension geschickt. Du bist nicht mehr in deinem materiellen Körper. Du brauchst vor dem, was du im Außen siehst, keine Angst zu haben. Wir befinden uns in der absoluten Freiheit, in einer Welt des Lichts und des grenzenlosen Friedens.«

Ich verstand nicht mehr, wie mir der Anblick einer so schönen Landschaft hatte Angst einjagen können. Stattdessen machte sich nun Verwunderung breit: Ich spürte, dass ich wieder meine Augen öffnen sollte. Widerwillig leistete ich dieser Aufforderung Folge und trennte mich von dem Anblick dieser paradiesischen Idylle.

Geblendet blinzelte ich dem Höhlenspalt entgegen. Meine Augen brauchten eine gewisse Zeit, um sich auf die neuen Lichtverhältnisse einzustellen. Plötzlich spürte ich etwas an meiner rechten Seite und wandte langsam meinen Kopf in diese Richtung. Dort, neben mir, saß ein Jaguar und blickte – fast versonnen – ebenfalls auf die Landschaft hinaus. Er war gut zwei Köpfe größer als ich und hatte sich auf seine kraftvollen Vorderpranken gestützt.

Ein Schreck durchfuhr mich. Doch unmittelbar darauf erinnerte mein Körper mich an den Frieden, den ich bis vor Kurzem empfunden hatte. Ich begann wieder gleichmäßig zu atmen, und eine unerschütterliche Ruhe senkte sich über mich, ohne dass ich wusste, woher diese Kraft kam. Voller Ehrfurcht betrachtete ich das glänzende Fell des Jaguars. Gerne hätte ich es berührt, um festzustellen, ob es genauso geschmeidig und weich war, wie es aussah.

Kaum hatte ich diese Überlegung zu Ende gesponnen, drehte der Jaguar seinen Kopf zu mir und blickte mir direkt ins Gesicht. Rot waren seine Augen und so tief, dass ich das Gefühl hatte, mich in ihnen zu verlieren. Einige Augenblicke saß ich wie gelähmt und wartete ab, was nun geschehen würde. Wo war mein Maestro? Wieso kam er nicht, um mich zu retten?

Die Ausweglosigkeit der Situation paarte sich mit einem mir unbekannten Gleichmut, der fast an Teilnahmslosigkeit grenzte.

»Hab keine Angst vor mir, Taguarí. Wir sind doch *eins*. Es gibt keinen Grund, mich zu fürchten.«

In diesem Augenblick wurde mir bewusst, dass ich die ganze Zeit schon mit dem Jaguar in Verbindung gestanden und seine Worte in mir vernommen hatte.

»Taguarí, du kannst jetzt zurückkommen!«

Es dauerte eine ganze Weile, bis ich diese neue Stimme zuordnen konnte. Einige Sekunden lang blickte ich wie hypnotisiert in die Augen des Jaguars, bis das Gesicht meines Maestros vor mein inneres Auge rückte und ich begriff.

Ohne den Blick von den Augen des Jaguars abzuwenden, stand ich langsam auf, drehte mich um und ging zielsicher zurück zum Höhleneingang. Wie ich den Mut aufbrachte und wieder zum Eingang zurückfand, kann ich heute nicht mehr nachvollziehen. Ich fühlte überhaupt nichts in diesem Moment. Rein gar nichts!

Nach wenigen Augenblicken stand ich wieder in der Sonne vor den anderen, die mir kameradschaftlich und anerkennend auf die Schulter klopften und mich in ihrem Kreis willkommen hießen. Ich blickte den Schamanen fragend an.

»Du warst in einer anderen Dimension, Taguarí. Das habe ich veranlasst, damit du lernst, was alles möglich ist.«

Mit diesen Worten wandte er sich ab und ging einfach weiter, als sei nichts geschehen. Das machte mich fast ein wenig wütend, denn für mich hatte sich eine Tür zu einer vollkommen neuen Welt aufgetan, und ich hätte mir etwas mehr Beistand und Erläuterung gewünscht. Darauf sollte ich aber noch längere Zeit warten.

Benommen und ergriffen von den jüngsten Geschehnissen lief ich widerwillig hinter der kleinen Gruppe her. Plötzlich stand Tutex neben mir, und ich war mir zunächst nicht sicher, ob sie es wirklich war, oder ob auch sie mir vielleicht in einer anderen Dimension erschien. Dann öffnete sie aber ihre Arme und drückte mich herzlich an sich. Es war wirklich so: Meine Freundin war zurück!

Natürlich nutzte ich sofort die Gelegenheit, um ihr von meinen Erlebnissen in der Höhle zu erzählen. Sie hörte mir sehr aufmerksam zu und sah mich mit ihren mütterlichen Augen liebevoll an. Als ich meine Geschichte beendet hatte und sie fragend und erwartungsvoll anblickte, lächelte sie mir lediglich wissend zu und erwiderte: »Das alles wird sich für dich noch klären, Taguarí. Lass es erst einmal so stehen. Gib dir etwas Zeit.«

Mit diesen Worten erhob sie sich, wohl um ihren allabendlichen Weg zu gehen. Ich wollte sie aufhalten, doch stand urplötzlich Etéwa vor mir und reichte mir eine Schale Yagé. Ich blickte meiner Freundin hinterher, die langsam im Dunkel der Nacht verschwand, hob die Schale an meine Lippen und trank. Mein Maestro hatte ein großes Feuer entzündet, um das sich bereits meine Mitschüler versammelt hatten. Während ich mich zu ihnen gesellte, bat ich das Yagé gedanklich um eine entspannte Erfahrung. Ich lehnte mich zurück, stützte mich auf die Ellbogen und lauschte der Musik des Schamanen, die, zusammen mit den Geräuschen der Bäume über mir, eine liebliche Sinfonie ergab.

Das Gesicht des Jaguars huschte mir durch den Sinn, und ich kam nicht umhin, in dieser Nacht einige Male stolz in mich hineinzulächeln, hatte ich doch heute den ersten hautnahen Kontakt zu einem großen Raubtier des Amazonas erlebt – wenn auch in einer anderen Dimension.

Tutex' Rückkehr machte mich sehr glücklich, und unser Gespräch hatte mich geerdet. Es hatte mein Gefühl bestätigt, dass ich heute einen großen Schritt in Richtung meines Ziels gegangen war.

Ein flaues, beunruhigendes Gefühl in meiner Magengegend meldete mir gleichzeitig, dass meine widerstreitenden Emotionen Tutex gegenüber immer noch nicht der Vergangenheit angehörten. Ich wollte ihr nahe sein. Ich wollte ihre Haut auf meiner spüren und den Duft ihrer Haare in mich aufnehmen. Ein stechendes Gefühl der Sehnsucht erfüllte meinen Brustkorb und gleichzeitig die Verbitterung darüber, dass meine Liebe zu Tutex keine Zukunft hatte. Die Regeln waren klar formuliert, und ich musste sie befolgen – komme, was da wolle!

Beinahe hatte ich schon das Gefühl, dass das Yagé am heutigen Abend seine Arbeit alleine verrichten und ich in Ruhe neben dem Feuer einschlafen würde, da erhielt ich nach etwa einer halben Stunde die deutliche Anweisung von der Pflanze, mich von der Gruppe zu entfernen und einen bestimmten Felsen in der Nähe des Flussufers aufzusuchen.

Auf dem Weg dorthin reinigte sich mein Körper, und ich übergab mich zweimal geräuschvoll. Ich setzte mich auf den Felsen, zu dem ich geführt worden war, und blickte auf das funkelnde, tiefschwarze Wasser. Wieder einmal hingen dichte Nebelschwaden über meinem Kopf. Trotzdem war es nicht vollkommen dunkel, sodass ich die Umrisse meiner Umgebung gut erkennen konnte.

Als ich so dasaß und entspannt die Eindrücke, die sich mir boten, in mich aufnahm, kam ein großer Vogel angeflogen und ließ sich ganz in meiner Nähe auf einem kleinen Baumstumpf nieder.

»Warum schaust du mich so komisch an?«, hörte ich eine innere Stimme fragen, die nicht zu mir zu gehören schien. Ich reagierte zunächst nicht und betrachtete weiter den beindruckend schönen Vogel. Es war ein Piapoco; vielleicht sogar derselbe, der mich schon einmal besucht hatte.

»He! Ich rede mit dir«, machte die Stimme wieder auf sich aufmerksam. »Warum schaust du mich so komisch an?«

»Ich schaue so, wie mir es passt«, entgegnete ich schnippisch, und der Vogel kam etwas näher gehüpft.

»Ich möchte aber nicht, dass du mich so anstarrst. Das gehört sich nicht!«

Der Vogel tanzte aufgeregt vor sich hin, wohl um meine Aufmerksamkeit auf sich zu ziehen.

»Aber wie soll ich dich denn anschauen?«, fragte ich zögernd nach.

»Etwas würdevoller, wenn ich bitten darf. Du schaust mich an, als sei ich ein Floh«, erwiderte mein kleiner Gesprächspartner.

»Was hast du an Flöhen auszusetzen?«, fragte ich scherzhaft nach.

»Flöhe sind dumme Dinger. Klein, hässlich, unbedeutend. Ich aber bin groß, schön und wahnsinnig gescheit!« Bei diesen Worten hüpfte der Vogel dreimal hoch und plusterte sein Federkleid auf, um seinen Worten mehr Nachdruck zu verleihen.

»Gut, dann schaue ich dich jetzt würdevoller an. Bitteschön!« Ich starrte ihn übertrieben und provokant an. »Besser so?«

»Du willst mich wohl veralbern! Du denkst wohl, du kannst dir alles erlauben? Ein bisschen mehr Respekt der Herr, ich darf doch sehr bitten!«

»Okay, schon gut! Du hast ja recht!« Ich rutschte auf meinem Felsen in eine bessere Position und versuchte, meinen Verstand auszuschalten, der sich natürlich im nächsten Augenblick schon wieder zu Wort meldete: »Bei dir piept's wohl! Vögel können nicht sprechen!«

Ich schaute den Vogel nachdenklich an, bis mich die innere Stimme, deren Ton sich deutlich von meiner Art zu sprechen unterschied, wieder aus meinen Gedanken riss: »Du überlegst, warum ich keine Angst vor dir habe? Freundchen, auch wenn du es wolltest, du könntest mir nie und nimmer etwas zuleide tun. Ich erscheine dir in einer anderen Dimension, in der körperliche Gewalt überhaupt nicht existiert.«

»Das wollen wir sehen«, entgegnete ich streitlustig und sprang auf. Ich stürzte mich auf den Vogel, der immer noch ganz in meiner Nähe auf seinem Baumstumpf herumhüpfte, doch ich griff einfach ins Leere, sooft ich auch versuchte, ihn zu packen.

Der Piapoco begann sich köstlich über mich zu amüsieren: »Hahaha! Du Schwachkopf. Ich hätte nicht gedacht, dass du so blöd bist! Das ist einfach zu spaßig!«

Er gluckste und lachte, und ich setzte zu meinem letzten Versuch an, ihn zu fassen.

»Wach auf! Ich bin nicht in deiner gewohnten materiellen Dimension, du Idiot. Du verausgabst dich umsonst. Setz dich wieder hin, damit wir uns unterhalten können.«

Etwas widerwillig, aber doch neugierig, setzte ich mich wieder auf meinen Stein. Meine Stirn fühlte sich auf einmal merkwürdig verspannt an, und meine Augen brannten.

»Deine Augen sind so irritiert, weil sie in der Dimension, in der ich existiere, bislang noch nicht viel gesehen haben. Wenn du so willst, sind sie gerade erst entjungfert worden. Sie haben nur selten ein Wesen gesehen, das auf so hoher Frequenz schwingt wie ich.«

Ich bemerkte, dass es gar nicht nötig war, willentlich einen Gedanken zu formulieren, um mich mit dem Vogel zu unterhalten.

»Und noch was, Dummkopf: Pass schön auf, wenn dein Maestro dir Dinge erklärt! Es ist wichtig, dass du ihm dabei genau zuhörst, damit du alles lernst, was er dir beibringen möchte. Hast du verstanden?«

»Viel ist es ja nicht gerade, was er mir erklärt«, dachte ich etwas höhnisch vor mich hin und sann darüber nach, wie viel von dem, was ich gelernt hatte, wohl wirklich vom Schamanen ausgegangen war, und wie viel vom Yagé.

»Ob du mich verstanden hast, hab ich dich gefragt?«, krächzte die Stimme nun.

»Natürlich habe ich dich verstanden. Ich bin doch nicht blöd«, gab ich missmutig zurück.

»Na, da bin ich mir nicht so sicher«, erwiderte mein kleiner Gesprächspartner und kicherte frech vor sich hin. »Manchmal machst du einfach zu merkwürdige Dinge.«

Wutentbrannt schnellte ich hoch, um den unverschämten Vogel zu vertreiben. Doch bevor ich ihn erreichen konnte, flog er davon und hinterließ einen rotblauen Farbbogen in meinem Blickfeld.

Mein Kraftplatz

Tutex machte sich sehr rar in letzter Zeit. Ich bekam sie kaum noch zu Gesicht, und wenn ich sie sah, dann wirkte sie viel distanzierter als sonst. Das gefiel mir überhaupt nicht, und ich war unsicher, wie ich mit dieser Situation umgehen sollte.

Schließlich – ich hatte sie schon seit vier Tagen nicht gesehen – beschloss ich, sie zur Rede zu stellen. Ich ging zu meinem Maestro und fragte ihn, wo Tutex sei.

»Ich habe sie weggeschickt«, waren die erschreckend kalten Worte meines Lehrers. »Sie hat dich zu sehr abgelenkt in letzter Zeit. Du brauchst jetzt all deine Konzentration für deine Ausbildung.«

Er polierte seinen heiligen Stab und pustete auf ihn, ehe er weitersprach: »Tutex wird hin und wieder unser Gast sein, aber die meiste Zeit wird sie nun bei den Salilas leben. So ist es besser. Glaube mir!«

Ich war sprachlos. Mit offenem Mund stand ich vor Etéwa und wusste nicht, wie ich reagieren sollte. Der Schamane fuhr einfach mit seiner Arbeit fort und schien der Sache mehr als gleichgültig gegenüberzustehen. Mir war zum Heulen zumute. Ich drehte mich um und lief davon, ohne zu wissen, wohin. Ich wusste nur, dass ich weg musste.

»Wie konnte Etéwa nur so gefühlskalt sein? Und wieso ist Tutex einfach gegangen, ohne sich von mir zu verabschieden?«

Plötzlich fand ich mich vor meinem Lieblingsbaum wieder und begann, ihn zu erklimmen. Die Sonne ging gerade unter, und einzelne Wolken färbten sich violett. Bald schon saß ich auf einem breiten Ast, schaute zu Mutter Erde hinab und ließ schwere Tränen über meine Wangen kullern. Ich fühlte mich ungerecht behandelt und war unsagbar wütend.

Gleichzeitig verspürte ich eine tiefe Trauer über die neue, ungewohnte Distanz zu meiner einzigen Vertrauten. Ich liebte sie, das gestand ich mir in diesem Augenblick zum ersten Mal ein.

»Was soll ich bloß tun? Soll ich mich auf den Weg machen und sie suchen? Und was dann? Würde sie mit mir gehen, um irgendwo gemeinsam mit mir zu leben?«

Ich sackte in mich zusammen und fühlte eine bleischwere Mutlosigkeit in meinem Herzen. *»Tutex ist eine so schöne und weise Frau. Wieso sollte sie ausgerechnet mit mir weggehen, wo sie doch hier ihr gesamtes Leben verbracht hat und ihrer Berufung nachgehen kann. Das ist doch absolut hirnverbrannt!«*

Verzweifelt ließ ich mich zur Seite fallen und drehte mich auf den Bauch. Mit aller Kraft umklammerte ich den dicken Ast und drückte ihn fest an mich. *»Bitte hilf mir, lieber Baum«*, flehte ich mit meiner inneren Stimme. *»Was soll ich bloß tun?«*

Ich musste einige Zeit warten, bis ich eine Antwort in mir vernahm: »Vergiss nicht, warum du hier bist, Taguarí. Ich weiß, es ist hart für dich, aber dein Maestro hat recht. Sie hat dich zu sehr abgelenkt!«

Wieder kullerten mir dicke Tränen aus den Augenwinkeln und tropften vom Baum hinunter.

»Du musst jetzt stark sein, Taguarí. Versuche sie zu vergessen.«

Schluchzend umklammerte ich meinen Baum. Viele Stunden lag ich so da, bis der Moment kam, in dem ich mich bereit fühlte, wieder zurückzugehen. Vergessen würde ich sie natürlich nicht. Aber zumindest hatte ich mich fest dazu entschlossen, meinen eingeschlagenen Pfad weiterzugehen und mich von meinem Herzschmerz nicht lähmen zu lassen.

In den darauffolgenden Wochen begann sich mein Leben drastisch zu verändern. Mein gesamtes Weltbild wurde zutiefst erschüttert. Ich ging mit einem vollkommen neuen Bewusstsein und mit einer mir bis dahin unbekannten Achtsamkeit durch die Natur. Ich verbrachte Stunden damit, die Bäume und ihre Bewegungen zu beobachten. Pflanzen und Tiere wurden mir langsam zu vertrauten Freunden, und ich fing an, mich als ein ihnen gleichgestellter Teil der Natur zu fühlen. Dabei standen mir einige Wesen näher als andere, sodass ich sie deutlich besser spüren konnte als diejenigen, die mir vom Wesen her eher fremd waren.

Mein Verständnis für das Prinzip des Gebens und Nehmens vertiefte sich von Tag zu Tag, was mir sehr dabei half, mich heimischer und sicherer am Amazonas zu fühlen. Ich begriff allmählich, dass es weniger auf eine materielle Wiedergutmachung meinerseits ankam als vielmehr auf eine spirituelle: Gehe ich mit wachen und respektvollen Augen durch die Natur und sind meine Handlungen von Achtsamkeit und Dankbarkeit gelenkt, ist dies alleine schon ausreichend, um das Gleichgewicht aufrechtzuerhalten. Lenke ich zudem mein Augenmerk darauf, die Natur nicht zu verschmutzen, helfe ich ihr auch auf diese Weise, in ihrer natürlichen Harmonie zu bleiben, und Mutter Erde wird mich jederzeit dabei unterstützen, meinen Hunger zu stillen, meine Beschwerden zu lindern und ihre Weisheit zu erfassen.

Ununterbrochen fand ich neue Gesprächspartner in Bäumen, Tieren und Steinen. Und so kam bald der Moment, in dem ich mich danach sehnte, wieder einmal allein in der Natur zu sein, ohne dass andauernd gesprächsbereite Lehrer darauf warteten, mir etwas beizubringen.

Dann kehrte der Winter ein, wie wir Kolumbianer die Regenzeit nennen. Es ist die Zeit im Jahr, in der es tagtäglich wie aus Kübeln schüttet – ohne ersichtlichen Anfang, ohne ersichtliches Ende.

Ich erinnere mich noch sehr deutlich an einen verregneten Tag, an dem ich alleine auf einem großen Felsen lag und den Regen auf mich herunterprasseln ließ, als sich mir ein Schmetterling näherte, der sich unverhofft auf meinen Bauch setzte.

Obwohl die schwüle Hitze im Urwald des Amazonas oft bis auf etwa 45°C steigt, kann es im Winter durchaus vorkommen, dass der Körper bisweilen zu frieren beginnt. Heute war so ein Tag des Fröstelns, und ich wollte mich gerade erheben, um einen Unterschlupf zu suchen, der mich vor dem Regen schützte.

Etwas irritiert betrachtete ich nun das Tier, da ich noch nie einen Schmetterling durch den strömenden Regen hatte fliegen sehen. Nach meinen jüngsten Erfahrungen im Urwald war mir jedoch bewusst, dass es so gut wie nichts auf dieser Welt gab, was nicht möglich war, und so wunderte ich mich nicht weiter und beobachtete das schöne Tier.

»Rede mit ihm«, vernahm ich im nächsten Augenblick eine Stimme in mir. »Er ist eine Gottheit, voller Weisheit und Größe. Und er ist glücklich, wenn du mit ihm sprichst, ihn um Hilfe bittest und ihn so in deine Welt einbeziehst.«

Ich verstand diese Worte zunächst nicht und schaute den Schmetterling fragend an. Er war violett, hatte runde, schwarzweiße Augen auf seinen zarten Flügeln, und seine Fühler waren anmutig nach oben geschwungen.

»Der Stein! Ich rede vom Stein. Steine sind gefallene Götter, die sich in Evolution befinden. Wusstest du das nicht?«

Ich schüttelte erstaunt den Kopf und betrachtete den großen grauen Felsen, der an manchen Stellen mit bläulichgrünem Moos bewachsen war.

»Probiere es. Steine sind voller Weisheit. Aber sieh dich vor, denn sie sind launische und daher sehr gefährliche Wesen, die dich verhexen können«, hörte ich abschließend den Schmetterling sagen, bevor er sich mit einigen Schlägen seiner prachtvollen Flügel emporhob.

Die Regentropfen hatten plötzlich viel mehr Gewicht als vorher, und ein Gefühl der Angst kroch langsam in mir hoch und schnürte meinen Hals zu. Schon seit einer Weile war ich mir darüber im Klaren, dass von Steinen eine sehr erhabene und machtvolle Energie ausging. Und nun sollten diese Wesen gefährlich oder gar dazu fähig sein, mir Schaden zuzufügen?

Ich sprang auf und eilte zurück zum Lager. Wie von einem Skorpion gestochen lief ich weiter, bis ich endlich auf meinen Maestro traf, der soeben aus seiner Behausung heraustrat und sich genüsslich gen Himmel reckte und streckte. Ich musste einen seltsamen Eindruck gemacht haben, denn der Schamane blickte mich sichtlich verwundert an. Ich stand keuchend und nach Luft ringend vor ihm und brauchte noch einige Augenblicke, um mich von dem schnellen Lauf zu erholen. Als meine Atmung wieder gleichmäßiger ging, erzählte ich ihm, was der Schmetterling zu mir gesagt hatte.

Wie schon so oft war die Reaktion des Schamanen vollkommen anders, als ich es erwartet hätte: Er begann sich vor

Lachen den Bauch zu halten. Er wurde immer lauter dabei, sodass nach und nach immer mehr Piapocos auf uns aufmerksam wurden und etwas verschlafen zu uns herübersahen. Gleichzeitig nahm der Regen an Intensität zu und begleitete tosend das Lachen meines Maestros.

Es dauerte eine kleine Weile, bis er zu Sinnen kam und seinen Gefühlsausbruch wieder unter Kontrolle hatte. Wieder einmal kam ich mir wie ein dummer kleiner Junge vor. »Was ist denn los? Was belustigt dich denn dermaßen, Maestro?«

Er räusperte sich etwas verlegen und nahm sich zusammen. »Weißt du, Taguarí, das ist einfach zu absurd, was du mir da erzählt hast. Es ist nicht deine Schuld, dass ich mich so amüsiere. Es ist der Schmetterling, der die Realität ein wenig verdreht hat.« Immer noch breit grinsend strich sich der Schamane mit beiden Handflächen kreisförmig um seinen kleinen, prallen Kugelbauch.

»Es sind die Tiere, die durch ihre verspielte und oft maßlos übertriebene Art eine Gefahr für uns Menschen darstellen können, zumindest wenn wir ihr Wort immer für bare Münze nehmen. Sie führen uns spaßeshalber in die Irre und verbreiten häufig Halbwahrheiten.«

Ich musste an den frechen Piapoco-Vogel denken, der sich nun schon des Öfteren den einen oder anderen Spaß mit mir erlaubt hatte.

»Steine hingegen sind würdevolle Träger göttlicher Weisheit, und man kann sich sicher sein, dass jedes Wort eines Steins der Wahrheit entspricht. Die Wahrheit ist natürlich oft ungemütlich und kann bisher Geglaubtes ins Wanken bringen, doch sie führt immer zur Heilung. Vergiss das nie, Taguarí!«

»Du meinst also, dass Steine mir wohlgesonnene Wesen sind und ich deshalb mit ihnen in Kontakt treten kann, Etéwa?«

Ich beschloss, auf Nummer sicher zu gehen und noch einmal konkret nachzufragen.

»Du *solltest* sogar mit ihnen in Kontakt treten. Wie gesagt: Es sind überaus weise Wesen, die nur darauf warten, von dir um Hilfe gebeten zu werden. Genau deswegen sind sie hier, Taguarí. Ich würde dir empfehlen, es zunächst mit der Felsengruppe drüben am Fluss zu versuchen. Überall, wo das Wasser sich rauschend über Felsen seinen Weg bahnt, ist ein Ort der ganz besonderen Art. Es sind Kraftplätze, an denen wir besonders leicht mit den Elementarwesen des Wassers und der Steine in Kontakt treten können. Diese beiden Kräfte potenzieren sich in gewisser Weise gegenseitig. Und außerdem ist das Wasser dein starkes Element.«

Schon seit Tagen regnete es ohne Unterlass, und das Geräusch von dicken Wassertropfen, die auf die nasse Erde klatschten, gehörte so selbstverständlich zum Alltag wie die feuchte Atemluft. Dieses Wetter war eine der Extravaganzen des Amazonas: Zum einen ist die Dauer, zum anderen die Intensität eines Regenschauers wirklich etwas Besonderes, und es kommt nicht selten vor, dass einem angst und bange wird vor der gewaltigen Kraft der herabstürzenden Wassermassen.

Ich ließ nicht viel Zeit verstreichen, bevor ich mich aufmachte und im strömenden Regen meinen Weg zum Fluss suchte. Mein Körper war mit Gänsehaut überzogen, und ich beschloss, mir durch Bewegung Wärme zu verschaffen.

Eine ganze Weile lief ich stromabwärts, ehe ich zu der besagten Felsengruppe kam. Ich setzte mich auf einen großen Felsen, der sich etwas außerhalb des Flusses direkt unter einem schützenden, großblättrigen Baum befand; hier war ich etwas vor dem Regen geschützt. Ich schlang meine Arme um meine vollkommen durchnässten, müden Beine und blickte auf den Fluss, dessen Wasser sich geschmeidig um die vielen Steine und Felsen schlängelte.

Wie lange ich dort saß und dem Lied des Regens lauschte, weiß ich heute nicht mehr, aber es müssen einige Stunden vergangen sein, in denen ich versuchte, einen Kontakt zu den Felsen aufzubauen. Ich atmete bewusst in ihre Richtung und schloss meine Augen, um ihre Präsenz besser fühlen zu können. In Gedanken richtete ich meine Fragen an sie, konnte aber zunächst keine Antworten finden. Ich war mir nicht sicher, ob es am Regen lag, oder ob sich die Kommunikation mit Steinen womöglich anders oder schwieriger gestaltete als das Gespräch mit Bäumen oder Tieren.

Nach einiger Zeit beschloss ich, die Sitzposition der Indios zu verlassen, die ich mir schon vor geraumer Zeit angeeignet hatte und nun zu allen möglichen Gelegenheiten einnahm. Hierbei setzt man sich mit nach vorne angewinkelten Beinen und bewusstem Kontakt der Fußsohlen zu Mutter Erde hin. Gleichzeitig umschlingt man dabei seine Beine mit beiden Armen. Die Hände werden wie zum Gebet gefaltet. Da so lange schon nichts passiert war, legte ich mich nun flach auf den Bauch, um mehr Hautkontakt zu dem rauen und nassen Felsen unter mir herzustellen.

»*Was bei den Bäumen geholfen hat, hilft doch hier sicherlich auch*«, dachte etwas in mir, während ich voller Dankbarkeit bemerkte, wie viel Wärme dieser Stein gespeichert hatte.

Sehr lange lag ich so da und begann erneut über Tutex nachzugrübeln. Wie es ihr jetzt wohl ging? Was sie gerade tat?

Plötzlich durchfuhr mich ein Zucken, und ich erschrak, als mir bewusst wurde, dass ich eingeschlafen sein musste. Ich setzte mich auf und rieb meine schmerzenden Knie. Der Regen war wieder stärker geworden, es dämmerte mittlerweile, und mein Körper zitterte vor Unterkühlung. In diesem Moment konnte ich ein leichtes Kribbeln in meiner Magengegend spüren. Gleichzeitig tauchte ein inneres Bild in mir auf, das mich zu einer anderen Stelle am Flussufer dirigierte.

Ohne auch nur einen einzigen rationalen Gedanken zuzulassen, erhob ich mich und ging in die Richtung, die mir gewiesen wurde. Wenig später stand ich vor einem Höhleneingang. In diesem Moment wusste ich, dass die Felsen oder das Wasser mich hierhergeschickt hatten, damit ich mich wärmen konnte. Ich nahm also meinen ganzen Mut zusammen, wiederholte einige Male das Schutzmantra, das mich Etéwa gelehrt hatte, *TARU AMARU CE*, und trat in das Dunkel der Höhle.

Langsam gewöhnten sich meine Augen an die neuen Lichtverhältnisse. Ich konnte einige vage Umrisse entdecken, die viel kleiner und irgendwie sympathischer waren als die in der Höhle, in der ich dem Jaguar begegnet war. Ich hatte Vertrauen in mich und in diese Umgebung und tastete mich langsam weiter vor ins Innere der Höhle. Mit einem Mal erblickte ich einen matten Lichtschimmer, der durch eine Öffnung in der Höhlendecke drang. Ich erkannte, dass ich am Fuß einer Lagune stand. Bei dem Anblick des kristallklaren, türkisfarbenen Wassers bemerkte ich, wie trocken mein Mund war, und dass ich großen Durst hatte. Ich ging also auf die Knie und trank aus der Lagune. Augenblicklich spürte ich, wie das Wasser in mir neue Lebensgeister weckte.

Ich verbrachte eine sehr lange Zeit alleine in dieser Höhle. Ich lag am Ufer der Lagune und blickte auf das Wasser, während die Steine der Höhle mir etwas von ihrer Wärme schenkten. Ich spürte, dass ich diese Zeit für mich im Stillen brauchte, um die Geschehnisse der letzten Zeit in aller Ruhe verdauen zu können.

Diese Lagune war ein ganz spezieller Ort: Sie wurde zu einem meiner Kraftorte am Amazonas. Noch viele Male in den nächsten Monaten kehrte ich an diesen Platz zurück, wenn ich mich verloren oder geschwächt fühlte. Hin und wieder trank ich in diesen Tagen etwas Wasser; ansonsten verspürte ich keinerlei Hunger oder sonstige körperliche Bedürfnisse.

Wenn ich heute auf die Zeit im Gebiet des Amazonas zurückblicke, erinnere ich mich daran, dass ich mich häufig für zwei oder drei Tage ohne feste Nahrung auf den Weg machte, um Einkehr zu halten und mich wiederzufinden.

Manchmal aß ich einige Wurzeln oder trank Palmensäfte, aber mein Körper war in dieser Zeit nicht annähernd so bedürftig wie seinerzeit, als ich noch in der sogenannten Zivilisation lebte.

Verschiebungen

Die Tage und Wochen vergingen, und ich schritt auf meinem Pfad als Schüler des Chapori – des Schamanen – unbeirrt voran. Nicht ohne Stolz registrierte ich meine kontinuierlichen Fortschritte in der Kommunikation mit den Wesen anderer Dimensionen.

»Schamanismus kann dich niemand lehren«, sagte mir Etéwa zuweilen, und ich verstand, dass es in dieser Welt auf das Tun und die Erfahrung ankommt, und nicht auf Anweisungen von einer anderen Person.

»Worte sind schön und gut, aber sie helfen dir nicht sonderlich dabei, ein Schamane zu werden. Vergiss nicht: Es geht nicht um das Verstehen, es geht um das Fühlen und das Tun!«

Trotzdem konnte ich spüren, dass seine Begleitung und sein Schutz auf meinem Erkundungspfad durch unbekannte Territorien ungemein wichtig für mich waren. Viele Gefahren lauerten auf den geneigten Lehrling, Gefahren, die man als Neuling nicht ausreichend abschätzen konnte, um sich vor ihnen zu schützen.

Der Regen lichtete sich langsam, und so begannen wir wieder längere Ausflüge mit dem Schamanen zu unternehmen. Oft hielt er unverhofft an einem bestimmten Ort an, gab uns Yagé zu trinken und begann unsere Gruppe aufzuteilen. »Du zu diesem Baum, du an diesen, und du setzt dich auf den Stein und wartest dort, bis ich dich hole!«

Und früher oder später wurde man dort von einem Tier oder einer Pflanze einer neuen Lektion unterzogen.

Von Tag zu Tag wurde mir so natürlich immer klarer, warum der Schamane uns so wenig erklärte. Die Natur war voller Worte, Weisheiten und Belehrungen. Sie schien in jedem Moment unserer Existenz genau zu wissen, was wichtig für uns war. Jedes Wesen, das zu mir sprach, hatte seine ganz persönliche Botschaft für mich, die stets zur aktuellen Situation und zu den Gedanken und Fragen passte, die mir durch den Kopf gingen.

Eines Nachts bekam ich, unter einem großen Baum sitzend, vom Yagé die Information, dass mein Maestro über die Geister sämtlicher Elementarwesen, die zu mir sprachen und mich unterrichteten, wachte – so auch über das Yagé –, und dass er seinen Einfluss auf sie ausübte. Ich begann zu begreifen, dass es letztlich doch der Schamane war, der meine Erfahrungen die ganze Zeit über anleitete. In ihrer Art und Intensität passte er sie genau meinem aktuellen Wissensstand an.

Er initiierte nicht nur meine Treffen mit den Tieren, Bäumen und Steinen, sondern richtete auch seine klare Intention auf das Yagé, um unsere Gespräche in eine gewisse Richtung zu lenken.

Etéwa hatte also die Macht, allem Organischen eine Richtung zu geben, und sei es lediglich mit der klaren Aufforderung: »Zeige ihm, was in diesem Moment das Entscheidende für ihn ist!«

Er war demnach so etwas wie der Marionettenspieler, der die Oberhand über meine Ausbildung behielt; die Tiere und Pflanzen waren die Marionetten, und das Yagé stellte die Fäden dar.

In jedem Moment meiner Yagé-Reisen war der Schamane dazu imstande, Einfluss auf das Geschehen zu nehmen und mich entweder tiefer hineinzuziehen oder wieder etwas mehr ins Alltagsbewusstsein zurückzuholen. Das konnte ich in meinem Körper spüren, ohne zunächst zu verstehen, wie genau dieser Vorgang funktionierte.

Der Vogel Piapoco entpuppte sich mit der Zeit als ein sehr treuer und meist kompetenter Gesprächspartner, mit dem ich mich in der folgenden Zeit des Öfteren traf. Nach unserem ersten, zugegeben etwas ungünstig verlaufenen Gespräch wurde mir dieser Vogel immer vertrauter und schließlich zu einem großartigen Lehrer und Freund, der stets gute Ratschläge oder zumindest etwas zu lachen für mich parat hatte.

Ich erinnere mich noch glasklar an eine Begebenheit in dieser Zeit der Wanderungen mit unserem Maestro. Während einer längeren Gesprächspause geriet ich wieder einmal über Tutex ins Grübeln. Mittlerweile war sie schon wochenlang nicht mehr aufgetaucht, und ich sehnte mich sehr nach ihrer beruhigenden Präsenz. Da kam plötzlich lauthals krächzend ein Piapoco-Vogel auf mich zugeflogen, stupste mich an die rechte Schulter und flog dann lautstark wieder in Richtung Himmel. Darauf war ich nicht vorbereitet gewesen und plumpste vor Schreck einfach nach hinten um. Meine Mitschüler und Etéwa blieben stehen und lachten über mein verdutztes Gesicht.

Der Schamane blickte dem Vogel nach, der nicht mehr zu sehen war, und wandte sich dann mir zu: »Vergiss das, worüber du dir Gedanken gemacht hast, Taguarí. Das bringt dich von deinem vorgesehenem Weg ab.«

Ich blickte ihn fragend an und war froh, als er fortfuhr: »Der Vogel Piapoco stellt so etwas wie den Repräsentanten unseres Stamms dar und ist ab sofort auch dein persönlicher

Wegweiser. In Momenten, in denen du deine Energie auf Dinge leitest, die dich vom rechten Pfad abbringen, wird er dir erscheinen, um dich an deine eigentliche Mission zu erinnern.« Es war erstaunlich, aber es leuchtete mir ein. Es machte mich sogar ein wenig stolz, beim Gedanken daran, schon bald in die Fußstapfen meines hoch geschätzten Maestros zu treten.

Seit diesem Ereignis erschien mir der Vogel Piapoco sehr oft an Orten, zu denen mich das Yagé – oder auch Etéwa – schickte, und begann, mit mir zu sprechen. Es passierte auch, dass der Vogel nur kurz vor mir auftauchte und dann sogleich wieder seines Weges flog. Solche Begebenheiten wurden schon bald zur Normalität, und ich wusste in diesen Momenten intuitiv, in welche Richtung mich der Piapoco leiten oder von welchen Taten er mich abbringen wollte. Ich liebte seine Art der Gesprächsführung sehr. Er war direkt, beinahe frech, und nannte die Dinge stets beim Namen, ohne sich in irgendeiner Form in Diplomatie zu üben. Das sprach mich sehr an und war mir überaus sympathisch.

Ich glaube mich daran zu erinnern, dass es unser viertes Zusammentreffen war, bei dem er mich warnte: »Hüte dich vor den Bäumen mit den schief geschwungenen Stämmen. Die dunklen Wesen suchen gerne die Gegenwart dieser Bäume auf. Halte dich also lieber in der Nähe von Bäumen mit geraden Stämmen auf.«

Etwas später gab er mir noch Folgendes mit auf den Weg: »Immer wenn du mich siehst, sollten dein Herz und deine Seele sich vor Freude öffnen, denn dort, wo ich bin, ist dein Feind fern.«

Geraume Zeit später wiederholte er in unseren Gesprächen oft, dass meine wahren schamanischen Kräfte im Element

Wasser zu finden seien und ich deshalb so oft wie möglich seine Nähe suchen solle. Seitdem Tutex mir vor geraumer Zeit dasselbe erzählt hatte, war ich diesem Thema nicht mehr weiter nachgegangen. Ich fühlte jedoch, dass die Zeit dafür bald reif sein und ich dieser Tage tief in die Welt des Wassers eintauchen würde. Ich würde es genau spüren, wenn es so weit war, das wusste ich.

Eines verregneten, nebligen Tages ging es mir sehr schlecht. Ich lebte mittlerweile schon fast ein Jahr bei den Piapocos und spürte trotzdem noch in vielen Augenblicken, dass ich anders war und nicht zu ihnen gehörte. Es war mir bis heute nicht gelungen, eine engere Beziehung zu meinen Mitschülern oder zu anderen Piapocos aufzubauen. Unsere Konversationen beschränkten sich auf kurze Grunzlaute und befremdliche Blicke. Sie sahen mich immer noch als Fremdkörper. Mein Herz fühlte sich schwer an, und ich verspürte schmerzendes Heimweh. Ich kann mich noch sehr genau an den Moment erinnern, in dem ich alleine auf einem kleinen Baumstumpf saß und plötzlich der Piapoco angeflogen kam. Stumm übermittelte er mir: »Die Macht liegt verborgen in deinen Gedanken, Taguarí.«

Er schaute mich eindringlich an, und die aufmunternde Zärtlichkeit, die von diesem Vogel ausging, durchflutete mich, bevor er wieder unvermittelt verschwand.

An diesem Tag folgte ich seinem Hinweis, meine Gedankenwelt zu beobachten und negative Gedankengänge durch freudige und zuversichtliche zu ersetzen. Wenn ich beispielsweise dachte: »Ich werde nie im Leben eine so machtvolle Autorität werden wie mein Maestro!«, ersetzte ich diese Vorstellung durch die Formulierung: »Ich weiß nicht, was meine Zukunft mit sich bringt. Ich weiß aber, dass ich stets mein

Bestes geben werde, dass das Leben auf meiner Seite ist und mir helfen wird, alle meine Potenziale auszuschöpfen.«

Schon sehr bald konnte ich eine deutliche Verbesserung meines Allgemeinzustands wahrnehmen. Ein Gedanke wie »Du bist mein Bruder!«, in Richtung eines Piapocos gerichtet, entlockte diesem das eine oder andere zaghafte Lächeln, und ich beobachtete fasziniert, wie das Eis zwischen mir und den anderen nun langsam doch zu schmelzen begann. Das Leben kann so einfach sein, wenn man beginnt, sich wieder auf seine eigentliche Essenz zu konzentrieren und jeden Augenblick mit dem höchstmöglichen Ausmaß an Bewusstheit zu leben.

Einige Zeit später begann ich, sonderbare Nebenwirkungen des Yagé in meinem Körper zu bemerken. Mir fiel auf, dass ich Stück für Stück von meinem gewohnten Geisteszustand verlor. Mein Bewusstsein erhob sich auf eine neue Ebene. Dies war ein in sich fließender Vorgang, der nur sehr schwer durch den Verstand zu erfassen war. Es geschahen in dieser Zeit Dinge, die mir vor Augen führten, dass etwas passierte mit mir und meiner Art, die Umgebung wahrzunehmen.

Eines lichtvollen Tages am Flussufer, während wir zusammen mit unserem Maestro auf den Anbruch der Nacht warteten und die letzte Yagé-Ration schon einige Stunden zurücklag, sah ich plötzlich, wie eine große, bräunlich-grüne Schlange, die wie aus dem Nichts erschienen war, sich langsam um meinen Körper wand.

Entsetzt sprang ich auf und begann mich gegen das Tier, das mich drohend anzischte, zu wehren. Es war eine dieser großen, gemusterten Schlangen mit leuchtend gelben Augen, die mich unheilvoll fixierten. Mit Schlangen hatte ich meinen Frieden bislang noch nicht geschlossen; ich brachte ihnen weiterhin einen großen, furchtsamen Respekt entgegen. In diesem speziellen Moment wollte ich nicht zulassen, dass dieses Tier mich vollends umschlang und ich daraufhin bewegungsunfähig seinem tödlichen Biss ausgesetzt war.

Und so kämpfte ich wie ein Besessener. Eine gefühlte Ewigkeit lang versuchte ich mit meiner ganzen Kraft, meinen Gegner zu bezwingen und ihn in die Flucht zu schlagen. Schließlich begann ich, verzweifelt um Hilfe zu schreien.

Im nächsten Augenblick fiel mir auf, dass mein Maestro die ganze Zeit vollkommen ruhig neben mir gesessen hatte und nun begann, sich vor Lachen auszuschütten.

Die Wut, die ich in diesem Moment empfand, brachte mich schnell wieder zurück in mein normales Bewusstsein, und ich konnte sehen, dass es sich lediglich um ein Stück Liane handelte, das leblos an meinem Körper hing. Aber was genau war in diesem Moment passiert?

Mein Maestro hatte mir auf diese Weise erneut meine Macht und meine Möglichkeit demonstriert, in andere Dimensionen zu reisen und Dinge zu sehen, zu spüren und zu hören, die uns in unserem alltäglichen Bewusstseinszustand nicht zugänglich sind. Ich wusste in diesem Moment, dass er bei dieser unangenehmen Erfahrung seine Finger mit im Spiel hatte, obwohl ich mir zu diesem Zeitpunkt noch nicht erklären konnte, wie er das geschafft hatte.

In dieser Zeit begann ich, mich meinem Lehrer Yagé mit einem neuen Gefühl des Vertrauens und der kindlich-verspielten Neugier zu nähern. Das brachte mich nochmals ein gutes Stück auf meinem Weg voran und hatte die interessantesten Konsequenzen: Eines Nachts trank ich Yagé und begann, die Kontrolle über mich und meinen Körper vollkommen loszulassen. Ich fing an, meinen Kopf zu der Musik und den

Rhythmen, die ich in meinem Inneren spürte, zu wiegen, und überließ meinen Körper sich selbst. Ich war nur noch urteilsloser Beobachter der Vorkommnisse in meinem Körper, der sich vollkommen losgelöst nach seinen eigenen Regeln bewegte.

Bald war ich an einem Punkt der absoluten Hingabe angelangt. In meinem Kopf herrschte absolute Stille, und ich öffnete mich vollständig der Pflanze Yagé und somit dem gesamten Leben. Mein Vertrauen war in jenem Moment grenzenlos und unermesslich; es blieb keinerlei Platz für Zweifel.

Ich begann lauthals zu singen, manchmal in meiner eigenen Sprache, manchmal auf Piapoco, und ich kümmerte mich nicht weiter darum, dass ich kaum meine eigenen Worte verstand.

Später erhob ich mich, wie von Geisterhand gelenkt, und begann, ausgelassen um das Feuer zu tanzen. Ich bemerkte, dass eine magische Verbindung zwischen mir und den Flammen bestand und ihre Bewegungen auf meine Körperbewegungen zu reagieren schienen. Wurden meine Sprünge ausgelassener und wilder, loderte auch das Feuer hoch auf und begleitete knisternd meinen Tanz. Wurde mein Körper wieder ruhiger, geschah dasselbe mit den Flammen.

Es kam der Moment, in dem ich mir bewusst wurde, dass meine Bewegungen nicht mehr den gewohnten Grenzen der materiellen Welt unterlagen. Ich beobachtete mit großem Erstaunen, wie sich mein Körper in einer Geschwindigkeit drehte und verrenkte, die unter normalen Voraussetzungen niemals möglich gewesen wäre. Ich versuchte, den freien Bewegungsfluss nicht durch unnötige Zweifel zum Stillstand zu bringen und blieb einfach im Vertrauen. Das gelang mir auch noch eine ganze Weile, und ich tanzte und sprang wie ein Derwisch.

Ich erinnere mich an einen Augenblick in dieser magischen Nacht, in dem ich nach Anweisung des Yagé auf einen der höchsten Bäume kletterte, ohne auch nur eine Sekunde darüber nachzudenken, was ich da tat. Es war ganz leicht, und ich bewegte mich wie eine Katze bis zu seinem Wipfel. Oben angekommen, erlebte ich dann doch einen kurzen Moment des Zauderns, als ich bemerkte, dass ich mich etwa fünfzehn Meter über der Erde befand. Mein gerade wieder erwachender Verstand musste in diesem Augenblick zugeben, dass er keine Ahnung hatte, wie ich wieder unversehrt von diesem Baum herunterkommen sollte.

So lernte ich jeden Tag etwas über den erweiterten Bewusstseinszustand, ohne mir dabei viele Dinge rational erklären zu können. Ich versuchte, alle verstandesgelenkten Überlegungen aus meinem Hirn zu verbannen, denn genau das war eine der wichtigsten Eingangslektionen meines Lehrers gewesen, die ich als geschriebenes Gesetz durch mein Leben trage: »Ein rationaler Mensch kann kein guter Schamane werden, da sein ›*Warum?*‹ ihm immer im Weg stehen wird!«

Ich versuchte daher, mich nicht durch unnötige Skepsis zu blockieren, sondern lebte meine Erfahrungen und freute mich über ihre Wirkung. Nur in Ausnahmefällen, in denen ich spürte, dass ein besseres Verständnis auf meinem Weg förderlich wäre, stellte ich Fragen. So setzte ich mich wenige Stunden nach der Begegnung mit der Schlange, die sich später als Liane entpuppt hatte, neben meinen Maestro.

»Etéwa, ich weiß, dass du bei diesem Erlebnis vorhin deine Finger mit im Spiel hattest. Bitte erkläre mir, wie du das gemacht hast.«

Er sah mich eine ganze Weile prüfend an, so, als wolle er sich vergewissern, dass die Zeit auch reif war, um mir diese Frage zu beantworten. Erst dann setzte er zum Sprechen an: »Jedes organische Wesen besitzt einen Punkt zwischen den

Schulterblättern seines ätherischen Körpers, den man bei uns *›el punto de encache‹* nennt.«

Er räusperte sich geräuschvoll, und mir wurde klar, dass nun ein neuer Lernabschnitt für mich begann und ich daher besonders aufmerksam sein sollte.

»Man kann diesen Punkt auch ›die Mitte‹ nennen. Er stellt den ätherischen Angriffspunkt dar, durch den der Schamane unmittelbar auf die gegenwärtige Wahrnehmung der betreffenden Person Einfluss nehmen kann. Er ist in der Lage, diesen Punkt durch gebündelte geistige Kraft weiter nach rechts oder nach links zu verschieben, weiter in Richtung *Materie* oder in Richtung *Geist*.«

Der Schamane machte eine kleine Pause und paffte an seiner Zigarre. Ich nutzte die Gelegenheit, um nachzuhaken: »Was bedeutet das genau, Maestro?«

»Die Welt des Materiellen ist in unserer rechten Körperhälfte lokalisiert. Ist der besagte Punkt, deine Mitte, nach rechts verschoben, befindest du dich in deinem gewohnten Geisteszustand, in der Welt der Materie.

Das *Spirituelle* oder *Geistige*, das auf unserer linken Körperhälfte liegt, steht für die Dimensionen, die unter alltäglichen Umständen unsichtbar sind. Körperliches Unwohlsein kann gelindert werden, indem man die Mitte etwas nach links verschiebt. Das Yagé zum Beispiel rückt deine Mitte in Richtung *Geist* und ermöglicht dir so den Eintritt in viele verschiedene Welten.«

»Und ein Schamane hat die Macht, diesen Punkt zu manipulieren?«

»Das ist korrekt, Taguarí. Aus der Ferne genauso gut wie aus nächster Nähe. Er bewirkt dies, wenn du so willst, durch einen Schubs auf ätherischer Ebene. Geschieht es nach rechts, zur Materie hin, wird unsere Wahrnehmung etwas mehr in Richtung Alltagsbewusstsein verschoben, was der betreffenden Person dazu verhilft, wieder festen Boden unter den Füßen zu spüren. Diesen Wandel im Bewusstsein können auch bestimmte Emotionen bewirken, wie etwa Angst oder ein plötzlicher Schreck.«

Der Schamane sah mich an, als wollte er sich vergewissern, dass ich seine Worte auch gut in mich aufgenommen hatte. »In die andere Richtung schubst man Menschen, die einen Anstoß brauchen, um weiter in die Welt der grenzenlosen Möglichkeiten einzutreten, wo wir mit allem, was lebt, kommunizieren können. Wie auch du in vielen Situationen; manchmal neigst du nämlich dazu, aus Bequemlichkeit im Bekannten zu verharren, anstatt deinen Weg fortzusetzen.«

»Das ist sehr interessant, Maestro. Bitte erzähle mir mehr.«

Nach einer kurzen Pause fuhr er fort: »Im Allgemeinen verspürt der Mensch, dessen Mitte nach links, zum *Spirituellen*, verschoben wird, eine Erleichterung und ein Gefühl des Friedens. Man rückt ihn ein Stück näher an die Wahrheit, an die Göttlichkeit heran.«

Bei diesen Worten stand er auf und ging gezielt auf einen riesigen Baum zu. Er verharrte kurz an seinem Stamm, den er mit der rechten Handfläche berührte, und kam wieder zu mir zurück.

»Ist dieser Punkt in seiner Mitte, färbt er sich deutlich sichtbar rötlich-orange. Ist er aus seinem Zentrum gerückt, kann man meistens Grautöne erkennen.«

Ein Vogel ließ sich in unserer Nähe nieder und sang uns aus voller Kehle sein Lied. Der Schamane hörte aufmerksam zu und wandte sich dann wieder zu mir.

»Heilige Medizinpflanzen sind genau dazu fähig: Sie verschieben unsere Mitte in Richtung *Geist* oder *Materie*. Das geschieht abhängig vom Willen des Yagé. Trinkt zum Beispiel ein Mörder Yagé oder ein anderer Mensch, der gegen grundlegende Gesetze des Lebens verstoßen hat, ist das Yagé dazu fähig, ihn durch die Verschiebung des *punto de encache* auf einen Höllentrip zu schicken.«

Die Erinnerung an meine Odyssee des Schreckens stieg bei diesen Worten in mir hoch, und ich begann bewusst, tiefer zu atmen, um meine aufkommenden Schuldgefühle zu beschwichtigen: *»Ich habe es damals nicht besser gewusst.«*

»Wenn ich dich richtig verstanden habe, Maestro, dann besitzen auch Tiere und Pflanzen diesen Punkt?«

Meine Stimme bebte noch leicht bei diesen Worten. Ich räusperte mich verlegen und versuchte, mir meine kurzzeitige Verstimmung nicht anmerken zu lassen.

»Alles Organische hat eine Mitte. Das ist richtig, Taguarí. Steine, Pflanzen, Bäume, Tiere, Menschen. Der klare weiße Bergkristall ist der einzige Stein, der keine Mitte besitzt. Er ist pures Licht.« Er zog einen klaren Kristall aus seinem kleinen Beutel und zeigte ihn mir. Das Sonnenlicht schimmerte in seinem Inneren und ließ ihn unsagbar wertvoll und weise erscheinen. »Bei den meisten meiner Interventionen nutze ich diesen Punkt.«

»Wie meinst du das, Maestro? Ich verstehe nicht ganz.«

»Wenn ich Heilpflanzen bespreche, verschiebe ich ihren *punto de encache* auf diejenige Ebene, die sich für den angestrebten Effekt am besten eignet. So aktiviere ich ihre Heilwirkung.«

Ich schaute den Schamanen an und versuchte, seine Worte in mich aufzunehmen, während dieser leise einige Silben vor sich hin murmelte, die nicht an mich adressiert waren.

Ich atmete einige Male tief durch und blickte dabei auf einen großen, wunderschönen Baum, der ganz in unserer Nähe stand. Als hätte der Baum gemerkt, dass ich ihm in diesem Augenblick meine Aufmerksamkeit schenkte, fingen seine Blätter an zu rauschen, als wollte er mich grüßen.

Ich erhob mich und ging entschlossen auf den Baum zu, mit der klaren Intention im Kopf, dass er mir dabei helfen würde, mich wieder zu zentrieren und das aufgenommene Wissen einzuordnen. Ich stand einige Minuten neben seinem Stamm und berührte mit meiner Stirn die raue Rinde. Schon bald nahm ich in meiner Magengegend ein angenehmes Kribbeln wahr, und ich bedankte mich daraufhin bei dem Geist des Baumes für seine Unterstützung. Ich lächelte ihm dankbar zu und fühlte eine neue Zuversicht in mir aufsteigen: Eines Tages würde ich genau verstehen und anwenden können, was mir Etéwa jetzt beibrachte.

Ich erhielt ein anerkennendes Lächeln von ihm und eine Schale Yagé, die er mir unter die Nase hielt. Ich wollte kein Yagé und hatte große Lust, mich seiner Anweisung zu widersetzen: Erneuter innerer Aufruhr erschien mir in diesem Moment alles andere als sinnvoll.

Mein Maestro jedoch sah mich aufmunternd an: »Nur Mut, Taguarí. Du bist viel stärker als du denkst, und diese Portion wird dir dabei helfen, dich zu zentrieren und wieder zu dir zu finden.«

Also fasste ich mir ein Herz, setzte die Schale an meine Lippen und trank den mittlerweile schon vertraut schmeckenden Pflanzensud in einem Zug aus. Mein Körper schüttelte sich kräftig, und ich blickte mit verzerrtem Gesicht zu meinem Maestro.

»Wenn du willst, kannst du dich für heute zurückziehen.

Ich werde hin und wieder nach dir schauen«, sagte er, und ich nickte ihm dankbar zu, denn das war es, wonach ich mich sehnte: Einsamkeit. Zielstrebig ging ich auf einen hohen und sehr alten Baum zu, der mich in diesem Moment geradezu magisch anzog.

Ich kletterte an seinem kräftigen Stamm empor und konnte dabei die rissige und gleichzeitig anschmiegsame Beschaffenheit seiner Rinde spüren. Ich wählte meine Bewegungen mit Vorsicht und Bedacht, bis ich einen sehr breiten und einladend wirkenden Ast erblickte, auf dem ich mich niederließ. An seiner Oberfläche wies er eine Kuhle auf, die es mir ermöglichte, mich bequem auf den Rücken zu legen und die Baumkrone in ihrer vollen Schönheit zu betrachten: ihre absolute Perfektion in Form und Farbe sowie die tanzende Leichtigkeit, die nach allen Seiten von ihr auszugehen schien. Ein Gefühl der Dankbarkeit und des Friedens begann mich zu umspülen. Ich schloss die Augen und atmete tief durch die Nase ein und aus.

Dabei musste ich eingenickt sein, denn plötzlich zuckte es durch meinen gesamten Körper, und ich schlug die Augen auf. Irgendetwas schien meine Aufmerksamkeit auf sich ziehen zu wollen, und es dauerte nicht lange, bis ich in einiger Entfernung ein grünliches Wesen entdeckte. Nichts Bedrohliches ging von ihm aus: Zu warm und eindeutig zärtlich war die Energie, die dieses Wesen ausstrahlte. Ich betrachtete es voll kindlicher Neugierde und wartete ab, was nun geschehen würde.

Einige Minuten verstrichen, bis die Neugier meine Geduld besiegte und ich das Gespräch zaghaft eröffnete. »Wer bist du?«, fragte ich das Wesen und erhielt sogleich eine Antwort: »Ich bin das Geistwesen dieses Baums. Es ist schön, dass du mich besuchst. Ich freue mich, deine Bekanntschaft zu machen, Taguarí.«

Ich setzte mich mit einem Ruck hin, um den Geist des Baumes besser sehen zu können. Er bestand aus einer grünlichblauen Wolke, die die unverkennbaren Umrisse eines Gesichts mit langer Hakennase und großen, tiefblickenden Augen aufwies. Erneut fühlte ich deutlich die Liebe, die dieses Wolkenwesen umgab und die in meine Richtung strahlte.

»Woher kennst du meinen Namen?«, wollte ich wissen und hatte prompt das Gefühl, eine dumme Frage gestellt zu haben.

»Warum sollte ich denn deinen Namen nicht wissen, mein Lieber? Du bist doch nicht getrennt von mir. Wir sind *eins*!«

Diese Nachricht war mir nicht neu, doch fiel es mir immer noch schwer, ihre Bedeutung vollständig in mein bisheriges Verständnis zu integrieren. Eins zu sein mit einem Baum ... Es war gar nicht so einfach, das zu begreifen. Dennoch konnte ich spüren, dass das Naturwesen die Wahrheit sprach und ich derjenige war, der getrennt von dieser Wahrheit lebte.

Ich beobachtete fasziniert das Geistwesen, wie es mich anstrahlte, ehe es fortfuhr: »Ich weiß alles über dich. Ich weiß, wo du herkommst, warum du hier bist und was auf deinem weiteren Weg für dich vorgesehen ist.«

»Ach, und woher weißt du das alles?«, fragte ich, ohne nachzudenken.

»Die Zeit, wie du sie seit Beginn deines jetzigen Lebens kennengelernt hast – mit Vergangenheit, Gegenwart und Zukunft –, existiert nicht, Taguarí. Sie ist eine von euch Menschen geschaffene Illusion. Alles passiert genau jetzt, in diesem Augenblick. Also muss ich nichts weiter machen, als dich anzuschauen, um alles über dich zu wissen.«

»Und was siehst du da genau?«, hakte ich neugierig nach.

»Ich sehe eine sehr alte Seele, die mit einer großen Mission in dieses Leben getreten ist. Du wirst bald ein machtvoller Mann sein, der sehr vielen Menschen auf dieser Erde große Dienste erweisen wird.«

Ich spürte, wie ich vor Wärme und Freude leicht errötete.

»Steht denn schon fest, was mit mir geschehen wird? Alles? Bis ins kleinste Detail?«, fragte ich aufgeregt das Baumwesen.

»Nein, Taguarí. Du allein bist der Schöpfer deiner Erfahrungen, durch die Gedanken, Gefühle, Worte und Taten, die du wählst. So gestaltest du in jeder Sekunde deiner Existenz dein Leben; meistens natürlich unbewusst. Gott hat euch Menschen nach seinem Ebenbild erschaffen, nur habt ihr dies vergessen. Das meinte der Vogel Piapoco, als er dir übermittelte, dass die Macht in deinen Gedanken liegt, denn aus euren Gedanken entwickelt sich Alles-was-ist.«

In meinem Kopf begann es sich nun leicht zu drehen, und ich wünschte mir sehnlichst eine kleine Ruhepause herbei.

»Lass dir Zeit und hab Geduld mit dir! Vertraue auf den Rhythmus des Lebens. Alles, was du dir wünschst, geschieht zu seiner Zeit und nach einem übergeordneten Plan. Und du hast alle Zeit der Welt für alles, was du tun und lernen möchtest. Vergiss das niemals.«

In meinem Kopf herrschte Chaos: Gedanken purzelten wild durcheinander. »Na, wenn das jetzt meine Realität kreiert, dann gute Nacht!«, dachte ich und musste laut lachen.

Im nächsten Augenblick packte mich wieder die Neugierde, und ich wollte erneut ansetzen und dem Baum eine weitere Frage stellen. Aber dazu kam ich nicht, da die grüne Wolke verschwunden war: »Das ist alles, was im Moment wichtig ist für dich. Ruhe dich aus und sorge dich nicht. Alles ist in perfekter, göttlicher Ordnung«, war die letzte Information, die sie hinterließ.

Der Schamane kam in dieser Nacht noch zweimal zu mir. Ich selbst tat, was mir der Baum aufgetragen hatte und wonach jede Faser meines Körper sich sehnte: Ich träumte den ganzen Abend vor mich hin, ließ meine Beine rechts und links vom Ast herunterbaumeln und sorgte mich nicht.

Die Sprache der Heilung

Am nächsten Morgen erwachte ich, noch immer auf dem Baum liegend, und fühlte mich wie ein Häufchen Elend. Jeder Muskel meines Körpers schmerzte. Ich kletterte stöhnend den Stamm hinunter und bedankte mich kurz bei dem Baum für alles, was er mir in der vergangenen Nacht gegeben hatte.

Als ich zu den anderen kam und sie fragte, wo denn Etéwa sei, wurde mir gesagt, dass er zu einem erneuten Treffen unter Schamanen gegangen war und erst in ein paar Tagen zurückkommen würde. Insgeheim freute ich mich über diese Nachricht und seilte mich von der Gruppe ab, um eine Weile durch den Wald zu schlendern.

Es war ein Morgen voller Klarheit und Stille. Trotz meiner körperlichen Schmerzen konnte ich spüren, dass ich kein Fremdkörper mehr im Wald war, sondern mich zu einem Teil von ihm entwickelt hatte. Ich kletterte bedächtig von einem großen Felsen zum nächsten, ohne genau zu wissen, wohin ich unterwegs war. Doch schon bald erkannte ich das Flussufer mit den großen Steinen wieder und suchte mein Lieblingsversteck auf: die Höhle mit der unterirdischen Lagune.

In der ersten Zeit schlief ich fast ununterbrochen. Hin und wieder erwachte ich, trank ein wenig Wasser und legte mich wieder zur Ruhe. Mein Körper schien den Schlaf der letzten anstrengenden Tage und Wochen nachzuholen. Als ich wieder zu Kräften gekommen war, begann eine Zeit, in der ich Stunden damit verbrachte, auf die Wasseroberfläche zu starren und meinem Atem zu lauschen. Ich verspürte nicht die geringste Lust, unter Menschen zu sein. Und auch mit keinem anderen Wesen wollte ich kommunizieren. Ich brauchte einfach meine Ruhe.

Oft dachte ich über Tutex nach, fragte mich, wie es ihr jetzt wohl ging und wann sie zurückkehren würde. Meine Freundin fehlte mir. Sehr sogar! In manchen Augenblicken spürte ich ihre Anwesenheit, als wäre sie an meiner Seite und würde liebevoll ihre Arme um meine Schultern legen.

Ich weiß nicht, wie lange ich dort alleine gesessen habe. Hin und wieder verließ ich die Höhle auf der Suche nach etwas Essbarem, um dann geradewegs in ihren Schutz zurückzukehren und in die magisch türkis schimmernde Lagune abzutauchen.

Nach mehreren Tagen kam der Moment, in dem ich den Lockruf meines Maestros vernahm. Ausgeruht und guter Dinge sprang ich auf und ging meinen Weg am Flussufer wieder zurück. Auch der Schamane wirkte erholter und begrüßte mich, was recht ungewöhnlich war, mit einem strahlenden Lächeln. »Komm mit, Taguarí! Ab heute fängst du an, mir beim Heilen zur Hand zu gehen.«

Es begann eine Phase meiner Ausbildung, in der der Schamane mich täglich mitnahm, wenn er Patienten behandelte. Ich sollte ihm über die Schulter schauen und bei besonderen Vorkommnissen assistieren. Außer seinem länglichen weißen Kristall, gerolltem Tabak und den Pflanzen, die uns der Amazonas in reicher Auswahl zur Verfügung stellte, benutzte er keinerlei Utensilien für seine Heilarbeit. Oft waren es nur Gebete, die er sprach und die den Patienten meist verblüffend schnell zur Heilung verhalfen. Zur Verstärkung seiner Worte nahm er seinen Kristall in die rechte Hand und bearbeitete das Energiefeld des Kranken.

Das Wort als Medizin: Das war eine Methode, die mich sehr faszinierte. Nur wenige Menschen sind sich darüber im Klaren, welch große Macht in jedem ihrer tagtäglichen Worte liegt. Worte sind unglaublich kraftvolle Instrumente, die unsere Realität um hundertachtzig Grad drehen können.

Anfangs ließ sich der Schamane immer die Hände des zu Behandelnden zeigen. Dies war ein Trick, um die natürlichen Schutzmauern des Patienten abzubauen. Wenn er seine Handflächen offen dem Schamanen präsentierte, richtete der Hilfesuchende seine Aufmerksamkeit ganz auf diese Handlung. Das reichte aus, um geistig in die Welt des Kranken einzutreten. Auf diese Weise konnte der Schamane sehen, wo der Patient gerade Schmerzen hatte und mit welchen Personen oder Vorkommnissen in seinem Leben diese zusammenhingen.

»Mit deiner Schwiegermutter kommst du heute Nachmittag bei Sonnenuntergang zu mir. Ich werde euch Yagé geben, und es wird euch beiden helfen«, waren seine Worte bei der Behandlung einer frisch verheirateten Piapoco-Frau, die unter Schwächezuständen, Appetitlosigkeit und allgemeiner Unlust litt.

Ich wurde mir dessen bewusst, dass böse Worte, die man in Gedanken auf einen anderen richtet, diesem Menschen Schaden zufügen und ihm seine Energie rauben konnten. Wenn man sich gegen solche Angriffe nicht bewusst schützte, war man offen für derlei Attacken und konnte dadurch krank werden.

Ich fragte meinen Maestro, welche Maßnahmen es gebe, um energetische Übergriffe dieser Art abzuwehren, und war überrascht, dass es wiederum Worte waren, die diese Macht besaßen: Das Mantra *So-La-Va-Ya*, mehrmals langsam und deutlich gedacht oder laut ausgesprochen, sei beispielsweise eine äußerst wirkungsvolle Medizin in solch einem Fall. Man könne es überdies in jedem beliebigen Moment der Gefahr anwenden, da diese Worte dazu fähig seien, das energetische Umfeld eines Menschen so zu verändern, dass man gegen alles geschützt sei, was von außen auf einen zukomme und einem Schaden zufügen könne.

Ich probierte dieses Mantra von nun an bei jeder Gelegenheit aus, in der ich mir zusätzlichen Schutz wünschte. Wenn ich alleine durch den Wald ging und ein undefinierbares Geräusch hörte, oder wenn ich mich in manchen Situationen ungeschützt oder verloren fühlte. Ich konnte wirklich spüren, dass das Wiederholen dieser Worte die Energie meines Umfelds zu transformieren und aufzuhellen schien.

An manchen Tagen konnte ich meinen Maestro dabei beobachten, wie er Heilsitzungen mit Tabak vollzog. Der Tabak war ebenfalls eine heilige Medizinpflanze, die seit Generationen in vielen indigenen Stämmen Amerikas für ihre enorme Heilwirkung verehrt wurde. In der westlichen Welt wurde diese Pflanze durch die Zigarettenindustrie aufs Schändlichste entweiht.

Bei den Indigenas stand der Tabak für weibliche Kraft und die Weisheit der Leben spendenden Potenz. Sie glaubten, dass diese heilige Pflanze unsere Widerstandsfähigkeit gegenüber negativen Einflüssen stärken und uns reinigen kann. Weiterhin wurde Tabak als Medium, als sogenannte Himmelsleiter, benutzt, um eine Verbindung zur Geistigen Welt herzustellen. So wurde in vielen Heilungszeremonien Tabak verbrannt, um Kontakt zum Großen Geist aufzunehmen.

Er konnte jedoch ebenso als ein Transportmedium für dunkle Geister und Energien fungieren. Aus diesem Grund wurde er bei Heilungen stets unter kräftigem Pusten angewandt.

Ich konnte den Schamanen oft dabei beobachten, wie er die

Kraft des Wortes, des Gebetes, mit einer Tabakbehandlung des Energiefelds unterstützte. Nach seiner Auffassung wurden alle Krankheiten von Geistwesen hervorgerufen, die von außen durch unsere Körperöffnungen in uns eindringen können. Der gezielt geblasene Tabakrauch beförderte diese Geistwesen wieder aus unserem Körper hinaus und stellte ihnen gleichzeitig ein Transportmedium zur Verfügung, um wieder das Weite suchen zu können.

Interessant fand ich in diesem Zusammenhang auch die zentrale Rolle, die das Pusten bei den schamanischen Heilbehandlungen spielte. Es verkörperte die zielgerichtete Kraft des Elements Luft: einen Wind, der eine reinigende und klärende Wirkung auf uns Menschen hat. Mir fiel auf, dass sich der Schamane hierbei besonders auf die Ohren und den Bauchnabel seiner Patienten konzentrierte.

»Der Geist, der unsere Seele mit in die Dimension der Toten nimmt, tritt durch diese zwei Stellen in unseren Körper ein. Durch das Pusten an diesen Stellen können wir das verhindern«, erklärte mir mein Lehrer.

Die Piapocos glaubten im Allgemeinen, dass bewegte Luft eine heilende Wirkung auf uns Menschen habe: Eine Ansicht, die im krassen Gegensatz zu dem stand, was ich aus meinen Kindestagen kannte. Bei uns hieß es immer, dass Wind und Zugluft einen krank machen konnten. Dagegen wurden erkrankte Piapocos vorsätzlich der frischen Luft ausgesetzt, um die Heilkraft dieses mächtigen Geistes zu nutzen.

Auch Federn wurden oft zur Heilung und Klärung hinzugezogen. Der Schamane benutzte sie als eine Art Fächer, der ebenfalls das Element Luft in eine bestimmte Bewegung lenkte.

»Die Feder symbolisiert den freien Flug des Geistes«, erklärte mein Maestro. »Der Gedanke des Schamanen, der den

Patienten zu seiner Genesung führt, erhält durch die Bewegung der Feder den nötigen Auftrieb, um zum Großen Geist zu gelangen, der letztlich die Heilung einleitet.«

»Und dein Federkreis, den du immer bei Ritualen und anderen festlichen Anlässen trägst, welche Bedeutung hat er?«

»Das ist mein Airon«, erklärte der Schamane. »Er besteht aus vielen verschiedenfarbigen Federn, die allesamt Nachrichten an den Großen Geist in sich tragen, je nachdem, welchen Zweck das Ritual verfolgt: Eine weiße Feder symbolisiert etwa den Nebel, der den Urwald umhüllt und gleichsam seinen Atem sichtbar macht. Man könnte auch sagen ›die Krone des Urwalds‹. Es sind im Grunde nur zwei unterschiedliche Metaphern für ein und dasselbe Schutzsymbol.«

Nach einer kleinen Pause fuhr der Schamane fort: »Die rote Feder sendet die Nachricht: ›Wir leben! Durch unsere Adern fließt rotes Blut.‹ Dies hat bei uns Piapocos mit dem Bewusstsein zu tun, zu *sein*. Gott hat uns nach seinem Ebenbild erschaffen. Wir sind göttlich und daher auch mit dem vollen Potenzial seiner kreativen, schöpferischen Fähigkeit ausgestattet. Aus diesem Grund tragen nur diejenigen Piapocos rote Federn, die sich dieser unserer göttlichen Natur bewusst sind.«

Ich überlegte kurz. Der Schamane hatte recht: Bei allen Festivitäten, die ich bislang miterlebt hatte, waren die meisten Piapocos mit schwarzen und weißen Federn und Körperfarben geschmückt. Rote Farbe benutzten lediglich einige seiner Schüler, Tutex und er selbst.

»Und was bedeutet die Farbe Schwarz, Maestro?«

»Eine schwarze Feder sagt aus, dass wir oberhalb von Gut und Böse stehen. Das heißt, dass wir uns unserer Fähigkeit, über unserem Schatten zu stehen, bewusst sind und uns aus dem Nebel der Verurteilung emporheben können. Und zwar in dem Wissen, dass alles gut ist, so, wie es ist, und alles seine Berechtigung hat. Wir können mit unserem Schatten leben und von ihm profitieren.«

Nach einer kurzen Pause fuhr er fort: »Grau symbolisiert die Weisheit des Alters. Wir bringen unseren Ältesten aufgrund ihrer Lebenserfahrung viel Respekt und Anerkennung entgegen.«

»Und welche Farben gibt es noch in euren Ritualen?«, fiel ich dem Schamanen nahezu ins Wort.

»Blaue Federn besagen, dass wir uns in unendlichen Kreisen bewegen, ewig lebende Wesen sind und uns alle auf dem Weg zur Wahrheit befinden.«

»Von der Farbe des Himmel abgeleitet, als Symbol der Unendlichkeit?«, fragte ich wissbegierig, und der Schamane nickte zustimmend.

»Grüne Federn tragen wir bei Ritualen, in denen wir um Nahrung oder Heilung bitten, auch dann, wenn wir Mutter Erde danken wollen. Und dann ist da noch die Farbe Gelb«, fügte der Schamane abschließend hinzu. »Gelb steht für das Göttliche, das Perfekte und außerdem für die Sonne. Diese Farbe wird daher sehr oft in Ritualen universeller Natur verwendet. Denn, wie gesagt, geht es bei allen Ritualen zuerst um eine bewusste Annäherung an den Großen Geist.«

Von nun an beobachtete ich immer genau, mit welchen Farben sich welche Piapocos schmückten, wenn der gesamte Stamm zu einem Ritual zusammengetrommelt wurde.

An diesem Abend tauchte Tutex wieder auf und kam sogleich mit funkelnden Augen und einem strahlenden Lächeln auf mich zu. »Na, Taguarí? Es ist schön, dich wiederzusehen. Du hast dich verändert.«

Ich war unsagbar froh, nun wieder meine Freundin an meiner Seite zu haben, und umarmte sie herzlich. In dieser Nacht redeten wir viele Stunden lang. Sie erzählte mir von ihren Erlebnissen bei den Salilas, und ich bekam Gelegenheit, ihr von meinen neuen Erkenntnissen zu berichten und diese gleichzeitig für mich zu ordnen. Dabei wurde mir bewusst, wie sehr es mir half, mich Tutex anzuvertrauen: Allein durch die bloße Beschreibung meiner neuerlichen Lektionen klärte sich vieles wie von selbst und wurde plötzlich greifbar und durchsichtig.

In dieser Nacht spürte ich viel Intimität und Nähe zu Tutex, die mich aufs Neue verwirrte und mehrmals in tiefe Verlegenheit brachte. Zeitweise kribbelte mein gesamter Körper, als säße ich inmitten eines großen Ameisenhaufens. Tutex ließ sich die gesamte Nacht über nichts anmerken und benahm sich mir gegenüber auffallend diskret und freundschaftlich.

Als ich meine Erregung nicht mehr aushielt, stand ich mit einem Ruck auf, murmelte einige entschuldigende Worte in Richtung Tutex und ging mir etwas die Beine vertreten. Der fast volle Mond lugte kurzzeitig hinter einem üppigen Nebelberg hervor, und ich flehte ihn an, mir doch dabei zu helfen, meine Instinkte etwas wirkungsvoller im Zaum zu halten.

Als ich zurückkam, war Tutex spurlos verschwunden. Enttäuscht und gleichzeitig erleichtert legte ich mich wenig später in meine Hängematte und schlief sofort ein.

ICH BIN!

Am Tag darauf wurde ich vom Schamanen zum Ritual der Toten eingeladen. Dieses wurde nur zu besonderen Anlässen zelebriert, zum Beispiel, wenn ein Piapoco verstorben war und seine Seele, aus welchen Gründen auch immer, nicht in der Dimension ankam, in die sie gehörte. Diese verirrte Seele erschien dem Schamanen dann und bat ihn um seine Hilfe. In solchen Fällen trommelte er seinen Stamm zusammen, um das Ritual der Toten abzuhalten.

Tutex war an meiner Seite und erklärte mir die näheren Einzelheiten der Zeremonie. Ich erfuhr zum Beispiel, dass sich nach Piapoco-Glauben der Geist der Toten meistens in Form eines schwarzweißen Vogels zeigte. Dieser erscheint dem im Sterben liegenden Menschen, um seine Seele mit in die für ihn vorgesehene Dimension zu nehmen. In welche Totendimension er allerdings gebracht wurde, war abhängig von den Inhalten und Erfahrungen seines letzten Lebens. In jedem Fall war diese Ebene aber ein Stück näher bei Gott als die vorherige.

»Der Tod gilt bei uns generell als etwas Positives, da er grundsätzlich einen Aufstieg in eine höhere Dimension bedeutet. Unter bestimmten Umständen erscheint der schwarzweiße Vogel jedoch nicht, und deshalb schwebt die Seele des Toten nach der Ablösung von ihrem physischen Körper ziel- und haltlos herum. So etwas geschieht oft mit Selbstmördern«, erzählte mir Tutex, und ihre Augen funkelten geheimnisvoll. »Dies kommt bei den Piapocos zwar äußerst selten vor, aber es passiert doch hin und wieder einmal. Selbstmörder haben ihre Berufung nicht gewürdigt. Viele von ihnen werden deshalb nicht vom Geist der Toten abgeholt. Der Chapori, unser Schamane, kann diesen Seelen aber helfen, sodass sie doch noch zu dem Ort gelangen, der ursprünglich für sie vorgesehen war. Und genau darum dreht sich das Ritual der Toten. Komm mit, Taguarí. Es geht los!«

Der gesamte Stamm kam recht bescheiden geschmückt zusammen und trank gemeinsam Yagé. Der Schamane manipulierte den *punto de encache* aller Anwesenden in der Weise, dass er sie auf diejenige Bewusstseinsebene mitnehmen konnte, auf der es möglich war, mit dem Krafttier des Verstorbenen Kontakt aufzunehmen.

»Warum denn zu seinem Krafttier und nicht direkt zu seiner Seele?«, fragte ich Tutex.

»Das ist notwendig, weil die direkte Kommunikation mit einer jüngst verstorbenen Seele sehr schwierig ist«, erklärte sie mir.

»Und wie geht es dann weiter?« Ich war einfach zu neugierig, um den weiteren Ablauf der Geschehnisse abzuwarten. Zum Glück zeigte sich meine Lehrerin äußerst nachsichtig.

»Nachdem sich das Krafttier damit einverstanden erklärt hat, kann der Schamane die Seele des Verstorbenen an einen Ort bringen, an dem sie sich von seiner Missetat reinwaschen kann. Dieser Prozess ermöglicht es der Seele daraufhin, vom Geist des Todes zu der für sie bestimmten Zwischenstation gebracht zu werden, ehe sie sich erneut dazu entschließt, auf die Erde zurückzukommen.«

Der Schamane stellte sich in der Mitte auf und hielt seinen Stab mit ausgestreckten Armen über dem Kopf. Tutex nahm an seiner Seite Aufstellung, in gewohnt stiller und zurückhaltender Manier. In diesem Moment verstand ich, warum der Schamane sie bei allen wichtigen Ritualen an seiner Seite hatte: Er brauchte den Ausgleich, die Balance zwischen weiblicher und männlicher Urkraft. Tutex komplementierte seine Kraft. Sie gab ihm Unterstützung und Halt.

Alle Beteiligten wurden nun in einer kleinen Ansprache vom Maestro daran erinnert, dass das Leben in endlosen Spiralen verlief und der Tod nicht das Ende unserer Existenz darstellte: »Er ist lediglich ein Moment der Formveränderung, und man selbst, in seiner wahren Natur betrachtet, bewegt sich in dieser Sekunde der Transformation immer Gott entgegen. So vollzieht sich der Schritt von einem Leben zum nächsten immer hin zur Liebe und zum Licht. Man löst sich vollkommen aus der Welt der Materie und betritt eine Ebene, in der körperliche Beschwerden und Ängste nicht existieren.«

Das nachfolgende Ritual ging erschreckend schnell vorüber; bald beendete der Schamane die Zusammenkunft mit einem Schrei des Jubels. Sein gesamtes Volk stimmte in diesen Ausruf der Freude mit ein. Es wurde bis spät in die Nacht hinein gefeiert, gesungen und getanzt, und man freute sich für die befreite Seele.

Leider hatte ich während des Rituals nicht viel sehen können. Am Ende kam Tutex auf mich zu, legte ihren Arm um meine Schultern und erklärte mir tröstend: »Das nächste Mal wirst du schon viel mehr mitbekommen. Das verspreche ich dir. Zunächst ist nur wichtig, dass der Sinn des Rituals für alle Beteiligten klar geworden ist. Dieses Ritual zielt auch darauf ab, sich dessen bewusst zu werden, dass jeder irgendwann aus seinem physischen Körper heraustreten wird und man gut auf diesen Moment vorbereitet sein sollte. Das einzig Unangenehme am Tod wird durch das ignorante Verhalten des

Menschen hervorgerufen, das angstvolle Wegsehen und das unvorbereitete Erleben des Sterbens. So wird der Tod unnötig zu etwas Schmerzhaftem.«

Es war eine interessante und hoch emotionale Zeremonie, die mir bis zum heutigen Tag klar in Erinnerung geblieben ist, obwohl ich von der Begegnung mit dem Krafttier leider nicht viel mitbekommen hatte. Aber dass es ein ganz besonders kraftvolles Ritual war, bei dem fühlbar viel Energie in Bewegung gesetzt wurde, prägte sich tief in meine Seele ein.

In den darauffolgenden Wochen tranken wir erneut viel Yagé. Die Pflanze wurde mir immer vertrauter. Ich konnte nun deutlicher fühlen, wie sich mein gesamtes Befinden aufgrund der regelmäßigen inneren Säuberung und Neuordnung zum Positiven veränderte. Zudem hatte ich beobachtet, dass sich beim Einnehmen dieser Medizin kein Prozess der Gewöhnung einstellte: Kein Mal verlief wie das andere, und ich konnte vorher nie genau wissen, wie es mir ergehen würde. Was das Yagé mir zeigen und was mit mir passieren würde.

Der Geist des Yagé *wusste,* und das war die einzige Konstante, an der ich mich voller Vertrauen und Zuversicht festhalten konnte. Ich wurde jedes Mal aufs Neue vom Verlauf meiner jeweiligen Yagé-Erfahrungen überrascht: Einmal verliefen sie liebevoll, dann wiederum konfrontierten sie mich mit den dunkelsten und scheußlichsten Dämonen.

Die Pflanze veranlasste mich, die dubiosesten Dinge zu tun, oft mitten in der Nacht. Ich konnte mich mittlerweile auch bei Dunkelheit gut alleine im Amazonasdschungel bewegen. Die oft undefinierbaren Geräusche der Wildnis lösten in mir bei Weitem nicht mehr die Furcht aus, die ich noch vor einigen Monaten so häufig empfunden hatte.

Mein Maestro nahm mich regelmäßig zur Seite und ermahnte mich mit ernstem Gesichtsausdruck, dass ich stets den Anweisungen und Impulsen des Yagé Folge zu leisten hätte. Daran hielt ich mich, denn ich vertraute meinem Maestro voll und ganz.

Es begann eine Phase, in der mich das Yagé oft an die Flüsse der Umgebung schickte, damit ich dort dem Gesang des Wassers lauschen konnte. Das war stets eine ergreifende Erfahrung, für die ich kaum geeignete Worte finden kann.

Eines Nachts – es war besonders feucht und neblig – rief mich das Yagé zum benachbarten Fluss. Ich weiß noch, wie mich der Gedanke an die Piranhas anfangs kurz zögern ließ, deshalb fragte ich noch einmal nach und erhielt eine genaue Anweisung, an welcher Stelle des Flusses ich mich unbesorgt aufhalten konnte.

Dort angekommen, legte ich mich flach mit dem Rücken auf die Wasseroberfläche und schaute in den Nachthimmel. Ich sah zunächst absolut nichts, nach einigen Minuten jedoch bemerkte ich über mir einige kleine, sich tanzend bewegende Lichter, die sich langsam auf mich herabsenkten. Es wurden immer mehr Lichtwesen, die um mich herum tanzten und sich auf meinem Körper und auf der Wasseroberfläche niederließen. Es war wunderschön. Gleichzeitig begann mich ein Kribbeln auszufüllen, das von der Rückseite meines Körpers auszugehen schien und sich von dort aus vollständig in mir ausbreitete.

Ich atmete tief und gleichmäßig durch die Nase und fühlte Liebe und Dankbarkeit in meinem Herzen dafür, dass ich diesen magischen Moment in der wilden Natur des Amazonas erleben durfte.

Die Lichter müssen wohl Wassergeister gewesen sein, doch ehe ich sie danach fragen konnte, hörte ich plötzlich die gleichmäßige, zarte Melodie des Wassers.

Diese Musik zog mich vollkommen in ihren Bann. Ich hielt den Atem an und schloss meine Augen, um mich auf sie zu konzentrieren. Noch nie in meinem Leben hatte ich etwas Vergleichbares gehört. Ich konnte nicht anders, als mich zu diesem Rhythmus zu bewegen und verlor den Bezug zu Raum und Zeit und tauchte mit Haut und Haar in die Wasserwelt ein.

Vor meinem inneren Auge erschienen nun Wesen, die sich als Sirenen bei mir vorstellten, und andere Geistwesen, die dem Element Wasser zugeordnet waren. Einige davon waren sehr dunkel und jagten mir gehörig Angst ein. Sie alle erschienen, um meinem Tanz zu der sehnsuchtsvollen Melodie des Wassers beizuwohnen und mich in ihrem Reich willkommen zu heißen. Tränen schossen mir in die Augen.

In diesem Moment des absoluten Glücks erfuhr ich am eigenen Körper, dass im schamanischen Bewusstseinszustand alles möglich war: Ich war nicht mehr Mensch, fühlte mich, mit Haut und Gräten, wie ein Fisch sich fühlen musste. Gedankenlos tauchte ich unter die Wasseroberfläche. Hier hörte ich die Musik noch viel eindrücklicher, und es gab keine bessere Art, ihr zu huldigen, als meinen Körper zu wiegen und ihn tanzend aussprechen zu lassen, wofür mein Verstand keine Worte fand.

Lange Zeit war ich so sehr Teil des Wassers, dass ich aufhörte zu atmen. Als mir dieser Umstand ins Bewusstsein rückte, schreckte ich hoch und fiel, nicht ganz freiwillig, in die alltägliche Wirklichkeit zurück. Prustend tauchte ich wieder auf.

Doch es bestand kein Zweifel: Ich hatte einige Minuten,

vielleicht sogar längere Zeit, unter Wasser verbracht. Hatte ich geatmet wie ein Fisch?

Nur sehr langsam kamen die Lichter wieder zurück in mein Blickfeld. Ich lag noch eine Weile so da und lauschte. Es war einer der erhabensten Momente meines Lebens.

Irgendwann hörte ich einen eindringlichen Befehl in meinem Inneren, wieder zu den anderen zurückzugehen.

Ich folgte dieser Stimme und brannte innerlich darauf, jemandem von dieser Erfahrung zu erzählen, meine grenzenlose, überschäumende Freude mit einem Menschen zu teilen. Als ich zurückkam, traf ich jedoch auf einen meiner Mitschüler, der meine Stimmung nicht im Entferntesten teilen konnte. Augenscheinlich ging er gerade durch die Hölle seiner tiefsten Ängste hindurch: Er schrie wie am Spieß, und in seinem Gesicht zeichnete sich blankes Entsetzen ab. Der Schamane war bei ihm und begleitete ihn mit besänftigenden Flötentönen.

Hin und wieder nahm er ihn zu sich und legte seine Hände auf bestimmte Stellen seines Körpers. Kräftig pustete er an den Ohren und über dem Bauchnabel meines Mitschülers vorbei und knetete ihm kraftvoll den Bauch. Es sah so aus, als wollte er etwas aus dem Körper des Jungen hinausbefördern, und bald begannen sie tatsächlich, gemeinsam, »*Fuera!*« – »Raus mit dir!« zu brüllen.

Ich setzte mich unter einen nahe gelegenen Baum und betrachtete gelassen die Vorgänge. Mein Urvertrauen hatte gerade ungeahnte Höhen erreicht, und ich konnte daher genau spüren, dass dieser Junge sich gerade von einer tiefsitzenden Angst aus frühen Kindheitstagen befreite. Er befand sich auf dem besten Weg der Heilung.

Tutex war wieder weg, das wusste ich in diesem Augenblick. Aber ich wusste auch, dass sie sehr bald wiederkommen würde, um ihre wichtige ausgleichende Position an der Seite des Schamanen einzunehmen. Ich schmiegte mich mit einem breiten Lächeln auf den Lippen an meinen Baum und entschied, dass meine Erfahrung offenbar ganz mir gehören und nicht geteilt werden sollte, zumindest fürs Erste. Und so lauschte ich weiter der Musik, die in mir nachklang.

Unvermittelt fuhr ich hoch, und mein Körper war mit einem Mal bis in die kleinste Faser angespannt. Ich musste eingeschlafen sein, denn ich lehnte immer noch an meinem Baum, und mein Rücken war schmerzhaft verspannt. Ich blickte nach rechts zu dem Lagerfeuer, das nur noch verhalten vor sich hinflackerte. Der Schamane saß alleine daneben und starrte in die Glut. Von meinen Mitschülern war nichts mehr zu sehen.

Ich stand mühsam, noch etwas benommen, auf und ging vorsichtig auf meinen Maestro zu. Ich wollte ihn nicht stören oder aufdringlich sein und war daher etwas unschlüssig, ob ich mich ihm wohl nähern sollte. In einiger Entfernung blieb ich stehen und hörte, wie der Schamane unverständliche Worte vor sich hin murmelte.

Doch schon nach wenigen Sekunden hatte der weise Mann meine Präsenz in seinem Rücken gespürt und drehte sein Gesicht zu mir: »Taguarí. Komm her, mein Junge!« Unser Verhältnis hatte sich in den vergangenen Wochen stetig gebessert.

Ich setzte mich also neben meinen Maestro und blickte ebenfalls ins Feuer. Es knisterte, und hin und wieder sprangen geräuschvoll Funken in alle möglichen Richtungen.

»Siehst du ihn?«, fragte mich plötzlich unverhofft der Schamane.

»Wen meinst du?«, erwiderte ich ahnungslos.

»Den Geist des Feuers. Er ist schon seit einigen Momenten

sehr mutig und zeigt sich dort zwischen den zwei großen Balken.«

Ich strengte meine Augen an und starrte auf die knackende Glut.

»Entspanne deine Augen und lass sie zu Schlitzen werden. Versuche, nichts Bestimmtes zu fokussieren. Je mehr du dich anspannst, desto unwahrscheinlicher ist es, dass du ihn siehst. Er zeigt sich in der Gestalt des Salamanders. Da! Dort war er wieder, hast du ihn gesehen?«

Er blickte mich erwartungsvoll an, während ich weiter stumm in das Feuer blickte und versuchte, meinen Willen abzulegen und meine Gesichtsmuskulatur im Zaum zu halten. Ganz bewusst begann ich, tief und ruhig ein- und auszuatmen. Dennoch wollte es mir nicht gelingen, den Geist des Feuers zu sehen.

»Die Welt eines Schamanen ist eine einsame Welt, Taguarí. Darauf musst du vorbereitet sein. So viele Dinge, die dich umgeben, sind den Menschen, die dir nahestehen, nicht zugänglich. Das ist wohl das Schwierigste an unserem Weg: Die Einsamkeit, die aus diesem Unterschied resultiert.«

Nachdenklich, beinahe melancholisch, stocherte der Schamane mit einem Stock im Feuer herum. Ich spürte die Wahrheit hinter seinen Worten. Außerdem gefiel mir das *Wir* in seiner Aussage. Es zauberte ein stolzes Lächeln auf meine Lippen.

»Du hast noch einen langen Weg vor dir, Taguarí. Ich weiß jedoch, dass du eines Tages ein großer und machtvoller Schamane sein wirst. Als Nächstes musst du den *Intento* und das Bewusstsein, zu *sein*, ergründen.«

»Wovon sprichst du, Maestro?«, hakte ich augenblicklich nach.

»Es sind die beiden grundlegenden Bausteine, die den Schamanen von allen anderen Menschen unterscheiden. *Ser consciente de ser* – also sich bewusst sein, zu *sein*, bedeutet, stets zu wissen, dass wir göttlich sind, Wesen mit grenzenloser schöpferischer Kraft. Wir Menschen besitzen alle einen göttlichen Kern in uns, der uns dazu befähigt, auf den natürlichen Hergang des Lebens Einfluss zu nehmen und ihn zu verändern. Sind wir uns bewusst, zu sein, haben wir dieses Wissen integriert und nehmen es mit jedem Atemzug in unsere gesamte Existenz auf. Wir haben das kreative Werkzeug unserer Gedankenkraft dann vollständig unter Kontrolle und setzen es in jeder Minute unseres Daseins bewusst ein. So können wir auf der materiellen Ebene alles manifestieren, was wir möchten. Dies ist der Ausgangspunkt für die Arbeit eines Schamanen. Weiterhin kann er sich einiger anderer Werkzeuge bedienen, wie zum Beispiel des *Intentos*.«

»Warte bitte, Maestro, nicht so schnell! Du sagst also, dass die Basis eines Schamanen das Wissen um seine eigene Göttlichkeit ist?«

»Genauso ist es! Und das ist vielleicht der größte Unterschied zwischen einem Schamanen und einem Nicht-Schamanen. Dein ganzes Leben wird sich verändern, wenn du diese Wahrheit verinnerlicht hast und sie wirklich mit jedem Atemzug lebst. Die Welt wird zu einem offenen Raum mit unendlich vielen Möglichkeiten, sobald du dich dafür entscheidest, anzuerkennen, dass deiner Schöpferkraft keine Grenzen gesetzt sind.«

Ich hörte gebannt zu. Meine Gedanken begannen zu rasen.

»Wie mache ich das, Maestro? Wie komme ich dazu, mir dieses Wissen um meine Göttlichkeit anzueignen?«

»Deine klare Entscheidung zu diesem Schritt ist wichtig«,

sagte er nachdrücklich. »Außerdem brauchst du Geduld, damit sich das Wissen um deine Göttlichkeit in jedem Bereich deines Seins ausbreiten kann. Geduld und Vertrauen in deine Fähigkeiten und in mein Wort, wenn ich dir sage: Du *bist*. Du bist Gott!«

Ich bekam eine Gänsehaut, während ich innerlich ehrfürchtig, wenn auch noch etwas ungläubig, diese Worte wiederholte: »Ich bin. Ich bin göttlich. Ich *bin*!«

»Trifft das denn nur auf bestimmte Menschen zu, Maestro? Vielleicht auf besonders talentierte?«

»Nein, Taguarí. Diese Wahrheit trifft auf alle Menschen zu.«

»Aber wie konnten die Menschen das nur vergessen?«, fragte ich mich nach einer Weile der Verinnerlichung. *»Warum ist sich dessen niemand mehr bewusst? Die Welt würde einem Paradies gleichen, wenn sich jeder Mensch darüber im Klaren wäre, dass er mit seiner Gedankenkraft alles erschaffen kann, was er will. Es gäbe keinen Grund mehr für Zorn oder Missgunst, keinen Platz mehr für Angst oder Minderwertigkeitsgefühle. Es bliebe nur noch Liebe übrig und das freudige Miteinander in Harmonie mit allem, was lebt.«*

Einige Minuten saßen wir schweigend beisammen, ehe mein Maestro wieder das Wort ergriff.

»Die Menschen haben sich dazu entschlossen, ihre wahre Natur zu vergessen. Sie haben diesen Weg gewählt, um sich selbst in ihrer Göttlichkeit erfahren zu können. Das kann man nämlich nur, wenn man weiß, was es bedeutet, *nicht* göttlich, *nicht* schöpferisch zu sein, verstehst du das?«

Er sah mich fragend an und erkannte offenbar das Unverständnis in meinem Gesichtsausdruck.

»Ein Licht kann in einer Welt, die hell ist, nicht wissen, dass es ein Licht ist. Erst wenn sich Dunkelheit verbreitet, bekommt es Gelegenheit, seine wahre Natur für sich zu entdecken.«

Ich hatte das Gefühl, dass die Worte des Schamanen zentnerschwer wogen. Etéwa versank in eine lange Stille, während mein Weltbild, wie schon so oft, noch ein wenig weiter aus den Fugen geriet.

»Und der Intento? Was hat es damit auf sich?«

»Der Intento kommt später, Taguarí. Wenn du auf der Frequenz deines Ichseins vibrierst und diese Information mit einer natürlichen Selbstverständlichkeit durch deinen Organismus fließt wie das Blut durch deine Adern, konzentrierst du dein gesamtes Sein, deine Gedanken, dein Gefühl, deine gesamte Existenz des Moments auf eine bestimmte Sache – beispielsweise auf eine Heilung. In dem Wissen, zu sein, fokussierst du dich hierauf und lässt diesen Intento, deine feste Absicht, vollkommen los. Der nötige Impuls wurde freigesetzt, und das genügt. Eigentlich ist das Prinzip ganz einfach, und du brauchst nichts weiter zu tun, als mit viel Geduld zu üben.«

Meine Augen begannen zu brennen. Ich blickte ins Feuer und bemerkte eine bleierne Müdigkeit in mir. Ich spürte, dass ich mich nun ausruhen musste, um diesen neuen Informationen Zeit zu geben, ihren Platz in mir zu finden. So war es mit allem im Leben: Alles verlangte nach einem Ausgleich. Nach einer Aktion kommt immer die Entspannung, dem Männlichen folgt das Weibliche und umgekehrt. Ich lerne, frage und lasse wirken. Das ist der Rhythmus des Lebens.

Der Schamane blickte mich kurz mit einem scharfen, wissenden Blick an und schloss unsere Konversation mit den

Worten: »Nur Mut, Taguarí. Du wirst das alles zu seiner Zeit lernen. Keine Sorge!«

Mit weichen Knien und verwirrtem Kopf kehrte ich zurück zu meiner Hängematte, die ich am Tag zuvor in einem mächtigen, etwa dreißig Meter hohen Baum aufgehängt hatte. Müde kletterte ich an seinem Stamm empor. Zum Glück war kein anderer Piapoco in Sichtweite; nur ein älterer Mann lag unweit von meinem Nachtlager in seiner Hängematte und schnarchte gut hörbar vor sich hin. Ich war froh, dass ich heute mit niemandem mehr reden musste und legte mich dankbar zur Ruhe. Der Nebel zog in dicken, weißen Schwaden über meinem Kopf vorbei, und ich fühlte mich dem Himmel körperlich ganz nah. Dann fielen meine ermatteten Augen zu, und ich sank in einen tiefen Schlaf, der sich wie eine Reise in ein anderes Universum anfühlte.

»Wind, komm her!«

Früh am darauffolgenden Morgen schlug ich meine Augen auf und blickte auf die starken Äste unseres Baumes. Ein Gefühl der Wärme und der Geborgenheit stieg in mir auf. Es begann allmählich zu dämmern, und der weiße Nebel reflektierte auch den kleinsten Lichtpartikel mit seiner ganzen Kraft. Ich dachte über das gestrige Gespräch mit meinem Maestro nach, während ich versonnen in meiner Hängematte baumelte.

»ICH BIN!«, hallte es tief in meinem Inneren. *»Ich bin göttlich, und ich kreiere meine Welt und alles, was ich möchte.«*

Ich blickte der aufgehenden Sonne entgegen und führte, noch liegend, meinen mittlerweile zum allmorgendlichen Ritual gewordenen Sonnengruß aus.

Geraume Zeit später lehnte ich mich über den Rand meiner Hängematte und blickte auf Dutzende Piapocos, die allesamt noch schliefen und das Land der Träume bereisten. In diesem Augenblick wurde mir bewusst, wie wohl ich mich inzwischen als Stammesangehöriger der Piapocos fühlte, obwohl ich immer noch keiner von ihnen war und sich dies wahrscheinlich auch niemals ändern würde: zu groß waren die Unterschiede.

Ich sank zurück in meine Hängematte und beschloss, dem deutlich spürbaren Befehl meines müden Körpers Folge zu leisten und meine Augen noch einmal zu schließen.

Da tauchte vor mir das Gesicht des Schamanen auf, der mich mit seinem scharfen Blick genau taxierte. »Du wirst heute für dich alleine bleiben und dich ausruhen, Taguarí! Trinke einen Schluck von dem Yagé, das ich dir hinterlassen habe, und verbringe den Tag für dich. Wir werden uns morgen wieder treffen.« Ich sah noch, wie der Schamane sich gen Himmel wandte und den mir wohlbekannten Lockruf eines Vogels ausstieß. Und dann verschwand sein Gesicht auch schon. »Wenn du mich brauchst, bin ich bei dir!«

Als ich meine Augen wieder aufschlug, bemerkte ich ein kleines, flaschenähnliches Gefäß, das um das Ende meiner Hängematte gebunden war. Ich setzte mich auf, hob es an mein Gesicht und roch daran. Der Inhalt war eindeutig Yagé! Ich setzte das Gefäß an meine Lippen und trank seinen Inhalt in einem Zug aus. Dann legte ich mich wieder hin, schlug die beiden Enden meiner Hängematte über meinem Körper zusammen und stieß einen wohligen Seufzer aus.

Ich begann, vor mich hin zu träumen und mir Gedanken über das gestern Gehörte zu machen, als mich unverhofft die Stimmen einiger Piapocos aus meiner Innenschau rissen. Verdutzt schlug ich die Enden meiner Hängematte zurück und ließ meinen Blick durch die nahe liegenden Äste wandern, auf denen ich die Verursacher dieser Geräusche vermutete. Dort war aber niemand. Erst nach einer kleinen Weile konnte ich ein Piapoco-Pärchen entdecken, das sich am Fuße des Baums unterhielt.

Mit offenem Mund staunte ich darüber, dass ich jedes Wort glasklar verstehen konnte. Das Yagé hatte wohl mein Gehör verfeinert. Ich erinnerte mich daran, dass ich bisweilen unter dem Einfluss von Yagé Objekte, die sich in weiter Entfernung befanden, wie durch ein Fernglas vergrößern konnte.

Nachdem ich einige Sekunden dieser Unterhaltung gelauscht hatte, wandte ich mich wieder meiner Innenwelt zu. Manchmal schlief ich ein, dann erwachte ich wieder. Auf diese

Weise verbrachte ich den Rest des Tages in einem Dämmerzustand, atmete Harmonie und fühlte mich geborgen im ewigen Gleichgewicht aller Bestandteile des Lebens.

Am nächsten Morgen begann ich ohne Umschweife, den Baum hinabzusteigen. Es musste noch sehr früh am Morgen sein, denn die meisten Piapocos lagen noch in ihren Hängematten. Ich lief intuitiv in eine bestimmte Richtung: Meine Beine trugen mich zielsicher zum Fluss und weiter zur großen Steingruppe.

Ich stellte mich auf einen der großen flachen Steine und ließ meinen Blick über das Wasser schweifen. Einige Papageien zogen laut kreischend über den Horizont, aber ich schenkte ihnen nicht sonderlich viel Aufmerksamkeit. Mit ernstem Gesicht beobachtete ich ein rundes, schon etwas bräunlich verfärbtes Blatt, das auf der Wasseroberfläche seine Linien um die kleinen und großen Steine des Flusses zog. Ich kniff meine Augen zusammen und dachte: *»Halt an, Blatt, halt an!«* Doch es geschah nichts. Das Blatt schlingerte einfach weiter seines Weges. *»Verflixt! Warum funktioniert das nicht?«*

Wie ein Besessener rannte ich zurück in den Wald, und der unbeirrbare Wille, den Intento zu üben und dabei erfolgreich zu sein, ergriff von mir Besitz. Vor einem alten und sehr mächtig aussehenden Baum blieb ich wieder stehen: *»Ich bin göttlich! Ich bin Gott!«*

Ich bemerkte, dass sich mir sämtliche Körperhaare aufstellten, wie um mir die Wahrheit dieser Aussage zu bestätigen. Auf einmal begann ein kleiner Singvogel direkt über meinem Kopf zu zwitschern. Ich blickte zu ihm hoch und dachte: *»Komm her zu mir, kleiner Vogel!«*

Es vergingen einige Minuten, in denen ich voller Spannung abwartete, was geschehen würde. In meiner Magengegend grummelte es, und ich bemerkte, wie sich eine Welle der Unsicherheit in mir ausbreitete. Und tatsächlich: Der Vogel kam nicht. Wenig später flog er weg und ließ mich enttäuscht und frustriert zurück.

»He du!«, hörte ich plötzlich in mir eine raue Stimme sagen. »Pass bitte ein bisschen besser auf, wo du hintrittst. Du stehst auf meinen Wurzeln!«

Ich blickte nach unten, und erst jetzt fiel mir auf, dass ich tatsächlich auf einigen breiten Baumwurzeln stand. Beschämt hüpfte ich zur Seite und murmelte einige Worte der Entschuldigung.

Doch so schnell wollte ich nicht aufgeben. Ich blickte mich suchend um und entdeckte in einiger Entfernung eine Liane, die von einem hohen Baum herabhing und vom Wind leicht hin und her gewiegt wurde.

»Jetzt aber!«, sprach ich mir selbst Mut zu und fixierte die Schlingpflanze mit festem Blick.

»Komm in meine Richtung!«, raunte ich beschwörend. Einige Augenblicke lang war nur das Rauschen der Bäume zu hören. Nichts weiter geschah.

»Nur ein kleines Stückchen. Ach, komm doch, bitte!«, flehte ich und fühlte dabei eine große Müdigkeit und Kraftlosigkeit. Deprimiert ließ ich mich auf den weichen Waldboden plumpsen. Die Liane schien mich mit ihren tanzenden Pendelbewegungen zu verspotten. Ich blickte resigniert auf den Boden.

»Nur Geduld, Taguarí!«, erinnerte ich mich der Worte Etéwas. »Hab Geduld und vertraue deinen Fähigkeiten. Übung macht den Meister.«

Aber ich hatte erst einmal genug von diesen Kunststücken. Ich raffte mich auf und trottete mit hängenden Schultern zurück in Richtung Lager. Plötzlich raschelte es dicht neben mir, und der Schamane erschien wie aus dem Nichts auf meinem Weg. »Komm mit, Taguarí. Du sollst mir helfen, *Terecay*, Schildkröteneier, zu sammeln.«

Eine Weile später kamen wir an einem weiten Strand an. Der weiße Sand blendete mich zuerst, und ich kniff die Augen zusammen. Nach einiger Zeit hatte ich mich jedoch an die Helligkeit gewöhnt und konnte überall verteilt kleine Löcher im Sand erkennen. Es war Dezember: der Monat, in dem die *Terecay*-Schildkröten an die Ufer kamen, um ihre Eier zu verbuddeln. Etéwa hatte zwei große leere Schalen dabei und reichte mir eine davon. Schon nach wenigen Minuten hatten wir einen ganzen Haufen Eier gesammelt, die ein herrliches Abendessen für den gesamten Stamm ergeben würden.

»Dort draußen ist ein Kanu. Hol es her!«, brach der Schamane plötzlich unerwartet das Schweigen. Ich stellte meine Schale auf einen Baumstumpf und blickte auf das Wasser. In etwa fünfzig Meter Entfernung erkannte ich das Kanu und wollte mich schon in Richtung Ufer aufmachen, als mein Lehrer mich mit eindringlichen Worten festhielt: »Und wenn du nicht schwimmen könntest, Taguarí? Was würdest du dann machen?«

Ein hämisches Grinsen machte sich auf seinem Gesicht breit, und ich begann zu erahnen, dass wohl wieder eine von seinen berühmten Prüfungen auf mich zukommen würde. Nach einigen Sekunden begann es mir zu dämmern: »Der Intento! Natürlich ... Aber ich weiß nicht, ob ich schon so weit bin, Maestro!«, erwiderte ich etwas kleinlaut. »Heute Morgen habe ich es versucht, aber es hat nicht funktioniert.«

»Du musst den Intento sofort loslassen, wenn du ihn gestellt hast. Halte nicht an dem Gedanken fest und zweifle nicht einen Moment an seiner Wirksamkeit!«

Für einige Momente ließ er das Gesagte schweigend wirken.

»Und noch etwas, Taguarí: Am Anfang ist es hilfreich, den Intento mit einem der Elemente zu verbinden. Wende dich an den Geist der Luft. Er heißt *Silfos*. Rufe ihn herbei, er wird dir helfen.«

So nahm ich all meinen Mut zusammen, nur zu gut wissend, dass ich keine Zeit zu verlieren hatte, da sich das Kanu bereits weiter stromabwärts bewegte. Ich schloss also für einen Moment die Augen und rief innerlich: *»Kanu! Komm her!«*, und gleich darauf den Namen des Windgeistes. Daraufhin sang ich: *»Guaquiriiiiiii, guaquiriiiiiiii!«* – »Wind, komm her, Wind, komm her!«

Urplötzlich kam eine heftige Windböe auf, die so stark war, dass sie uns kurzzeitig das Gleichgewicht nahm. Schon nach einigen Sekunden war es nicht mehr möglich, irgendetwas zu erkennen, so heftig wurde der Sand aufgewirbelt. Ich hielt mir schützend den rechten Unterarm vor die Augen und biss mir erwartungsvoll auf die Lippen. Einige Augenblicke später vernahm ich einen dumpfen Aufprall direkt neben mir, und gleich darauf begann der Wind langsam abzuflauen. Als ich den Arm sinken ließ, erblickte ich das Kanu unmittelbar neben mir im Sand. Ich war sprachlos.

Nach und nach legte sich der Wind. Auch die Bäume hinter uns fanden wieder ihre gewohnte Ruhe. Mein Maestro sah mich mit tadelndem Gesichtsausdruck an: »Du solltest das Kanu zum Ufer bringen und nicht bis hier hinauf, Taguarí. Es ist wichtig, dass du die Worte deines Intentos sehr exakt wählst und immer die genauen Grenzen angibst. Das Kanu hätte jemanden erschlagen können!«

Doch schon während seiner letzten Worte zuckte es verdächtig um seine Mundwinkel, und kurz darauf brach er in schallendes Gelächter aus. »Herzlichen Glückwunsch, Taguarí. Das war dein erster erfolgreicher Intento! Und was für ein kraftvoller!«

Noch Tage später erzählte man sich die Geschichte des Kanus im Stamm der Piapoco, und ich bekam viele aufmunternde Klapse auf die Schulter. Nie zuvor hatten mir die Piapoco so viel ausgelassene Heiterkeit entgegengebracht. Ich war stolz und selig, als ich am Ende dieses Tages mein Nachtlager aufsuchte.

Zum Ursprung

Einige Tage darauf verspürte ich wieder große Lust, zu meiner Lagune aufzubrechen, meinem Kraftplatz. Mit der ersten Morgendämmerung machte ich mich zum Fluss auf und kletterte von dort aus zum Höhleneingang. Es war stockfinster, und nur einige wenige Lichtwesen beleuchteten meine Umgebung. Trotzdem bewegte sich mein Körper sicher durch die Wildheit der Natur. Man konnte aus weiter Entfernung die Laute einiger Grillen hören, sonst schien selbst die Tierwelt des Amazonas noch zu schlafen.

An meiner Lagune angekommen, stellte ich staunend fest, dass ich von einem zart milchigen Lichtball umgeben war: Offenbar diente ich mir selbst als Lichtquelle. Langsam betrat ich die Lagune und tauchte wenig später ein in das kühle Wasser. Mit kraftvollen, fließenden Bewegungen tauchte ich immer tiefer und tiefer. Um mich herum befand sich nach wie vor der Lichtball, der mich in der Dunkelheit begleitete.

Schließlich war ich auf dem Grund der Lagune angekommen und registrierte mit einem Mal die inzwischen undurchdringliche Finsternis um mich herum. Angst und Zweifel umfingen mich für einige Sekunden.

Im nächsten Augenblick zog ein eigenartiges Muster am Boden der Lagune meine Aufmerksamkeit auf sich. Ich erkannte einige längliche Schatten sowie zwei kugelförmige Gebilde. Plötzlich gefror mir das Blut in den Adern, und ich erkannte das Gesicht eines großen Jaguars, der mich eindeutig anstarrte, ein böswilliges Glitzern in seinen Augen.

Von Panik gepackt, schwamm ich wieder an die Wasseroberfläche. Atemlos schnappte ich nach Luft und steuerte hektisch auf das Ufer zu. Dort angekommen, schoss ich pfeilschnell aus dem Wasser und umschlang meine Beine mit beiden Armen. Ich zitterte am ganzen Körper. Eisige Kälte durchdrang mich, und in meinem Kopf herrschte eine von Angst gelähmte Leere.

Ich kniff die Augen zu und versuchte, mich auf das Licht in meinem Zentrum zu konzentrieren. *»Alles ist gut, alles ist gut ... !«*

Minutenlang redete ich mir selbst gut zu wie einem verschreckten Kind, ehe ich den Mut aufbrachte, die Augen zu öffnen und auf das Wasser zu schauen, das unverändert türkisfarben und friedlich schimmerte.

Als ich mich über mein Spiegelbild beugte, musste ich unwillkürlich grinsen beim Anblick des langhaarigen und bärtigen Wilden, der mir da entgegenblickte. Lange Zeit war es her, dass ich mich zum letzten Mal angesehen hatte.

»Warum hast du Angst vor mir?«, hallte es da in meinem Inneren, und zu meinem Entsetzen sah ich mich erneut den funkelnden Augen eines Jaguars gegenüber.

»Wir sind nicht getrennt voneinander. Du brauchst dich nicht zu fürchten. Mach die Augen zu und fühle nur!«

Instinktiv wusste ich in diesem Moment, dass es derselbe Jaguar war, der bereits vor wenigen Wochen zu mir gesprochen hatte. Etwas in seiner Stimme erinnerte mich an den Tonfall meines Maestros, und das flößte mir etwas Vertrauen ein.

So ging ich in mich und konzentrierte mich auf mein Inneres. Ich spürte die Anspannung und wie viel Disziplin es mich kostete, meine Augen geschlossen zu halten. Dann veränderte sich etwas. Das Licht in mir trat wieder in den Mittelpunkt, und damit das Gefühl der Harmonie und des Friedens, das es ausstrahlte.

»So ist es besser«, hörte ich die sanfte Stimme des Jaguars, dessen Präsenz ich deutlich an meiner rechten Seite fühlen konnte. Wie hypnotisiert starrte ich ihm in die blutroten Augen, in denen ich plötzlich ein Strahlen wahrnahm, das ich bislang nicht bemerkt hatte. Er war mir mit einem Mal seltsam vertraut, so, als würden wir uns bereits seit sehr langer Zeit kennen.

»Verstehst du, Taguarí?«, hörte ich ihn nach einer Weile erneut in mir. »Ich bin du, und du bist ich. Alles, was ich dir antue, tue ich mir selbst an. Und deshalb gibt es keinen Grund, Angst vor mir zu haben. Warum sollte ich Spaß daran haben, mir selbst zu schaden?«

Ich wurde innerlich ruhiger. Eindringlich fuhr der Jaguar fort: »Du weißt, dass deine Angst die Eingangstür zu anderen Dimensionen öffnet und deinen *punto de encache* in Richtung *Geist* verschiebt, nicht wahr? Nur deshalb können wir uns jetzt unterhalten. Die Angst öffnet dir Erlebnisse in der Anderswelt, wo es keine Grenzen und Trennung gibt.«

Er musterte mich intensiv, ehe er weitersprach: »Der *punto de encache* wird in dieselbe Richtung verschoben, wenn du anerkennst, dass Mutter Erde und das Leben dir übergeordnet sind. Du bist nur ein Teil der Natur. Ich weiß, dass dies für euch Menschen ein recht schwieriger Standpunkt ist, da ihr diese Demut für etwas Negatives haltet. Es fällt euch schwer zu glauben, dass Mutter Natur euch grenzenlos liebt und ihr euch in totalem Vertrauen ihr überlassen könnt. Hört ihr aber auf, euer Leben kontrollieren zu wollen und geht den bewussten Schritt der Hingabe, wird plötzlich alles leicht und liebevoll in eurem Leben.«

Mir fiel es nicht ganz leicht, den Worten des weisen Tieres zu folgen. Das schien der Jaguar zu spüren, denn er holte erneut aus:

»Stell dir einen Baum vor, Taguarí. Was würdest du denken, wenn ein kleines Blatt dieses Baums vorhätte, den gesamten Baum zu kontrollieren oder etwas gegen seinen Willen zu tun?« Er hielt einen Moment inne.

»Du würdest das sehr drollig finden, oder? Es ist einleuchtend, wie aberwitzig ein solches Unterfangen wäre.«

Erneut machte der Jaguar eine kleine Pause und blickte auf die Lagune.

»Du bist auch so ein Blatt, Taguarí, genau wie wir Tiere, die Pflanzen und Steine, während der Baum für Mutter Erde steht. Ihr Menschen habt euch sehr weit von dieser Wahrheit entfernt und lebt die Illusion, eigenständige Wesen zu sein, die vollkommen getrennt sind vom Großen Ganzen. Ihr habt die Wahl: Entweder ihr kämpft weiter euren vergeblichen Kampf der Unabhängigkeit, der euch viel Anstrengung, Unfrieden und Leiden beschert, oder ihr entscheidet euch dafür, loszulassen, eure Blattnatur anzuerkennen und einen Weg im Einklang mit der Natur einzuschlagen. Ihr werdet erkennen, dass der Baum euch alles geben wird, was ihr zu einem Leben in Frieden braucht.«

Jegliche Furcht vor diesem Wesen war von mir abgefallen. Ich lauschte gebannt seinen Worten: »Die Angst, von der ich eingangs sprach, stellt eine Kraft dar, die dich in andere Dimensionen befördern kann. Deshalb kreiert dein Maestro auch bewusst Situationen, in denen du dich deinen Ängsten stellen musst. Er weiß von der einweihenden Kraft der Furcht.

Auf der anderen Seite ist deine Angst, aber auch die Energie, die der Dunkelheit und dem Bösen die Tür öffnet.« Bei diesen Worten änderte sich sein Gesichtsausdruck, und ein kalter Schauer kroch meine Wirbelsäule hoch.

»Nach den Gesetzen des Lebens ist es nicht anders möglich, da wir immer genau das anziehen, was wir ausstrahlen. Wenn wir uns voller Angst durch unsere Welt bewegen, in der Überzeugung, dass dieses Leben nur Gefahren und negative Erlebnisse für uns bereithält, liegt es auf der Hand, dass wir Unangenehmes auf unserem Weg anziehen. Gehen wir aber mit einem gesunden Vertrauen hinaus in unseren Tag, getragen von der tiefen Überzeugung, dass das Leben auf unserer Seite ist und die Erfahrungen, die es uns bringt, letztlich zu unserem Besten dienen, kann uns rein energetisch nichts passieren. Denn wir halten die Tür, durch die das Dunkle bei uns Eintritt erhält, geschlossen. Die äußere Welt stellt lediglich einen Spiegel für deine innere Einstellung dar, verstehst du?«

»Mein Feind kann mir also nur dann etwas zuleide tun, wenn ich Angst vor ihm habe?«

»Genauso ist es, Taguarí.«

Nachdenklich starrte ich auf das türkisblaue Wasser. Ich sah vor meinem geistigen Auge, wie ich mich einst voller Unruhe und Misstrauen durch die fremde Umgebung des Amazonas bewegt hatte. Hinter jedem Baumstamm hatte ich großes Unheil vermutet und war davon überzeugt gewesen, dass unzählige Gefahren in der Natur auf mich lauerten. Kein Wunder also, dass ich geerntet hatte, was ich mit meiner Angst ausgesät hatte. Ich konnte von Glück sagen, dass mir nichts Ernstes passiert war, so viel erkannte ich in diesem Moment der Rückschau.

»Aber wie schaffe ich es, keine Angst mehr zu haben?«

»Indem du anfängst, dir deiner Gedanken bewusst zu werden. Hier liegt der Schlüssel zu deiner Macht. Deine Gedanken sind die Wurzeln all dessen, was in deinem Leben existiert. Gedanken bewirken Emotionen, Worte und Handlungen, und über diese vier Instanzen bist du pausenlos schöpferisch tätig. Überprüfe also deine Gedanken auf Wahrheit und ersetze alle unwahren, angstvollen und unangenehmen Vorstellungen durch wahre, zuversichtliche und liebevolle.

Du wirst sehen, dass sich deine Angst auflöst, da sie keine Existenzgrundlage mehr hat, und nur noch Liebe und Freude in dir übrig bleiben. So wird in deinem Leben kein Platz mehr für dunkle Energien und Feindseligkeit sein. Wo Liebe ist, hat Angst keinen Platz. Liebe ist die stärkste Kraft überhaupt. Sie schwingt auf der höchsten Frequenz. Schau dich um, Taguarí. Schau dir die Natur an: Siehst du da irgendwo Disharmonie, Leid oder Feindseligkeit?«

Ich begann nun, langsam auch intellektuell zu verstehen, was mir der Jaguar zu erklären versuchte: Die Natur schwingt auf der Frequenz der Liebe und der Freude. Mit einem Mal verstand ich den großen Unterschied zwischen den Piapocos und den sogenannten zivilisierten Menschen, zu denen ich mich zählte: Wir haben uns gewaltsam von der Urkraft getrennt und eine virtuelle, materielle, technisierte Welt erschaffen, die uns in eine unüberwindbare Distanz zu unserer wahren Natur gebracht hat. Schon allein der Gebrauch des Wortes »Ich« machte deutlich, wovon der Jaguar sprach: Wo es ein »Ich« gab, existierte notgedrungen auch ein »Nicht-Ich« – und somit eine Trennung. Diesen Schritt hatten die Piapocos nie getan. Sie lebten immer noch als gleichgestellte und ebenbürtige Mitglieder des Stammes und der Natur.

»Du willst wissen, wie du wieder zu deinem Ursprung zurückfindest?«, riss mich nun mein Lehrer aus meinen Gedanken, und ich konnte nur stumm nicken.

»Das habe ich dir bereits gesagt, Taguarí. Du weißt schon alles, was du zu wissen brauchst. Jetzt musst du dir Zeit lassen, damit sich dein neues Wissen in dir manifestieren kann. Schau dir deine Umgebung an. Überprüfe die Gedanken, die in dir hochsteigen. Die Natur stellt in keiner Weise eine Gefahr für dich dar. Du bist die Natur, und sie ist du. Halte dir diese Wahrheit immer wieder vor Augen, bis du anfängst, sie zu atmen.«

»Und was ist mit Erdbeben, Stürmen oder sonstigen Naturereignissen, die uns Menschen manchmal Kopf und Kragen kosten?«

»Die Natur, Mutter Erde, hat ihre eigene Logik und eine Weisheit, die unserer Vorstellungskraft verborgen ist. Alles, was passiert, hat seinen guten Grund, nichts geschieht zufällig. Alles, wirklich alles, Taguarí, geschieht zum Wohl des Großen Ganzen. Das musst du begreifen, auch wenn es dir im Angesicht großer Zerstörung bisweilen schwerfallen mag.

Das Einzige, was wir machen können, ist, Vertrauen zu haben und in unserem Herzen zu wissen, dass wir bedingungslos geliebt und beschützt werden. Dann können uns keine äußeren Kräfte mehr aus unserer Mitte bringen.«

Mit diesen Worten erhob sich der Jaguar und ging langsam in Richtung Höhlenausgang. Auf halbem Weg drehte er sich noch einmal zu mir um und blickte mich lange und voller Wärme an: »Du weißt nun alles, was es zu wissen gilt, mein Freund. Nun mach dich auf und lebe, was dich gelehrt wurde. Es wird noch eine Weile dauern, aber du bist schon auf dem besten Weg, ein Teil von uns zu werden. Wir erwarten dich mit offenem Herzen.«

TEIL ZWEI

Die Viernasenschlange

Plötzlich wurde die Straße wieder eben und gerade. Nach dreistündiger, holpriger Kurvenfahrt über Kolumbiens Andenlandstraße konnte sich mein Körper endlich entspannen. Der alte, quietschbunte Bus jaulte fröhlich auf, während sein Fahrer voller Inbrunst auf das Gaspedal trat. Ich hielt mich an der Kopfstütze des Vordersitzes fest und blickte hinaus auf Kolumbiens farbenfrohe Welt. Ich hatte bereits gelernt, dass ein waches Vertrauen die unbedingte Voraussetzung für die Fortbewegung über Kolumbiens Straßen darstellte, auf denen in der Vergangenheit schon einiges passiert war.

Kalt war mir, denn eine weitere große Leidenschaft der hiesigen Busfahrer war, neben dem zu schnellen Fahren, das Vollaufdrehen der Klimaanlage, die das Innere des Busses bis auf Kühlschranktemperatur abkühlte. Aus für mich nicht nachvollziehbaren Gründen stellte eine bis zum Anschlag aufgedrehte Klimaanlage für die kolumbianischen Busunternehmen ein anzustrebendes Qualitätsmerkmal dar. Vielleicht nach dem Motto: Wenn diese Maschine funktioniert, klappt auch der Rest, und wir bringen Sie sicher dorthin, wohin Sie möchten.

Ich zupfte meinen Kapuzenpulli zurecht und faltete das Halsteil schützend zu einer Art Rollkragen zusammen. Verträumt blickte ich auf die platte und fast kahle Landschaft – ungewöhnlich im Gegensatz zu der sonst so bergigen und kraftvoll grünen Natur Kolumbiens. Die Sonne stand mittlerweile direkt über uns und warf daher keinerlei Schatten auf Mutter Erde.

Ein penetrantes Geräusch riss im nächsten Augenblick meine Aufmerksamkeit auf sich: Der Geschwindigkeitsmesser neben der Fahrertür gab ein lautstarkes Piepkonzert von sich, da die vom Gesetz vorgeschriebene Höchstgeschwindigkeit für Reisebusse von 80 Stundenkilometern überschritten worden war. Die Fahrertür öffnete sich, und einer der Busfahrer steckte den Kopf heraus. Absolut emotionslos schlug er einmal derb auf den armen kleinen Automaten, der sich daraufhin ohne weiteren Kommentar ausschaltete. Es herrschte wieder Ruhe im Reisebus. »So einfach können Problemlösungen sein«, dachte es in mir. »Sehr kolumbianisch!«

Ich lehnte mich zurück und schmunzelte in mich hinein. Mir fiel eins meiner ersten Gespräche mit einem kolumbianischen Taxifahrer wieder ein. Er erzählte mir damals, dass in Bogotá, Kolumbiens Hauptstadt, noch vor einigen Jahren kein Auto nachts an roten Ampeln gehalten hätte, da dies eine für einen Raubüberfall prädestinierte Situation darstellte. Als ich ihm erklärte, dass dies in meinem Land gar nicht möglich beziehungsweise sehr teuer wäre, da es überall Kameras an Ampeln gab, lachte der Taxifahrer nur kurz und entgegnete: »Die hatten wir hier auch.« »Und?«, fragte ich. »Was ist mit ihnen passiert?« »Wir haben sie geklaut!«

In diesem Moment zog ein großes Schild an meinem Fenster vorbei, auf dem Bienvenido en la Hacienda Corán *stand – Willkommen in der Hacienda Corán*

»Por acá, por favor!«, *rief ich so laut ich konnte und veranlasste damit eine Vollbremsung des Busses mitten auf der brütend heißen Landstraße zwischen Bogotá und Medellín. Mit eiligen Bewegungen stieg ich mit meinen steifen Gelenken aus dem Kühlschrankbus, warf noch ein kurzes* »Muchas gracias!«

über die Schulter und stand mitten in den Tropen. In Windeseile ließ ich meinen Rucksack fallen und zog meinen Pulli aus. Heiß ist es in Puerto Salgar. Brütend heiß. Und zwar das gesamte Jahr.

Ich machte mich auf den Weg zu Don Josés Wirkungsort, der, nur fünf Minuten zu Fuß von der Landstraße entfernt, zwischen endlos wirkenden Kuhweiden lag. Die Behausung, in der Don José seit mittlerweile über fünfzig Jahren hauptsächlich Patienten aus den ärmsten Bevölkerungsschichten empfängt, ist ein winziges, halb verfallenes, weißes Haus, das mich aufgrund seiner hochkantigen Form schon immer an ein Windmühlenhaus erinnert hatte. Auf alten Coca-Cola-Kisten und staubigen Mauern saßen an die fünfzig Menschen aller Altersstufen und warteten darauf, von Don José behandelt zu werden.

Ich nickte den Wartenden freundlich zu und ging auf die alte, verfallene Tür zu, die kurz nach meinem Klopfen aufsprang. Ich steckte meinen Kopf in den winzigen und düsteren Raum ohne Fenster, in dem Don José hinter einem alten Schreibtisch saß und mich freudig wissend anlächelte.

»Da sind Sie ja, Doctora!« Der große, breite Mann stand auf und drückte mich im nächsten Augenblick herzlich gegen seinen riesigen, runden Bauch. Rosalba und Maria, die zwei Gehilfinnen von Don José, kamen mir ebenfalls entgegen und begrüßten mich freundlich. Es war bereits mein vierter Besuch an diesem staubigtrockenen Ort, direkt neben den Ufern des Rio Magdalena. »Na los! Setzen Sie sich doch!«

Ich ließ mich dankbar auf einem roten Plastikstuhl nieder und blickte mich in dem vollgestopften kleinen Raum um: Da standen eine schwarze Behandlungsliege, die fast auseinander-

fiel, und vier rote Plastikstühle: Zwei für die Patienten, einer für Rosalba und der letzte für das kleine hellhörige Mädchen, das neben Don José saß und die Rezepte für die Patienten aufschrieb. »Sie hört die Stimme des Großen Geistes in sich«, hatte Don José mir eines Tages über sie erzählt. Ein großer, alter Ventilator an der Decke zog geräuschvoll seine Kreise und verursachte eine angenehme Luftbewegung in dieser stickigen Höhle. Mein Blick fiel auf ein großes altes Regal, bis zum Rand gefüllt mit Plastikflaschen, die dunkelgelbe Kräutersäfte beinhalteten, Kräuterpomaden in alten Cremedosen und in altes Zeitungspapier gewickelte, frische Kräuter.

Die Medizin, die Don José seinen Patienten verabreichte, stammte ohne Ausnahme direkt aus Mutter Natur. Mittlerweile waren es seine Schüler und Gehilfen, die für ihn – nach strengen Richtlinien der Piapocos – Salben, Kräutersäfte, Tinkturen und andere Heilmittel herstellten. Nach Tutex′ Lehre wurden die Pflanzen gepflückt – mit Liebe, Sorgfalt und Dankbarkeit – und dann mit Mantren und Gebeten in ihre heilende Form gebracht. Äußeres, also das, was materiell sichtbar und anfassbar war, spielte hierbei offensichtlich nur eine Nebenrolle, denn die Verpackung bestand aus recyceltem Abfall: schmuddelige alte Dosen, Colaflaschen und Gläser, die nicht mehr gebraucht wurden. Die in Deutschland übliche Hygiene war in der Welt des Don José ein eindeutiges Fremdwort. Sie schien nicht wichtig zu sein.

Es kamen Patienten, die eine Behandlung mit neun verschiedenen Kristallen erhielten, die durch ihr Energiefeld bewegt und abschließend auf ein bestimmtes Körperteil gelegt wurden. Andere bekamen eine Tabakbehandlung, bei der reiner Tabak am Körper entlanggepustet wurde, um dunkle Wesenheiten sowie Schwüre und Flüche aus dem Energiefeld zu transportieren. Was ich auch schon oft bei Don Josés Behandlungen beobachtet hatte, war eine Stärkung des energetischen Schutzes mithilfe dreier Hula-Hoop-ähnlicher Ringe, die aus zusammengebundenen Lianen bestanden, durch die Don José seine Patienten steigen ließ. »Sie verschwinden dadurch und können von ihren Feinden nicht mehr geortet werden«, hatte Don José mir dazu erzählt.

Es war für mich äußerst interessant zu beobachten, dass ausnahmslos alle Materialien der Natur entnommen waren, die, lediglich mit Gebeten und Gesängen versehen, beachtliche Heilerfolge erzielten.

Rosalba, eine langjährige Schülerin des Schamanen, öffnete nun die quietschende Tür: »¡Señor Juan Eduardo Patiño, por favor!« *Eine Wolke staubiger Hitze bäumte sich vor mir auf, und ich musste mich reflexartig räuspern. Ein magerer Mann mit bunt bedrucktem T-Shirt und verbeulter Leinenhose betrat den Raum. Er stellte einen Plastiksack, randgefüllt mit Kartoffeln und Maiskolben, auf dem Boden ab und blickte verschüchtert zu Don José.*

»Gracias!«, *sagte Don José und wies seinen Patienten an, sich zu setzen. Es geschah öfter, dass, wenn die Menschen kein Geld besaßen, sie einfach andere Tauschware als Ausgleich für die Behandlung mitbrachten: selbst angebautes Gemüse, ein lebendiges Huhn, fertig zum Schlachten, oder frisches Obst, das in Kolumbien so gut wie an jeder Straßenecke zu finden ist. Und so vielfältig die Bezahlungsmittel seiner Kundschaft waren, so unterschiedlich waren auch ihre Anliegen:*

»Muestrame tus manos – *Zeig mir deine Hände!«, forderte nun Don José seinen Klienten auf und schaute scheinbar konzentriert auf die Handflächen des Mannes. Nach wenigen*

Sekunden setzte er sich wieder zurück und blickte seinem Patienten aufmerksam in die Augen: »Was kann ich für dich tun?«

Mit zittrigen Händen holte der etwa fünfzigjährige Mann ein altes Foto aus seiner Hemdtasche und reichte es Don José. »Das ist mein Motorrad, das ich schon seit vielen Wochen verkaufen möchte. Ich wollte Sie darum bitten, mir dabei zu helfen, einen Käufer zu finden.«

Don José blickte einen Augenblick unbekümmert auf das Foto und zückte einen Kugelschreiber. Er war daran gewöhnt, dass ihn Menschen mit den unterschiedlichsten Anliegen aufsuchten: »Das Kennzeichen brauche ich!« Nun schlug sich der Landarbeiter etwas unbeholfen gegen den Kopf. »Mist! Die Nummer habe ich vergessen mitzubringen! Ay, no, no, no!«

»Das ist nicht schlimm, Señor. Bringen Sie mir die Nummer einfach in den nächsten Tagen vorbei. Dann werde ich Ihr Anliegen mit in mein Abendgebet nehmen, und schon sehr bald wird sich ein Käufer für Ihr Motorrad finden.«

»Ich danke Ihnen, Don José. Gott beschütze Sie!« Der Mann sprang auf und reichte dem Schamanen zum Dank die Hand. Ich war amüsiert und überrascht, mit welch banal wirkenden Dingen die Menschen Don Josés Hilfe suchten und dafür oft meilenweite Wege zurücklegten. Sein langjähriger Ruf, in allen nur erdenklichen Angelegenheiten des Lebens helfen zu können, hatte sich mittlerweile landesweit herumgesprochen. Die Menschen respektierten und vertrauten seiner Heilkunst und Manifestationskraft und waren dankbar, dass sie auch ohne Geld Hilfe bei ihm finden konnten.

Der Mann mit dem Motorradfoto wurde jetzt von Rosalba zur Seite gezogen, die ihm ihre rechte Hand auf die Stirn legte. Der leicht säuerliche Geruch des Yagés zog plötzlich nahe an meiner Nase vorbei, und ich spürte, wie meine gesamten Körperhaare sich aufzustellen begannen. Mittlerweile hatte ich schon öfter die Ehre gehabt, den Heilgeist des Yagés in mir begrüßen zu dürfen und war voller Respekt und Ehrfurcht gegenüber seiner erhabenen Kraft und Weisheit.

Der abschließende Segen des Klienten, den Rosalba nun ausführte, war ein immer wiederkehrendes Ritual im Hause von Don José. »Worte haben heilende Kraft, da sie Energien in Bewegung setzen. Bei allen Menschen ist das so. Nur bei Schamanen, also Menschen, die sich ihrer göttlichen Schöpferkraft bewusst sind, ist die resultierende Bewegung stärker.« So erklärte es mir einst Don José.

»Wir haben heute Abend eine Menge zu besprechen«, wandte sich Don José nun an mich. »Ich werde wohl noch einige Stunden hier arbeiten müssen, aber dann gehöre ich ganz Ihnen. Es wird Zeit, dass ich Ihnen von der restlichen Zeit bei den Piapocos erzähle, damit Sie nachvollziehen können, worauf die Einweihung zu einem amazonischen Schamanen letztendlich hinausläuft.«

Rosalba rief den nächsten Namen auf ihrer Liste, und kurz darauf wurde die Tür von einem kleinen und auffallend dünnen Mädchen geöffnet. Mit hängenden Schultern und gesenktem Blick grüßte das etwa dreizehnjährige Mädchen und setzte sich auf den roten Plastikstuhl. Sie war mit ihren Eltern gekommen. Es lag plötzlich etwas Schweres in der Luft, auch für mich deutlich fühlbar. Das Mädchen blickte schüchtern zu Boden, und ihre Mutter erhob das Wort: »Buenos dias, Don José. Sie möchte einfach nicht essen. Wir haben alles versucht. Die Tees und Bäder, die Sie uns das letzte Mal aufgeschrieben haben, haben keinerlei Wirkung gezeigt. Sie schläft weiterhin sehr schlecht und ist den ganzen Tag über antriebslos, abwesend und müde.«

Der Schamane sah dem Mädchen aufmerksam und intensiv in die großen Augen und dann auf ihre bereits nach vorne gestreckten Handflächen. Sie kam schon zum vierten Mal zu Don José und kannte daher die einleitende Prozedur der »Befundaufnahme« des Schamanen.

Es vergingen einige lange Sekunden, in denen Don José sich ganz in der Welt des Mädchens zu verlieren schien, ehe er wieder zu sprechen begann: »Haben Sie heute Zeit, Señora? Ich würde Ihrer Tochter gerne Yagé geben. Es wird ihr helfen, wieder zu sich zu kommen.« Wie auf Knopfdruck kam der säuerliche Geruch der Heilpflanze wieder in den Vordergrund meiner Aufmerksamkeit. »Aber Sie müssen den ganzen Tag bei ihr sein und sie unterstützen.« Die Frau nickte nur kurz und antwortete: »Alles, was Sie sagen, Don José. Hauptsache, meiner Tochter geht es bald wieder besser.«

Nun wurde das Mädchen aufgefordert aufzustehen und von Rosalba mit dem Blätterfächer gereinigt, der nach Indigenaglaube dunkle Wesenheiten aus dem Energiefeld des Menschen vertreibt. Don José goss eine Portion der Amazonasmedizin in eine kleine Schale und schloss daraufhin seine Augen. Er hielt die rechte Hand über die Medizin, als er ein Heillied anstimmte, um dem Geist des Yagés Huldigung und Dankbarkeit zum Ausdruck zu bringen. Dann hob er die Schale mit beiden Händen über seinen Kopf und murmelte ein unverständliches Gebet vor sich hin. Eine persönliche Ausrichtung auf das Mädchen und ihre Situation.

»Yagé!«, sagte er abschließend laut, öffnete seine Augen und reichte dem Mädchen die Medizin. »Alles austrinken, in einem Schluck. Du musst jetzt stark sein, denn es schmeckt

nicht besonders gut.« Mich schüttelte es, als müsste ich selbst das Yagé trinken. Das Mädchen setzte tapfer die braune Schale an ihre Lippen, und im nächsten Augenblick verzog sich ihr Gesicht zu einer angewiderten Grimasse. »¡Fuerza! ¡Fuerza! – *»Kraft! Kraft!«, sangen die zwei Gehilfinnen von Don José, um die Kleine etwas zu unterstützen. Mit vereinten Kräften trank sie ihre Medizin aus und streckte daraufhin angewidert ihre bräunlich verfärbte Zunge heraus.*

Don José wandte sich an die Mutter: »Gehen Sie hinter das Haus und drehen Sie einige Runden mit Ihrer Tochter. Sie sollte sich bewegen, bis sich ihr Körper zum ersten Mal reinigt. Dann suchen Sie sich einen schattigen Platz und lassen Ihre Tochter nicht aus den Augen. Ich werde später nach Ihnen schauen. Sollte etwas Ungewöhnliches passieren, kommen Sie bitte zu mir. Ich bin den ganzen Tag hier.«

»Muchas gracias, *Don José«, sagte die Mutter und schüttelte dankbar seine große Hand. »Was bin ich Ihnen schuldig?« »Das machen wir später,* Señora. *Jetzt kümmern Sie sich bitte erst einmal um Ihre Tochter. Sie braucht Sie jetzt.«*

Als die beiden zur Tür hinaus waren und auch der schattenhafte Vater grußlos hinterhergeschlurft war, wandte sich Don José zu mir. »Eine sehr traurige Geschichte. Die Kleine wird schon seit vielen Wochen von ihrem Vater missbraucht. Die Mutter weiß von nichts, beziehungsweise möchte nichts davon wissen. Das Mädchen weiß keinen Ausweg, und auch ich kann wenig machen.«

»Was? Aber wieso denn nicht, Don José? Ich weiß, Sie können schwere Krankheiten wie Krebs mit Ihrer Medizin heilen, Verkäufer für Motorräder finden und auch sonst viele Dynamiken des Lebens umlenken, verändern und beschleunigen. Wieso können Sie ausgerechnet diesem Mädchen nicht helfen?«

Don José kratzte sich an seinem Ohr: »Ihre Seele hat sich dieses Schicksal ausgesucht, bevor sie in diesen Körper ging. Die Situation mit ihrem Vater bietet ihr das notwendige Wachstumspotenzial, das sie braucht, um ihre selbstgewählte Aufgabe zu erfüllen. Ich weiß, das klingt sehr hart und ist nicht einfach zu verdauen.«

Ich sah ihn entsetzt an und konnte nicht glauben, was ich da hörte. »Vergessen Sie nicht, Doctora: Das Leben macht keine Fehler, und nichts geschieht ohne Grund. Dieses Mädchen muss durch diese, aus anderer Dimension selbstgewählte Hölle gehen und wird es im richtigen Moment schaffen, sich selbst wieder herauszuwinden. Der Geist des Yagés ist nun bei ihr und wird ihr auf ihrem Weg helfen.«

Don José blickte mit ernstem Gesichtsausdruck gedankenverloren in die Ferne und schien einige Minuten geistesabwesend zu sein. Ich war mittlerweile schon zur Genüge an diese »kleinen Aussetzer« gewöhnt und wartete geduldig, bis er wieder auf der Ebene war, auf der unsere Kommunikation stattfand. In meinem Kopf ratterte es, und ich bemerkte großen Widerstand in mir. Gedanken, die nicht wahrhaben wollten, dass man diesem armen Mädchen nicht helfen konnte – oder durfte. Ein kleiner Ruck ging im nächsten Moment durch den Körper des Schamanen und signalisierte mir, dass sein Geist nun wieder bei mir im Hier und Jetzt angekommen war. Er räusperte sich kurz und blickte mir wieder in die Augen.

»Ich bete für das Mädchen und weiß, dass eines Tages der Seele des Vaters das geschehen wird, was ihr zusteht. Es gibt bestimmte Fälle, in die ich mich nicht einmischen darf, verstehen Sie? Auch wenn ich es wollte und etwas versuchen würde, könnte ich nicht viel ausrichten.«

Ich hatte plötzlich das Gefühl, mich übergeben zu müssen und atmete prustend durch den Mund aus. Der Geruch der Medizin und das Gewicht der eben gesagten Worte wirbelten alles in mir durcheinander. Rosalba hielt mir wie bestellt ein Glas Wasser hin, das ich dankbar annahm.

»Wir können uns nicht gegen das Leben stellen, Doctora. *Wir können Heilungen unterstützen und Bewegungen initiieren. Aber auch nur, wenn sie dem göttlichen Plan der Seele nicht im Weg stehen. Verstehen Sie, was ich meine?«*

Ich entschied, mir etwas die Füße zu vertreten. Don José gab mir die Schlüssel seines Hauses und versicherte mir, in etwa drei Stunden dort zu sein. Ich wusste, dass dies eine sehr vage, typisch kolumbianische Zeitangabe war, die man nicht wörtlich nehmen konnte. »Machen Sie sich erst einmal frisch, Doctora. Nachher sprechen wir über alles.«

Noch etwas verstört lief ich hinaus in das siedend heiße Klima Puerto Salgars, an den vielen Wartenden vorbei, die mich neugierig musterten. Mir ging es nicht gut, und ich hatte keine Lust auf oberflächlichen Plausch. So lief ich mit einem freundlich bemühten Kopfnicken an den Menschen vorbei und machte mich auf den Weg zur Finca von Don José. Ich war mir nicht sicher, ob ich mich vielleicht doch übergeben musste und taumelte wie eine Betrunkene. Die rein geistige Anwesenheit des Yagés wirkte in mir und zeigte mir wieder einmal, wie sehr wir mit allem um uns verbunden sind.

Als ich im Haus von Don José eintraf, ging es mir bereits etwas besser. Ich setzte mich zunächst auf die Veranda und atmete einige Minuten tief in meinen Unterbauch. So, wie Don José es mir beigebracht hatte, wenn wir uns mit unserer inneren Kraft, unserer Essenz, verbinden wollen.

Mit einem Mal konnte ich spüren, dass es stimmte, was Don

José gesagt hatte: Alles, was im Leben passiert, hat einen tiefen Sinn. Selbst so furchtbare Dinge wie ein kleines Mädchen, das von seinem Vater missbraucht wird, haben in bestimmten Fällen hinter ihrer grässlichen Fassade ihren Sinn und Zweck. Natürlich geht es nicht darum, gutzuheißen, was in dieser Familie geschieht, sondern um das Verstehen, dass es Teil eines göttlichen Plans ist und dem Mädchen am Besten geholfen wird, wenn es in seine Kraft kommt und aus dieser heraus eine Lösung findet.

Das Leben macht keine Fehler. *Welch kluger Satz.*

~

Nach einer erfrischenden Dusche räkelte ich mich in der Hängematte auf der Veranda und wartete auf den großen Maestro. Ich musste eingenickt sein, denn als ich an meinem rechten Unterarm berührt wurde, war es bereits stockdunkel. »Es tut mir sehr leid, Doctora. Es hat doch etwas länger gedauert. Das Mädchen, das Sie kennengelernt haben, hat sehr stark auf die Medizin reagiert, und ich konnte ihm dabei helfen, seine Unsicherheit und Zweifel gegenüber sich selbst aus seinem System zu entlassen. Geht es Ihnen besser?«

Ich nickte mit dem Kopf, lächelte meinen großen Freund an und setzte mich in der Hängematte auf. Dann holte ich das Diktiergerät aus meinem Rucksack und schaltete es ein. Don José setzte sich neben mich auf einen alten Ledersessel und machte es sich gemütlich. »Wollen Sie sich nicht etwas erholen, Don José?«, wollte ich nun wissen. »Mir geht es bestens. Danke! Wo waren wir stehen geblieben? ... Ach ja, richtig:

Ich wohnte schon vier oder vielleicht fünf Jahre bei den Piapocos. Das kann ich heute nur grob schätzen, da es in meinem damaligen naturverbundenen Zuhause keine uns heute bekannte Zeitrechnung gab wie einen Kalender oder gar eine Uhr. Ich genoss mittlerweile eine vollkommen andere Stellung bei meinen Brüdern und Schwestern der Piapocos. Sie respektierten mich jetzt für das, was ich war, und achteten die Dinge, die ich gelernt hatte. Die Zeiten, in denen ich mich aufgrund ihrer abwertenden Blicke unwohl gefühlt hatte, waren zum Glück vorbei.

Natürlich blieb ich weiterhin etwas Besonderes, schon aufgrund meiner Hautfarbe und meines weiterhin sehr strengen Akzents. Es gab Dinge in der Welt der Piapocos, die mir immer noch fremd waren und es auch bleiben würden. Dazu gehörte beispielsweise das ständige Nacktsein dieser Menschen. Daran konnte ich mich beim besten Willen nicht gewöhnen und fühlte mich unwohl in meinem Körper. Zum Glück erhielt ich nach mehrmaligem Bitten die Genehmigung von Etéwa, mir eine Hose herstellen zu lassen.

Ich war begleitet von einem inneren Wissen, das mich nachhaltig davon abhielt, gänzlich mit dieser neuen Welt zu verschmelzen und meine Herkunft und Traditionen aufzugeben. So konnte ich in Harmonie mit den Indigenas und dem Wald leben und trotzdem ich selbst bleiben. Ich war anders als sie. Und das war auch gut so.

In dieser Zeit klärte sich mein Bewusstsein im Hinblick auf die Einzigartigkeit dieses Stammes. Ich hatte mittlerweile gemeinsam mit meinen beiden Maestros einige Ausflüge zu anderen Stämmen unternommen und konnte daher Vergleiche ziehen, die mir dieses verdeutlichten: Die Piapocos zeichneten sich vehement durch ihren hohen Grad an Spiritualität aus. Ich erkannte immer mehr, dass es Dutzende unter ihnen gab, die Zugang zur Magie hatten und diese für ihren Alltag nutzten. Das war im Gegensatz zu anderen Stämmen ungewöhnlich, wo es vielleicht einen oder höchstens zwei Schamanen gab und der Rest eher gewöhnliche Jäger und Sammler waren, deren Leben sich rein ums Materielle drehte.

Mir wurde bewusst, dass es nicht zuletzt Tutex' Verdienst gewesen war, die in den letzten Jahren ausnahmslos allen Hilfesuchenden Lektionen in Magie gegeben und ihr Wissen freizügig mit ihnen geteilt hatte. Sie war es auch gewesen, die einige Regeln bei den Piapocos eingeführt hatte, die zu dieser Zeit und an diesem Ort eher ungewöhnlich waren.

So hatten beispielsweise die Frauen bei den Piapocos mehr Freiheiten und Rechte als bei anderen Stämmen. Sie durften sogar einmal im Jahr zu einer vorgeschriebenen Zeit ihren Ehemann wechseln, wenn sie der begründeten Meinung waren, dass sie schlecht von ihrem Mann behandelt wurden oder ihre Ehe ihren Zweck verloren hatte. Sie kamen dann zu Etéwa, erklärten ihre Situation und erhielten zum Großteil seine Einwilligung, sich einen neuen Mann zu wählen.

Der betroffene Ehemann, der verlassen wurde, und der gesamte Stamm hatten diese Entscheidung zu tolerieren, und die Frau wurde in ein heiliges Kräuterbad begleitet, in dem sie sich von ihrer Vergangenheit reinwaschen und sich befreit für ihre neue Zukunft entscheiden konnte. Das war mehr als ungewöhnlich bei indigenen Stämmen im Amazonasgebiet, und es kam selbstredend öfters zu hefigen Konflikten aufgrund dieser ungewohnten Freiheit der Frau. Nicht nur, aber gerade wenn es Kinder in dieser Ehe gegeben hatte, denn die Kinder gingen mit der Mutter zu dem neuen Mann. Dieser nahm seine neue Familie bei sich auf und sorgte für sie, hatte aber keinerlei Erziehungsanspruch den Kindern gegenüber, die nicht von ihm waren. Dieser blieb einzig und allein bei der Mutter, die sich allerdings der ersten Frau ihres neuen Mannes unterordnen musste.

Insgeheim bewunderte ich meine Maestra zutiefst für ihren Mut und ihr Durchsetzungsvermögen, neue Wege zu öffnen und sich für das Recht der Frauen hier einzusetzen, um für sie ein freieres und gleichgestellteres Leben zu ermöglichen. In anderen Stämmen beobachtete ich oft das krasse Gegenteil: Frauen wurden von den Gebeten und Ritualen ausgeschlossen, durften nicht sprechen, wenn Männer anwesend waren, und hatten lediglich die Aufgabe, den Männern zu dienen und sich um das Essen und die Kinder zu kümmern. Dabei wurden sie nicht selten sehr unmenschlich und gewalttätig behandelt und hatten so gut wie keine Rechte.

Zu jener Zeit durfte ich sehr viel Zeit mit meiner Maestra verbringen. Meine Mitschüler waren meist in Etéwas Nähe oder unter sich. Ich spürte weiterhin keinen besonderen Bezug zu den anderen Jungs und zog es vor, alleine oder in Gesellschaft meiner Maestra zu sein. Sie schaffte es wie niemand sonst, mir viele Dinge zu erklären, und ich fühlte mich in ihrer Nähe sehr wohl und beschützt.

Die Zeit verging wie im Flug, und ich machte täglich Fortschritte auf meinem Weg des Kriegers. Seit dem eindrucksvollen Erlebnis in der Höhle, bei dem ich die Gelegenheit bekommen hatte, mich mit einem meiner Krafttiere, dem Jaguar, zu unterhalten, waren schon viele Monde vergangen, und ich erfreute mich mittlerweile eines relativ sicheren Umgangs mit dem Intento. Es wurde von Tag zu Tag leichter und selbstverständlicher:

Zuerst atmete ich tief in meinen Unterbauch hinein, um mich daran zu erinnern, wer ich war. Ein göttliches Wesen mit der Fähigkeit, durch seine Geisteskraft Dinge zu bewegen und zu verändern. Dann rief ich meine helfenden Geistwesen und führte zur Unterstützung meines Gedankens eine Art Tanz und Gesang aus. Das war irgendwann von selbst dazugekommen, ohne dass es mir jemand erklären musste. Ich folgte meiner Intuition und meinem Körpergefühl und ließ meinen Körper einfach tun, was er wollte. Ich konnte fühlen, wie durch meine Bewegungen oder Laute die Manifestationskraft des Gedankens kraftvoll unterstützt wurde.

Diese dazugewonnene Fähigkeit, die mir nun langsam, aber sicher vollkommen neue Türen der Macht öffnete, machte mich glücklich und stolz. So begann ich zum Beispiel, auf spielerische Art und Weise das Wetter zu beeinflussen. Ich machte Wind, Regen und Gewitter und amüsierte mich köstlich über meine neue Kunst. Mein Glaube an meine göttliche Schöpferkraft verfestigte sich durch dieses Spiel natürlich von Tag zu Tag.

Manchmal klappte es aber auch nicht, und so kam es durchaus vor, dass es über längere Zeit ohne Unterlass regnete. Damit erlaubte ich mir zu jener Zeit den einen oder anderen Spaß, um mir meine Zeit zu vertreiben: Zum Beispiel konnte es vorkommen, dass ein Piapoco über einen vorher nicht existenten Baumstumpf stolperte, das Feuer der Frauen von »alleine« aus- und wieder anging oder Früchte von einem Baum gezielt auf die Köpfe einiger Menschen fielen.

Ich saß dann jeweils in einiger Entfernung und amüsierte mich köstlich darüber und die Reaktionen der Betroffenen. Aber auch hier gab es natürlich eine Schattenseite, die mir schon sehr bald bewusst wurde: Ich wurde sehr bequem, um nicht zu sagen faul, da die Gründe, sich mit körperlicher Muskelkraft zu bewegen, beinahe vollkommen wegfielen. Stellen

Sie sich das einmal vor, Doctora: Sie können alles, was Sie brauchen, mit Ihrem Geist erschaffen! Welche Motive, sich mit eigener Muskelkraft fortzubewegen, bleiben Ihnen dann noch? Nicht sehr viele.

Ich beobachtete also, wie mein Körper von Tag zu Tag schwerer und ungelenker wurde. Wie oberflächlich mein Atem wurde und dass mein Bauch begann, sich langsam immer weiter nach vorne zu wölben. Meine Geisteskraft hatte eindeutig die Führung übernommen, und mein Körper sehnte sich nach einem gesundem Gleichgewicht, das es nun zu finden galt.«

Don José schloss seine Augen und faltete die Hände vor seinem mächtig runden Bauch, der in mir die vage Vermutung aufkommen ließ, dass das hundertprozentige Gleichgewicht zwischen Geist und Körper für einen Schamanen doch eher schwer zu finden ist. Zu verführerisch und einfach ist wohl der Tatbestand, alles mit geschulter Geisteskraft zu kreieren und zu verändern.

Während ich Don Josés Körper dabei beobachtete, wie er sich wieder einmal vollkommen leerte, begannen auch meine Gedanken, in längst vergangene Zeiten abzuschweifen. In die Zeit des Pyramidenbaus, in der die Menschen Leistungen vollbrachten, die für uns heute rational nicht erklärbar sind. War dies auch durch pure Geisteskraft zustande gekommen? Waren die Menschen damals genauso wach und sich ihrer göttlichen Schöpferkraft bewusst, wie es die Schamanen der Urwälder heute noch sind?

Der Körper von Don José zuckte einmal kräftig und sorgte dafür, dass ich vor Schreck zusammenfuhr. Er lächelte mich warmherzig an, und es war deutlich spürbar, wie glücklich es ihn stets machte, in seine Zeit mit den Piapocos zurückzureisen.

So war ich also wieder tagelang mit meiner Maestra im Wald unterwegs, um neue Tricks der Magie zu lernen und mein Wissen um die Schätze und Kräfte des Waldes zu vertiefen. Ich erinnere mich an einen Tag, an dem wir in einem dicht überwucherten Teil des Waldes waren. Es kam fast kein Tageslicht hindurch, und wir trafen auf einige Pflanzen, die ich vorher noch nie gesehen hatte. Tutex unterrichtete mich über ihre Heilwirkungen und brachte mir einige magische Tricks bei, bei denen uns der Geist dieser Pflanzen behilflich sein konnte.

So lernte ich beispielsweise eine Pflanze kennen, die unterstützend zur Wunscherfüllung benutzt werden kann, und eine andere, die dabei hilft, ungebetene Gäste wieder loszuwerden. Sie zeigte mir sogar eine Pflanze, die man in einem einfachen kleinen Ritual dazu benutzen kann, dass sich die Angebetete in einen verliebt. Es gab wirklich für sämtliche Anliegen Hilfe von Mutter Natur.

Wir waren gerade in die Welt der Pflanzen vertieft, als wir plötzlich von einem hysterischen Gequake aus unserer Unterhaltung gerissen wurden. Ein kleiner Frosch, etwa fünf Meter von uns entfernt, wurde soeben von einer giftigen Schlange gebissen, die man bei den Piapocos »die Viernasenschlange« nannte. Die auch für den Menschen tödliche Schlange schien unsere Anwesenheit zu wittern, und ich überlegte keine Sekunde und spannte einen Pfeil in meinen Bogen. Doch bevor ich ihn loslassen konnte, berührte Tutex mich sanft an meiner Schulter: »Nicht, Taguarí.«

Ich legte verwundert meine Waffe nieder und blickte fragend zu meiner Maestra, die ihren Blick nicht von der Schlange ließ. »Du musst nun das Gelernte auch in deinem Alltag anwenden, Taguarí. Du bist kein Anfänger mehr und bereit, dich aus deinem Basiswissen zu erheben und auf dein inneres Wissen zu hören. Wie du weißt, ehren wir Chaporis den Wald. Wir können ihn lesen und verstehen. Wir schützen ihn und kämpfen dafür, dass er sich weiter vermehren und ausbreiten kann.« Mein Herz raste beim Anblick der tödlichen Schlange, und ich begann mich zu fragen, wann Tutex wohl gedachte, etwas zu unternehmen. Stattdessen fuhr sie unbekümmert in ihrem Text fort:

»Wir bringen niemals das Gleichgewicht des Waldes durcheinander oder entnehmen ihm etwas, das wir nicht im selben Augenblick wirklich dringend brauchen. Warum willst du also dieses Wesen des Waldes töten?«

»Na, um uns zu verteidigen! Es könnte auch uns töten!« »Schau hin und lerne, wie ein wahrer Chapori das regelt!«

Tutex stellte sich breitbeinig in die Position einer Kriegerin, erhob den rechten Arm und sagte laut: *»JAHOA CHACAY, JAHOA CHARU, JAHOA NIQUICHAI CONGUI CONGUI«*, was so viel bedeutet wie: »Ich befehle dir, nichts Böses zu tun!«

Dann ging sie auf das Tier zu, hob es auf und brachte es zu einem nahegelegenen Baum. Das Mantra zeigte offensichtlich seine Wirkung, denn die Schlange war besänftigt und augenscheinlich nicht daran interessiert, uns zu attackieren.

Beinahe zärtlich strich Tutex der Schlange nun über ihren langen Körper und verabschiedete sich. Dann gab sie mir ein Zeichen, weiter mit ihr in Richtung Fluss zu laufen.

Der Kolibri

Einige Tage später kamen wir in ein Gebiet mit riesigen Bäumen, die bis in den Himmel zu reichen schienen. Ehrfurchtsvoll gingen wir an diesen wundervollen, alten und weisen Wesen vorbei. Wenn ich mich darauf konzentrierte, konnte ich Informationen von ihnen aufnehmen und sie interpretieren. Bei einem besonders hohen Riesen blieb ich, ohne zu überlegen, stehen und lehnte meine Stirn gegen seinen Stamm. Aufgrund seiner Energie wusste ich, dass er ein sehr weiser und alter Baum war, der mir nun etwas von seiner Kraft und seinem Wissen abgab.

Als wir weitergingen, lag plötzlich ein riesiges Baumwesen horizontal vor uns auf dem Weg, und wir blickten auf ein großes Loch in Mutter Erde von ungefähr zwei Hektar Durchmesser, das das Wurzelwerk des Baumes aufgerissen hatte, als dieser umfiel. Mit Hilfe des Intentos schafften wir es, auf seinen unsagbar dicken Baumstamm zu klettern, und begannen, ihn in Richtung der untergehenden Sonne entlangzugehen.

Als wir schließlich an der beginnenden Verästelung ankamen, setzte sich Tutex hin und deutete mir mit einem Handzeichen, mich neben sie zu setzen. Dort hockten wir dann für eine Weile in tiefes Schweigen gehüllt und blickten auf die vielen goldgelben Blüten, die noch in voller Pracht die Baumkrone des gefallenen Wesens schmückten und für viele Insekten und Vögel ein willkommenes Abendmahl boten.

Die Sonne verfärbte sich schon langsam rötlich, als Tutex wieder zu sprechen begann: »Ein wahrer Chapori taucht tief hinein in die Weisheit seines Lebensraums und ist sich dessen bewusst, wie er seine Kraft zu eigener Macht umwandeln kann. Das funktioniert aber nur, wenn wir in jedem Moment unserer Existenz mit wachem Bewusstsein und zum Wohl aller Lebewesen des Waldes handeln. Nur dann wirft der Große Geist sein Licht der Gnade über uns, und wir können uns die Kräfte der Pflanzen, Tiere, Steine und der vier Elemente zunutze machen.«

Die Sonne war bereits untergegangen, und wir blickten gemeinsam auf die rosarot verfärbten Wolken, die durch das Loch im Dickicht, das der umgefallene Baumriese verursacht hatte, wunderschön zu sehen waren. »Es ist die Liebe, die du fühlst, dem Leben und allen seinen Schöpfungen gegenüber, die deine Gedanken und Taten stets anleiten sollte. Dann kannst du aus dem großen Ozean der Möglichkeiten schöpfen, die der Wald dir bietet.«

Nach einer kurzen Pause war ich es, der das Schweigen brach: »Maestra, wie ist das mit den Tieren des Waldes? Du hast mir vor langer Zeit einmal erzählt, dass jeder Mensch ein oder zwei Tiere an seiner Seite hat, die ihn beschützen und ihm helfen, richtig?«

»So ist es, Taguarí. Das sind seine Krafttiere.« »Und wie kann ich sie finden, meine Krafttiere?«, wollte ich nun wissen. »Das ist die Aufgabe deiner Maestros, wenn die Zeit dafür reif ist.« »Weißt du denn, wer meine Krafttiere sind, Maestra?«

»Natürlich weiß ich das. Den Jaguar hast du ja schon kennengelernt und hattest einige interessante Begegnungen mit ihm. Er ist eines deiner Krafttiere. Aber zu einem deiner größten Helfer hast du bisher noch keine Verbindung aufgebaut. Es ist ein sehr machtvolles Tier. Kraftvoller als der Jaguar und der Leopard zusammen.«

Ich schaute meine Maestra verblüfft an. Welches Tier konnte das sein? Auf dem Gesicht meiner Maestra erstrahlte ein breites Lächeln, als sie sich erhob und ihre Kriegerinstellung einnahm, die sie gewöhnlich zum Herbeirufen von Hilfsgeistern benutzte. Aus voller Kehle rief sie: »Graaaaa! Groooooo!«

Schon im darauffolgenden Atemzug tauchte ein Dutzend Kolibris über unseren Köpfen auf, die für einige Augenblicke direkt vor uns in der Luft standen, bevor sie sich eifrig auf die gelben Blüten stürzten, die sich mittlerweile fast vollständig für ihre Nachtruhe geschlossen hatten. »Der Kolibri? Er soll machtvoller sein als der Leopard und der Jaguar zusammen?«

»Ja, Taguarí. Ich habe dir das vor langer Zeit schon einmal erklärt. Der Kolibri ist das Tier mit dem größten Herzen, proportional zu seiner Körpergröße. Er ist ein reines Wesen aus purer Liebe. Und die Liebe ist nun einmal die machtvollste Kraft, die es auf der Welt gibt.«

Ich blickte erstaunt auf meine Maestra und konnte kaum glauben, was ich da hörte. »Der Kolibri ist der einzige Vogel, der in der Luft stehen und unglaublich schnell fliegen kann, und das sowohl geradeaus als auch rückwärts. Er ist sehr geschickt und ein wahrer Meister der Heilung, da er mit seinem Schnabel tief in dein Energiefeld hineinkommt und dort mit seinem machtvollen Licht alles an Dunkelheit herauszupusten vermag.«

Der Wind drehte sich. Viele Monde waren vergangen, und Tutex war nur noch selten bei uns. Sie kam lediglich zu besonderen Anlässen, zum Beispiel zu wichtigen Ritualen und Festen des Stammes.

Die Rituale waren sehr wichtig für die Piapocos. Nicht nur, weil dann immer das gesamte Volk zusammenkam, was ja größtenteils sehr verteilt lebte, um die Ressourcen von Mutter Erde nicht aus dem Gleichgewicht zu bringen. Die Rituale waren ihre Religion, ihre Art und Weise, sich mit dem Großen Geist und dem Sinn ihrer eigenen Existenz zu verbinden. Es waren Gelegenheiten, bei denen sie sich daran erinnerten, wer sie waren und weshalb sie hier waren. Es waren stets prachtvolle und farbenfrohe Feste, die mit viel Musik und Heiterkeit untermalt wurden.

Es gab aber auch Rituale, zu denen nur die Männer gerufen wurden, wie zum Beispiel das Ritual des Kriegers. Hierbei kamen alle Männer des Stammes zusammen, um den Erzählungen eines Kriegers zu lauschen, der von einem jüngsten Ereignis berichten wollte, um seinen Mut und Erfolg mit seinen Brüdern zu feiern.

Bei diesen Anlässen standen Männer aller Altersstufen um den Krieger und begleiteten seine Erzählungen mit zustimmenden Zischgeräuschen. Wenn die Geschichte fertig erzählt war, hielten die Männer stets gemeinsam inne, schlossen ihre Augen und warteten auf das Erscheinen des Großen Geistes.

Wenn die Geschichte geprahlt oder sogar gelogen war, zeigte sich der Große Geist in Form eines Donners, einer unfreundlichen Windböe oder eines herunterkrachenden Astes. War jedoch eine wahrhaftige Heldentat zu feiern, gab es manchmal einen Regenbogen, einen bunten Schwarm Schmetterlinge oder eine erhabene Prise der Leichtigkeit zu genießen, die die Männer dann in ein sausendes Fest mit viel Chicha und ausgelassenem Tanz übergehen ließen. Am nächsten Morgen wurden stets säuberlich alle Spuren im Sand verwischt, um das Erlebnis des Vortages abzuschließen und Platz für die Ereignisse des neuen Tages zu schaffen. Das geschah nach allen gemeinsamen Ritualen und machte von Mal zu Mal immer mehr Sinn für mich.

Ich selbst wurde oft zu diesen Ritualen gerufen, und einmal durfte auch ich von meinen Fortschritten in der Magie erzählen.

»Und? Wie war das, Don José?«

Der Schamane lachte verlegen, und sein Bauch begann zu tanzen. Er stellte sich nur ungern selbst in den Mittelpunkt und antwortete deswegen: »Das möchte ich Ihnen jetzt nicht erzählen, Frau Braun. Machen wir lieber dort weiter, wo wir aufgehört haben.«

Ich setzte mich also wieder aufrecht hin und versuchte, meine letzten Kräfte zu mobilisieren, um den Erzählungen von Don José meine volle Aufmerksamkeit zu schenken. Es war wirklich beachtlich, wie viel Energie ich für die Gespräche mit ihm aufbringen musste.

Die Piapocos erzählten mir also, dass Tutex zu jener Zeit sehr beschäftigt sei. Ich konnte leider damals nicht herausbekommen, was genau sie tat und wo sie war. Sie fehlte mir sehr, und ich verbrachte in diesen Tagen viel Zeit alleine in der Wildnis. Ich beobachtete Tiere und hörte den Erzählungen der Pflanzenwelt und der Flüsse zu, die für mich immer klarer erkennbare Botschaften enthielten. Manchmal versuchte ich, mithilfe des Intentos meine Maestra herbeizuholen, aber das klappte leider nie, und zwar aus Gründen, die ich zum damaligen Zeitpunkt noch nicht verstehen konnte.

Trotzdem ging es mir sehr gut in jener Zeit. Ich war im Frieden mit mir, meiner Aufgabe im Urwald und meiner Umgebung. Und ich wusste, welch großes Geschenk es war, hier in der Wildnis sein zu dürfen, da ein Leben im Urwald der optimale Aufenthaltsort für einen angehenden Schamanen darstellt:

Es gibt dort so gut wie keine Ablenkung, und der Wald ist voll mit Kräften und Wesen, die bereit sind, dir rund um die Uhr auf deinem Weg zu helfen.

Es begab sich zu dieser Zeit, dass mir Etéwa die Erlaubnis erteilte, meine ersten Heilbehandlungen durchzuführen. Das war eine hohe Ehre und zeugte davon, dass mein Maestro und der Große Geist mit meinen Lernerfolgen der letzten Jahre sehr zufrieden waren.

Ich kann mich noch sehr genau an meinen ersten Patienten erinnern. Sein Name war »Flinker Esel«, und als er mit vielen offenen Wunden und unter starken Schmerzen zu uns getragen wurde, klopfte mir Etéwa kurz auf die Schulter, und ich wusste, dass ich nun aktiv werden sollte.

Wir erfuhren, dass der etwa vierzigjährige Mann soeben von einem Leoparden angefallen worden war. Er blutete stark, wurde auf die Behandlungsliege in Etéwas Maloka gelegt und bekam von dem Schamanen sogleich einige schmerzstillende und die Blutung stoppende Pflanzen in die Hände. Dieser fuhr einmal konzentriert mit der rechten Hand durch das Energiefeld des Patienten und trat dann zur Seite, ohne mir weitere Anleitungen zu geben.

Von einem Mitschüler bekam ich eine große Portion Yagé und hörte eine innere Stimme, dass ich der Führung der Pflanze ohne zu zögern gehorchen sollte. Ich weiß noch, wie mein Herz vor Aufregung wild zu pochen begann und blanke Angst in mir hochstieg, etwas falsch zu machen, worunter der Verletzte zu leiden hätte.

Ich schloss meine Augen und rief mein Krafttier, den Kolibri, zu Hilfe. Dann ging alles sehr schnell: Meine rechte Hand hielt ich über den Bauchnabel des Patienten und begann, tief in meinen Bauch zu atmen. Wie Sie ja bereits wissen, ist der Bauchnabel eine besondere Stelle am menschlichen Körper, um heilende Energien zu empfangen.

So blieb ich einige Minuten stehen, bis ich die ersten Anweisungen des Yagés empfing: Zielstrebig ging ich in die Wildnis und kam kurz darauf mit drei kleinen Bündeln Pflanzen zurück, von denen ich wusste, dass der Patient sie als aufgekochten Sud trinken musste. Ich reichte sie einer Frau, die gerade am Feuer saß, und gab ihr genaue Anweisungen, wie sie das Heilgetränk zubereiten sollte.

Als ich das nächste Mal aus dem Busch zurückkam, hielt ich die Blätter einer anderen Pflanze in der Hand, die ich dem Patienten auf seinen Bauchnabel legte und von denen ich wusste, dass sie dem Patienten den Rest seiner Schmerzen nehmen und die Heilung der Wunde unterstützen würden.

Nun begannen meine Hände, sich im Energiefeld des Verletzten zu bewegen, und ich stimmte Heilgesänge an, die in diesem Moment schon in meinem Geist waren. Es kamen Worte aus meinem Mund, und ich summte Melodien, die ich vorher noch nie gehört hatte. Plötzlich erschien der Kolibri grünbläulich leuchtend über meinem Kopf. Er schien die Beschaffenheit der Energie des Raumes vollkommen zu verwandeln, stand für einige Augenblicke mit spielend leichtem Flügelschlag über uns in der Luft und richtete seinen nach unten gebogenen Schnabel direkt auf meinen Patienten. Im nächsten Moment verschwand er auch schon wieder. Ich tat nichts in diesem Moment, sondern ließ alles geschehen, ohne es zu hinterfragen.

Nach einiger Zeit der Hingabe bemerkte ich, dass Etéwa neben mir stand und mir einen länglichen, großen Kristall reichte, den ich entgegennahm und ohne zu überlegen in meine

Bewegungen integrierte. Dann erhielt ich das Wissen, den Kristall nun auf dem Bauch des Patienten abzulegen. Meine erste Heilbehandlung war beendet. Flinker Esel war tief und fest eingeschlafen und atmete jetzt ruhig und gleichmäßig.

Ich erhielt einen zustimmenden und anerkennenden Blick von Etéwa, und meine Mitschüler klopften mir anerkennend einer nach dem anderen auf die Schulter. Es war ein großartiger Moment, und ich weiß noch, wie glücklich und stolz ich damals war. Den Kristall trage ich heute noch bei mir.

Ich kann mich gut an den Kristall erinnern, als Don José ihn mir zeigte. Ich ließ einen ehrfurchtsvollen Blick auf den leuchtenden Bergkristallzapfen fallen, den er nun in seinen riesigen Händen hielt.

»Und das war, nachdem Sie schon wie lange zum Schamanen ausgebildet wurden?« Er kratzte sich nachdenklich hinter dem Ohr. »Naja, so nach vier bis fünf Jahren ungefähr.«

Don José setzte sich wieder aufrecht hin und fuhr nach einem kurzen Räuspern mit seinen Erzählungen fort.

Nach drei Tagen war der Heilungsprozess meines Patienten so weit vorangeschritten, dass er wieder aufstehen und zu seiner Familie zurückkehren konnte. Er reichte mir zum Abschied seine Hand und bedankte sich mit einem kurzen, für die Piapocos typischen Grunzlaut bei mir.

Wie ich bei meinem Maestro beobachtet hatte, bewahrte ich meinen neuen Kristall von nun an in einem kleinen Beutel auf, der um meinen linken Knöchel gebunden war, damit ich ihn immer zur Stelle hatte, wenn ich ihn brauchte. Vom Yagé erhielt ich damals die Informationen, dass Kristalle die machtvollsten Instrumente der Heilung sind, die es auf Mutter Erde gibt. Sie absorbieren dunkle Energien und bringen reine Lichtenergien des Universums in den zu behandelnden Organismus.

Eine bleierne Müdigkeit bereitete unserer Unterhaltung ein jähes Ende. Ich verabschiedete mich von Don José, der ebenfalls dankbar zu sein schien, dass er nun seine wohlverdiente Bettruhe erhielt.

In den darauffolgenden Monaten fanden Don José und ich fast keine Möglichkeit, uns zu sehen und über weitere Erlebnisse seiner Einweihungszeit als Schamane zu sprechen. In Kolumbien fing es zu dieser Zeit an zu regnen, und es hörte fast dreizehn Monate lang nicht auf. Die Berge zwischen Medellín und Bogotá begannen sich zu bewegen, da sie bis hinauf zu ihren Wipfeln mit fruchtbarster Erde und vielen Pflanzen bedeckt waren und durch das Gewicht des Wassers bald Landstraßen und ganze Dörfer mit sich rissen.

Don José begann nun, selbst zu schreiben und im Haus seiner Familie das Geschriebene in den Computer zu übertragen. Für mich stellte es eine nicht zu unterschätzende Herausforderung dar, seine Texte zu verstehen und zu übersetzen, da seine Schriftform nach insgesamt drei Jahren Schulbildung nicht besonders übersichtlich war. Das Geschriebene begann mit einer wichtigen Reise ins Herz des Amazonasgebiets, die etwa genau in der Hälfte seiner Ausbildungszeit stattgefunden hatte.

Es war an einem dieser verregneten Morgen, der durchschnittlicher nicht hätte beginnen können, als Etéwa urplötzlich vor mir stand und mir mitteilte, dass wir beim nächsten Sonnenaufgang zu einer längere Reise in das Zentrum des Amazonasgebiets aufbrechen würden, um eine wichtige Prüfung zu absolvieren. Überrascht und voller Neugier begann ich, zusammen mit den anderen Schülern, Proviant und unsere Waffen zusammenzusuchen und uns auf unser bevorstehendes Abenteuer einzustimmen.

Es lag etwas Großes, Besonderes in der Luft – ich war nicht imstande, meiner Neugier standzuhalten, und wollte unbedingt wissen, was mir bevorstand. Ich verließ also unser Lager, um meinen Freund, den Vogel Piapoco, zu konsultieren. Ich kann Ihnen nicht genau sagen, warum ich immer wieder dieses freche, fast respektlose Wesen zu Rate zog. Vielleicht war es für mich zu jener Zeit die einfachste Alternative. Auch an diesem Tag erhielt ich keine zufriedenstellende Antwort auf meine Frage:

»Was fragst du mich? Frag dich doch selbst!«, waren die kurz angebundenen Worte, als ich den farbenfrohen Vogel nach meiner Prüfung fragte.

Auch die Versuche, meine Freunde, die Bäume, zu fragen, konnten mein Verlangen nach Klarheit leider nicht zufriedenstellen. Ich fing eine Unterhaltung an, und als ich die von Etéwa geplante Prüfung erwähnte, kam mir nichts als vibrierende Stille entgegen. Alles geschah genau zu seiner Zeit, für die es bestimmt war. Da gab es nichts dran zu rütteln. Voller Aufregung legte ich mich an diesem Abend schlafen und warf mich die ganze Nacht unruhig hin und her.

Am nächsten Morgen ging es bereits vor Anbruch der Dämmerung los in nordwestlicher Richtung. Schon bald befanden wir uns eingehüllt in dem Dickicht des unberührten Urwaldes, der uns auf jedem zurückgelegten Meter größere Hindernisse entgegenbrachte. Etéwa führte mit seiner scharfen Machete die Gruppe an, und wir halfen ihm dabei, Schritt für

Schritt unseren Weg weiter vorzuarbeiten. Aufgrund der enormen Dichte des Waldes wurde es um uns herum immer dunkler, da das Tageslicht nicht zu uns durchkam.

Erneut wurden wir Zeuge davon, dass der Körper unseres Maestros keinerlei Pausen zu benötigen schien, und so machten wir erst Rast, als uns die Göttin des Mondes bereits mit voller Kraft ihre Energie sandte. Es war stockdunkel – so dunkel, dass wir nicht einmal mehr die Hand vor Augen sehen konnten.

Mit einem kurzen Grunzen gab uns Etéwa zu verstehen, dass wir hier, am Rande eines dunklen Tümpels, die Nacht verbringen würden. Dankbar und ziemlich erschöpft legten wir unsere Sachen nieder und suchten mit viel Fingerspitzengefühl und Kontakt zu unserem inneren Wissen Brennholz für die Nacht zusammen. Ich atmete erleichtert auf, als endlich ein hochloderndes Feuer die betörende Dunkelheit des Waldes, der voller Stimmen war, durchbrach.

Mithilfe des Lichts fanden wir einen sehr hohen Baum, an dem wir unsere Hängematten in etwa fünfzehn Meter Höhe über dem Erdboden befestigten. Die Geräusche und Gerüche dieses Ortes waren anders als bei uns zu Hause, und ich konnte mich dabei beobachten, wie ich in dieser Nacht in alte Glaubensmuster zurückfiel, die in mir Angst und Unruhe erzeugten. Ich bildete mir ein, in dieser Gegend viele böswillige Raubkatzen und Schlangen zu spüren, die nur darauf warteten, dass unser Feuer erlosch, um uns dann seelenruhig zu verspeisen. Ich konnte die feurigen Augen des Leopards förmlich auf meinem Nacken spüren, und bei diesem Gedanken stellten sich mir alle Körperhaare einzeln auf.

Bei jedem Knacken der Äste oder Kreischen eines Nachtvogels fuhr ich zusammen wie ein kleiner, ängstlicher Junge und fand erneut keine Ruhe in dieser Nacht. Als ich nach stundenlangem Herumwälzen in meiner Hängematte bemerkte, dass unser Feuer bereits erheblich an Höhe verloren hatte, kletterte ich den langen Stamm des Baums hinunter, um dem Feuer neue Kraft zu verleihen. Die Raubkatzen fürchten sich vor Feuer und würden es daher nicht wagen, sich uns zu nähern. Wenig später loderte das Feuer wieder in beachtlicher Höhe, und ich kehrte schleunigst in mein Nachtlager zurück, in dem ich mich zumindest ein klein wenig sicherer fühlte.

Mit geschlossenen Augen lauschte ich noch viele weitere Stunden lang der Musik des Waldes und grübelte darüber nach, wie es meine alte Freundin, die Angst, wieder einmal geschafft hatte, mich in meine alten Glaubensmuster zurückzuwerfen. Etéwa hatte uns doch energetisch geschützt. Uns konnte doch gar nichts Böses geschehen …

Irgendwann musste ich dann doch eingeschlafen sein, denn im scheinbar nächsten Moment fuhr ich schweißgebadet aus einem schlimmen Albtraum empor. Ich hatte das im Traum gesehene Bild noch exakt vor Augen: eine riesige Schlange, die einen meiner Mitschüler ins Bein biss, der wie am Spieß aufschrie und in sich zusammenfiel!

Nervös montierte ich meine Hängematte ab und kletterte hinunter zu den anderen, die bereits um das glimmende Feuer standen und sich auf den weiteren Marsch vorbereiteten. Ich nahm einige tiefe Atemzüge und grüßte die Gottheit Sonne, auch wenn sie wieder einmal nicht sichtbar war. So schaffte ich es, mich wieder einigermaßen ins Gleichgewicht zu bringen. Die Erinnerung an meinen Traum verblasste, und ich hielt es für klüger, mich erst wieder zu ordnen, ehe ich den anderen davon erzählte.

Kurz darauf befanden wir uns erneut auf unserem Weg. Heute durchforsteten wir eine vollkommen andere Umgebung: Ein Baumriese erhob sich neben dem anderen. Eine sehr würdevolle Energie strömte von diesen mächtigen Wesen auf uns herab. Weiterhin war es sehr anspruchsvoll, sich fortzubewegen, denn es hingen unzählige Lianen wie Haare von den Bäumen herab und vereinigten sich über Mutter Erde mit hochwuchernden Sträuchern.

Die Bilder meines Albtraums schossen mir beim Freikämpfen unseres Weges plötzlich wieder durch den Kopf, und ich beschloss kurzerhand, nun doch etwas zu unternehmen. Leider war es schon zu spät, denn im selben Moment, als ich bei meinem Maestro eintraf, ertönte auch schon das peitschenschlagartige Geräusch, das einige große Giftschlangen des Amazonas kurz vor einem Angriff mit ihrem Schwanz auf dem feuchten Waldboden ausüben. Wie in Trance drehten wir uns um, und mein Maestro ließ, in weiser Voraussicht, einen mit Curare versehenen Pfeil aus seinem Bogen los.

Der kleinste meiner Mitschüler stieß einen schrillen Schrei aus, der durch Mark und Bein ging, und fiel mit einem dumpfen Aufprall zu Boden. Ein weiterer Pfeil schnellte an meinem Kopf vorbei, der haargenau neben dem ersten den kräftigen Körper einer etwa zwei Meter langen, bräunlichgelben Lanzenotter durchbohrte.

Außer mir rannte ich zu dem sich am Boden windenden Jungen. Ich nahm seinen Kopf in meine Hände und legte ihn auf meinen Schoß. Sein Gesicht war schweißüberströmt, kalt und weiß wie der Nebel des Waldes. Nachdem wir gemeinsam mit Etéwa seine Wunde besprochen und seine Schmerzen mit Hilfe von Pflanzen und Gebeten etwas besänftigt hatten, wies unser Maestro uns an, aus drei Hängematten eine Art Krankenliege herzustellen. Er erklärte uns, dass sich bereits eine Menge an Schlangengift im Körper des Verletzten befände und er daher sofort zurück zur Maloka getragen werden müsse, um dort zu ruhen und wieder zu Kräften zu finden. »Taguarí, komm mit mir. Ihr anderen bringt ihn zurück und pflegt ihn, bis wir wieder da sind!«

So erfuhr unsere Reise eine überraschende Wendung. Plötzlich war ich der Einzige, der mit unserem Maestro zu dieser besonderen Prüfung ziehen durfte. Der Abschied von meinen Mitschülern war kurz und schmerzlos. Wir nickten einander zu. Der Schamane entnahm dem Tier noch die zwei Pfeile und sprach ein Gebet zu seiner Seele. Die scharfen Eckzähne entfernte er und steckte sie in seinen Beutel der Macht, was Tradition bei den Piapocos war.

Wie durch Zauberhand wurde der Weg nun zum Glück etwas leichter. Der Wald öffnete sich langsam, und Sonnenstrahlen fanden den Weg zu uns, was dazu führte, dass ich mich wieder freier und leichter fühlte. Von einem Moment auf den anderen öffnete sich dann das Dickicht, und wir konnten endlich wieder in die Weite des Himmels blicken.

Meine Augen, die das Halbdunkel des Waldes seit Wochen gewohnt waren, blinzelten Schutz suchend in die grelle Sonne. Wir standen am Fuße einer Gruppe von gewaltigen Felsen, die mit vielen kleinen, glitzernden Kristallen übersät waren und so prachtvoll funkelten, dass sie ihrer Umgebung etwas Erhabenes verliehen. Weiter hinten am Horizont erblickte ich weites und erstaunlich trockenes Flachland, das fast durstig auf den nächsten Regen zu warten schien. Im Zentrum des Tals stand ein gewaltiger Baum, der augenscheinlich der Hüter dieses besonderen Kraftplatzes war. In einigem Abstand zu ihm, am östlichen Rand des Tals, konnte ich den Rauch eines Feuers erkennen und erblickte die Umrisse eines von Indigenas errichteten Lagers.

Es war fantastisch, endlich wieder weit sehen zu können, und ich genoss es in vollen Zügen. Meine Augen gewöhnten sich immer besser an die Helligkeit des Ortes, und ich erkannte einen kleinen Bach, der sich direkt zwischen den glitzernden Felsen seinen Weg hinab ins Tal suchte.

Etéwa wandte sich mir zu, bohrte seinen pfeilscharfen Blick bis in mein Innerstes und sagte: »Wir sind angekommen, Taguarí. Wie du sehen kannst, ist dies ein besonderer Kraftort, der seit Generationen von uns Piapocos behütet und für besondere Rituale genutzt wird. Der Große Geist hat entschieden, dass du der Einzige bist, der die große Einweihung in die »Musik der Erde« morgen antreten wird. Die anderen haben eine wichtige Regel missachtet und wurden deshalb vom Großen Geist ausrangiert.«

»Wie meinst du das – ausrangiert?«, fragte ich meinen Maestro verblüfft. Mit einigen knappen Worten erzählte mir Etéwa, dass er im Moment des Schlangenangriffs gesehen hatte, dass die Jungs sich gegenseitig zu sexuellen Spielen verführt hatten, wohl wissend, dass dies gegen die Vorschriften der Ausbildungszeit verstoße. Ich staunte. »Nichts geschieht ohne einen bestimmten Grund«, raunte es durch mein Inneres. »Auch nicht der Schlangenangriff von heute.«

Nun erhob sich mein Blick und schweifte gen Westen ab. Er erreichte eine weitere kleine Felsengruppe, die am Rand des Waldes, etwa 200 Meter von uns entfernt, das Sonnenlicht reflektierte. Mein Herz machte einen kleinen Hüpfer, und ich sprang wie von einer Schlange gebissen auf: Ich erkannte die

Umrisse einer Frau, die dort auf der Felsengruppe saß, und wusste sofort, wer es war: Tutex.

Außer mir vor Freude und wahrscheinlich etwas zu hastig lief ich ihr entgegen. Das Licht der Sonne spielte zusammen mit dem Wind mit ihrem schönen, bläulich-schwarzen Haar, und ihre nackte Haut glänzte mir in ihren goldenen Farbnuancen verführerisch entgegen. Sie sah aus wie eine Göttin, als sie mir mit ihren honigfarbenen Augen freudig entgegenblickte.

Ich fiel ihr um den Hals und drückte sie fest an mich. Ein Gefühl absoluter Sicherheit und Geborgenheit durchdrang mich, und ich war unsagbar glücklich, meine Maestra nach so langer Zeit endlich wiederzusehen. Wir unterhielten uns viele Stunden lang über alles Mögliche und vergaßen dabei Raum und Zeit. Als ich das nächste Mal aufblickte, hing die rotgefärbte Sonne bereits zum Anfassen nahe über dem Horizont, und meine Maestra räusperte sich.

»Du musst jetzt schlafen, Taguarí!« Sie legte ihren Arm mütterlich um meine Schultern. »Morgen ist ein wichtiger Tag für dich, und du solltest gut ausgeruht sein.« Sie erhob sich in ihrer gewohnt galanten Art und ging, jeden Schritt bewusst und sorgsam auf die Erde setzend, auf das Lager der Piapocos zu.

Am nächsten Morgen erwachte ich schon vor Sonnenaufgang: Der große Tag meiner Prüfung war gekommen. Ohne zu wissen, was genau auf mich zukommen würde, stand ich auf, reckte meine steif gewordenen Glieder der aufgehenden Sonne entgegen, die ich dabei wie jeden Morgen kurz begrüßte. Ich bedankte mich für das Geschenk dieses neuen Tages und machte einige Dehnübungen, die mir Tutex einst gezeigt hatte, um mit vollem Bewusstsein in meinen Körper einzutreten, und atmete, so tief ich konnte.

Nach einem leichten Frühstück von einigen Chontaduro Früchten wurde ich wortlos von Tutex an die Hand genommen und zu dem großen, zirka 60 Meter hohen Baum geführt, dem Hüter dieses Kraftorts. Ich fragte mich, warum mein Maestro weit und breit nicht zu sehen war, doch dann zog mich die Schönheit dieses Baumes vollends in ihren Bann: Die langen Äste wuchsen in alle Richtungen dem Himmel entgegen und bogen sich auf halber Strecke nach unten in Richtung Erde. Er war übersät mit großen, lilafarbenen Blüten, und zusammen mit seinen saftigen, dunkelgrünen Blättern wirkte er in der aufgehenden Morgensonne wie eine majestätische Gottheit, die, losgelöst von den klimatischen Bedingungen dieses Ortes, zu gedeihen schien.

Beim Näherkommen erkannte ich einen großen Kreis um den Baum, vielleicht dreißig Meter im Durchmesser, innen auffallend eben und aufgeräumt, fast unbewachsen von Pflanzen und Bäumen. Dies ließ darauf schließen, dass dieser Ort schon oft zur Durchführung von Ritualen benutzt worden war. Außerhalb des Kreises wucherten alle möglichen Pflanzen und Bäume und boten bestimmt vielen Schlangen, Insekten und anderen Tieren ein Zuhause. Die Luft war elektrisiert, und es war deutlich zu spüren, dass von diesem Ort eine besondere, zutiefst magische Energie ausging.

Tutex führte mich auf einem kreisförmigen Weg um das gesamte Gebiet herum, währenddessen sich unsere Lippen synchron beim Flüstern des Schutzmantras *Hecedión* bewegten. Als wir wieder an unserem Ausgangspunkt angekommen waren, führte mich meine Maestra auf direktem Weg zum Fuß des kräftigen Baumstamms. Sie wies mich an, mich gen Westen blickend, also in entgegengesetzter Richtung zur aufgehenden Sonne, mit dem Rücken an den Baumstamm zu setzen.

»Du darfst dich erst wieder erheben, wenn ich oder Etéwa dich persönlich dazu auffordern.«

»Und was soll ich tun?«, hakte ich nach.

»Sei wach in deinem Geist, entspanne ihn und beobachte. Horche in dich und in Mutter Erde hinein und atme dann im Einklang mit ihrem Herzschlag. Wenn du es schaffst, dich ganz von dir selbst zu befreien, wirst du sie hören, die Musik der Erde.« »Und meine Medizin?«, fragte ich und erwartete meine gewohnte Ration Yagé. »Die brauchst du jetzt nicht mehr, Taguarí. Alles, was du brauchst, findest du in dir.«

Schon war sie verschwunden. *Die Musik der Erde* … Davon hatte mir Tutex schon viele Male erzählt, aber ich konnte mir noch nicht viel unter diesem Begriff vorstellen. »Alles, was lebt, vibriert in seiner eigenen Frequenz«, hatte mir damals meine Maestra erklärt, »und hat gleichzeitig seinen eigenen Ton und seine eigene Farbe.«

Ich konzentrierte mich also kurz auf mein Vorhaben und formulierte meine Absicht in klaren Gedanken. Gleichzeitig rief ich meine helfenden Geistwesen, die mich begleiten und beschützen sollten. Nun begann ich, mich selbst zu beobachten und nahm einige tiefe Atemzüge. In meinem Inneren sah ich plötzlich einen der eindrucksvollsten Momente meiner ersten Ausbildungsjahre:

An diesem Tag hatte ich mich zum ersten Mal auf einer anderen Ebene mit dem Element Wasser getroffen, Musik in ihm vernommen und in Anwesenheit von Tausenden Lichtwesen damit begonnen, mich frei wie ein Fisch im weiten Ozean zu fühlen. Meine Mundwinkel verzogen sich zu einem wonnigen Lächeln bei der Erinnerung an diesen wundervollen Moment, in dem ich ungeschmälert die bedingungslose Liebe von Mutter Erde gegenüber allen ihren Kindern fühlen durfte.

Ich atmete weiter tief in meinen Bauch hinein und ließ die aufsteigenden Bilder an mir vorüberziehen. Das Gefühl dieses Ereignisses blieb noch einige Augenblicke bei mir, und ich versuchte, jegliche Kontrolle über das, was mit mir geschah, loszulassen. Ich wusste, dass meine geistigen Helfer bei mir waren und mich unterstützten, und so konnte ich mich voll und ganz dieser Erfahrung hingeben.

Mein Bewusstsein wanderte langsam hinter meinen Rücken in den Baumstamm und schien sich von dort aus in alle Richtungen auszubreiten. Ich atmete tief und gleichmäßig und fühlte plötzlich meine Verbindung zum Herzen der Erde und des Himmels. Die Haut auf meinem Rücken kribbelte wie verrückt, und mein Herz schien ganz weit zu werden und sich zu öffnen.

Ich ließ mich nicht beirren, atmete tiefes Vertrauen in meinen Bauch und versuchte, alle Körperempfindungen so zu lassen, wie sie waren, ohne sie zu bewerten. Ich trat in einen anderen Bewusstseinszustand ein, in dem die vertiefte Bauchatmung losgelöst von meinem Willen funktionierte und ich ihre eigenständige Dynamik wie aus einer gewissen Distanz heraus beobachten konnte. Ich lauschte den Geräuschen meiner Atmung, und meine Umgebung begann sich allmählich zu vernebeln. Das einzig Existente waren Atem und Energie, Atem und Energie.

Im nächsten Moment war meine Wahrnehmung auf ein anderes Geräusch gerichtet: das Rascheln der Blätter des Baumes. Es schien aus mir heraus zu kommen und gleichzeitig meine Umgebung auszufüllen. Dann wurde dieses Geräusch mit einem Mal ausgeschaltet, und ich begann einen Ton wahrzunehmen, der immer lauter wurde. Ohne zu wissen warum, wusste ich zweifelsfrei, dass dieser Ton aus der Verschmelzung meiner Töne mit den Tönen des Baumes entstanden war. Es war ein sehr harmonischer Ton, der mich wie eine aufsteigende, prickelnde Welle von innen heraus auszufüllen und dabei immer weiter zu öffnen schien.

Ich war pure Energie und eins mit diesem Baum. Sein Körper war mein Körper, sein Gefühl, seine Gedanken waren die meinigen. Sein Alter und seine Weisheit verschmolzen mit mir, wurden von jeder Zelle meines Bewusstseins aufgenommen und mit meinen Informationen ausgetauscht.

Meine Beine waren Baumstamm, meine Füße Wurzeln, mein Oberkörper, mein Kopf und meine Arme waren Äste, Zweige und Blätter. Mein Geruch war modrig, erdig und gleichzeitig frisch und voller Honigsüße.

Wenig später wurde mir bewusst, dass ich sogar meine Umwelt aus der Perspektive des Baums sehen konnte, die aus einem andersartigen und sehr exotischen Stoff gewebt zu sein schien. Ich beobachtete, fühlte und hörte die Insekten und Vögel, die um meine Blüten herumsummten und mich abschleckten. Ich bemerkte all die liebevollen Lichtwesen, die mich, den Baum, umgaben und beschützten.

Im nächsten Moment war ich, ohne es bewusst gesteuert zu haben, mit meinem Bewusstsein oben in der Baumkrone und blickte von dort aus in die grenzenlose Ferne. Ich sah einige hundert Meter entfernt von uns noch weitere hochragende Bäume, die majestätisch und voller Erhabenheit Mutter Erde mit Vater Himmel verbanden – umrahmt von einer dichten, weißen Nebelkuppe. Was ich in diesem Moment fühlte, kann ich nicht beschreiben. Es war einer der erhabensten Momente meiner Ausbildungszeit. Alles war perfekt – alles war eins. Alles hatte seinen Sinn und seine Bedeutung und bestand aus purer Liebe.

Ich war wieder zu Hause. Zurück im absoluten Frieden, in der absoluten Harmonie. Wo ich auch hinblickte, erkannte und fühlte ich Frieden und ungetrübte Freude. Alles bestand aus einer perfekt organisierten und in sich absolut stimmigen, zusammenhängenden Symphonie des Lebens.

Dann kam ein kräftiger Windstoß aus östlicher Richtung, der mich zunächst etwas zur Seite drückte und mich dann unglücklicherweise aus meiner paradiesischen Welt herausfallen ließ. Als ich im nächsten Moment meine Augen öffnete, fand ich mich am Fuße des Baumes wieder, wo ich saß und mit beiden Armen und Beinen seinen Stamm umklammerte. Dicke Tränen begannen mir aus den Augen zu laufen, und ich blickte verzweifelt nach oben zur Baumkrone. Ich suchte nach einer Möglichkeit des Wiedereintritts, leider vergeblich.

Nackte Einsamkeit, Trauer und erbarmungslose Leere erfüllten mein Herz, und so liefen bittere Tränen der Verzweiflung über meine Wangen. Dann berührte eine warme Hand meine Schulter. Ich drehte mich um und fiel Tutex um den Hals, die neben mir kniete und mich fürsorglich an ihre warme Brust drückte. Ich weinte bitterlich, und mein Körper bebte und zuckte dabei unkontrolliert.

Ich musste nichts sagen, nichts erklären. Sie wusste, was ich erlebt hatte, war sogar so etwas wie der Auslöser gewesen, damit diese tiefe Erfahrung überhaupt zustande gekommen war. Sie hatte mir den Weg in diese Welt der Schönheit, fernab von jeglicher Illusion und Getrenntheit und zurück zur ursprünglichen Wahrheit allen Seins, geebnet. Ohne dass ich zu diesem Zeitpunkt genau verstand, warum, wusste ich, dass es so gewesen war.

Es dämmerte bereits, und ein ganzer Tag war kaum merklich an mir vorbeigezogen. Tutex stand auf, reichte mir ihre Hand und zog mich zu sich nach oben. In tiefes Schweigen gehüllt gingen wir nebeneinander der untergehenden Sonne entgegen.

Erst jetzt bemerkte ich, wie erschöpft ich war und wie müde sich mein Körper anfühlte. Tutex lächelte mich wissend an, nahm meine Hand und gab mir zu verstehen, dass sie mit meiner Leistung sehr zufrieden war. Aus der Ferne sah ich schon meinen Maestro, wie er mit einigen Piapocos um ein loderndes Feuer saß und zu Abend aß. Ein dröhnendes Knurren in meinem Magen signalisierte mir, wie hungrig auch ich war.

Bevor ich bei den anderen angekommen war, bemerkte ich plötzlich, dass meine Hand, in der gerade noch die von Tutex gelegen hatte, leer war. Verblüfft blickte ich in alle Richtungen, doch meine Maestra war verschwunden.

Am Lagerfeuer angekommen, kam mein Maestro auf mich zu und wies mich an, mich zu ihm zu setzen. Ich hoffte, dass er mir zuerst etwas zu essen geben würde, aber dem war nicht so. Etéwa erklärte mir, dass ich den ersten Teil meiner Prüfung gut bestanden hätte, aber noch nichts essen dürfte, da morgen der zweite, noch wichtigere Teil kommen würde. So bekam ich nur einen Kräuteraufguss in meine müden Hände und verzog mich schon sehr bald an einen nahe gelegenen, kleinen Baum.

Dort setzte ich mich mit dem Rücken gegen den Baumstamm und schaute den tanzenden Bewegungen des Lagerfeuers zu. Meine Gedanken fingen an abzuschweifen, und ich dachte über meine heutigen Erfahrungen nach. Welch absolut göttliches Erlebnis war doch meine Fusion mit dem Baumwesen gewesen und wie wundervoll das Gefühl, abgöttisch geliebter Teil der Natur zu sein. Es war das erste Mal gewesen, dass mein Bewusstsein sich ohne Hilfe des Yagés auf solche

Höhen geschwungen hatte, und ich war sehr stolz darauf festzustellen, dass ich nun hierzu bereit war. Ich verstand in diesem Moment, dass das Yagé für mich bis heute so etwas wie ein Fremdenführer gewesen war, der mir gezeigt hatte, was alles möglich war. Mit dieser soliden Vorstellung in mir bedurfte es nun keinerlei Hilfen mehr, um in erweiterte Bewusstseinszustände einzutreten.

Und noch etwas brachte mich in dieser Nacht zum Grübeln: Wohin war Tutex wieder einmal so plötzlich verschwunden? Und warum verschwand sie oft so plötzlich? Was steckte hinter diesem Geheimnis?

Im selben Moment, als diese Gedanken durch meinen Kopf gingen, erschrak ich fürchterlich, denn eine schattenhafte Präsenz erschien neben mir, und ich brauchte einen Moment, ehe ich Tutex erkannte, die wie aus dem Nichts plötzlich an der anderen Seite des Baustamms lehnte. Sie drehte sich zu mir um und lächelte mich geheimnisvoll an: »Na, mein Süßer? Alles gut bei dir?« Ich konnte nur lächeln und vor Schreck nichts sagen. »Geh heute beizeiten schlafen, Taguarí. Du musst morgen bei vollen Kräften sein, denn der Hauptteil der Prüfung steht dir noch bevor.«

Ohne weiteren Kommentar löste sie sich vom Baumstamm und lief in entgegengesetzter Richtung des Lagers in den Wald. Sie steckte voller Geheimnisse, meine Maestra. Warum blieb sie keine Nacht bei uns? Ich blickte ihr gedankenverloren hinterher, bis die Dunkelheit sie vollkommen verschlungen hatte.

Der Jaguar

Als ich am nächsten Morgen erwachte, fiel mein Blick zuerst auf Tutex, die an der rauchenden Feuerstelle hockte und unser Frühstück zubereitete. Das gesamte Volk schien ausgeflogen zu sein, mitsamt Kindern und Frauen, die normalerweise das Lager nicht verließen. Deutlich spürbar lag eine besondere Energie in der Luft, durch die sich meine Körperhaare vor Spannung aufrichteten.

Ich drehte mich zur Sonne und öffnete meine Arme zur Seite. Dann schloss ich die Augen und verband mich mit der kraftvollen Energie, die sie aussendete. Ich sprach mein gewöhnliches Morgengebet und bat die Sonne erneut um ihre Begleitung und Unterstützung, um alle Herausforderungen meiner heutigen Prüfung meistern zu können.

Dann setzte ich mich zu Tutex ans Feuer, die mir einen Sud aus verschiedenen Kräutern reichte. Ich konnte erneut meine Augen nicht von meiner Maestra lassen: Sie schien aus ihren Poren heraus Licht auszustrahlen und wirkte dadurch wie eine Göttin, die nicht mehr den menschlichen Begrenzungen des Materiellen unterliegt. Ich atmete vertieft in den Bauchraum, mit der bewussten Intention, die Energie von Mutter Erde in mich aufzunehmen und mich von ihr nähren zu lassen. Heute würde es keine feste Nahrung für mich geben. Wie immer, wenn wir alte Begrenzungen hinter uns ließen und mit unserem Geist neues Territorium entdecken wollten.

Wir sprachen kein Wort, und durch mein vertieftes Atmen wusste ich bald, dass es nun darauf ankam, mich geistig mit

Tutex und dem Auftrag, den ich heute hatte, zu verbinden. Ich blickte in das Feuer und bat auch Großvater Feuer um seine Hilfe. Ich atmete weiter und fühlte, dass sich die Proportionen zu verschieben begannen, wodurch ich das Gefühl hatte, zu wachsen und leicht wie eine Feder zu werden.

Im nächsten Moment begann ich in meinem zuvor leeren Kopf Gedanken wahrzunehmen, die augenscheinlich von Tutex ausgingen. »*Heute ist also der große Tag deiner Prüfung*, dachte es in mir. *Ich bin sehr stolz auf dich und dass du so weit gekommen bist und als einziger Schüler diese Prüfung antreten wirst.*«

Ich erfuhr, sie hätte schon immer gewusst, dass ich zu Großem fähig sei, seitdem sie mich das erste Mal gesehen hätte. Die Piapocos und auch Etéwa wollten ihr zuerst nicht glauben, da sie der Meinung waren, Weiße wären niemals in der Lage, die hohe Kunst der Magie im Einklang mit Mutter Erde zu lernen. Hiervon ließ sich Tutex aber nie beirren und glaubte felsenfest an meinen starken Willen und meine Disziplin, die mich bis hierher gebracht hatten.

Heute sollte ich mich wie gestern mit dem Rücken an den Stamm des Einweihungsbaums setzen und mich dort mit der Musik der Erde verbinden. Mit dieser Musik in den Ohren sollte ich aufstehen und zu Tutex kommen, die einige Meter von mir entfernt auf mich warten würde.

Immer noch schweigend, legte Tutex ihre rechte Hand auf meine Brust und blickte mir tief in die Augen. Ich hatte das Gefühl abzuheben, und ein tiefes Gefühl grenzenlosen Glücks durchspülte meine Seele.

Wenig später machten wir uns auf den Weg. Kurz überlegte ich, ob ich besser Tutex fragen sollte, ob ich alles richtig verstanden hatte, entschied mich dann aber, zu vertrauen und mein inneres Wissen nicht infrage zu stellen.

Ich setzte meine Füße bei jedem Schritt sehr bewusst auf Mutter Erde, so, wie ich es immer bei meiner Maestra bewundert hatte, und konnte heute deutlich spüren, wie sich dadurch mein Kontakt zu ihr enorm vertiefte. Wie gestern liefen wir gemeinsam um den Schutzkreis unseres Einweihungsgebiets, und ich rief gleichzeitig meine Krafttiere zu Hilfe.

Im Geist verabschiedete ich mich von meiner Maestra und ging zum Stamm des Baumes. *TARU AMARU CE* ertönte es in meinem Geist, denn ich betrat in diesem Moment erneut fremdes Gebiet: das Energiefeld des machtvollen Baumes.

Wie am Vortag setzte ich mich mit dem Rücken gegen den Baumstamm Richtung Westen. Bevor ich die Augen schloss, suchten diese noch einmal Tutex, die in etwa fünfzehn Metern Entfernung in breitbeiniger Position stand und aufmerksam zum Horizont blickte. Ich konnte ihre Präsenz deutlich in mir spüren. Sie war bei mir und würde mir bei meiner Aufgabe helfen.

Erstaunlicherweise dauerte es nur wenige Augenblicke, bis ich die ersten Vibrationen und Töne in mir wahrnahm. Leider verschwanden sie auch immer wieder genauso schnell, wie sie aufgetaucht waren. Und zwar jedes Mal, wenn ich versuchte, mein Bewusstsein auf sie zu zentrieren. Auf diese Weise verging einige Zeit, bis ich irgendwann dazu in der Lage war, der Vibration Raum in mir zu geben, ohne irgendetwas mit ihr tun zu wollen. Sie einfach so zu lassen, wie sie war und sie bewertungsfrei zu beobachten. So gab ich ihr die Möglichkeit, sich zu einer lieblichen Melodie zu formen, die sich durch meinen gesamten Organismus auszubreiten schien.

Dann fand ich mich mit der nächsten Herausforderung konfrontiert: Immer wenn ich aufstehen wollte, um zu Tutex zu gehen, verlor ich die Verbindung, und die Musik war weg. Dies brachte mich fast zur Verzweiflung, denn dieses Hin und Her kostete mich sehr viel Energie.

Ich kann nicht genau sagen, warum es irgendwann endlich funktionierte. Aber nach unzähligen Versuchen und einer geballten Ladung aufgebrachter Willenskraft gelang es mir schließlich, mich zu bewegen, ohne die entstandene Leitung zu blockieren. Als ich endlich voller Freude vor Tutex stand, begannen wir, uns wortlos zu den Tönen in meinem Inneren zu bewegen. Es schien dieselbe Musik zu sein, die sie hörte, denn unsere Bewegungen waren wundervoll harmonisch und synchron.

Ich muss dazu sagen, dass dies zuvor immer eine meiner größten Herausforderungen gewesen war. Mich harmonisch zu bewegen war nicht gerade meine Stärke. Nicht selten war ich dadurch in Situationen gekommen, in denen ich mich unbeholfen und tollpatschig neben der vollendeten Eleganz meiner beiden Maestros gefühlt hatte.

Doch heute schien es anders zu sein, aus welchen Gründen auch immer. Alle Anspannung schien verloren, und ich war im Fluss mit den Elementen und dem gesamten Kosmos. Ohne vorher Yagé getrunken zu haben, wohlbemerkt! Mühelos bewegte sich mein Körper im Einklang mit den Bewegungen von Tutex, so, als wären wir Wasser des gleichen Flusses, das sich gemeinsam um abgerundete Felsen und Steine windet. Es war ein absolut göttliches Gefühl, das mich ausfüllte. Purer Frieden – pures Glück. Ich hatte nicht die geringste Sorge, irgendetwas falsch zu machen und verlor mich vollkommen in der Ferne des Horizonts. Das gesamte Leben schien auf diese liebliche Melodie und unseren Tanz zentriert zu sein.

Unsere Bewegungen ließen immer mehr Nähe zwischen unseren Körpern zu, und der Duft von Tutex' Haut begann meinen Geist zu umhüllen. Zwischenzeitlich hatte ich das Gefühl, dass sich die Grenzen zwischen unseren Körpern aufhoben und wir zusammen ein Ganzes bildeten. So wurde unser Tanz von Minute zu Minute ausgelassener und ekstatischer, und ich begann eine enorme Kraft zu spüren, die durch unsere Verbindung zu entstehen schien.

Auch auf materieller Ebene begann sich nun vieles zu bewegen. Ich war Tutex zuvor körperlich noch nie so nahe gekommen, und der Duft ihrer Haut, zusammen mit den Bewegungen unserer Körper, die immer näher kamen, verursachte ein sausendes Schwindelgefühl in mir, das meinen Verstand vollkommen außer Kraft setzte. Bevor ich mich versah, war unser Tanz pure Leidenschaft, pure Ekstase, und ich spürte, wie meine Beine langsam aber sicher ihre Arbeit niederlegen wollten.

Tutex zog mich kommentarlos zu Boden, und wir legten uns dicht nebeneinander. Vollkommen von Sinnen berührte meine rechte Hand ihre hoch aufgerichteten Brustwarzen, und unsere Lippen fanden wie zwei sich stark anziehende Pole zueinander.

Es begann der leidenschaftlichste und innigste Kuss meines Lebens.

»*Taguarí! Halte deine tierischen Instinkte unter Kontrolle!*«, hörte ich in meiner Erinnerung meinen Maestro mich warnen. »*Dein Fleisch ist schwach, und du musst lernen, es mit der Wachheit deines Geistes im Zaum zu halten. Dann bist du ein wahrhaftiger Krieger, und der Große Geist wird dich für immer begleiten und beschützen.*«

Selbst die hallenden Ermahnungen meines Maestros in

meinem Inneren vermochten die Magie dieses Moments nicht zu unterbrechen. Die Kraft, die uns in diesem Moment verband, war stärker als alles andere im Universum, und mir kam es so vor, als könnte sie rein gar nichts bezwingen.

Doch schon im nächsten Moment sollte ich eines Besseren belehrt werden: Das erdbebenhafte Fauchen einer Raubkatze, die sich in unmittelbarer Nähe von uns aufhalten musste, ließ uns hochschrecken und aus unserer galaktischen Verbindung herausfallen. Schwer atmend sahen wir uns an und lauschten nach draußen. Ein zweites Fauchen, das noch näher als das erste zu sein schien, ließ mein Herz fast zum Stillstand kommen.

Dann passierte etwas Magisches: So, als hätte jemand einen Schalter umgelegt, war die Energie, die sich zwischen mir und Tutex aufgebaut hatte, plötzlich eine andere. Sie hatte eine andere Qualität erhalten. Das Atemgeräusch der Raubkatze wanderte langsam direkt neben unseren Köpfen vorbei und entfernte sich dann.

Wir lockerten unsere Umarmung und sahen uns für einige Augenblicke tief in die Augen. Ohne genau zu wissen, was passiert war, war ich mir doch mit jeder Faser meines Körpers bewusst, dass hier gerade etwas Großes, Magisches, geschehen war.

Ich fühlte mich unbeschreiblich gut und war verblüffenderweise vollkommen frei von Schuldgefühlen oder Ängsten. Ich atmete eine Luft, die zuvor noch nie den Weg in meine Lungen gefunden hatte. Sie war pur, rein – wie von einer anderen Welt.

Es vergingen einige Minuten, bis sich Tutex plötzlich aufsetzte, sich räusperte und wenig später begann zu sprechen: »Meine Maestros waren Weiße, Taguarí. Es war ein Paar aus

Europa, ein Land, das sich England nennt. Meine Maestra war eine großartige Magierin von der machtvollsten Sorte. Sie war groß, schlank, mit blitzenden, blauen Augen wie eine Lagune.

Sie kam einst mit ihrem Mann für einige Jahre in das Amazonasgebiet, um von den hiesigen Schamanen zu lernen und Wissen auszutauschen. Da trafen sich unsere Wege.«

Ich setzte mich interessiert auf und blickte weiter in die honigsüßen Augen meiner Maestra. Sie sprach sonst nie von sich, und ich dachte schon, wir würden uns nun wirklich auf einem anderen Planeten aufhalten.

»Ich war ein Waisenkind. Meine Eltern setzten mich eines Tages, als ich noch ein Säugling war, auf ein kleines Floß und ließen es stromabwärts den Fluss fahren. Als mich meine Maestros wenig später fanden, beschlossen sie, mich bei sich aufzunehmen und für mich zu sorgen. Sie gaben mir zu essen und zu trinken und ließen es mir an nichts fehlen.

Als ich etwa drei Jahre alt war, fingen sie an, mich zu unterrichten. Sie zeigten mir alles, was sie wussten. Den Umgang mit Pflanzen und Bäumen, Heilungsrituale und mit Pfeil und Bogen umzugehen. Ebenso lehrten sie mich Dinge aus ihrer Kultur, die vorher im Amazonasgebiet noch nicht bekannt gewesen waren.

Erst als ich vierzehn Jahre alt war, gingen sie fort, da sie wussten, dass ich nun alleine zurechtkommen würde. Damals stieß ich auf die Piapocos und erhielt von Etéwa meine restliche Ausbildung. Zum Ausgleich brachte ich ihm bei, was ich gelernt hatte.«

Gedankenverloren starrte Tutex in den Himmel, und ihre Augen schimmerten und funkelten wie die Sonne höchstpersönlich. Endlich begannen sich einige Teile des Labyrinths für mich zusammenzusetzen, und ich bekam eine Erklärung dafür, warum Tutex eine solch außergewöhnliche Frau war. Sie war Hüterin eines besonderen Wissens, was hier nicht bekannt war, sich aber mit den hiesigen Schätzen bestens ergänzte. Und das machte sie zu dem, was sie war: eine wahre Meisterin ihres Fachs.

»Und warum wurdest du von deinen Eltern ausgesetzt?«, wollte ich nun wissen. »Ich war ein Mädchen, Taguarí. Nichts weiter.« Ich schaute sie verdutzt an. »Na hör mal. Nun sage nicht, dir ist noch nicht aufgefallen, wie benachteiligt man als Frau hier im Urwald ist.«

Sie schaute mich herausfordernd und fast ein wenig vorwurfsvoll an und ließ einige Atemzüge verstreichen, ehe sie fortfuhr: »Als Frau hat man hier nicht viel zu melden. Man steht hinter seinem Mann und hat dafür zu sorgen, dass es ihm gut geht und er alles hat, was er braucht. Hat man keinen Mann an seiner Seite, ist man noch schlechter dran, denn man gilt praktisch als Freiwild. Die Männer denken, sie könnten sich alles mit dir erlauben.«

»Natürlich ist mir das schon aufgefallen, Maestra. Und mir ist ebenfalls nicht entgangen, wie du aufgrund deiner Stellung bei den Piapocos schon dafür gesorgt hast, dass eure Frauen mehr Rechte und Freiheiten erhalten als normalerweise üblich.«

»Genau, Taguarí. Du bist ein guter Beobachter.«

Wir lagen noch lange wach nebeneinander und ließen die Geschehnisse des Tages an uns vorbeiziehen. Es lag eine angenehme Atmosphäre in der Luft. Etwas Vertrautes, Intimes. Etwas, was nicht verboten sein konnte. Dafür war es zu rein und pur in seiner Essenz.

In dieser Nacht kam in meinem Traum ein Jaguar zu mir, der mich mit seinen blutunterlaufenen, riesigen Augen anblickte und zu mir zu sprechen begann: »Seit unserer Unterhaltung in der Höhle stehe ich dir als dein Verbündeter zur Seite, Taguarí. Ich habe es mir zur Aufgabe gemacht, dir auf deinem Weg zu helfen. Wäre ich heute nicht erschienen, wärst du aus dem Stamm der Piapocos verbannt worden. Ich kam gerade noch rechtzeitig, bevor du dich noch tiefer in die Misere bringen konntest.«

Als ich am nächsten Morgen erwachte, konnte ich mich an jedes einzelne Wort des Jaguars erinnern, als hätte er diese in mein Fleisch gebrannt. Außerdem war ich mit dem klaren inneren Wissen versehen, dass der Auftritt des Jaguars gestern etwas Entscheidendes zwischen Tutex und mir bewirkt hatte: Die erotische, körperliche Anziehungskraft hatte er in eine göttliche Energie der puren Liebe umgewandelt, die über die körperliche, materielle Ebene weit hinausragte. Heute weiß ich, dass dies der machtvolle Atem des Jaguars ist: Er transformiert und wiederbelebt, im Gegensatz zum Atem des Tigers, der zerstört.

Heute kann ich rückblickend sagen, dass dem wirklich so war. Seit diesem Moment und der Intervention des Jaguars änderte sich etwas Entscheidendes in meiner Beziehung zu Tutex. Ich spürte nie wieder das Verlangen, mich ihr körperlich zu nähern. Uns verband nun etwas viel Größeres, Reineres und Authentischeres.

Als ich an diesem Morgen vor unser Lager trat, war weit und breit keine Menschenseele zu sehen. Ich setzte mich an den kleinen Bach ganz in der Nähe unseres Lagers und genoss für einige Augenblicke die Stille und mein Alleinsein. Mein

Magen war absolut leer, meldete mir aber keinerlei Hunger, denn ich atmete bewusst die Energie von Mutter Erde in mich und wusste, dass sie mich ebenfalls mit Nahrung versorgen konnte – auf eine andere, aber nicht weniger nährende Art und Weise.

Später ging ich, meiner inneren Führung Folge leistend, in Richtung unseres Einweihungsbaums. Da kam sie mir auch schon entgegen: Tutex, mit einigen Chontaduro-Früchten in der Hand, die sie mir freundlich lächelnd überreichte. Sie zog mich ohne weitere Erklärungen weiter in Richtung unseres Baums.

Zu meinem Erstaunen waren sämtliche Piapocos dieses Ortes in festlicher Aufmachung um den Baum herum versammelt, und ich erkannte auch meinen Maestro, der sich im Schatten mit einem Mann unterhielt. Tutex zog mich weiter in seine Richtung, und mein Herz klopfte lautstark bis zum Hals.

Etéwa drehte sich kommentarlos zu mir um und musterte mich. Dann reichte er mir mit ausdrucksloser Miene sein Yagégefäß. Er schenkte uns allen drei nacheinander Medizin ein und sah mich auf einmal fast kameradschaftlich und freundlich an.

Langsam wurde mir klar, dass die heutige Feier wohl mir galt, mir und meiner bestandenen Prüfung. Nach und nach kamen immer mehr Indigenas auf mich zu, brummten und klopften mir anerkennend auf die Schulter. Plötzlich stand mein Maestro mit einem langen Holzstab vor mir, den er auffallend feierlich in seinen Händen hielt. Aus den Augenwinkeln heraus konnte ich sehen, dass die Piapocos in Kreisformation um uns und den Baum Aufstellung genommen hatten.

Flöten- und Rasselmusik erklang, und die Menschen setzten sich in Bewegung: »AUAAMMMMM …«. Wir drei in der

Mitte fingen an, um den Einweihungsbaum zu tanzen. Ich schloss meine Augen und ließ es zu, dass mein Körper sich immer losgelöster von meinem Verstand bewegte und ich wieder in die gestern gefühlte Energie der Schwerelosigkeit zurückfand.

Nach einigen Minuten öffnete ich kurz die Augen und erkannte, dass das Volk stillstand. Mir wurde bewusst, dass auch die Musikinstrumente nicht mehr im Einsatz waren und ich mich mit meinen beiden Lehrern zur Musik der Erde bewegte. Kurzzeitig verlor ich durch diese Erkenntnis die Verbindung, und die Musik in mir brach ab. Aber schon nach einigen tiefen Atemzügen war sie wieder da, und ich ließ meinen Körper zu den lieblichen Tönen tanzen, die mich bis in die Haarspitzen auszufüllen vermochten.

Dann wurde meine Aufmerksamkeit durch eine verändernde Energie im Außen aus mir herausgezogen. Und tatsächlich bahnte sich etwas Besonderes für mich an: Ich sollte in diesem Ritual meinen ersten »Bastón de poder« erhalten, der von meinem Maestro vorher genauestens auf mich und meine Fähigkeiten ausgerichtet und präpariert worden war.

Einen solchen Stab besitzen alle Schamanen im Urwald des Amazonas. Er wird zum gezielten Manövrieren von Geistwesen und anderen Energien benutzt und hat die Macht und Energie des jeweiligen Maestros seines Besitzers in sich gespeichert. So wird er zu einer Art Transportmittel der Energie des Schamanen und zusätzlich die seines Maestros, der diesen Stab für ihn hergestellt hat.

Dieser »Bastón de poder«, den man mit »Stab der Macht« übersetzen könnte, ist auf keinen anderen Menschen übertragbar. In den Händen eines anderen Schamanen ist er wirkungslos, da er genau auf die Energie seines Trägers abgestimmt wurde: In einer Neumondnacht entnimmt der Maestro von dem Kraftbaum seines Schülers einen Stock. Neben dem Krafttier hat jeder Mensch auch einen Stein, eine Pflanze, einen Baum, die ihm mehr Macht verleihen als andere.

Später wird dieser Stock poliert, geräuchert und mit machtgebenden Mantren versehen.

Mein Bewusstsein richtete sich nun also auf Etéwa, der sich, mit dem Holzstab des Baumes Guayacán in den Händen, wild im Kreise drehte und dann direkt vor mir breitbeinig zum Stehen kam. Mit beiden Händen hielt er den Stab über seinen Kopf und stieß seinen üblichen Piapocoruf aus, der die Energie seiner Umgebung auf viele Kubikmeter zu verändern vermochte.

»ABRIENDO ... ABRIENDO ... ABRIENDO ... ABRIENDO ... ABRIENDO ... ABRIENDO ... ABRIENDO ... INCESA ... INCESA ... INCESA ... INCESA ... INCESA ... INCESA ... INCESA ...«

Mit diesem Mantra rief er die Geistwesen meines Kraftbaumes Guayacán herbei und daraufhin den Großen Geist. Das gesamte Volk stimmte mit in das machtvolle Mantra ein:

»OJUACONÓ ... OJUACONÓ ... OJUACONÓ ... OJUACONÓ ... OJUACONÓ ... OJUACONÓ ... OJUACONÓ ... MIRINU ... MIRINU ... MIRINU ... MIRINU ... MIRINU ... MIRINU ... MIRINU ... CHAMÉ!«

Dann öffnete Etéwa seine Augen und blickte mich mit feierlichem Blick an. Der Wind sauste um uns, und alle Blätter des Einweihungsbaums schienen entzückt zu applaudieren. Mein Maestro überreichte mir meinen Bastón und sprach in seiner Sprache:

»Ich, Etéwa, Schamane und Anführer des Stammes »Los Piapocos«, übergebe dir, Taguarí, hiermit die Macht dieses Stabes in deine Hände. Mögen sämtliche Handlungen, ausgeführt mit diesem Stab, vom Großen Geist gesegnet sein und im Auftrag des Lichts und des Lebens einen Beitrag zum Gleichgewicht unseres Lebensraums beitragen. So sei es. Und so ist es. UUUAAAAHHHUUUUUU …!«

Ich hielt meinen Stab der Macht stolz wie eine Tigermama mit beiden Händen über meinen Kopf und richtete meinen Blick in den azurblauen Himmel. Tutex und Etéwa tanzten stürmisch um mich und den Baum herum, und das gesamte Volk jubelte und musizierte.

Es wurde bis spät in die Nacht getanzt, gesungen und Chicha getrunken. Die Stimmung wurde immer ausgelassener und die Lieder freudvoller und lauter. Schon bald konnte niemand mehr stehen. Die Sonne brannte uns erbarmungslos auf die Köpfe und tat ihr Übriges. Es kam der Moment, in dem plötzlich das gesamte Volk übereinandergestapelt in der Gegend herumlag und der heilige Ort wie ein Schlachtfeld aussah.

Ich war in eine Art Trance verfallen, in der weder Zeit noch Raum eine Rolle spielten. Als ich wieder ins Hier und Jetzt zurückkam, neigte sich die Sonne bereits gen Horizont. Erst jetzt bemerkte ich, wie alle um mich herum bereits schliefen und schnarchten und wie erschöpft auch mein Körper war. Ich setzte mich mit meinem neuen Schatz in den Schatten des Baumes und blickte in den sich langsam rosaviolett verfärbenden Himmel.

Dann schloss ich meine Augen, streichelte sanft über die glatte Oberfläche meines Stabs und sah wie auf Knopfdruck Tutex vor meinen inneren Augen. »Das war deine eigentliche Prüfung, Taguarí!«, vernahm ich im nächsten Moment in meinem Inneren. »Ich habe dich bewusst auf die Probe gestellt, und du bist mir fast auf den Leim gegangen.«

An meinem Rücken machte sich ein leichtes Kribbeln bemerkbar, das in Richtung meines Kopfes ging, und mir wurde bewusst, dass nun der Baum mit mir zu sprechen begann.

»Der Große Geist muss es sehr gut mit dir meinen, denn er hat dir mit dem Jaguar einen machtvollen und überaus zuverlässigen Verbündeten zur Seite gestellt, der dich auch dieses Mal vor dem Schlimmsten bewahren konnte. Du bist ein sehr glücklicher Mensch, mein Guter!«

Am nächsten Morgen trat ich zusammen mit meinem Maestro den etwa viertägigen Rückweg an. Tutex war bei unserem Aufbruch nicht zu sehen gewesen, doch ich kümmerte mich nicht weiter darum, wohl wissend, dass sie ihre eigene Reiseart bevorzugte. Auf dem gesamten Heimweg sprach Etéwa, der stets einige Meter vor mir ging, nicht ein Wort mit mir. Wurde es dunkel, führten wir unbeirrt unseren Weg weiter fort, und ich stellte in diesen Tagen mit Freuden fest, dass der Wald mittlerweile so etwas wie mein Verbündeter geworden war. Ich wusste den Großteil der Laute und Gerüche des Waldes zu deuten wie auch seine übrigen Energie- und Luftdruckveränderungen. Er befindet sich im ständigen Dialog zu allem, was lebt. Er behütet und beschützt seine Bewohner, die sich darauf eingelassen haben, seine Sprache zu verstehen, und weist ihnen den Weg auf eine sanfte und leise Art und Weise.

Noch etwas fiel mir während unseres Heimwegs auf: Meine Schritte hatten eine neue Festigkeit angenommen, die meine neu erworbene innere Sicherheit widerspiegelten. Ich benutzte meinen Bastón nun als drittes Bein, so, wie ich es bei Etéwa beobachtet hatte, was mir das Gefühl vermittelte, bei jedem Schritt tiefe Wurzeln in den Waldboden zu schlagen. Ich hatte keine Angst mehr, auch nicht in der absoluten Dunkelheit. Ich wusste, dass ich beschützt war, und konnte beobachteten, wie sich meine nackten Fersen präzise, bewusst und fordernd auf Mutter Erde schmiegten und von ihr getragen wurden.

Kurz vor Ende unserer Reise hörte ich auf einmal die Stimme des Waldes zu mir sprechen:

»Was du in mir siehst, bist du. Alle Wesen, die mich betreten, begegnen in mir ihrem eigenen Spiegelbild.«

Mein Gesicht verzog sich zu einem seligen Lächeln. Ich fühlte mich so wohl und sicher in meiner Haut wie niemals zuvor in meinem Leben.

Traumreisen

Die Sonne stand direkt über unseren Köpfen, als wir plötzlich vor unseren vier Malokas standen. Als Erstes erblickte ich Tutex, die sich gerade mit einigen Frauen am Waldeseingang unterhielt und ihnen irgendetwas zeigte. Sie wandte sich mir zu und lächelte mich an, wohlwissend, dass ich gerade erst angekommen war.

Der Schamane drehte sich kurz angebunden zu mir um und ging dann ohne einen weiteren Kommentar auf sein Lager zu, vor dem schon eine Horde Indigenas auf seine Rückkehr wartete. Ich fühlte mich zunächst ein wenig verloren und wusste nicht so recht, wohin mit mir. Doch schon bald setzte sich mein Körper in Bewegung und schien genau zu wissen, wohin er unterwegs war.

Wenig später betrat ich meine Höhle und ging schnurstracks auf die unterirdische königsblaue Lagune zu. Meinen Stab der Macht stellte ich an einen Felsen und gab mich dann dem kühlen Nass vollkommen hin. Es war himmlisch und genau das, was ich jetzt brauchte: Wasser, Stille und Einsamkeit.

Ich blieb einige Tage und Nächte. Zeit hatte in einem Leben im Urwald sowieso keinerlei Bedeutung. Es waren Tage, die mich kompensieren und abschalten ließen, in denen ich mich aber auch gnadenlos auf mich fokussierte, ohne Ausweichmöglichkeit. Ich musste nicht aus meiner Höhle heraustreten, um zu wissen, dass der Amazonasurwald an diesen Tagen in dichten Nebel gehüllt war, der seinen Bewohnern die

Richtung ihrer Bewegungen wies: Es war Zeit für Stille und Innenschau. Ich konnte es fühlen und riechen und wusste, auch wenn ich es versucht hätte, wäre es jetzt nicht möglich gewesen, mit anderen Wesen in Kontakt zu treten.

Stundenlang saß ich also auf einem meiner Lieblingsfelsen am Ufer der Lagune, meinen Bastón schützend vor meine Brust haltend, und gab mich dem Ruf der Natur hin. Alles bedarf eines ausgewogenen Gleichgewichts. Bewegung und Ruhe, Arbeit und Erholung. Geben und Nehmen. Auch hier hilft uns Mutter Erde, auf uns aufzupassen und unsere Grenzen nicht zu überschreiten. Sie sagt uns, wann der Moment der Ruhe gekommen ist, wir müssen sie nur mit wachem Geist beobachten und ihre Signale lesen. Dann führt sie uns.

Viele Tage vergingen. Wenn ich Hunger bekam, ging ich kurz in den Wald, holte mir einige Früchte oder einen Fisch aus dem Fluss und kam dann wieder zurück an meinen paradiesischen Ort der Stille.

Ich erinnere mich, dass ich in diesen Tagen hin und wieder ein seltsames Licht sah. Manchmal schien es, als würde es aus der Lagune kommen, in anderen Momenten schien es aus mir zu kommen. Nach längerer Betrachtung geschah plötzlich etwas Merkwürdiges: Meine Augen schienen eine Wandlung zu erfahren, die sich sonderbar anfühlte, so, als würden sie jegliche Aktivität einstellen und sich bedingungslos etwas anderem öffnen, das vorher im Verborgenden gewesen war. Ich beobachtete diesen Vorgang interessiert und atmete bewusst tief in den unteren Bauchraum hinein.

Es begann in mir zu kribbeln, wie immer, wenn sich mein Bewusstseinszustand änderte. Ein auf der Seele prickelndes

Gefühl der Freiheit, Unbeschwertheit und Leichtigkeit erfüllte mein gesamtes Sein, und es kam mir so vor, als würde ich schweben – ähnlich wie bei meinem Erlebnis mit dem Einweihungsbaum.

Im nächsten Augenblick blickte ich auf mich selbst wie aus einer Vogelperspektive. Ich sah, wie ich still mit meinem Bastón auf meinem Felsen saß und in der Lagune herumstocherte. Was geschah mit mir? – KLACK, fiel ich wieder zurück in meinen Körper.

Ich rappelte mich auf und lief wie von einer Tarantel gestochen aus der Höhle. Ich wollte zu meiner Maestra und ließ meine Beine einfach laufen, da sie offenbar besser als ich wussten, wo Tutex gerade war.

Wenig später stand ich nach Luft schnappend vor ihr: Sie saß am Flussufer in der Nähe der Malokas und wusch das Fell ihres Krafttiers. Immer noch außer Atem, begann ich ihr zu erzählen, was mit mir soeben geschehen war. Sie sah mich mit ihrem tiefgehenden Blick an, und ihre honigfarbenen Augen funkelten dabei geheimnisvoll. Im nächsten Moment verzogen sich ihre Mundwinkel zu einem Lächeln, und sie zog mich zu einer herzlichen Umarmung an sich.

»Taguarí, du machst großartige Fortschritte. Weißt du das? Dein Bewusstsein öffnet sich zurzeit gewaltig!« Ich setzte mich neben sie und sah sie fragend an.

»Will der Herr eine Erklärung für das, was geschehen ist? Kannst du dich nicht einfach darüber freuen, was passiert ist, und es einfach so stehen lassen?« Ich blickte zu Boden und überlegte kurz. Dann sah ich sie wieder auffordernd an. »Wohl nicht«, sagte sie und lachte auf ihre besondere Art.

»Der *Ensueño*, Taguarí. Es sind deine ersten Erfahrungen der sogenannten Traumreisen, die du gerade machst.«

Sie drehte sich zu ihrem Fell, tauchte es in das plätschernde Nass und rubbelte einige dunkle Flecken mit Hilfe einer weißen Flüssigkeit heraus. *»Geduld, Taguarí. Immer schön langsam!«*, raunte es durch mein Bewusstsein.

Es vergingen einige Augenblicke, die mir wie eine Ewigkeit erschienen, bis Tutex endlich fortfuhr:

»Du bist nun so weit, ohne Hilfe des Yagés in deinen zweiten Körper, dein zweites Bewusstsein, einzutreten und dich mit deinem Geist von deinem materiellen Körper zu lösen. Auf diese Weise kannst du reisen, wohin auch immer du möchtest. Wohin du dich denkst, sozusagen. Du kannst in eine andere Zeit reisen, auf einen anderen Planeten, nach Hause zu deinen Eltern. Oder in eine Parallelwelt, wie zum Beispiel die Unterwelt der Erde …«

»Was ist denn das?«, fragte ich interessiert. »Was ist denn die Unterwelt der Erde?«

»Eine unterirdische Tunnelwelt voller Schönheit und Harmonie. Sie ist einer meiner Lieblingsorte, die sich in einer anderen Dimension befindet, unserer Welt parallel geschaltet. Ihre Bewohner sind menschenähnliche Gestalten, aber viel kleiner als wir. Sie leben im vollkommenen Einklang mit ihrem Umfeld, in tiefer Verbindung mit Mutter Erde, die auf Dankbarkeit, Respekt und Liebe basiert. Deshalb liebe ich diesen Ort auch so sehr und reise immer dann dorthin, wenn ich mich erschöpft fühle und mich mit ihren hoch schwingenden Energien auftanken möchte.«

Tutex breitete ihr Krafttierfell auf einem großen Felsen zum Trocknen aus. Dann drehte sie sich wieder zu mir um und sprach: »Es gibt einige Wasserfälle in dieser Welt, die so schön sind, dass sie deine Augen blenden. Du wirst sehen, Taguarí.

Wenn du möchtest, reisen wir einmal gemeinsam in diese Unterwelt.«

»Gerne, Tutex. Wann?«

Tutex kicherte erneut über meine Ungeduld. »Wenn die Zeit dafür reif ist, Herr Kolibri«, sprach meine große Lehrerin und klopfte mir aufmunternd auf die Schenkel. »Immer schön sachte mit den kleinen, flinken Flügeln.« Sie lachte nun aus voller Kehle und wollte aufstehen. Ich schnappte reflexartig nach ihrem Arm, um sie daran zu hindern: »Kannst du mir vielleicht noch einen Tipp geben, Tutex? Was muss ich wissen, bevor ich es wieder versuche?«

»Nein, Taguarí. Hab Geduld und warte auf den Moment, in dem ich mit dir reise. Es ist anfangs besser, gemeinsam mit einem Lehrer zu reisen, da dich auf der anderen Seite einige Gefahren erwarten könnten.«

»Welche Gefahren?«

»Zum Beispiel kann es für einen Anfänger schwer sein, wieder in seinen materiellen Körper zurückzufinden. Oder es können feindliche Geistwesen auf dich zukommen, die dich von deinem Vorhaben abbringen wollen. Du kannst die Gefahren derzeit weder abschätzen, noch dich ausreichend vor ihnen schützen. Darum ist es besser, wenn wir zu Beginn gemeinsam reisen. Einverstanden?«

»Okay. Ich habe verstanden.« Wahrscheinlich sah ich in diesem Moment sehr niedergeschlagen aus und zog das Mitgefühl meiner Maestra auf mich. Denn es geschah nicht oft, dass sie weich wurde und von ihrer ursprünglichen Absicht abkam: »Okay, du hast gewonnen. Morgen früh bei Sonnenaufgang reisen wir zusammen. Wir treffen uns hier bei meinem Fell.« Und schon war sie im Dickicht des Waldes verschwunden.

Ein Vogelruf zog meine Aufmerksamkeit auf sich, und ich erhob mein Gesicht, um zu lauschen, ob der gefiederte Bruder mir vielleicht etwas Wichtiges zu sagen hatte. Aber nein; er sprach nicht mit mir, sondern war auf der Suche nach seinem Weibchen. Ich lächelte zu ihm hinauf und richtete einige mutspendende Gedanken in seine Richtung.

»Ich werde auch bald fliegen können«, dachte es in mir. *»Frei wie ein Vogel. Ohne die gewohnte Begrenzung des Körpers.«* Ein kribbelndes Gefühl der Freude kroch über meine Haut, und ich begann leicht zu frösteln.

Am nächsten Morgen machte ich mich noch in der Dunkelheit auf den Weg zum Flussufer. Die ersten Lichtstrahlen fanden langsam ihren Weg durch die dicke Wolkendecke und verwandelten das Wasser des Flusses in ein magisches Glitzern. Ich hörte einem Vogelpärchen zu, das sich, über mir auf einem Baum sitzend, lauthals »Guten Morgen« wünschte, und kniete mich gen Osten auf einen großen Felsen, um mein Morgenritual abzuhalten.

Als ich mich wieder aufsetzte und langsam meine Augen aufschlug, bemerkte ich Tutex, die in einiger Entfernung auf einem anderen Felsen saß und ihre Augen geschlossen hielt. Ich richtete mein Augenmerk ebenfalls wieder nach innen und fühlte in ihre Richtung. Ich versuchte, mit meinem Geist in ihr »Universum« einzutreten und zu fühlen, was sie gerade tat und wo sie war.

Im nächsten Augenblick sah ich sie vor mir, mich mit ihren honigfarbenen, funkelnden Augen ansehend. Ich spürte etwas Flimmerndes in meinem Magen und atmete tief in dieses Gefühl hinein. Meine Maestra nahm meine Hand, und schon flogen wir hinauf gen Himmel und waren im nächsten Moment über den höchsten Baumwipfeln angekommen. Ich ließ es geschehen und versuchte, mich auf nichts Bestimmtes zu konzentrieren, um nicht wieder aus diesem Zustand der absoluten Freiheit herauszufallen.

Tutex blickte mich an, zwinkerte mir verschmitzt zu und richtete sich nun Richtung Erde aus. In einem Affenzahn ging es hinunter, direkt auf Mutter Erde zu. Mein Herz schlug in Rekordhöhe, und ich schloss die Augen. Als ich sie wenig später wieder aufschlug, war alles um mich herum in ein dunkelgrünes, gedämpftes Licht getaucht. Meine Wahrnehmung brauchte eine Weile, um sich an die neue Umgebung zu gewöhnen.

Dann erblickte ich einen Wasserfall, der in vollkommener Schönheit direkt vor uns lag, ohne ein Geräusch von sich zu geben. Es schien eine fast greifbare Wolke der Liebe und des Friedens von ihm auszugehen, die nun begann, in mein Bewusstsein zu strömen. Ich blickte zu Tutex, die ihre Augen geschlossen hielt und sichtbar genussvoll diese Energie in sich aufnahm. Ich tat es ihr gleich und beobachtete, wie mein Körper sich immer mehr zu öffnen und zu entspannen schien. Dies war ein sehr eindrucksvoller Moment für mich, da mir durch mein Körpererleben klar wurde, dass absolute Harmonie möglich war und wie sie sich anfühlte.

Als ich wenig später meine Augen öffnete, saß ich leider wieder auf dem Felsen neben Tutex und ihrem Krafttierfell. Sie drehte sich zu mir um und sah mich mit einem herzlichen Strahlen an. »*Das war unglaublich schön, Tutex. Vielen Dank*«, erwiderte ich ihren Blick. Wir schauten uns noch eine Weile tief in die Augen, und die Schwingungen der Parallelwelt schienen zwischen uns hin und her zu vibrieren. Dann stand Tutex auf, drehte sich um, und ehe ich mich versah, war sie auch schon verschwunden. Ich blieb allein auf dem Felsen zurück, was sich plötzlich sehr einsam und beinahe angsteinflößend anfühlte. Schutzsuchend schlang ich die Arme um meine angezogenen Beine und vergrub mein Gesicht zwischen den Knien.

Es war mittlerweile fast ein Jahr vergangen, seitdem ich Don José zum letzten Mal gesehen hatte. Nun trafen wir uns im Parque Nacional, einem Waldstück am Rande des Zentrums von Bogotá. Von drei riesigen Eukalyptusbäumen umringt, saßen wir gemeinsam auf einer Parkbank, und ich musterte interessiert das Gesicht meines großen Freundes, das mir auf mystische Art und Weise verändert vorkam. Mir war jedoch nicht klar, auf welche Weise. Etwas an der Beschaffenheit seines Gesichts war anders, und er hatte mindestens fünfzehn Kilo abgenommen.

Wir blickten gemeinsam auf einige Frauen, die zubereitete Früchte und Säfte an Taxifahrer verkauften, und unsere Energiefelder schienen einen Moment der Stille zu brauchen, um sich wieder aneinander zu gewöhnen. Etwas hatte sich geändert, doch ich wusste nicht genau, wer oder was. Ich konnte nur spüren und abwarten.

Don José wandte sich mir zu und grinste mich verschmitzt an. »Merken Sie etwas?« Ich blickte dem Schamanen verwundert in seine funkelnden Augen und wusste nicht, was ich erwidern sollte. »Schauen Sie sich doch einmal um, Frau Braun.«

Erst jetzt bemerkte ich, dass sich einige Straßenhunde zu uns gesellt und direkt hinter unserer Parkbank in den Schatten gelegt hatten. Ein Taubenpärchen saß vor den ausgestreckten Füßen von Don José, und alle Parkbänke um uns herum waren – zu dieser Tageszeit unüblich – mit Menschen besetzt. »Sie spüren unbewusst unsere Energie und kommen näher, um sich von ihr zu nähren.«

Ich konnte Don José nur erneut fragend ansehen. Heute war für mich nicht der Tag der großen Worte.

»Sie haben sich sehr verändert, Frau Braun. Ihr Energiefeld hat sich geöffnet und dem meinigen angenähert. Wenn wir heute zusammensitzen und uns unterhalten, entsteht eine Menge an Energie, die andere Wesen unbewusst anzieht.«

Es kribbelte auf meiner Haut, ein sicherer Hinweis meines Körpers, dass die Worte von Don José der Wahrheit entsprachen. Ein Eichhörnchen kletterte in Windeseile den Stamm des einen Eukalyptusbaums hinunter und sah uns herausfordernd an. Ich musste lachen und dachte an die Anfangszeit zurück, in der ich begonnen hatte, mich in Don Josés Welt zurechtzufinden. Damals war ich oft mit meinen Ängsten konfrontiert gewesen, die im Außen als Bedrohungen auf mich zugekommen waren und die ich scheinbar nicht kontrollieren konnte. Durch diese meine Angst war ich angreifbar für dunkle Mächte und musste erst zu mir zurückfinden, um mich wirkungsvoll schützen zu können. Mich wieder an mein eigenes Licht erinnern, das immer stärker sein würde als jegliche Dunkelheit im Außen.

»Dadurch, dass Sie meine Geschichte hören und diese dann ordnen, beginnen die Erkenntnisse in ihnen zu arbeiten und alte Erinnerungen in ihnen an die Oberfläche zu holen. Sie sind eine sehr alte Seele, Frau Braun, und tragen das Wissen, um das meine Geschichte kreist, schon längst in sich. Dieses alte Wissen wird nun in Ihnen aktiviert und erhebt sich in ihr Bewusstsein.

Deswegen hat der Große Geist auch Sie ausgesucht, um meine Geschichte aufzuschreiben: weil sie meine Erlebnisse gut nach-

vollziehen und, für viele Menschen verständlich, aufschreiben können. Viel besser als ich selbst, da sie aus einer anderen Kultur kommen und von dort aus eine globalere Weltanschauung haben. Mich verstehen nur die Wenigsten!« Sein Bauch wippte wieder, beschwingt durch sein herzliches Gelächter.

Ich lächelte ihn liebevoll an und konnte nur bejahend nicken, da ich fühlte, dass seine Worte stimmten. Ich nahm seine Geschichte in mich auf, die mir zugegebenermaßen oft sehr wirr und unzusammenhängend erschien, denn Don José lebte in einer kurvenhaften Bilderwelt, und ich war eine gradlinige, direkte Welt gewohnt. In mir schienen sich seine Erzählungen zu ordnen und gleichzeitig meine eigenen Erinnerungen längst vergangener Tage wachzukitzeln.

Wir blickten gemeinsam auf einen Taubenschwarm, der sich genähert hatte und gerade damit begann, an Don Josés Schuhen herumzupicken. Der große Mann zischte einmal kraftvoll in ihre Richtung, und schon erhoben sich alle wieder in die Lüfte.

»Sagen Sie, dieser Ensueño. Was ist das eigentlich genau?«

Don José räusperte sich und wandte sich zu mir, um mir direkt in die Augen zu schauen. »Es gibt wenige Worte, um dieses Phänomen des erweiterten Bewusstseinszustands gebührend zu erklären. Sie können das wahrscheinlich besser als ich. Ich kann ihnen nur so viel sagen, dass wir mit unserem zweiten Körper reisen und für einen gewissen Zeitraum unseren physischen Körper zurücklassen können, ähnlich wie Sie es jede Nacht tun, wenn Sie schlafen.«

»Was meinen Sie damit?«, wollte ich wissen.

»Wenn ein ungeschulter Geist auf Reisen geht, tut er das in der Nacht und redet von Träumen, die er hatte. Andere Menschen, die sich daran erinnern, wer sie sind und woher sie

kommen, tun das bewusster und reisen in ihren Träumen zu anderen Realitäten, die dann in geraumer Zeit genauso eintreffen. Oder wir reisen in die Vergangenheit zu Erlebnissen, die unsere Seele noch nicht vollständig verarbeitet hat. Alle Menschen tun das jede Nacht, und es hängt von ihrem Bewusstseinsgrad ab, ob diese Träume wertvolle Botschaften für sie bereithalten oder irrelevanter Mist sind, der ihr Verstand ihnen vorgaukelt.«

In meinem Körper tat sich plötzlich diese vertraute Schwere und Müdigkeit auf, die ich schon aus meinen Unterhaltungen mit Don José kannte. Ich glaubte oft zu spüren, dass mir Energie entzogen wurde, und ich reagierte immer spontan, indem ich mich etwas weiter von meinem Lehrer wegsetzte und den Augenkontakt mit ihm vermied. Im Grunde hatte ich keine Ahnung, was in diesen Momenten mit mir passierte. Es fühlte sich aber unangenehm an, da etwas in mir sich verabschiedete, ohne dass ich es beeinflussen konnte.

»Also ist der Ensueño so etwas wie ein trainiertes Träumen, das man mit einem geschulten Geist zu jeder Tages- und Nachtzeit tun kann?« »Genauso ist es, Señorita!«, erwiderte Don José und lächelte mich zufrieden an. Ich war erschöpft und bat meinen großen Freund, mit mir etwas herumzulaufen, wie wir es oft während unserer Unterhaltungen taten. Bereits nach wenigen Minuten ging es mir besser, und ich lehnte kurz meine Stirn gegen den Stamm eines Eukalyptusbaums, was unvermindert meine Gedanken zu klären vermochte und mich mit neuer Energie auflud.

Don José wartete bereits auf einer anderen Parkbank, um mit seinen Erzählungen fortzufahren, und ich setzte mich mit meinem Diktiergerät neben ihn, um seinen Erinnerungen zu lauschen.

Acuarima

Die Regenzeit setzte wieder ein und drosselte vehement die Geschwindigkeit unserer Bewegungen. Die Luft war durch die hohe Luftfeuchtigkeit an manchen Tagen so schwer, dass es bereits Mühe machte, im Sitzen zu atmen. Das gesamte Volk war wieder auf engstem Raum in den vier *Shabonos*, den Malokas, versammelt und widmete sich seinen Hauptbeschäftigungen während der Regenzeit: Die Frauen stellten Handarbeiten, die Männer Curare oder neue Pfeile her, und gingen nur dann in den Wald, wenn es unbedingt notwendig war. Ich beobachtete, dass viele Indigenas oft tagelang ihre Hängematte nicht verließen und stundenlang herumlagen, ohne scheinbar irgendetwas zu tun. Die Kinder spielten mit Vorliebe draußen in den Pfützen, bis ihre Mütter sie schimpfend wieder in die Malokas zerrten. Nur zu den wichtigsten Ritualen wurde das Volk zusammengerufen – vielleicht alle sieben Tage.

Ich gab mir nur selten Gelegenheit auszuruhen. Zu groß war der Drang, meinen begonnenen Weg weiterzugehen und so viel wie möglich dazuzulernen. So vertiefte sich meine Verbindung zur Geistigen Welt stetig, und ich fand immer eine Möglichkeit, auch ohne meine Maestros neue Dinge zu lernen. In dieser Zeit arbeitete ich viel mit meinen Krafttieren. Den Kolibri musste ich nur ein oder zweimal rufen, und schon war er da. Der Leopard ließ sich hier etwas mehr Zeit, und ich wiederholte sein Mantra manchmal bis zu siebenmal, bis er endlich erschien. Die Tiere nahmen mich dann immer in meinem zweiten Körper mit zu einem Ort, der mit ihrer Energie korrespondierte.

Der Jaguar zum Beispiel, der in mir mittlerweile ein warmes Gefühl der Kameradschaft hervorrief, brachte mich an Orte tief im Dschungel, wo vorher noch nie ein Menschenfuß den weichen Urwaldboden betreten hatte. Ich beobachtete bei diesen Gelegenheiten oft, wie heilend der Atem des Jaguars war. Wenn er sich beispielsweise vor einen kranken Baum stellte und diesen gehörig anfauchte, bemerkte ich erstaunt, wie die Pflanze daraufhin neue Kraft fand und ihre Blätter ihre Farbe wechselten.

Der Jaguar ist ein pures, reines Wesen, das sich sehr ausgewählt ernährt. Er frisst zum Beispiel niemals etwas, das vor seinem Erscheinen gestorben ist. Hauptsächlich ernährt er sich von Fröschen, die er in einer sehr edlen Art tötet, um sie dann auf der Stelle zu verspeisen. Er zeigte mir damals an diesen Orten viele Pflanzen und führte mich in ihre magischen und medizinischen Anwendungsgebiete ein.

Einige Tiere kamen auch ungerufen, zum Beispiel der Kolibri. Das tat er vor allem in Momenten, in denen ich in Gefahr war. Dann durchleuchtete er meine Umgebung mit seinem starken Licht und vertrieb auf diese Weise jegliche Wesen der Dunkelheit, die sich mir nähern wollten. Zudem half er mir bei der Heilung tiefsitzender Krankheiten. Wie Tutex mir schon erklärt hatte, konnte er mit seinem langen Schnabel tief in den energetischen Körper eines Kranken vordringen, um dort mit seinem puren Licht alles herauszupusten, was die Krankheit hervorgerufen hatte.

Manchmal rief ich auch für mich den Kolibri, zum Beispiel wenn ich mich von negativen Gedanken oder Gefühlen anderer übermannt fühlte. Natürlich gab es weiterhin einige Neider um mich herum, und ihre Negativität war hin und wieder sehr unangenehm und stark fühlbar. So dachte ich zumindest zu dieser Zeit.

Der Kolibri war es auch, der mich eines Tages eine sehr wichtige Lektion lehrte, als er wieder einmal kam, um mir zu helfen. Ich befand mich erneut in einem Zustand, in dem ich mich von einer äußeren Kraft attackiert und ausgelaugt fühlte. Der Kolibri pustete mir seine kraftvolle Energie ein und sagte: »Du musst auch einmal ausruhen, Taguarí. Wenn du deine Bewegungen im Außen einstellst, gibst du den Bewegungen in deinem Inneren die Möglichkeit, zum Fließen zu kommen. Und das ist sehr wichtig, um in deine volle Kraft zu finden.«

Das war für mich alles andere als leicht umzusetzen. Ich war von klein auf daran gewöhnt, immer in Bewegung zu sein und stets Dinge im Außen zu tun. Aber in den folgenden Wochen gab ich mir Mühe zu lernen, auch die inneren Bewegungen wertzuschätzen und ihnen den Raum zu geben, den sie brauchten, um Neues in mir zu integrieren und zu festigen. Tatsächlich konnte ich bald beobachten, wie mein Körper an Stärke gewann und besser geschützt war, wenn ich ihm genug Zeiten der Stille einräumte.

Die Regenzeit neigte sich fast ihrem Ende zu, als ein anderes Tier mich öfters ungerufen besuchte, was für mich eine besondere Herausforderung war. Es war die schwarze Anakonda, eine riesige Schlange mit gelblich grünen Augen, die bis zu zwanzig Meter lang und fünfzig Zentimeter breit werden kann. Sie gehörte meinem starken Element, dem Wasser, an und wollte mich oft zu ihm führen, um mich sozusagen in meine Kraft zu bringen. Das war sehr nett von ihr, jedoch war ihr Antlitz so gruselig, dass sie mich stets in panische Angst versetzte.

Oft tauchte sie wie aus dem Nichts neben mir auf, riss ihr riesiges Maul auf und spannte mich im nächsten Moment schon zwischen ihre Kiefer, um mich in die Unterwasserwelt der Flüsse und Lagunen mitzunehmen. Tief in mir wusste ich zwar, dass sie mir niemals etwas zuleide tun würde, aber ich konnte meine tiefsitzende Angst trotzdem nicht ablegen.

Eines regnerischen Tages erzählte ich meinem Maestro von den Besuchen der schwarzen Anakonda und der großen Angst, die sie in mir freisetzte. Mein Maestro setzte sich neben mich und erklärte mir Folgendes:

»Die schwarze Anakonda ist ein sehr wichtiger Helfer für dich. Aber der Moment ist für dich noch nicht gekommen, um eins mit ihr zu werden. Deshalb fürchtest du sie noch. Wenn es so weit ist, werden Tutex und ich dich bei diesem Unterfangen begleiten und dir helfen, dich mit ihr zu vereinigen.«

Die Zeit verging, und ich reiste weiterhin mit der schwarzen Anakonda und gleichzeitig mit meiner Angst. Die riesige Schlange brachte mich in Gewässer, in denen ich viele Fische zum Fangen fand, und war so eine große Hilfe bei meiner Nahrungssuche.

An meinem emotionalen Zustand änderte sich jedoch leider nichts, und ich erwachte oft mitten in der Nacht schweißgebadet, da mir das Gesicht der schwarzen Anakonda im Traum erschienen war und mich bis in meine Essenz zu erschrecken wusste.

Und so kam es, dass ich mich eines Tages endlich dazu bereit fühlte, meiner Angst entgegenzutreten. Schon vor längerer Zeit hatte ich den Großen Geist darum gebeten, mir dabei zu helfen, meine Beziehung zur schwarzen Anakonda zu heilen.

Nun ging ich entschlossen zu Etéwa und bat ihn, mir bei meinem Vorhaben zu helfen.

Er wandte sich daraufhin an Tutex, um die Einzelheiten dieses nicht gefahrlosen Unterfangens zu besprechen. Sie wählten sorgsam Ort und Zeitpunkt aus und berieten sich, wie sie mich am besten unterstützen konnten.

Wir warteten einige Tage ab, bis der Regen, der wieder einmal kübelweise vom Himmel fiel, etwas weniger wurde. Ich hielt mich in diesen Tagen viel in meiner Höhle auf, um Kraft aus dem »Nichtstun« zu schöpfen und das Alleinsein zu genießen, das eigentlich kein Alleinsein war, da wir dadurch, dass wir mit unserem Inneren in Kontakt treten, die Verbindung zum Großen Ganzen wiederfinden.

Ich wusste, dass meine Maestros mich jederzeit finden konnten, da sie mich in ihrem zweiten Körper besuchen würden, wenn die Zeit reif war. Und so kam es auch: Eines Abends erschien Tutex vor meinem inneren Auge, um mir mitzuteilen, dass es am nächsten Morgen so weit sein würde.

Wir machten uns in der Morgendämmerung auf den Weg. Es fiel ein feiner Regen vom Himmel, der mit dem Morgenlicht spielte und alles zum Glitzern brachte. Man merkte, dass der Waldboden noch nicht viel Gelegenheit bekommen hatte, all das Wasser aufzusaugen, das ihm geschenkt wurde.

Unser Weg dauerte etwa drei Stunden und führte uns am Fluss Inírida entlang immer weiter gen Osten. Meine Maestros hüllten sich wie gewohnt in tiefes Schweigen. So waren lediglich die Tierwelt und die rauschenden Stimmen der Bäume zu hören, die mir heute allesamt Mut und Kraft zusprachen.

Ich weiß noch, wie weich sich meine Knie anfühlten und

wie viele Worte der Demut ich dem Großen Geist sandte, in der Hoffnung auf seine Unterstützung und Nachsicht.

Etwa am Mittag des dritten Tages hörten wir ein kraftvolles Rauschen. Das Geräusch wurde mit jedem Schritt stärker und verwandelte sich schon bald in ein majestätisches Tosen. Die Dichte des Waldes nahm an dieser Stelle erheblich ab, und schon bald stand ich vor einem der atemberaubendsten Szenarien, die ich jemals gesehen hatte:

Ein vielleicht dreißig Meter hoher Wasserfall fiel von Klippen, die sich über unseren Köpfen befanden, lautstark in den Fluss Inírida, der an dieser Stelle natürlich heftige Stromschnellen aufwies. Ich kletterte auf einen hohen Felsen und erkannte, dass das herabstürzende Wasser unter mir auf einen spitz zulaufenden Felsen prallte, der den weiteren Verlauf des Flusses in zwei gleichstarke Hälften unterteilte.

Eine kühle und feine Wasserstaubwolke, die von unten gemeinsam mit der kraftvollen Energie dieses magischen Ortes zu mir emporstieg, erfasste mich und ließ mich frösteln. Die Kraft des Elements Wasser war hier so intensiv zu spüren, dass sogar mir, der zu diesem Element einen sehr guten Bezug hatte, ein wenig schwindelig wurde.

Ich schloss meine Augen, atmete tief in meine sich erinnernde Macht und öffnete meine Arme zu beiden Seiten. Die ersten Undinen und andere Wassergeistwesen kamen zu mir und begrüßten mich voller Freude. »Viel Glück, Taguarí. Wir drücken dir die Daumen.« Alle wussten, worum es am heutigen Tag ging. Alles war vorbereitet.

Ich war an diesem Ort noch nie zuvor gewesen, erkannte aber, als ich meine Augen wieder öffnete, dass hier einige Piapocos lebten, die gerade aus einer kleinen Hütte herauskamen, in der sie anscheinend Materialien zum Fischfang aufbewahrten. Sie hielten lange Lianen und Angelhaken in ihren Händen, musterten mich kurz und zogen dann weiter. Ihre Pfeile und Bögen ließen sie an der Wand des kleinen Palmenhäuschens stehen.

Ich nahm mir noch einige Minuten Zeit, um die besondere Kraft dieses Ortes in mich aufzunehmen, und ging dann zu meinen Maestros, die sich in einigem Abstand zum Wasserfall an einen gut geschützten Ort auf einen großen Felsen gesetzt hatten. Ein großblättriger Baum über ihren Köpfen sorgte dafür, dass sie fast im Trocknen saßen.

Sie sprachen gerade gemeinsam ein Gebet, als ich zu ihnen trat, gerichtet an die Geistwesen des Wassers und die Hüter des Waldes vor Ort, um sich für deren Sanftmut und Willkommen zu bedanken. Dann sprachen wir gemeinsam ein Gebet zum Großen Geist und baten um seine Unterstützung. Von der rechten Seite aus wurde ich angestupst und erhielt von meinem Maestro eine Schale mit Yagé. Und danach gleich noch eine.

In mir breitete sich ein erhabenes, festliches Gefühl aus, und ich konnte mit jeder Faser meines Körpers spüren, dass dies erneut ein sehr bedeutsamer Moment auf dem Weg zu meiner Macht war. Starkes Brennen und beißende Hitze stiegen in mir auf, und meine Wahrnehmung begann sich langsam zu verändern. Etwas legte sich wie ein dunkler Schleier um mich, so, als säße ich auf einmal in einer riesigen, dunklen Wolke, die fast jegliches Tageslicht aufsaugte. Nur vage nahm ich wahr, wie meine zwei Lehrer die Medizin tranken und sich dann ebenfalls der Stille hingaben.

Kurz darauf änderte sich plötzlich etwas in meinem Sichtfeld – ein weißer Lichtstrahl durchzog das Szenarium und fiel direkt auf Tutex, die im selben Moment zum Himmel und dann zu mir blickte. Ich drehte meinen Kopf in Richtung des tosenden Wassers und sah einen Regenbogen, der aus dem Fluss emporzusteigen schien und bis in die unendliche Weite des Horizonts reichte.

In diesem Moment gab mir Etéwa noch eine dritte Ration Medizin, die ich folgsam in mich aufnahm. Plötzlich war das ohrenbetäubende Tosen des Wasserfalls wie ausgeschaltet, und ich konnte die Atemgeräusche meiner Lehrer hören, die jetzt die Lautstärke eines gewaltigen Donners besaßen. Ich verlor sämtlichen Bezug zu Raum und Zeit und fiel in einen schwerelosen Zustand des Beobachtens.

Im nächsten Moment war das tosende Wassergeräusch wieder da und steigerte seine Intensität um ein Vielfaches. Die Dunkelheit kam ebenfalls zurück und mit ihr meine blanke Angst, die leise und verhalten meinen Brustkorb emporzuklettern schien. Ich hielt mir die Ohren zu, was meine visuelle Wahrnehmung zu verwandeln vermochte: Ich blickte nun auf eine gelbgetünchte Landschaft, die friedlich und absolut harmonisch auf mich wirkte. Ein wohliges Gefühl stieg aus meiner Magengegend empor, und mein gesamter Körper verlor etwas von seiner Anspannung.

Im nächsten Augenblick erschien der Kopf der gefürchteten Schlange direkt vor mir, und sie blickte mich mit ihren hellgrünen Augen an. Es fühlte sich so an, als würde mein Herz aufhören zu schlagen, und auch meine Lungen schienen ihre Arbeit niederzulegen. In diesem Moment der Starre erschien zum Glück das Wissen in mir, dass meine Maestros an meiner Seite waren und mir deswegen nichts geschehen konnte.

Ich kniff für einen Moment meine Augen zusammen, um mich zu sammeln und die Kraft zu finden, meiner Angst entgegenzuatmen. Als ich daraufhin meine Augen wieder öffnete, bemerkte ich, dass der Schlangenkopf zwar nicht mehr direkt vor mir war, ich aber eine sehr kraftvolle Energie an meiner linken Seite wahrnahm. Mein gesamter Körper begann zu kribbeln, und als ich mich vorsichtig nach links drehte, blickte ich auf die Gestalt einer schwarzhaarigen Meerjungfrau, die in einem eng anliegenden, grünglitzernden Algengewand voller Anmut und Schönheit neben mir saß. Sie blickte mir tief in die Augen, ehe sie mit mir zu sprechen begann:

»Mein Name ist Acuarima.« Die Süße ihrer Stimme schaffte es, in mir eine Tür zu öffnen, durch die der Großteil meiner Angst entweichen konnte.

»Ich wohne in den tiefsten Tiefen der Gewässer, dort, wo ihr Menschen noch nie wart.« Ihre Wimpern bestanden ebenfalls aus feinen, langen Algen, die geheimnisvoll ihre strahlend grünen Augen umrandeten. »Ich sorge im Auftrag des Großen Geistes dafür, dass die Gewässer von Mutter Erde in ihrem Gleichgewicht bleiben. Tagein, tagaus überquere ich die Flüsse und Meere und passe auf, dass sich niemand an uns vergeht.«

Sie ließ ihren Blick gen Boden schweifen, und es entstand eine kurze Atempause. Ich fühlte mein Herz laut und stark pochen. Trotzdem war ich ruhig und fühlte mich besänftigt. »Nach getaner Arbeit, bei Sonnenuntergang, liebe ich es, in der Brandung der Ozeane gemeinsam mit den Wellen zu spielen und zu tanzen.«

Bei diesen Worten huschte ein kindliches Lächeln über ihre Lippen. Dann wurde sie wieder ernst und sah mit ihrem betörenden Blick tief in meine Seele. »Gemeinsam mit meinen Schwestern, den Sirenen, helfe ich auch Seeleuten, die in Bedrängnis geraten sind. Auf diese Weise haben auch wir uns kennengelernt, Taguarí. Erinnerst du dich?«

Ich hatte keine Ahnung, worüber die Wassergöttin gerade sprach. Aber da sie nun eine längere Redepause machte, strengte ich mich an, um mich an ihre Energie zu erinnern. Ich dachte an meine Ankunft im Amazonasurwald, wo ich tagelang über verschiedenste Flüsse navigiert war. Ob das schöne Wesen von dieser Zeit gesprochen hatte?«

Ich musste nicht danach zu fragen, da Acuarima offenbar meine Gedanken lesen konnte. »Nein, damals waren wir nicht bei dir. Du musst wissen, dass wir nicht jedem helfen. Wir helfen den Wesen, deren Absicht rein ist und unter der Schirmherrschaft der Liebe steht. Wesen, die an das Wohl der Gemeinschaft denken und nicht nur zu ihrem eigenen Vorteil handeln. Zu jenem Zeitpunkt dachtest du leider nur an dich, Taguarí, und ich bin sehr froh, dass du dich wieder an deine ursprüngliche Verantwortung erinnert hast. Aber sag: Warum hast du mich heute gerufen? Was kann ich für dich tun?«

Ich überlegte kurz, wie ich mein Anliegen in die richtige Form bringen könnte, entschied mich aber dann dazu, frei aus dem Herzen heraus zu sprechen.

»Du machst mir Angst, wenn du als schwarze Anakonda zu mir kommst, um mich in die Unterwasserwelt mitzunehmen. Bitte verstehe mich nicht falsch: Ich bin sehr dankbar für deine Hilfe beim Fischfang und die Lektionen, die du mir bisher beigebracht hast. Doch wenn du unangemeldet vor mir auftauchst und dein riesiges Maul aufreißt, um mich dann mit deinen Kiefern zu packen, sterbe ich fast immer vor Angst.«

Acuarima hatte mir aufmerksam zugehört und lächelte mich nun liebevoll an. »Du musst mich nicht fürchten, Taguarí. Der Große Geist persönlich hat mich zu dir gerufen, damit ich dir auf dem Weg zurück zu deiner Wahrheit helfe. Nur deshalb bin ich wieder bei dir, wie auch schon in vielen vergangenen Leben.«

Ich blickte interessiert zu der Wassergöttin und konnte es kaum erwarten, dass sie weitersprach.

»Ich weiß noch, als wäre es gestern gewesen, wie meine Schwester Yasmis mich damals zu dir brachte. Du warst ein Seemann und lebtest in Irland ein sehr zurückgezogenes Leben am Meer. Du warst reinen Herzens und fühltest dich unter anderen Menschen einsam und anders, weshalb du ein Leben auf dem Boot vorzogst. Meine Schwester fand dich eines Tages schlafend an Deck deines Schiffes und war seit dieser Begegnung unsterblich in dich verliebt.

Jede freie Minute verbrachte sie an deiner Seite und half dir, wo sie nur konnte. Als unser Vater jedoch von der großen Liebe seiner Tochter zu einem Menschen erfuhr, schickte er sie umgehend fort. Sie sollte in unserem Kristallpalast auf den Bermudas unter Unseresgleichen und fern von niedrig schwingenden Menschen leben.

Meine Schwester war untröstlich, hatte aber keine andere Wahl. Sie musste den Anordnungen unseres Vaters Folge leisten, ließ mich aber bei ihrem Abschied schwören, gut auf dich aufzupassen. So blieb ich wie versprochen bei dir und begleitete dich auf deinem Weg.«

In diesem Moment hörte sie auf zu sprechen und änderte ohne jegliche Vorwarnung ihre Gestalt zur schwarzen Anakonda. Diese öffnete sofort ihr riesiges Maul, sperrte mich wie gewöhnlich zwischen ihre Eckzähne und sprang mit mir in das eiskalte Wasser. Die Kühle der Nässe auf meiner Haut wurde immer schwerer, und ich sank hinab in die unendliche Stille und Dunkelheit.

Ich habe keinerlei Erinnerung daran, wohin mich die schwarze Anakonda an diesem Tag brachte und was ich dort erlebte. Das Nächste, an das ich mich bewusst erinnern kann, ist ein Gefühl, als hätte ich mich aufgelöst, um nun eins zu sein mit allem, was es gab.

Als ich meine Augen öffnete, war ich sehr überrascht darüber, wo ich mich befand. Denn ich war nicht im Wasser, sondern irgendwo hoch über Mutter Erde. Ein seichter Windstoß bewegte mich, und da wusste ich auch schon, was passiert war: Ich war wieder in einem Baum. Ich war dieser Baum.

Ohne zu wissen, wie ich hier hineingekommen war, konnte ich fühlen, dass es ein sehr alter und weiser Baum war, der begann, mir einige Bilder aus meinem Leben als irischer Seemann zu zeigen. Ich sah damals anders aus, aber ein Ausdruck in den Augen dieses Mannes ließ mich wissen, dass ich es war.

Mit meinen Gedanken kam ich wieder zurück ins Hier und Jetzt und begann mich zu fragen, wie ich wohl hierhergekommen war. War eine Wassergöttin auch eine Hilfe für den Eintritt in einen Baum? War sämtliche Trennung, die ich bislang zu erkennen glaubte, in Wirklichkeit Illusion? Führte uns ein Element zwangsweise zum nächsten?

Genau im Augenblick des Erkennens war wieder das himmlische Gefühl göttlicher Allgegenwärtigkeit da, das meinen Organismus umspülte. Das sichere Wissen, dass alles perfekt ist, so, wie es gerade ist. Dass es kein Grund zur Sorge gibt, da alles IST und ich beschützt bin.

Im nächsten Moment fragte ich mich, wie es wohl unter mir aussehen würde, und ehe ich mich versah, befand ich mich in den tiefsten Wurzelverästelungen des Baumes. Hier unten sah ich meine Umgebung in ein dämmriges Licht gehüllt und fühlte, wie Mutter Erde voller Leben und Kraft war. Es roch herrlich frisch, und ich konnte die Liebe spüren, mit der Mutter Erde von hier aus Nahrung an alle ihre Kinder sandte.

Nachdem ich mich einige Zeit bewundernd umgesehen hatte, dachte ich mich wieder hinauf in die Baumkrone, und im nächsten Moment war ich wieder oben, etwa fünfzig Meter über dem Waldboden.

Mir war nicht klar, warum das gezielte Fortbewegen durch meine Gedanken auf einmal klappte, es interessierte mich auch nicht. Die nächsten Minuten verbrachte ich damit, von einer Seite des Baumes zur nächsten zu wechseln und in sämtliche Abschnitte des Riesens hineinzufühlen. Es war himmlisch und machte mir riesigen Spaß. Doch nach einer Weile bemerkte ich meine Erschöpfung und begann mich zu fragen, wie ich wieder aus dem Baum herauskäme.

Ich versuchte einen Intento. Nichts. Nur vollkommene Leere und Erschöpfung in mir. Ich rief nach der schwarzen Anakonda, die ich weder fühlen noch sehen konnte. Ebenfalls ohne Erfolg. Zu allem Überdruss konnte ich auf meinen physischen Körper blicken, der sich direkt unter mir befand und sich gerade mit meinen Maestros unterhielt. Ich wollte zurück. Ich wollte wieder zu mir. Wo war verflixt noch mal der Ausgang aus diesem Baum?

Langsam bekam ich Angst. Da erschien zum Glück endlich die schwarze Anakonda und blickte mich mit ihren grünen Augen streng an. Mit ihrem Kopf stieß sie einige Male heftig gegen den Baumstamm, und schon war ich wieder in meinem physischen Körper.

Mit einem dumpfen Geräusch fiel dieser nun auf den weichen Waldboden. Meine Maestros lachten mich aus, ehe sie sich eines Besseren besannen und mir hochhalfen. Auf dem Weg zurück zu unserem Lager mussten sie mich stützen, so erschöpft war ich. Mein Körper schmerzte überall, und eine tiefsitzende Trauer nahm mir fast den Raum zum Atmen.

Im Schatten eines großen Baumes angekommen, legte mir Tutex fürsorglich ihre rechte Hand auf meine Brust und sah mich warmherzig an. Nur zu gut kannte sie das Gefühl, das einen noch ungeübten Schüler beim Zurückkommen aus der anderen Welt überflutete. Ich blickte zu ihr empor und versuchte, so etwas wie ein Lächeln zustande zu bekommen, was mir nicht gelang. Noch lange saßen wir schweigend nebeneinander und atmeten die Energie der Nacht ein.

Mit letzter Kraft schaffte ich es einige Stunden später zu meiner Hängematte, die zum Glück in der Nähe in einem Baum hing. Dann fiel ich in einen traumlosen, tiefen Schlaf. Aus der Ferne hörte ich noch, wie sich meine Maestros über die heutigen Geschehnisse austauschten und ein Lagerfeuer dazu eine knisternde Melodie spielte. Dann war ich in einem fernen Traumland verschwunden.

Am nächsten Morgen fühlte ich mich immer noch grässlich. Ich hatte geschlafen wie ein Stein und erwachte nun mit einer bleiernen Schwere. Mein Körper wies mich unmissverständlich darauf hin, dass die Zeit zur Erholung nicht ausreichend gewesen war. Stöhnend begann ich, einige leichte Lockerungsübungen auszuführen, um meinen Zustand zu mildern. Von meinen Maestros war weit und breit nichts zu sehen. Nur einige Frauen des Stammes, die mir gestern vor lauter Nervosität nicht aufgefallen waren, saßen an unserem Lagerfeuer und bereiteten frisch gefangenen Fisch zum Frühstück zu.

Ich schloss noch einmal meine Augen, um das gestern Geschehene Revue passieren zu lassen. Mein Gespräch mit der schwarzen Schlange, die sich als wunderschöne Wassergöttin entpuppt hatte, war wirklich eindrucksvoll gewesen. Und das anschließende Gefühl der absoluten Freiheit im Baum – göttlich!

Mit einem Lächeln dachte ich an diesen erhabenen Moment zurück, bei dem ich mich mit Leichtigkeit durch den Baum bewegt hatte. Ich konnte stolz auf diesen meinen Lernfortschritt sein, da es mir zum ersten Mal und ohne Anleitung gelungen war.

In diesem Moment begann ich zu verstehen, dass ich gerade dabei war zu lernen, wie ich gezielt mit meinem zweiten Körper reisen konnte und hierzu ein absolut klarer und wacher Geist vonnöten war. Kein Gedanke durfte sich heimlich durch meinen Kopf schleichen, da er verheerende Folgen haben und mich in Gefahr bringen konnte.

Etéwa höchstpersönlich erschien nun und setzte sich neben mich in den Sand. Er klopfte mir aufmunternd auf den Rücken und reichte mir ein großes Stück geräucherten Fisch. Zuerst krönte wohltuendes Schweigen unser Frühstück, bis Etéwa sich zu mir umdrehte und begann, in meiner Sprache mit mir zu sprechen. Das kam nur in den seltensten Fällen vor und veranlasste meinen Körper dazu, sich aufzurichten.

»Taguarí! Wir sind sehr zufrieden mit deinen jüngsten Erlebnissen. Du befindest dich bereits in einer fortgeschrittenen Phase deiner Ausbildung. Die wenigsten kommen bis hierher, und es zeugt von außerordentlicher Disziplin, leidenschaftlicher Hingabe und starkem Willen, dass du es bis hierher geschafft hast.«

Wie wohl taten mir diese Worte aus dem Mund meines Maestros, genau im Moment der totalen Erschöpfung. Mein Körperempfinden änderte sich schlagartig, und eine wohlige Wärme machte sich in mir breit.

»Ich habe vor dir noch keinen anderen Weißen erlebt, der in kürzester Zeit so schnell gelernt und dabei diese enorme Unterstützung vom Großen Geist erhalten hat. Du bist wahrlich gesegnet und verdienst dir mit deinen Leistungen und deinem Mut, weiter in das jahrtausendalte Wissen meiner Vorfahren eingeweiht zu werden.«

Er hielt für einen kurzen Moment inne und blickte in den Himmel, der heute ungewohnt hell war und darauf schließen ließ, dass der Großteil der Regenwolken in eine andere Richtung gezogen war. Mein Maestro räusperte sich, ehe er fortfuhr: »Es ist ein kurvenreicher und hügeliger Weg, den wir gemeinsam beschreiten. Und er wird niemals zu Ende sein. Dessen solltest du dir bewusst sein!«

Er hielt für einige weitere Augenblicke inne und stocherte mit seinem Bastón auf dem überschwemmten Waldboden herum. Einige letzte Regentropfen fielen vereinzelt von den Blättern des Baumes, unter dem wir saßen. Mutter Erde atmete fühlbar auf, dass sie nun eine wohlverdiente Trinkpause bekam.

»Du bist auf dem besten Weg, nun auch die Geistwesen deines Elements zu beherrschen. Später wirst du dich auch um die drei anderen Elemente kümmern, die dir ein wenig mehr Schwierigkeiten bereiten werden. Die wichtigste Lektion wird jedoch zunächst sein, mit deiner Energie zu haushalten. Du musst lernen, deine Kraft so einzuteilen, dass du zu deinem Schutz immer genug für dich selbst aufbewahrst.«

Ich war überrascht und im selben Maße entzückt über die Tatsache, dass mein Maestro heute zu so großen Worten bereit war, und hörte weiter gebannt zu.

»Du wirst auf deinen Reisen mit deinen Krafttieren noch weitere Medizinpflanzen kennenlernen und dich mit ihren Elementarwesen anfreunden, damit du Hilfesuchenden noch kompetenter und gezielter helfen kannst. Jedoch ist Vorsicht geboten, und jetzt höre gut zu, Taguarí!«

Sein Blick verschärfte sich und bohrte sich tief in meine Seele: »Du bist oft zu voreilig und stürzt dich in Erfahrungen, ohne genau zu wissen, was dich dort erwartet. Eigne dir zuerst das nötige Wissen an und gehe dann gezielt in eine Erfahrung. Sonst könnten deine Erfahrungen bald zu gefährlichen Albträumen werden. Vertrauen ist gut und wichtig, und du kannst dir natürlich dessen gewiss sein, dass der Große Geist stets an deiner Seite ist. Doch werde durch dieses Wissen nicht leichtsinnig!«

Einige gelbe Schmetterlinge tanzten bei diesen Worten über unseren Köpfen, als würden sie sich ebenfalls darüber freuen, nach Beendigung der langen Regenzeit wieder ein wenig mehr Bewegungsfreiheit zu haben. Etéwa fuhr in seinem Text fort:

»Plane keine Aktionen im Voraus, Taguarí, sondern warte ab, bis das Leben sie zu dir bringt. Dann gib dich ihnen mit wachem und klarem Geist hin. Und wenn etwas nicht auf Anhieb klappt, verzage nicht, sondern erinnere dich daran, dass der richtige Moment kommen wird. Das bedeutet es, ein wahrhaftiger Krieger zu sein.«

Tutex kam dazu und setzte sich zu uns. Sie war sichtlich guter Dinge, denn mit einem freudigen Strahlen umarmte sie mich und drückte mich kurz an sich.

»Heute geht es aber erst einmal erneut darum, dich deinem Krafttier, der schwarzen Anakonda, zu nähern. Zu lernen, wie du sie mit Hilfe deines Bastóns rufst und ihre Kräfte für deine Zwecke nutzen kannst. Das ist nicht leicht, und es bedarf viel Fingerspitzengefühls. Die Anakonda hat viel Kraft, und du bist noch sehr ungeübt mit dem Haushalten deiner Energie.«

Die Sonne war jetzt immer deutlicher zu fühlen und schaffte es endlich, sich einen Weg durch die dichte Wolkendecke zu bahnen. Dankbar schloss ich die Augen und öffnete für einige

Augenblicke mein Sein, damit die Sonnenstrahlen mich mit Energie auffüllen konnten. Dann war es an der Zeit, einige Worte zu erwidern. Ich setzte mich aufrecht hin, räusperte mich und blickte auf den reißenden Fluss vor uns:

»Ich danke dir, Maestro, für deine Worte. Ich fühle mich geehrt, dein Schüler zu sein, und bin dir grenzenlos dankbar für dein Vertrauen und deine Hingabe!« Mein Maestro stand auf. »Erlaube mir bitte, noch einen Augenblick zu pausieren. Ich fühle mich noch ein wenig müde nach meiner gestrigen Reise und möchte gerne zu den drei Hütern dieses Ortes gehen, um mich etwas aufzuladen.«

Mit einer Handbewegung gab mir der Schamane zu verstehen, dass er mit meinem Einwand einverstanden war. *Wir treffen uns, wenn die Sonne rötlich wird, unten am Wasserfall!* Das vernahm ich auf geistigem Weg und blickte ihm nach, wie er seines Weges ging.

Mit einem Seufzer setzte ich mich kurz darauf in die Mitte der drei riesigen Bäume und lehnte mich mit dem Rücken an einen ihrer Stämme. Ich grüßte die drei Wesen und bat sie darum, mir zu helfen, wieder in mein Gleichgewicht zurückzufinden, und begann, gleichmäßig und tief zu atmen. Ich achtete vor allem darauf, tief einzuatmen, was zur Aufnahme neuer Energie notwendig ist, und ließ alles andere los. Dankbar spürte ich, wie sich mein Körper langsam erholte und zurück in seine Mitte fand.

Nach einiger Zeit kam eine Indigena-Frau auf mich zu, stellte ein großes, ovales Gefäß, randgefüllt mit weißen Käfern, vor mir auf den Boden und sah mich auffordernd an. Ich sollte das Essen segnen. Es war das erste Mal, dass ich um diesen Gefallen, den sonst immer Etéwa oder Tutex ausführten, gebeten wurde.

Ich stand also auf, rief den Kolibri zu Hilfe und streckte meine rechte Hand über dem Behältnis aus:

»*JARAMI JADSCHA HIDSCHI.*«

Dieses Mantra lehrte mich einst mein Maestro. Es hat die Kraft, Essen von dunklen Wesenheiten zu befreien und energetisch zu reinigen. Die dunkelhäutige Indigena-Frau lächelte mich dankbar an und bot mir mit einer höflichen Geste ihr Essen zum Kosten an. Dankbar nahm ich einige Käfer entgegen, zog mit meinen Zähnen den Kopf und die Beine ab, zerkaute lustvoll das wohlschmeckende und nahrhafte Fleisch des Tieres und bedankte mich innerlich bei seiner Seele.

Es vergingen noch einige Stunden, die ich in der Sonne und in Gesellschaft meiner drei großen Freunde verbrachte. Dann stand plötzlich Tutex neben mir, und wir gingen gemeinsam über den heute strahlend weißen Sand flussabwärts.

Der Neumond stand bereits über unseren Köpfen, als wir erneut am Ufer des reißenden Flusses standen und gemeinsam gen Horizont blickten. Es war ein sehr schöner, farbenfroher Abend, den wir gemeinsam noch einen Augenblick bewunderten, ehe Tutex schließlich das Schweigen brach: »Heute Nacht wirst du erneut die schwarze Boa zu dir rufen. Lass dir von deinem Bastón helfen. Integriere ihn so, wie es sich für dich richtig anfühlt. Wenn die Schlange da ist, richtest du deine Aufmerksamkeit auf ein bestimmtes Anliegen. Ich werde hier sein und dir helfen.«

Wir setzten uns in den warmen Sand und tranken Yagé. Aus dem Dickicht des Waldes kam uns das röhrende Fauchen einer Raubkatze entgegen. Wir saßen ruhig nebeneinander und schauten gemeinsam auf das tosende Wasser. Plötzlich stieg eine beißende Wärme in mir auf, die bewirkte, dass ich mich erhob und anfing, meinen Körper zu bewegen. Zuerst war es ein eher unkontrolliertes Schütteln, bis mein Körper die Kontrolle übernahm und fließend zu tanzen begann.

Ich wiederholte innerlich einige Male das Mantra der schwarzen Anakonda und bewegte dazu meinen Stab der Macht mit der rechten Hand, ihn in meinen Tanz integrierend. Es baute sich immer mehr Energie in mir auf, und ich ließ meine Rufe nun auch durch meinen Mund heraus, bis ich irgendwann das Mantra hemmungslos in die Schwärze der Nacht brüllte. Es kam ein verhaltenes Echo wieder, das über den Waldspitzen wie ein Boomerang zu tanzen schien.

Ich wurde auf Tutex aufmerksam, die sich, im selben Rhythmus tanzend, immer mehr in Richtung Wald bewegte. Da ich aber das Erscheinen der schwarzen Schlange eher aus dem Wasser vermutete, blieb ich in der Nähe des Flusses, der mit seinem Getose unseren Tanz auf seine Art untermalte.

Dann war es endlich so weit: Irgendwo zwischen Fluss und Wald tat sich ein heller Lichtschein auf und ließ unsere Bewegungen abflachen. Das Licht war sehr grell, und ich hielt mir den rechten Handrücken schützend vor das Gesicht. Es dauerte eine kurze Weile, ehe sich meine Augen an die Helligkeit gewöhnt hatten und ich erkennen konnte, wie sich die Silhouette eines wohlgeformten Frauenkörpers aus dem Licht herauslöste und langsam auf uns zukam.

Die Musik in mir brach ab, und ich schien in eine Art Leere, eine vollkommene Stille zu fallen, die mir ein leichtes Unwohlsein verursachte. »Wer ruft mich so ausgelassen zu solch später Stunde?« Ein grünes Funkeln leuchtete mir entgegen. »Ah, Taguarí! Du bist das. Da bin ich aber gespannt, was du auf dem Herzen hast.«

Nun stand Acuarima in ihrer ganzen Schönheit direkt vor

mir. Ihre schwarzen Haare funkelten geheimnisvoll im bläulichen Mondlicht und gaben einen eindrucksvollen Kontrast zu ihrem hellgrün schimmernden, eng anliegenden Gewand.

»Ich habe dich gerufen, damit du mir zeigst, wie ich lernen kann, meinen zweiten Körper zu beherrschen und dabei in meiner Kraft zu bleiben, ohne meine Grenzen zu überschreiten.«

Sie hörte mir aufmerksam zu und kam noch näher. Ihr gesamtes Antlitz schien mit einem Mal von ihren riesigen, strahlenden Augen verschluckt worden zu sein. Eine schwarze, kühle Wolke begann mich einzuhüllen, und ich bekam eine Gänsehaut. »Atme und wisse, dass jeder deiner Gedanken zu einer sofortigen Erfahrung wird.«

Bei diesen Worten spürte ich zwei kalte Arme, die mich zunächst sanft umschlangen und dann immer fester zusammendrückten. Ich atmete bewusst in das einengende Gefühl der Angst hinein, das bleischwer auf meinem Brustkorb saß. *ICH BIN. ICH BIN.* Noch ein weiterer tiefer Atemzug, und Acuarima verwandelte sich erneut in die schwarze Anakonda, die mich nun mit ihrem riesigen Körper umschlang.

»Atme! Atme!«, dachte es in mir, als das Tier mich bereits hoch in die Lüfte gehoben hatte und wenig später mit mir in der Tiefe des Flusses verschwand.

Alles war schwarz und still. War ich tot? Ich fühlte nichts außer einer schwindelerregenden Freiheit. Ich hatte keinen Körper mehr. Um mich herum existierte nichts mehr außer Weite und Raum. Ich war verloren und zu keinem klaren Gedanken fähig.

Als ich wieder bei Sinnen war, spürte ich ein angenehmes Prickeln auf meiner Haut. Langsam öffnete ich meine Augen und blinzelte der aufgehenden Sonne entgegen. Ich lag mit dem Kopf auf dem Schoß meiner Maestra, die mich mit besorgtem

Blick ansah. Mit einem Ruck sprang ich auf und musste feststellen, dass meine Beine wieder kraftlos zusammensackten, als würden sie nicht zu mir gehören.

Tutex sprang auf, um mir zu helfen: Mein ganzer Körper war ein einziger Schmerz, und meine Beine wollten mir nicht mehr gehorchen: »Was ist passiert?«

»Du warst sehr lange mit der schwarzen Schlange unterwegs. Und fast wärst du nicht zurückgekommen. Der Große Geist brachte dich in letzter Minute zurück, kurz bevor du auch den Rest deiner Energie aufgebraucht hattest. Du musst lernen, besser auf dich aufzupassen, Taguarí. Du willst immer alles sofort können. Hab Geduld mit dir.«

Zärtlich strich sie mir eine lange Haarsträhne aus dem Gesicht. »Ich hatte dich verloren und war schon fast auf dem Weg zu Etéwa, als ich das Geräusch der schwarzen Anakonda vernahm, die dich in den Sand legte. Sie legte noch zwei Fische neben dich und verschwand.« »Wann, wann ist das geschehen?«, fragte ich in einem matten Tonfall, denn es strengte mich sogar an, meine Lippen zu bewegen. »Gerade eben. Schau, die Fische zappeln noch! Wir müssen jetzt zurück zu den Shabonos. Ich helfe dir.«

Ich weiß nicht, wie ich den stundenlangen Rückweg in meinem erbärmlichen Zustand schaffte. Ich nehme an, dass Tutex mich stützte. Ihre Hand auf meinem Körper wirkte wie eine Energiequelle, wie ein Sonnenstrahl, der mir das zu geben vermochte, was ich brauchte. Ich kann mich nur noch bruchstückhaft an den stundenlangen Marsch erinnern, weiß aber noch, wie ich endlich meine Hängematte sah, auf sie zutaumelte und sofort in einen bleischweren Schlaf fiel.

Ich schlief und schlief, und es verging eine gefühlte Ewigkeit, in der ich genau das tat, was ich nun brauchte. Als ich schließlich meine bleischweren Augenlider wieder öffnete, blickte ich in das Gesicht eines fremden Indigenamädchens. Ich erschrak furchtbar und setzte mich mit einem Ruck auf. Das Mädchen hielt mir ein großes Stück gegrilltes Fleisch auf einem Bananenblatt hin und blickte mich schüchtern an.

»*Wo war ich? War ich bereits im Himmel?*« Ich nahm das Essen entgegen und begann, das Loch in meinem Magen hastig aufzufüllen. Verwirrt und mich vollkommen leer fühlend, starrte ich vor mich hin. Dann wurde ich wieder bewusstlos.

»Don José, was war denn los mit Ihnen?« Der alte Schamane ließ sich von meinen Worten aus seinen Erinnerungen reißen und lächelte mich an. »Ich war mit meinen Kräften vollkommen am Ende, Señorita. Die Reise mit der schwarzen Anakonda ist kräftemäßig ein sehr herausforderndes Unterfangen, dem ich damals noch nicht gewachsen war. Heute ist sie eine meiner vertrautesten Gefährtinnen, die mir sehr nahesteht und zu allen möglichen Ereignissen in meinem Leben erscheint, um mir zu helfen. Sie gehört ja zu meinem Element, dem Wasser. Deswegen hilft sie mir bei sehr vielen Dingen.«

»Wobei zum Beispiel?«, wollte ich nun wissen.

»Bei alltäglichen Dingen. Um rechtzeitig beim Bus zu sein, wenn ich Menschen bei irgendwelchen familiären Dingen helfen möchte. Oder wenn ich auf einem großen Platz stehe und den Menschen, den ich treffen will, nicht sehe. Sie hilft mir immer schnell und absolut wirkungsvoll.«

»Wenn Sie hier in Bogotá in ihrem zweiten Zuhause sind, rufen Sie also auch gelegentlich die schwarze Anakonda?«

»Natürlich! Alle Tiere können uns überall auf der Erde zu Hilfe kommen. Sie erscheinen dann in ihrem zweiten Körper, den man nur im erweiterten Bewusstseinszustand sehen kann.

Aber ihre Hilfe ist hier genauso wirkungsvoll wie im Urwald. Nur dass sie hier etwas schwerer zu händeln ist, da die Städte viele Kräfte aufweisen, die sich gegen das Leben richten.«

Wir blickten eine Weile gemeinsam auf das bunte Treiben der Carrera Septima, der siebten Straße, eine der meist befahrenden Straßen von Bogotá, und ließen die Worte auf uns wirken. Eine graue Dunstwolke erhob sich gerade gen Himmel, hervorgerufen durch das Anfahren einiger sehr alten Busse, die sich ächzend ihren Weg durch das alltägliche Chaos suchten.

»Wir Schamanen nutzen Naturkräfte, verbinden uns mit ihnen und lassen uns von ihnen helfen. Die Kraft eines Tiers oder der vier Elemente. Jeder Schamane hat hierbei, wie gesagt, sein Lieblingselement, mit dem er am besten zusammenarbeiten kann. In meinem Fall ist es das Wasser. In Ihrem übrigens die Luft.«

»Ach ja? Das ist ja interessant. Und wofür kann ich diese meine Stärke nutzen?« »Zum Heilen, zum Wind-Machen, zum Bewässern Ihrer Pflanzen ... « »Zum Bewässern meiner Pflanzen? Wie geht denn das, Don José?«

Don José lehnte sich zurück und lachte. Er war sichtlich angetan von meinem Interesse, aber es dauerte wie gewöhnlich noch eine Weile, ehe er meine Frage beantwortete. Unsere Gespräche hatten nie einen gradlinigen Verlauf, was anfangs nicht leicht für mich gewesen war. Mittlerweile gelang es mir aber immer besser, dies zu akzeptieren und dankbar das anzunehmen, was Don José mir bereit war zu geben. Aus dem Vertrauen heraus, dass sich Ungeordnetes und Halbverstandenes mit der Zeit in mir ordnen und klären würden.

Heute war Don José ungewohnt gradlinig und fand nach nur einer Erinnerung meinerseits wieder zurück zu meiner Frage.

»Wir schließen jetzt gemeinsam unsere Augen. Jetzt stellen Sie sich Ihr Zuhause vor, der Ort, wo Ihre Pflanzen stehen. Wir nehmen jetzt an, dass Sie, bevor Sie Ihr Haus verlassen haben, ein Glas mit Wasser in der Nähe Ihrer Pflanzen aufgestellt haben.

Nun rufen wir die Geistwesen ihres Elements, die Sylphiden, und bitten sie darum, uns bei der Bewässerung der Pflanzen zu helfen. Oder Sie können die Schwalben rufen, eines Ihrer Krafttiere. Über den Luftweg wird das Wasser nun zu den Pflanzen transportiert, die es über ihre Blätter aufnehmen können. Das funktioniert sehr gut – ich mache es immer, wenn ich auf Reisen bin und niemanden habe, der sich um meine Pflanzen kümmert.«

Yupary

Ich weiß nicht, wie lange ich geschlafen hatte. Gefühlte Jahre waren vergangen, und ich kam langsam wieder zu mir. Als ich meine immer noch sehr müden Augen öffnete, erblickte ich viel Befremdliches um mich herum. Ich lag zwar augenscheinlich in meiner Hängematte und auch in meinem Bereich, aber alles um mich herum war anders als gewohnt: So aufgeräumt, und da war dieses fremde Mädchen wieder, das in meinem Bereich am Feuer saß und Essen zubereitete. Ich blickte mich noch einmal um, um mich zu vergewissern, dass ich nicht im falschen Sektor lag. Aber es war definitiv meiner.

Dann drehte sich das Mädchen, das ungefähr in meinem Alter sein musste, zu mir um und lächelte mir schüchtern entgegen. Ich sah sie entgeistert an und konnte vor lauter Erstaunen erst einmal nichts sagen, sondern wollte nur weg von hier und mit jemandem sprechen, der mir diese neue Situation erklären konnte.

Also sprang ich aus meiner Hängematte und watschelte auf meinen steifen Beinen aus der Maloka heraus. Mein inneres Wissen führte mich zu Etéwa, der gerade dabei war, am Ufer des Flusses Pfeile zu polieren. Wie gewöhnlich wusste er bereits, dass ich kam, und ließ schon vor meinem Auftauchen seine Arbeit sinken. Mit einem Grinsen auf den Lippen drehte er sich in meine Richtung.

»Taguarí! Ich freue mich, dich wiederzusehen. Ich dachte schon, du hättest dich entschieden, in der Anderswelt zu bleiben.« Er schien sehr amüsiert über meinen Anblick zu sein und kicherte in sich hinein. Mit einem gequälten Seufzer und verzerrten Gesichtsmuskeln ließ ich mich auf einen Felsen in der Nähe meines Maestros sinken.

»Dir fehlt noch eine gehörige Portion Schlaf, um deine verlorene Energie zu kompensieren.« Er gluckste in sich hinein und pustete erneut gegen seine Pfeilspitze. »Du musst unbedingt besser auf dich aufpassen! Du hörst einfach auf, bewusst zu atmen und verlierst dich dadurch in der Energie deines Gegenübers. Wenn du das nicht lernst zu beherrschen, könnte es das nächste Mal wirklich böse für dich enden. Hast du mich verstanden, mein Lieber?«

Ich versuchte, ein müdes Lächeln auf meine Lippen zu zaubern, was mir nicht leicht fiel. »Ja, Maestro. Ich verspreche, besser auf mich aufzupassen. Aber nun sage mir bitte: Wer ist dieses Mädchen, das jetzt in meinem Bereich ist?«

»Versuche nicht, vom eigentlichen Thema abzulenken, Taguarí. Ich will von dir hören, wie du dich das nächste Mal besser schützen wirst!« In meinen Schläfen begann ein schmerzhaftes Pochen, meine Aufmerksamkeit auf sich zu ziehen. Ich schloss meine Augen und drückte meine kühle Hand für eine Weile gegen meinen schmerzenden Schädel.

»Hier! Nimm das und halte es vor deinen Bauchnabel.« Ich nahm das Blatt entgegen, das mir mein Maestro reichte, ohne genau hinzusehen, von welcher Pflanze es war. Schon kurze Zeit später war der Schmerz deutlich geringer, und ich öffnete wieder meine Augen.

»Ich verspreche dir, Maestro, das nächste Mal besser auf mich aufzupassen.« Etéwa war sichtlich nicht zufrieden mit meiner Antwort und hakte nach: »Aber wie machst du das? Wie schützt du dich?«

In meinem Kopf war gähnende Leere, außerdem bemerkte

ich verwundert, dass ich mir darüber noch nie wirklich Gedanken gemacht hatte. Der stechende Schmerz meldete sich noch einmal, und ich atmete ihm bewusst entgegen.

»Es ist nicht so kompliziert, wie du denkst, Taguarí. Vergiss nicht: Alles im Leben ist leicht. Nur die Menschen verkomplizieren es, weil sie zu viel denken!«

Für einige Augenblicke tauchten wir in eine Stille ein, die sich unangenehm anfühlte und die Erinnerung an die Umarmung der schwarzen Schlange in mir freisetzte. Mein Maestro widmete sich wieder seinen Pfeilen, und ich versuchte, einen klaren Gedanken zu fassen, um ihm eine Antwort auf seine Frage zu geben. Da mir aber keine einfiel, beschloss ich, ihn erneut nach dem Mädchen zu fragen:

»Maestro! Du sagtest, ich solle mich von Mädchen fernhalten. Nun wohnt offensichtlich ein Mädchen in meinem Bereich: Welches Verhalten schlägst du mir also vor?«

»Der Intento, Taguarí. Du musst lediglich vor Beginn deiner Reise eindeutig festlegen, dass dir genügend Energie zu deinem eigenen Schutz übrigbleiben wird. So wird es dann sein. Und das tiefe Einatmen nicht vergessen, bevor du auf Reisen gehst, da du dich dabei mit deiner Kraft verbindest und zusätzlich die Liebe des Großen Geistes integrierst. Einfacher geht es doch nicht, oder?«

Ich lächelte verlegen meinem Maestro an und bedankte mich für seine Worte. Vielleicht konnte mir Tutex meine neue Wohnsituation erklären. Ich wollte bereits aufstehen, als mich die Stimme Etéwas innehalten ließ:

»Es war Tutex' Idee, ich habe sie lediglich bewilligt. Das Mädchen heißt Yupary. Sie ist wie du in der Ausbildung, sehr geschickt mit Pfeil und Bogen und besitzt schon ein beachtliches Wissen in der Magie.«

Er pustete erneut den Pflanzenstaub von der frisch polierten Pfeilspitze, ehe er mich wieder mit seinem typischen Blick durchbohrte. »Ihr werdet aufeinander aufpassen und ein kompetentes Team bilden. Außerdem ist es gut, dass nun jemand für dich sorgt, deinen Bereich in Ordnung hält und für dich kocht. Du bringst uns sonst noch Ungeziefer ins Haus.«

Es war wirklich selten, dass mein Maestro so zu Scherzen aufgelegt war wie heute. Nur leider ging es mir heute nicht gut genug, daher machte ich mich schleunigst aus dem Staub. Ich wünschte mich sehnlich in die Ruhe und Geborgenheit meiner Höhle.

Mit vereinten Kräften schleppte ich mich also zu meinem Kraftort und ließ mich in das kühle Nass fallen. Auf meiner Haut begann es zu kribbeln, und ich wusste, dass die Wesen des Elements Wasser bei mir waren, um mich zu versorgen. Ich gab ihnen im Geist meine Einwilligung und ließ mich auf der Wasseroberfläche treiben.

Für einige Augenblicke lang schaffte ich es, das Gesicht des fremden Mädchens aus meinem Kopf zu verbannen und gab mich vollends den heilenden Energien der Lagune hin.

»Atmen – wie wichtig war dieses Atmen. Über das Ausatmen gebe ich von mir ins Außen, lasse los, erlebe kleine Tode, die Altes in mir lösen, um Platz zu schaffen für das Neue, das kommen möchte. Und mit dem Einatmen energetisiere ich mich, nehme in mich auf und ernähre mich. So simpel und gleichzeitig so machtvoll!«

Die nächsten Minuten verbrachte ich damit, meine Bauchdecke dabei zu beobachten, wie sie sich im Rhythmus meines Atems aufwölbte und wieder hinabsenkte. Dabei bemerkte ich, dass mir das Ausatmen leichter fiel als das Einatmen und auch länger anhielt. *»Kein Wunder, dass ich manchmal nicht* *genügend Kraft habe, um mich zu schützen. Ich muss besser einatmen!*«

Nachdem ich ein neues Gleichgewicht in mir gefunden hatte und den Intento losließ, dieses nun in mein Leben zu integrieren, verließ ich das kühle Nass und setzte mich auf meinen Lieblingsfelsen. Sogleich setzte sich mein Denken in Bewegung, und ich verfiel ins Grübeln:

»*Woher kam dieses Mädchen auf einmal? Wer war sie? Und warum kam sie gerade jetzt zu uns? YUPARY! Was für ein blöder Name!*«

Da erschien vor meinem inneren Auge das Gesicht meiner Maestra und mit ihm ein wohlig warmer Schleier, der sich um mein Herz legte.

»Es ist an der Zeit, dass du dich mit Deinesgleichen zusammentust, Taguarí. Ich bin deine Maestra, nichts weiter!« Dann verschwand das Gesicht meiner Maestra genauso schnell und unvermittelt, wie es aufgetaucht war. Das Blut stieg mir in den Kopf, und ich machte mich peinlich berührt auf den Weg zurück zur Maloka.

Als ich in meinem Bereich eintraf, wartete Yupary bereits auf mich und hielt mir erneut schüchtern ein großes Stück gegrilltes Fleisch hin. Ich wollte schon reflexhaft ablehnen, als ich bemerkte, dass das Mädchen vor Aufregung am ganzen Körper zitterte. Schon etwas nachsichtiger griff ich dann doch nach dem Essen, setzte mich in einigem Abstand auf einen abgeschnittenen Baumstamm und begann, meine neue Partnerin von oben bis unten zu mustern.

Man konnte ihre Unsicherheit und Angst förmlich riechen. Für ein Indigenamädchen war sie ungewöhnlich hochgewachsen, und ihre Augen strahlten etwas Wissendes und Scharfsinniges aus. Sie hatte glatte und makellose Haut, die den muskulösen und gleichzeitig gewandten Körper einer Kriegerin bedeckte. Aus ihrer Art, sich zu bewegen, konnte ich ablesen, dass ihr Geist bereits die Führung über ihren Körper übernommen hatte.

Ein dunkler Schatten umgab ihr Energiefeld, der darauf schließen ließ, dass sie es in ihrem Leben nicht immer leicht gehabt hatte und noch einige nicht geheilte Wunden in sich trug.

Nach und nach gelang es mir, meine ablehnende Haltung dem Mädchen gegenüber einzustellen und die Vorteile zu sehen, die ihre Ankunft in meinem Leben mit sich bringen würde. Ich würde nicht mehr so viel allein sein und hätte von nun an jemanden, der wie ich von außerhalb kam und mit dem ich meine Wahrnehmungen über die Welt der Piapocos teilen konnte. Nicht zuletzt eine Begleitung in der Welt eines Schamanen, in der man sich sehr einsam fühlen konnte.

Langsam aber sicher begann ich also, mich innerlich darauf vorzubereiten, einen Schritt auf meine neue Partnerin zuzugehen. Ich stand auf, ging auf sie zu und legte meine rechte Hand auf ihre Schulter. Sie war wohl auf die körperliche Annäherung nicht vorbereitet gewesen, denn ich fühlte, wie sie erschrocken zusammenfuhr.

»Hab keine Angst«, sprach ich zu ihr und bemühte mich um einen sanften Tonfall. »Du darfst hier bleiben. Wir werden aufeinander aufpassen wie Bruder und Schwester, hörst du?« Meine Worte zauberten ein verhaltenes Lächeln auf Yuparys Gesicht. Und wäre sie nicht so schüchtern gewesen, wäre sie mir bestimmt vor Freude um den Hals gefallen. So groß war ihre spürbare Erleichterung, dass ich sie nicht fortschickte.

So kam es, dass ich von diesem Tag an nicht mehr alleine war und sogar jemanden hatte, der mir mein Essen zubereitete und meinen Bereich in Ordnung hielt. Yupary und ich lernten, aßen und jagten zusammen und wurden von unserem Stamm immer mehr als Team und respektierte Hüter des alten Wissens geachtet. Yupary wusste eine Menge über die Heilwirkungen von Pflanzen und war wirklich eine wahre Meisterin im Umgang mit Pfeil und Bogen. Ihre Hängematte hängte sie direkt neben meine, sodass ihr Atemgeräusch mich von nun an jede Nacht in den Schlaf begleitete.

Schon bald fühlte ich mich sehr wohl mit ihr, obwohl sie ein ernstes Mädchen war, immer von einer eigenartigen Schwere umgeben. Jeglichen Fragen über ihre Vergangenheit und Herkunft wich Yupary stets geschickt aus, und mir wurde bewusst, dass hierfür noch nicht der rechte Zeitpunkt gekommen war.

Sie brachte mir einige wertvolle Tricks mit Pfeil und Bogen bei, und ich lehrte sie im Gegenzug alles, was ich über das Yagé wusste. Dies schien etwas Neues für sie zu sein, und ich erzählte ihr liebend gerne stundenlang von meinen bisherigen Erfahrungen.

Gemeinsam lernten wir in dieser Zeit, wie man die heilige Medizin Yagé herstellte, und verbrachten viele Nächte gemeinsam am Feuer, den brodelnde Sud der zwei Amazonaspflanzen dabei beobachtend, wie sie sich zu etwas Heiligem ergänzten. Etéwa besang diesen Prozess, der die ganze Nacht dauerte, und nach und nach begannen wir, diese Lieder mit ihm gemeinsam anzustimmen. Die Gesänge hatten die Macht, den Heilerfolg der Pflanzenmedizin noch einmal zu vertiefen.

Wir verbrachten sehr viel Zeit miteinander, und schon bald bemerkte ich, wie gut wir uns mit dem, was wir wussten, konnten und waren, ergänzten. In geregelten Abständen war Yupary für drei Tage weg, und zwar immer dann, wenn sie im Mond war, wie die Piapocos zu einer menstruierenden Frau sagten, die von allen Verpflichtungen drei Tage befreit wurde, um ihrem inneren Prozess der Säuberung Raum zu geben. Von meiner Maestra wusste ich um die gewaltige Kraft, die von einer menstruierenden Frau ausgeht. Viele Männer hatten Angst davor, da sie dieser Kraft nichts entgegenzusetzen hatten. Manchmal beobachtete ich aus der Ferne, wie Tutex Yupary in diesen Tagen besuchte und mit ihr hinter dem Rücken der anderen Übungen der Magie übte, die besondere Kraft der Menstruation heimlich ausnutzend, was eigentlich gegen die Regeln der Piapocos war.

Im Grunde war Yupary eine zarte und liebenswerte Person, doch manchmal konnte einem in ihrer Gegenwart angst und bange werden. Von einem Moment auf den anderen veränderte sich ihr Blick und strahlte plötzlich eisige Kälte und eine Unberechenbarkeit aus, die viele verunsicherte. Ihr gesamtes Energiefeld schien in diesen Momenten zu erstarren, und sogar ihre Augenfarbe veränderte sich in einen hellen, ebenfalls kalten Grauton. Dann sprach sie kein einziges Wort, und es war unmöglich, in diesem Zustand an sie heranzukommen.

Sie hatte Macht, denn ihr war bewusst, wer sie war und dass ihr Geist bereit war, alles auf der Ebene der Materie zu beherrschen. Das wusste sie, und das wussten wir, was die Situation zusätzlich verschärfte.

Ich kann bis heute nicht sagen, was in diesen Momenten genau mit meiner Partnerin geschah, aber es gab bald mehrere Menschen im Stamm, die vor Yupary regelrecht Angst hatten und immer erschrocken das Weite suchten, wenn sie sich näherte.

Auch auf mich hatten diese Ereignisse natürlich ihre Wirkung. Ich mochte sie zwar wirklich gerne, hielt aber stets eine sichere Distanz zu ihr. Trotz alledem war sie eine sehr angenehme Begleitung in meinem Leben, das vorher von viel Einsamkeit gezeichnet war, und es verging keine ganze Mondphase, bis ich dem Großen Geist auf Knien dafür dankte, dass ich sie jetzt an meiner Seite hatte.

Weiterhin tat sie sehr geheimnisvoll, wenn ich etwas über ihr bisheriges Leben fragte. Meistens wechselte sie das Thema oder tat so, als hätte sie mich nicht gehört. An anderen Tagen antwortete sie schnippisch: »Ich stamme von den Bäumen ab!«, und drehte sich demonstrativ von mir weg.

Mit der Zeit konnte ich immer deutlicher erkennen, dass Tutex und Yupary sich wohl schon lange gut kannten. Sie hatten einen sehr vertrauten Umgang miteinander, und bei längeren Ausflügen konnte ich sie manchmal dabei beobachten, wie sie sich innig umarmten und sich nachts gelegentlich zusammenkuschelten, um gemeinsam einzuschlafen. Sie strahlten so viel Vertrautheit aus, dass ich mich bald zu fragen begann, warum mir Yupary nicht schon viel früher vorgestellt worden war, wenn sie meine Maestra so gut kannte.

Obwohl die Piapocos Yupary sichtlich fürchteten, war es bald nicht mehr zu übersehen, dass sich das Volk trotzdem darüber freute, dass wir beide bei ihnen waren. Etéwa war ja oft sehr beschäftigt, weit weg und in manchen Situationen schwer ausfindig zu machen. In einem Notfall wusste er zwar sofort, wo er gebraucht wurde und kam dann so schnell es ging, aber trotzdem konnte ich bald spüren, dass meine und Yuparys Anwesenheit in den Malokas den Menschen ein Gefühl der Sicherheit verlieh. Ich blickte oft in dankbare Gesichter, wenn ich in die Maloka eintrat, und es kam immer häufiger vor, dass wir kleine Geschenke erhielten oder um einen Gefallen gebeten wurden.

Es vergingen viele Monate, bis Yupary so weit war, sich mir gegenüber etwas zu öffnen. Wir saßen gerade am Feuer und sahen dem Yagé beim Brodeln zu, als sie plötzlich anfing, zu erzählen:

»Mein Vater war Schamane des Volkes Curricapos. Wir lebten östlich des Flusses Nequén, in der Nähe der Grenze zu Brasilien. Wie jeder Schamane hier, hatte auch mein Vater viele Feinde, die ihn eines Tages attackierten und ihn in eine andere Dimension verbannten. Ich war noch sehr klein, als mein Vater von uns ging. Vor seinem Abschied sprach er mit meiner Mutter und bat sie, gut auf mich aufzupassen. Ich sei ein besonderes Kind, sagte er, und es sei sein ausdrücklicher Wunsch, dass ich in die Geheimnisse des alten Wissens eingeweiht werden sollte.

Mein Vater wusste seit meiner Geburt, dass ich mit einigen besonderen Fähigkeiten gesegnet war. Und da er bisher nur Töchter mit seinen insgesamt vier Frauen zur Welt gebracht hatte, gab dies meinem Vater die Gewissheit, dass ich sein Erbe antreten sollte.«

»Und was hattest du für besondere Gaben?«, wollte ich nun wissen. »Ich konnte von klein auf in die Zukunft sehen. Ich wusste oft, was am nächsten Tag passieren würde, und hatte auch im Traum Visionen, die dann einige Tage später genauso eintrafen.«

Gedankenverloren stocherte Yupary mit einem langen Stock in der Glut des Feuers herum. Sie wirkte plötzlich weich und hatte etwas Verletzliches, was ich so nicht von ihr kannte. Von ihrer üblichen Härte war heute keine Spur zu sehen. »Es gab einen Bruder meines Vaters, ein sehr brutaler und herzloser Mensch, der sich nach dem Tod meines Vaters daran versuchte, meine Mutter zu seiner sechsten Frau zu machen. So flohen meine Mutter und ich eines nachts und liefen viele Wochen alleine durch die Wildnis. Ich war damals erst vier Jahre alt.«

Wieder machte Yupary eine Pause und war nun fühlbar damit beschäftigt, ihre aufsteigenden Tränen unter Kontrolle zu bringen. Ich wusste, ich durfte ihr jetzt nicht zu nahe kommen. Also blieb ich sitzen und hoffte, dass sie weitererzählen würde. Mit etwas gebrochener Stimme fuhr sie kurz darauf fort:

»Meine Mutter tat ihr Bestes, uns, so gut es ging, vor den Männern anderer Stämme zu verstecken, die uns etwas hätten zuleide tun können. Von meinem Vater wussten wir, dass die Tiere des Waldes für uns keine Gefahr darstellten. So lange wir ihnen gegenüber keine Angst verspürten, waren wir in Sicherheit. Und so war es auch. Ich kann mich daran erinnern, dass einige Tiere es sich zur Aufgabe gemacht hatten, uns zu beschützen und Tag und Nacht nicht von unserer Seite wichen. Das waren zum Beispiel ein Leopard und ein Adler, die uns anleiteten und zu wissen schienen, wohin wir unterwegs waren. Und das war auch gut so, da meiner Mutter dies zu jener Zeit selbst nicht klar war. Wir ernährten uns von Früchten, Wurzeln und den Heilkräutertees meiner Mutter, die eine besondere Spezialität von ihr waren.

Eines Tages tauchte ein weißhaariger, alter Mann auf. Wir wuschen gerade unsere Kleider im Fluss, und meine Mutter erschrak zuerst furchtbar. Da aber der Leopard und der Adler ruhig blieben und besänftigt auf den Mann blickten, fasste meine Mutter relativ schnell Vertrauen zu ihm. Er hieß Fauriciano und kam aus einem kleinen Dorf in den Llanos, das sich Puerto Carreño nannte. Er hatte zwei Töchter und einen Sohn und sogar schon eine Enkeltochter in meinem Alter. Er war ein herzensguter Mensch, und wir durften von nun an mit auf seiner Lancha, seinem kleinen Ruderboot, wohnen. Zu jener Zeit war er alleine im Urwald des Amazonas unterwegs, um Kautschuk zu suchen, und er machte es sich, aus welchen Gründen auch immer, von diesem Tag an zur Aufgabe, uns zu beschützen. Den Leoparden mussten wir verabschieden, was mich sehr traurig machte, aber der Adler begleitete uns weiterhin auf unserem Weg ins Ungewisse.

Der alte Mann konnte sechs verschiedene Indigenasprachen und beherrschte die Sprache der Weißen aus Kolumbien und Brasilien. Es wurde ihm zur Lieblingsbeschäftigung, mit mir alle diese Sprachen zu sprechen, und da ich sehr viel Zeit mit ihm verbrachte, lernte ich eine Menge von ihm, zum Beispiel deine Sprache.«

»Wie? Du kannst meine Sprache sprechen? Und warum sagst du mir das erst jetzt?« »Tutex bat mich darum, mit dir nur auf Piapoco zu sprechen. Deswegen!« Ich nickte ihr lächelnd zu und wartete geduldig, bis meine Freundin begann, weiterzuerzählen.

»Meine Mutter hatte meinem Vater ja versprochen, mich ausbilden zu lassen. Und so war irgendwann die Zeit gekommen, in der Fauriciano begann, sich nach einem Ausbilder für mich umzusehen, was nicht leicht war, da niemand Interesse daran hatte, ein fremdes Mädchen in das alte Wissen unserer Vorfahren einzuweihen.

Noch nicht einmal alte Freunde meines Vaters ließen sich dazu überreden. Doch was der Große Geist einmal entschieden hat, findet auch seinen Weg. Und so kam es, dass uns eines Tages Fauriciano von einer Schamanin erzählte, die ausschließlich Frauen unterrichtete. Wir machten uns sofort auf den Weg und waren viele Wochen unterwegs, bis wir schließlich Tutex fanden. Seitdem hielt sie mich mit ihren anderen Schülerinnen versteckt.«

»Und wo habt ihr euch versteckt?«, wollte ich nun wissen.

»Das darf ich dir heute noch nicht sagen. Dazu ist die Zeit noch nicht reif. Aber du wirst diesen Ort schon bald kennenlernen. Das kann ich schon sehen.«

»Und wie lange lebtest du schon mit Tutex, bevor du zu mir und den anderen kamst?« »Ich weiß nicht genau. Vielleicht acht oder zwölf Jahre lang? Ich habe sie nicht gezählt.«

»Und deine Mutter? Lebt sie noch?« Ein verhaltenes Lächeln flog über das Antlitz von Yupary, bevor sie ihre Gesichtszüge wieder in die altbekannte Stellung brachte und mir bewusst wurde, dass sie sich wieder verschlossen hatte.

Das Feuer knackte und zog unsere Aufmerksamkeit auf sich. Erst jetzt bemerkten wir, dass das Yagé so heiß geworden war, dass es seitlich über den Topfrand schwappte. Schnell zogen wir den Topf etwas zur Seite, wo das Feuer nicht so kraftvoll war. Yupary sprach die ganze Nacht kein Wort mehr. Wir saßen schweigend nebeneinander und schauten noch viele Stunden gemeinsam ins Feuer. Ich schickte ein kleines Dankgebet zum Großen Geist und zu Yuparys Seele für diese kurze Einführung in die Herkunft meiner neuen Freundin. Ich glaube, wir atmeten in dieser Nacht zum ersten Mal im selben Rhythmus.

»Wie sieht es denn mit dem Feuer aus, Don José? Von diesem Element haben Sie mir bislang noch nicht viel erzählt. Haben Sie auch Heilungen mit der Kraft des Feuers durchgeführt?«

Der Parque Nacional bot uns auch an diesem Tag seine Obhut für ein erneutes Zusammentreffen in Bogotá. Da der Schamane weit im Süden und meine Familie auf der entgegenge-

setzten Seite der Stadt wohnten, konnten wir uns hier in der Mitte treffen und uns gleichzeitig in einer naturnahen Umgebung aufhalten.

»Es war nicht leicht für mich, aber ich versuchte es einige Male. Der Salamander ist das Geistwesen des Feuers, und ich musste ihn immer sehr lange rufen, bis er endlich kam, um mir zu helfen. Möchten Sie, dass ich Ihnen von meinem ersten Heilritual mit Großvater Feuer erzähle?«

»Ich bitte darum, Don José«, sagte ich lächelnd und schaltete mein Diktiergerät wieder ein.

Hierzu muss ich ein wenig ausholen. Es war etwa zur gleichen Zeit, von der ich gerade erzählt habe. Eines schönen Tages bat mich Tutex darum, einem Piapocomädchen zu helfen, das von einem Raubkatzenangriff eine tiefe Fleischwunde am Bein davongetragen hatte. Yupary war gerade ihre drei Tage abwesend, und ich entschied mich, das Heilungsritual auf neuen Wegen zu gestalten, da ich zugegebenermaßen meiner Maestra etwas imponieren wollte, die sich in diesen Tagen so rar machte.

Ich rief also einige Männer zusammen, die mir helfen sollten, Holz des Baumes *Cacho de venado* zum Strand zu bringen, da ich von Tutex wusste, dass dieses Holz sehr langsam verbrannte und so gut wie keinen Rauch dabei produzierte. Ich wählte für das Heilungsritual einen gut geschützten Platz aus, an dem einige große Felsen standen und dichte Sträucher wuchsen, die eine naturbelassene Unterlage zum Lagern der Kranken boten.

Das Mädchen wurde auf dieses grüne Pflanzenbett gelegt, und ich entfachte das Feuer, bis es die nötige Kraft und Höhe entwickelt hatte, die wir brauchten. Ich gab eine spezielle Kräutermischung in das Feuer, von der ich wusste, dass sie die

Macht hatte, die Geistwesen zu besänftigen und sie für mein Anliegen positiv zu stimmen.

Ich war bereits in den Farben meines Krafttiers Kolibri angemalt, hatte meinen Airon, meinen Federkranz, auf dem Kopf, den mir Tutex vor geraumer Zeit feierlich überreicht hatte, und trank eine große Ration der heiligen Medizin. Dann tanzte ich mich warm und wirbelte meinen Bastón wild in der Luft herum.

Es wurde bereits langsam dunkel, als ich mich durch meinen Tanz so weit in Trance gebracht hatte und der Zeitpunkt für meine erste Heilung mithilfe des Salamanders gekommen war. Eine kleine Gruppe von Menschen stand im Kreis um uns herum, um uns mit ihrer Kraft zu unterstützen.

Ich nahm an der Seite des Feuers Aufstellung, hielt meinen Bastón mit beiden Händen ausgestreckt über den Kopf und rief den Großen Geist um seine Gnade an. Anschließend rief ich den Kolibri und die Geister des Lichts zu uns: »*AAAOOOMMM buuuanqueus, tamara, yamaraaaa!*«

Ich gab meiner Patientin einen großen Schluck Yagé zu trinken und nahm ebenfalls einen, ehe ich wieder anfing zu tanzen. Der Tanz kommt hierbei einem Gebet gleich, das unser Körper in seiner eigenen, viel umfassenderen Sprache spricht. Hierbei ist die Energie, die in Bewegung kommt, um ein Vielfaches größer, als Worte jeglicher Sprachen in Bewegung setzen könnten.

Im nächsten Moment stand ich wieder vor dem Feuer und rief den Salamander mit seinem heiligen Mantra: »*YOJI, YOJI, YOJIIIIII …* « Das musste ich oft wiederholen, bis er sich zeigte. Zwischen den Flammen erkannte ich schließlich die Umrisse des Salamanders und bat ihn, die Wunden meiner Patientin zu heilen.

Ich ging zu ihr und träufelte, auf meine innere Führung hörend, einige Tropfen eines Baumsamenöls in ihre tiefe Wunde. Dann schnitt ich mit meinem heiligen Zeremonienmesser einige heraushängende, blutige Teile aus der Wunde heraus, woraufhin diese stark zu bluten anfing. Alles, was ich der Wunde entnommen hatte, legte ich mitsamt dem austretenden Blut in eine Schale. Einen kleinen Moment lang spürte ich einen Anflug von Angst in mir und drehte mich hilfesuchend um. Ich blickte auf Tutex, die mit einigem Abstand hinter mir stand und mich aufmunternd ansah. Auch meine Patientin beschwerte sich nicht und war augenscheinlich in eine Art Trance gefallen.

Im nächsten Moment hörte die Wunde auf zu bluten, ich warf den gesamten Inhalt der Schale ins Feuer und legte die gleiche Kräutermischung noch einmal hinterher, die erneut eine dichte, weiße Rauchwolke produzierte. Dann verfiel ich wieder in einen ekstatischen Tanz, der mir dazu verhalf, vollends mit dem Göttlichen in mir zu verschmelzen und sämtliche Zweifel aus mir herauszulassen.

Vor lauter Rauch war mir vollkommen die Sicht genommen, und ich war mit meiner Aufmerksamkeit tief in mir versunken. Als der Rauch sich etwas verzogen hatte, war das Feuer plötzlich überall um mich herum, und ich bemerkte meine Patientin an meiner Seite, die sich zu denselben Rhythmen zu bewegen schien wie ich.

Wir gaben uns gemeinsam unserer Trance hin und tanzten immer ausgelassener inmitten des Feuers, was natürlich keinerlei Verbrennungen verursachte, da wir uns in unserem zweiten Körper befanden.

»Bringe es zu Ende! Das Wunder ist bereits vollbracht!«, hörte ich plötzlich die Stimme meiner Maestra. Im selben

Moment wurde mir bewusst, dass ich mit meinen Kräften vollkommen am Ende war und nicht wusste, wie ich wieder zurückkommen sollte.

Da erschien aus heiterem Himmel mein Maestro neben mir, hielt seine rechte Hand über das Feuer und sprach ein heiliges Mantra, das die beteiligten Geistwesen und Salamander zu bezähmen wusste und auf harmonische Art zurück in ihren Ruhezustand brachte.

Als ich wieder zu Besinnung kam, lag ich am Erdboden direkt auf der Schale, in der die Wundteile und das Blut der Patientin gelegen hatten. Das Feuer war jetzt klein und ruhig, und ich blickte auf meine Patientin, die mich glücklich und dankbar anstrahlte. Auf ihrem Bein war lediglich ein langer schmaler Kratzer zu sehen, und sie war frei von Schmerzen. Meine Maestros gratulierten mir zu meinem Mut, und es wurde die ganze Nacht die gelungene Heilung des Mädchens durch die Magie des Salamanders gefeiert.

Don José strich sich lächelnd über seinen kleinen Schnauzbart, lehnte sich auf der Parkbank seufzend zurück und schloss die Augen. Für einige Augenblicke tauchte er vollkommen in seine Erinnerungen ein. Der Tag neigte sich bereits seinem Ende zu, und ich beobachtete noch eine Weile den farbenfrohen Himmel über Bogotá, ehe ich meinen Heimweg antrat.

Der Schatten

Die Grillen zirpten, und es war bereits tiefste Nacht. Rosalba betrat die Veranda, um Don José und mir Kaffee und Käse zu bringen. Ich war mittlerweile daran gewöhnt, dass in Kolumbien Kaffee zu jeder Tages- und Nachtzeit getrunken wurde und sogar Käse hineingetan wird. Da er gewöhnlich nicht besonders stark war, griff auch ich dankbar zu, denn wir saßen bereits viele Stunden zusammen und brauchten beide eine kleine Stärkung.

Als wir schweigend unseren Kaffee getrunken hatten, lehnte sich der Schamane zurück und schloss die Augen. Sein Antlitz verdunkelte sich plötzlich, und ich wartete geduldig, bis er so weit war, eine Brücke zu meiner Welt zu bauen.

Zu jener Zeit, es muss um 1922 gewesen sein, bekam ich immer deutlicher zu spüren, dass neben der harmonischen Lebensweise der Piapocos untereinander und gegenüber der Natur noch eine andere, dunkle Realität existierte, die hierzu einen starken Kontrast bildete. Ich hatte diesem Thema vorher nie viel Aufmerksamkeit geschenkt, obwohl es mir natürlich schon einige Male aufgefallen war.

Nun aber kam die Zeit, in der ich nicht mehr umhinkam zu registrieren, dass es erhebliche Spannungen zwischen den Piapocos und den Mitgliedern benachbarter Stämme gab, vor allem zwischen den jeweiligen Stammesführern, also den Chaporis.

In meiner laufenden Ausbildung zum Schamanen wurde dieses Thema nun verstärkt zu mir getragen, und sowohl Tutex als auch Etéwa lehrten uns Schülern immer mehr Strategien, wie wir uns und den Rest des Stammes vor feindlichen Angriffen schützen konnten.

Der weite Sternenhimmel über unseren Köpfen war hinter den vielen Sträuchern und Palmen um uns herum deutlich zu spüren und füllte unsere Unterhaltung mit kraftvoller, weiblicher Energie. Der Schamane machte eine kurze Pause und schien irgendjemandem zuzuhören. Ich nutzte die Zeit, um durchzuatmen, und wartete geduldig, bis Don José sich mir wieder zuwandte. La luna! *Der Mond hat im Spanischen einen weiblichen Artikel und verweist direkt auf die Energiequalität dieser erhabenen Gottheit, die uns die Kraft des Zuhörens, des Aufnehmens und des Empfangens in Erinnerung holt.*

»Ich verstehe nicht ganz, Don José. Wieso wurden die Piapocos angegriffen?«

»Das ist mit Sicherheit eines der traurigsten Themen meiner Zeit bei den Piapocos und auch meines heutigen Lebens. Es handelt sich hierbei um Egokriege unter den Schamanen, bei denen es hauptsächlich darum geht, seine Macht unter Beweis zu stellen und dem Gegenüber zu zeigen, dass man mächtiger ist.«

Der alte Mann scharrte gedankenverloren mit seinem Stock auf dem trockenen Sand seiner Veranda herum und schwieg erneut für einige Sekunden. Ein Nachtvogel sang inbrünstig sein Gutenachtlied, und ich lehnte mich zurück und ließ meinen Blick zu den Sternen schweifen. Es herrschte für einige Augenblicke erholsame Stille in unendlicher Weite, und ohne zu ihm hinüberzusehen, wusste ich, dass Don José erneut mit seinem zweiten Körper auf Reisen war. Nur zu gerne reiste er während unserer Gespräche in die Zeit im Amazonasurwald zurück, um sein Gedächtnis aufzufrischen.

Als er einige Augenblicke später wieder ins Hier und Jetzt zurückkam, schaute er mich ernst an und sagte: »Und es ist bis heute leider nicht anders geworden, Señora. Weiterhin bestehen unter den Stämmen Kämpfe und Kriege, bei denen viele Menschen ihr Leben lassen.«

»Aber wie kann es sein, dass diese Menschen einerseits so weitblickend und weise sind, und im gleichen Moment doch recht einfältige Auseinandersetzungen mit anderen Schamanen austragen?«, wollte ich nun wissen.

»Hm, das ist nicht so leicht zu beantworten, meine Dame. Und für Außenstehende sicherlich noch schwerer zu verstehen als für mich, der nun in derselben Realität lebt. Aus heutiger Sicht kann ich Ihnen nur sagen, dass man, wenn man in die Welt eines Schamanen eintaucht, leider keine andere Wahl hat. Man muss lernen, sich vor den Attacken anderer Schamanen zu schützen. Dort, wo Macht ist, gibt es auch Neider. Wo Licht ist, ist auch gleich dahinter die Dunkelheit. Wir leben nun einmal in der Dualität.«

Es fiel mir sehr schwer, das eben Gehörte nachzuvollziehen, und einige idealistische Gedanken, die mir über eine mögliche Welt durch den Kopf gingen, in der alle Schamanen ihr Ego beiseite legen und gemeinsam das Paradies auf Erden erschaffen, machten es nicht gerade einfacher.

»Alles im Leben hat zwei Seiten. Wie ein Geldstück eine Seite mit einem Wappen und eine mit einer Zahl hat. Und es ist wichtig, sich immer beide Seiten anzusehen, um die volle Tragweite einer Situation zu begreifen. Wenn man ein machtvoller Schamane sein will und für das Leben und Mutter Erde kämpfen möchte, muss man sich auch über die dunkle Seite informieren. Hier treten wir ein in die Welt der schwarzen Magie, die im Endeffekt das Ziel hat, Licht und Leben auszulöschen.

Nur auf diesem Weg kann man sich ausreichend vor Angriffen jeglicher Art schützen.«

Don José lehnte sich zurück, kraulte sich gedankenverloren seinen kleinen Schauzbart und begann zu erzählen:

Viele Monde vergingen ohne besondere Vorkommnisse. Jetzt, wo Yupary und ich immer näher als Partner und Freunde zusammenwuchsen, begann die mit Abstand harmonischste und friedlichste Zeit, die ich mit den Piapocos erlebte. Doch dann drehte sich der Wind, und ohne besondere Vorwarnung geschah plötzlich etwas Furchtbares: Etéwa stand eines Tages vor uns und sah so bestürzt aus, wie ich ihn noch nie zuvor gesehen hatte.

Wie es seine Art war, sprach er kein Wort mit uns, veranlasste uns aber durch die Ernsthaftigkeit seines Blickes, aufzuspringen und in Windeseile unser Hab und Gut zusammenzusuchen. Wenig später verließen wir mit unseren zwei Maestros und einigen Freiwilligen den Stamm und marschierten in Richtung untergehende Sonne.

Es lag etwas höchst Dramatisches in der Luft, das uns schnell und zielsicher gehen ließ. Eine Energie, die sich so scharfkantig anfühlte, dass sie fast greifbar war und man ihr des Öfteren instinktiv auszuweichen versuchte.

Bald setzte Regen ein und verlieh der Situation noch eine zusätzliche Nuance der Dunkelheit und Kälte. Als wir schließlich unser Nachtlager aufschlugen, schüttete es bereits wie aus Kübeln. Etéwa führte uns zielsicher zu einer Höhle, und so konnten wir uns im Trockenen zur Ruhe begeben. Es war zutiefst beeindruckend, mit welch selbstverständlicher Leichtigkeit Etéwa sich stets durch den Urwald bewegte. Er schien jeden noch so verwilderten Winkel des Waldes zu kennen.

Wir waren aufgeweicht bis auf die Knochen, und da eine fühlbare Gefahr in der Luft lag und wir kein Risiko eingehen wollten, befahl Etéwa uns, abwechselnd am Feuer Nachtwache zu halten. Ich sollte die erste Schicht übernehmen und bat daher Etéwa um eine Ration Yagé. Ich verspürte das Bedürfnis, mich zu reinigen, um am nächsten Tag bei vollen Kräften zu sein. Mein Maestro sah so ernst und angespannt aus, dass ich mich nicht traute, nach dem Grund unserer Expedition zu fragen. Er nickte mir kurz angebunden zu, gab mir meine Ration und verschwand kommentarlos.

Ich fachte das Feuer an und setzte mich daneben. Lange musste ich nicht warten, bis die Yagétrunkenheit einsetzte. Vielleicht brauchte ich in dieser Nacht eine besonders gründliche Säuberung, vielleicht übermannten mich auch die dunklen Kräfte, die uns in diese Situation gebracht hatten. Jedenfalls übergab ich mich in dieser Nacht so heftig und häufig wie schon lange nicht mehr.

Inmitten dieses Säuberungsprozesses hatte ich urplötzlich eine Vision: Ich sah, wie Wayana, die älteste Tochter Etéwas, von einem befeindeten Schamanen entführt und dazu gezwungen wurde, einen gelblich grünen Saft zu trinken, der wie Gift aussah. Das Gesicht Etéwas erschien mir in bunten Farben und mit zornig verzogenen Mundwinkeln, und ich hörte hohl klingend seine Worte: »Er will die Seele meiner Tochter rauben!«

Im nächsten Augenblick sah ich, wie das Mädchen regungslos in einer Hängematte lag, und hörte Yuparys Stimme, die mir sagte, dass wir sie zu Mutter Erde bringen müssten. Dann fiel ich aus meiner Vision heraus, da mich Etéwa an der Schulter berührte. »Wir müssen jetzt schon weiter, Taguarí. Wir dürfen keine Zeit verlieren. Mach bitte das Feuer aus.«

Ich versuchte aufzustehen, und mir wurde schwarz vor Augen. Unbeholfen stolperte ich über meine eigenen Füße, und wäre Tutex nicht zufällig vorbeigekommen, wäre ich wahrscheinlich ins Feuer gefallen. Die Wirkung des Yagés war noch im vollen Gange, und mir ging es sehr schlecht. Ich musste mich noch einmal kraftvoll übergeben, ehe wir den Marsch antreten konnten. Es war immer noch stockfinstere Nacht, und eine dichte Regenwolke hing tief über dem Wald und seinen Bewohnern.

Der Waldboden war so aufgeweicht, dass wir bei jedem Schritt fast dreißig Zentimeter in die Erde rutschten. Mir war schwindelig, und ich hatte die größte Mühe, mich auf den Beinen zu halten. Mutter Erde fühlte sich so einladend warm an, dass es mir immer schwerer fiel, der Versuchung zu widerstehen, einfach umzufallen, liegenzubleiben und zu schlafen.

Dann stand Yupary zum Glück neben mir und sah mich mit ernster Miene an: »Du siehst ja furchtbar aus, Taguarí. Gib mir deine Sachen. Ich werde sie für dich tragen!«

Dankbar überreichte ich ihr meinen schweren Beutel mit meinem Werkzeug und ging nur noch mit Pfeil und Bogen in den Händen weiter. So ging es wirklich besser voran. Stundenlang zogen wir schweigend durch das nasse Dickicht, und wäre ich nicht mittlerweile ein Meister des Intentos gewesen, hätte ich unsere Wanderung in diesem Zustand wohl nicht lebend überstanden.

Die Sonne musste mittlerweile an ihrem höchsten Punkt angekommen sein, als ich mich langsam wieder besser fühlte. Weiterhin war der Weg aufgrund der Überschwemmungen sehr beschwerlich, aber ich konnte nun Yupary entlasten und meine Sachen wieder übernehmen. Ich nutzte diesen Augenblick, um ihr von meiner Vision zu erzählen. Sie nickte nur kurz, da sie wohl dasselbe gesehen hatte, und ihr Gesicht verfinsterte sich schlagartig. Mit sorgenvoller Miene wateten wir weiter durch das überflutete Dickicht.

Es verging eine gefühlte Ewigkeit, bis der Regen endlich abflaute und sich einige verhaltene Lichtspuren ihren Weg zu uns hinabbahnten. Dies war der Moment, in dem ich plötzlich direkt vor uns den Ort wiedererkannte, den ich in meiner Vision gesehen hatte. Unsere Blicke fielen gleichzeitig auf die Hängematte, die zwischen zwei Bäumen mitten in der Wildnis aufgespannt war. Im Nu standen wir alle um sie herum und wickelten den fast leblosen Körper von Wayana aus.

Etéwa hob sie heraus und legte sie vorsichtig auf den weichen Waldboden. Das Mädchen war sehr blass und atmete nur noch sehr unregelmäßig. Ohne weitere Umschweife ordnete Etéwa an, dass wir ein Blätterlager des Platanillobaums errichten und uns anschließend schnell für ein Heilungsritual fertigmachen sollten. Er selbst blieb neben seiner Tochter sitzen, in ein tiefes Gebet vertieft.

Wir sicherten das Gebiet ab und begannen uns vorzubereiten. Es dauerte eine ganze Weile, bis unser Maestro seine Gebete unterbrach und sich zu mir und Yupary wandte: »Das Leben meiner Tochter liegt nun in euren Händen. Ich selbst kann nichts weiter für sie tun. Ihr habt nicht viel Zeit. Wenn der Mond heute Nacht seine höchste Stellung gefunden hat, werden die dunklen Mächte meine Tochter besiegt haben.« Dann vertiefte er sich wieder in sein Gebet.

Es dämmerte bereits, und wir wussten, dass keine Zeit zu verlieren war. In Windeseile legten wir unseren zeremoniellen Schmuck an und begannen, uns seelisch auf das bevorstehende Heilungsritual vorzubereiten. Ich erhielt einige innere Bilder von Wayanas Körper, der in der Erde eingebuddelt lag, sodass nur ihr Gesicht zu sehen war. Blanke Angst stieg in mir hoch und pochte ungemütlich von innen gegen meinen Hals.

»*Die Liebe unserer Großen Mutter ist die einzige, die das Mädchen nun retten kann*«, raunte es durch mein Bewusstsein.

Im nächsten Augenblick zog ich, mit Yupary an meiner Seite, durch das Dickicht, um den geeigneten Ort für das Ritual zu finden. Ich rief alle meine Krafttiere zu Hilfe und betete zum Großen Geist, uns zu unterstützen.

Ich versuchte, meine gesamte Geisteskraft zu bündeln und nicht einen Augenblick zu zögern oder zu zweifeln. Wir würden erfolgreich sein. Der Große Geist war auf unserer Seite. Kurz darauf fanden wir den geeigneten Ort für unser Ritual: Am Fuße eines sehr alten und hohen Guayavetebaums fühlte es sich absolut richtig an. Der Baum war durch sein enormes Wurzelwerk stark mit der Energie von Mutter Erde verbunden, und gleichzeitig ragte er über alle anderen Pflanzen und Bäume hinaus, wodurch er ebenfalls die Energie der Gottheit Sonne in hohem Maße in sich trug.

Ich begann zu graben. »Halt!«, unterbrach mich Yupary. »Die Richtung ist falsch. Hör noch einmal richtig hin!« Mir fehlte in diesem Moment die Konzentration, um eine klare Verbindung zur Pflanze Yagé herzustellen. Also ging ich kurzentschlossen zu dem kräftigen Baumstamm und legte meine Stirn sanft dagegen. Kurz darauf sah ich, wie wir ein längliches Loch in der Größe von Wayanas Körper zu buddeln hatten. Der Kopf sollte in Richtung der aufgehenden Sonne und die Füße gen Westen liegen. Der rechte Arm gen Norden und der linke gen Süden.

In einigen wenigen Worten wies ich unsere Helfer an, die mitgekommen waren, was zu tun war. Einen anderen Mann schickte ich los, Brennholz zu suchen, denn wir brauchten auch die magische Kraft des Feuers.

Yupary und ich zogen uns noch einmal kurz zurück, um einige letzte Vorbereitungen zu treffen: Wir bemalten unsere Körper in Rot, Weiß und Goldgelb, den Farben des Jaguars. Ohne »normalmenschliche« Absprache wussten wir beide, dass er es war, den wir gleich um Hilfe rufen würden. Wir tranken eine große Portion Yagé und tauschten untereinander einige mutmachende Blicke aus. Unsere Maestros würden im Geist mit uns sein, das wussten wir beide. Dadurch fanden wir das notwendige Selbstvertrauen, um Wayana abholen und sie zu unserem Ritualplatz bringen zu lassen.

Das Feuer loderte bereits in gewaltiger Höhe. Drei Helfer waren da, die uns dabei unterstützten, Wayanas zierlichen Körper vorsichtig in das längliche Erdloch zu legen. Ihr gesamter Körper wurde nach und nach mit Erde bedeckt, sodass lediglich ihr Gesicht frei blieb und in Richtung Baum schaute.

Mit meinem Stab der Macht in meiner rechten Hand begann ich, das Gebiet, auf dem das Ritual abgehalten werden sollte, zu sichern. Wie gewohnt, zog ich mit meinen Schritten und dem Schutzmantra *HECEDIÓN* einen energetischen Schutz um den Baum und Wayana und dann einen zweiten Kreis um das Feuer. Ich rief alle mitgekommenen Piapocos zusammen und ordnete sie an, sich in einem Kreis um das Feuer aufzustellen. Das war wichtig, da sie uns mit ihrer Kraft bei diesem wichtigen Ritual unterstützen konnten. Die Piapocos fassten sich also an den Händen und blickten ins Feuer. Ich ging zu Yupary in unseren Kreis neben dem Baum und der Kranken und nahm ihre rechte Hand in die meine.

Wir stellten uns nebeneinander auf, hielten unsere Stäbe mit ausgestreckten Armen über unsere Köpfe, sodass ihre

Spitzen sich über unseren Köpfen berührten, und riefen gemeinsam den Großen Geist herbei.

Anschließend begannen wir, das Mantra des Jaguars zu singen, unsere Hände lösten sich, und wir fingen beide an, unsere Worte mit der Kraft des Tanzes zu unterstützen.

Es dauerte eine ganze Weile, bis er schließlich kam. Die Piapocos, die ebenfalls gesungen und getanzt hatten, verstummten plötzlich und hielten merklich den Atem an. Sie hatten großen Respekt vor dieser mächtigen Raubkatze und wurden unruhig. Das prachtvolle Tier kam immer näher und fauchte uns selbstgefällig entgegen. Nach wenigen Minuten folgte Yupary ihrer Intuition und ging hinüber zu dem Menschenkreis, um ihn mit ihrer Kraft und Überzeugung zu stärken, denn niemand durfte sich nun aus dem Schutzkreis hinausbewegen.

Mit Yupary an ihrer Seite hielten sie ihrer Angst stand und beobachteten andächtig das große Tier, das nun zähnefletschend und fauchend immer näher an Wayana herankam. Majestätisch blieb der Jaguar etwa drei Meter vor ihr stehen und richtete seinen Blick auf mich, der ich tief atmend an Wayanas Seite stand. Seine Augen waren grünlich gelb und von einem blutunterlaufenden Kranz umgeben. Ich atmete bewusst weiter tief in meinen Bauch hinein und erkannte in diesem Moment meine alte Angewohnheit, der äußeren Hülle dieses Wesens entgegenzutreten. Mit Angst und Misstrauen blickte ich damals in die potenzielle Gefahr. Doch nun war ich ein anderer geworden und hatte erkannt, dass alle Kinder von Mutter Erde Wesen des Lichts und der Liebe waren und ich fähig war, diese Wahrheit hinter der äußeren Hülle in jedem zu sehen. So blickte ich ruhig in die Augen des Tiers und bat es auf geistiger Ebene, Wayana zu retten.

Wie lange wir so dastanden und uns in die Augen blickten, kann ich nicht genau sagen. Es kam mir vor, als wäre eine Ewigkeit vergangen und hätte einen Berg an restlichen alten Glaubensmustern und Wertungen beiseite geräumt. Dann drehte der Jaguar seinen Kopf von mir weg in Richtung Wayana, fauchte einmal kräftig und ging erhabenen Schrittes auf sie zu.

Direkt vor ihrem eingebuddelten Körper blieb er stehen, hob seine rechte Tatze hoch in die Luft und fauchte aus Leibeskräften in die Dunkelheit der Nacht. Das Summen und Brummen der Nachttiere des Waldes schien uns ebenfalls mit ihrer Kraft zu unterstützen. Mit gewaltiger Kraft ließ der Jaguar seine Tatze wieder auf die Erde hinabfallen, die wegen der Heftigkeit des Aufschlags vibrierte. Mich durchfuhr ein Energiestoß, der mir meldete, dass etwas Großes bewegt wurde, ohne dass mir klar war, was genau.

Ich wagte kaum zu atmen und beobachtete fasziniert, was nun geschah: Das Tier neigte seinen Kopf nach vorne und begann, Wayanas Gesicht abzulecken. Dann ließ der Jaguar sich nieder und legte sich an die Seite des Mädchens. Kopf an Kopf. Nun verlor wohl auch der misstrauischste Zeuge dieses Ereignisses seine Angst und erkannte die Liebe, die hier ausgetauscht wurde. Wie eine vertraute Hauskatze erhob sich der Jaguar wieder und ging ohne einen weiteren Gruß seines Weges.

Vollkommen außer mir näherte ich mich Wayana, und auch Yupary kam herbeigesprungen. Die Atmung des Mädchens war wieder tief und gleichmäßig, und im nächsten Moment schlug sie ihre Augen auf. Sie hustete einmal kräftig und bat uns dann mit trockener Stimme, sie wieder auszubuddeln. In ihrem noch sehr geschwächten Zustand trugen wir sie zu dem großen Baum, der sie die gesamte Zeit mit seiner Kraft begleitet hatte. Sie legte sogleich instinktiv ihre Arme um seinen Stamm und blieb für eine Weile in innigster Umarmung mit ihm liegen.

Die ersten Jubelrufe der Piapocos kamen nun zu uns herüber. Wie aus dem Nichts tauchte Tutex an unserer Seite auf und legte anerkennend ihren Arm um uns. Yupary strahlte mich an, und auch ich konnte meine Freude kaum zähmen und drückte überschwänglich beide Frauen an mich.

Mein Maestro trat aus dem Dickicht des Waldes hervor, musterte aus einiger Entfernung seine Tochter und war sichtlich zufrieden mit unserem Resultat.

Einige Piapocos begannen, Musik zu spielen, und ich schrie meine übersprudelnde Emotion der Freude mit voller Kraft in den Nachthimmel. Wir hatten es geschafft: Wayana würde leben! Mit Yupary in den Armen begann ich zu tanzen und hörte nicht auf, bis der Morgen sich bemerkbar machte. Erschöpft fielen wir in unsere Hängematten und schliefen den gesamten kommenden Tag so tief und fest, dass wir nicht mitbekamen, was um uns herum geschah.

Als wir erwachten, ging die Sonne unter. Ich war hungrig, und so kletterten wir gemeinsam von unserem Baum, um nach etwas Essbarem Ausschau zu halten. Überrascht bemerkten wir, dass die Piapocos den gesamten Platz um den Ritualbaum festlich geschmückt und ein großes Feuer entfacht hatten. Einige Frauen entdeckten uns und kamen freudig näher. Aufgeregt brabbelten sie auf uns ein, umarmten uns und klopften uns auf Rücken und Schulter.

Unsere Krafttierfelle wurden uns gebracht und mit frisch angerührter Farbe unsere Körper geschmückt. Mein Blick suchte nach etwas Essbarem, aber es war nichts zu machen.

Das Dankesritual, das die Piapocos und unsere Maestros für uns vorbereitet hatten, hatte jetzt Vorrang.

Ich erblickte Wayana, die in einiger Entfernung auf einem Lager aus Blättern des Platanillobaums lag und gerade von Etéwa untersucht wurde. Ich trat zu ihnen und nahm Wayanas Hand. Mein Maestro schenkte mir einen dankbaren und anerkennenden Blick und klopfte mir väterlich auf die Schulter. Feierlich übergab er mir zum Zeichen seines Dankes einen neuen Bogen mit von ihm höchstpersönlich handgeschnitzten Pfeilen. Yupary erhielt neue Stäbe für Nase und Lippen und einige Baumsamenketten für Arme und Hals, die Wayana für sie angefertigt hatte. Es gab Chicha und gegrilltes Fleisch, und wir feierten ausgelassen bis in den nächsten Morgen hinein.

Danach blieben wir noch einige weitere Tage, bis Wayana wieder vollkommen zu Kräften gekommen war und den mehrtägigen Heimweg überstehen konnte.

»Was genau hat denn die Heilung bewirkt, Don José?«

Inzwischen stand der Vollmond über unseren Köpfen, und die Grillen zirpten in Rekordlautstärke um die Wette. »Die Heilung von Wayana ist als eine Gemeinschaftsleistung zu deuten: Der direkte Kontakt zu Mutter Erde spielte hierbei natürlich eine zentrale Rolle. Die bedingungslose Liebe unserer Großen Mutter heilt alles, was aus dem Gleichgewicht geraten ist. So ist dieses Ritual bei sehr harten Fällen oft der letzte Versuch. Ich mache dieses Ritual noch heute mit einigen schwerkranken Patienten. Und manchmal buddele ich mich auch selbst ein.«

»Wieso das denn?«, wollte ich nun wissen und blickte interessiert auf meinen großen Freund. Don José schmunzelte. »Weil man dabei so herrlich viel Ballast abgeben kann. Dunkle

Energien werden durch lichtvolle ersetzt. Wurde man beispielsweise von seinen Feinden attackiert, kann man sich auf diese Art und Weise wieder reinigen und ins Gleichgewicht bringen. Man muss nur aufpassen, dass man nicht zu lange in der Erde liegenbleibt und sich eine Unterkühlung holt.«

»Und der Jaguar? Was genau hat er getan?« »Ah ja. Das wollte ich Ihnen gerade erläutern. Der Jaguar war zunächst dazu da, die Kanäle zu öffnen, damit die dunklen Energien des Giftes und der Worte des anderen Schamanen entweichen und die Heilenergien von Mutter Erde einfließen konnten. Mit seiner Tatzenbewegung öffnete das Tier auf energetischer Ebene den Brustraum von Wayana, und der Energieaustausch konnte erfolgen.«

»Das Krafttier erschien hier in seinem ersten Körper, oder? Ich meine, in seiner physischen Präsenz. Sonst hätte das Volk es ja nicht sehen können, richtig?«

»Ja, das stimmt. Im Urwald des Amazonas, wo so viele Tiere zu Hause sind, erscheinen fast alle Tiere in ihrem ersten Körper.«

Das Telefon klingelte, und Don José wurde wieder einmal von einem seiner zahlreichen Patienten um Hilfe gebeten. Manchmal verärgerten mich diese pausenlosen Anrufe, die unsere Unterhaltungen unterbrachen. Ich hatte gerade so viele Fragen, dass ich mich nicht sonderlich über die Unterbrechung freuen konnte. Geduldig versuchte ich zu warten.

»Wo waren wir stehen geblieben? Ach ja, das Erdheilungsritual. Der Ort ist sehr wichtig, wissen Sie. Man muss ihn sich sehr genau aussuchen. Die Energien müssen stimmen und die Kräfte der Elemente in ausgewogenem Verhältnis und großer Intensität vorliegen. Das macht den Ort zu einem Kraftplatz.«

»Und geschützt wird er immer durch das Ziehen des magischen Schutzkreises?«

»Exactamente, Señora. Das ist von ungemeiner Wichtigkeit, da Geistwesen zwar in diesen Kreis eintreten, aber nichts bewirken können, was gegen den Willen der betreffenden Person gehen würde.« Schon seit Langem nagte in mir eine Frage, die nun endlich ihren Raum fand: »Kann man beim Ziehen des magischen Schutzkreises etwas falsch machen?«

»Natürlich, zum Beispiel zweifeln. Wenn du an deiner göttlichen Schöpferkraft zweifelst, an deiner Fähigkeit, mit deinem Geist alles auf materieller Ebene zu lenken, wie und was du willst, wird dein Schutzkreis nicht die nötige Kraft haben. Und das kann äußerst gefährlich sein. Deshalb ist es so wichtig, dass Schüler einen Maestro an ihrer Seite haben, bis zu dem Tag, an dem der Glaube an sich selbst und die eigenen Fähigkeiten stark genug ist.«

Wieder klingelte das Telefon, und ich atmete das Gehörte tief in mein Bewusstsein ein. Das war natürlich ein wichtiges Detail. Das Zweifeln an der eigenen göttlichen Schöpferkraft. Wie genau schafft man es, sich umzustellen und, ohne abweichenden Hintergedanken voll und ganz davon überzeugt, Wunder bewirken zu können? Gerade wenn man vorher etliche Jahre vom Gegenteil ausgegangen war? Gott existiert nur im Außen, wenn überhaupt. Und um Dinge zu kreieren, muss man sich anstrengen und körperlich aktiv werden. Gar nicht so einfach. Wie schafft man also die Umstellung von »gewöhnlich« zu »besonders«?

Am nächsten Morgen trafen wir uns am Küchentisch und schlürften gemeinsam einen Tinto, wie man hier den meist völlig überzuckerten Kaffee nennt. Don José blickte verträumt aus dem Fenster. Er schien mit seinen Gedanken noch weit weg zu sein, und ich ließ ihn dort, wo er jetzt war, um mit viel Muße den Tag zu beginnen und gemächlich zu unserem gestrigen

Thema zurückzufinden. Ich kramte in meinem Kopf und versuchte, mich an unsere zuletzt gewechselten Worte zu erinnern. Wie aus dem Nichts drehte sich Don José zu mir und sagte: »Das Geheimnis liegt in der oft wiederholten Praxis. Im einfachen Tun, ohne lange zu überlegen.«

Es brauchte noch einige Augenblicke, ehe ich den Bogen zu unserem gestrigen Thema ziehen und Don Josés Aussage einordnen konnte. So war das häufig mit ihm: Ich dachte, er sei vollkommen zerstreut in seinem Bewusstsein und nicht bei der Sache, und im nächsten Augenblick überraschte er mit seiner wachen Präsenz im Hier und Jetzt. Aber was war dieses Hier und Jetzt überhaupt genau? Zumindest nicht mehr das, wofür ich es einmal gehalten hatte.

Für einige Minuten schlürften wir schweigend unser braunes Zuckerwasser und ließen die Stille wohltuend auf unsere Seele wirken.

»Wie lange ging Ihre Ausbildungszeit nach dem Erdheilungsritual für Wayana noch weiter, Don José?« Nach kurzem Überlegen antwortete er: »Etwa ein Jahr noch.« Er strich sich über seinen Dreitagebart und blickte versonnen in Richtung Anden.

»Es begann eine herausfordernde Zeit, in der ich neue Höhen meiner Macht kennenlernen durfte. Das hatte einmal damit zu tun, dass ich mittlerweile wusste, um Hilfe zu bitten, was eine entscheidende Tür in höhere Gefilde der Magie öffnete. Meine Krafttiere miteinzubeziehen wurde immer selbstverständlicher, wodurch meine Intentos immer mehr Kraft und Präzision aufwiesen. Heute weiß ich, dass Yupary hierbei natürlich auch eine wichtige Rolle spielte.«

»Was meinen Sie damit, Don José?«

Don José schien meine Frage zuerst nicht wahrgenommen zu haben. Es dauerte eine kleine Ewigkeit, bis er sich mir wieder zuwandte und mir folgende Frage als Antwort gab: »Erinnern Sie sich noch an meine Einweihung in die Musik der Erde?«

»Als Sie zum ersten Mal mit dem Baum verschmolzen sind, ohne vorher Yagé getrunken zu haben? Ja, sicher!«

»Genau. Das war mir damals nur mithilfe von Tutex möglich. Durch das Zusammenspiel männlicher und weiblicher Energien. Verstehen Sie?«

Er schaute mich an und bemerkte, dass er für ein genaues Verständnis doch weiter ausholen musste. »Wenn der weibliche Pol mit dem männlichen verschmilzt und sich beide zu einem Ganzen zusammenfügen, öffnet sich eine große und machtvolle Tür zur Wirklichkeit. Oder, mit anderen Worten: Wirkt das Männliche mit dem Weiblichen zusammen, tritt man leichter in seinen zweiten Körper ein, in den Bewusstseinszustand, in dem man mit dem Göttlichen in Verbindung steht und es keinen Platz für Zweifel gibt.

Das Männliche braucht das Weibliche, um zu einem Ganzen und dem eigentlichen Wunder zu werden, zu dem es ursprünglich bestimmt war. Alles im Leben braucht Balance und den gleichmäßigen Gebrauch beider Pole. Erst dann kann sich das Leben voll und ganz entfalten und sich in seiner vollkommenen Schönheit und Größe zeigen. Deshalb haben alle machtvollen Schamanen eine Frau an ihrer Seite, die ihre Energie vervollständigt und in neue, ungeahnte Höhen emporhebt.«

»Ach, und deshalb kam Yupary in Ihr Leben? Damit Sie sich gegenseitig ergänzen und Ihre Kraft potenzieren konnten?«

»Ganz genau, so war es! Denn langsam aber sicher näherten wir uns der großen Endprüfung unserer Ausbildung.«

Don José lehnte sich zurück, faltete die Hände vor seinem großen Bauch und versank nun vollkommen in seinen Erinnerungen an seine letzten Monate bei den Piapocos.

Es begab sich zu dieser Zeit, dass Yupary und ich sehr viel zu tun bekamen. Unsere Maestros schickten uns immer öfter allein zu Kranken oder anderen Hilfsbedürftigen. Manchmal waren wir tagelang unterwegs, um zu einem anderen Stamm zu finden, der Etéwa um Hilfe gebeten hatte. Die Aufträge wurden immer größer. Tutex war bald nicht mehr Teil meines Lebens, und auch Etéwa kam nur noch, um uns einen neuen Auftrag zu übermitteln. Ich weiß noch, wie ich mich mit dieser neuen Lebensphase schon bald unwohl und überfordert fühlte. Die langen Gespräche mit meinen Maestros fehlten mir, und ich fühlte mich noch nicht so weit, um auf mich gestellt zu sein.

Hinzu kam, dass mir in dieser Zeit auf den Reisen mit meinen Krafttieren oft gezeigt wurde, dass ein anderer Schamane ein Auge auf meine Yupary geworfen hatte. Sie war ja auch etwas Besonderes: jung, eine wahre Meisterin mit Pfeil und Bogen, von Männerhänden unberührt und mit einer umfassenden Grundausbildung ausgestattet, die ihr eine machtvolle Tür in die Welt der natürlichen Magie öffnete.

Yupary hatte zeitgleich immer denselben Traum, der sie regelmäßig mitten in der Nacht schweißgebadet auffahren ließ. In diesen Träumen sah sie, wie sich eine dunkle Gestalt von hinten an sie heranschlich und sie einfing. Oft kam sie dann am ganzen Körper zitternd zu mir und bat mich darum, sich in meine Hängematte legen zu dürfen.

Offensichtlich schwebten wir in Gefahr. Und obwohl ich die Zusammenhänge dieser Situation noch nicht vollständig überblicken konnte, wusste ich doch, dass es so war. Und das produzierte eine beißende Angst in mir, denn ich fühlte mich noch nicht reif genug, diese große Verantwortung auf meinen Schultern zu tragen. Ich sehnte mich nach den alten Zeiten, in denen ich täglich mit Tutex durch den Wald gezogen war und mich in absoluter Sicherheit wusste. Nun waren wir auf uns selbst gestellt, dabei gab es noch so vieles, das ich nicht wusste und konnte.

Es kam der Tag, an dem ich fühlte, etwas tun zu müssen, um meiner Emotionslage Ausdruck zu verleihen. Yupary war gerade wieder ihre drei Tage fort, um sich ihrer Weiblichkeit hinzugeben, und ich war alleine in meiner Höhle. Ich schloss meine Augen und dachte an Tutex. Der Ensueño klappte mittlerweile einwandfrei, und ich war mit meinem zweiten Körper sofort bei ihr. Natürlich nahm sie meine Anwesenheit sofort wahr und lächelte mich warmherzig an. »Was hast du auf dem Herzen?«, schienen ihre Augen mich zu fragen, und ich richtete meinen Geist auf mein Anliegen. Im nächsten Augenblick wusste ich, dass wir uns in Kürze an unserem Flussufer treffen würden.

Ich öffnete meine physischen Augen und begann loszulaufen. Eine angenehme Wärme stieg in mir auf, und ich spürte Aufregung in der Magengegend. Schon so lange hatten wir uns nicht gesehen.

Aus heiterem Himmel war Tutex plötzlich neben mir und legte mir ihre Hand auf meine Schulter. Ich hatte sie nicht kommen sehen und zuckte zusammen. Ihre Art, sich zu zeigen, war mir zwar nicht neu, schaffte es aber immer wieder, mich aufs Heftigste zu erschrecken. »Taguarí, mein Schatz! Wie geht es dir? Du siehst ja furchtbar aus!«

»Hola, Maestra! Wie ich mich freue, dich zu sehen.«

Ich fiel Tutex um den Hals und konnte das Aufsteigen einiger Tränen nicht verhindern. Ein Zucken durchfuhr meinen Körper, und ich hielt mich an ihren Schultern fest wie ein Babyaffe. Nie wieder wollte ich sie loslassen. Sie ließ mich gewähren und atmete wie gewohnt ruhig und tief, was stets einen beruhigenden Effekt auf mich hatte. Nach einer gefühlten Ewigkeit löste ich meine Umklammerung und schaute ihr verlegen in die Augen.

»Es tut mir leid, Maestra, ich fühle mich schrecklich. Ich bin traurig und ängstlich und weiß nicht mehr, was ich denken oder tun soll. Etéwa gibt uns immer größere Aufträge und schickt uns alleine los. Dich sehe ich überhaupt nicht mehr. Habt ihr uns aufgegeben?«

Dicke Tränen liefen mir erneut über die Wangen, und ich senkte meinen Blick, da ich mich schämte, vor meiner Maestra diese heftigen Gefühle zu zeigen. Tutex legte erneut ihren Arm um mich und drückte mich fest an sich. »So etwas darfst du nicht einmal denken, Taguarí. Natürlich haben wir euch nicht aufgegeben!«

»Ich finde mich immer häufiger in Situationen wieder, die mich überfordern. Ich beginne, feindliche Kräfte zu spüren, die sich mir nähern und mich zerstören wollen. Ich sehe andere Schamanen, die sich Yupary zu eigen machen wollen, und ich habe Angst, dass ich sie und mich nicht ausreichend schützen kann.«

Wie ein nasser Sack ließ ich mich auf den Waldboden fallen und umklammerte von hier aus Tutex' Beine. Sämtliche Verzweiflung und Überforderung der letzten Wochen brachen aus mir heraus, und ich nutzte die Gelegenheit, dies, vom Stamm ungesehen, nun zuzulassen.

Es verging nochmals eine längere Zeit, bis ich mich wieder besser fühlte und mich aufsetzte. Tutex nahm neben mir Platz und sah mich mit einem mitfühlenden und sanften Gesichtsausdruck an. »Taguarí, ich verstehe dich nur zu gut. Ich bin selbst einmal dort gewesen und weiß daher, wovon du sprichst. Es ist von uns so gewollt, dass ihr euch nun alleine zurechtfindet, damit ihr als Team zusammenschmelzen könnt. Du kannst dir gewiss sein, dass du es so, wie du es machst, gut machst.«

Sie strich mir sanft eine lange Haarsträhne aus dem Gesicht und machte eine kurze Pause, ehe sie fortfuhr:

»Du bist an einem kritischen Punkt in deiner Ausbildung angekommen. Bis hierher schaffen es nur die Wenigsten. Mach dir aber keine Sorgen: Du bist wohl beschützt. Der Große Geist ist so präsent in deinem Leben, wie ich es noch bei keinem Zweiten beobachten konnte. Und Etéwa und ich stehen dir zur Seite. Auch wenn du uns nicht sehen kannst, sind wir trotzdem bei dir. Du musst uns nur rufen, wenn du uns brauchst. So, wie du es heute getan hast.«

Ich erzählte ihr nun von den wiederkehrenden Visionen von Yupary und der Gefahr, die wir beide fühlten, dass fremde Schamanen sie zu sich holen wollten. »Ich werde darüber mit Etéwa sprechen, und wir werden gemeinsam entscheiden, was zu tun ist. Zunächst einmal hast du morgen bei Sonnenuntergang etwas Wichtiges zu tun. Du bist nun so weit, deinen Verbündeten zu dir zu holen, der dich mit zusätzlichem Schutz versehen wird. Yupary hat ihren schon seit einiger Zeit. Nun ist es auch für dich so weit.«

Der Verbündete

Wir saßen noch eine Weile schweigend zusammen, und ich genoss es, endlich wieder Zeit mit meiner Maestra zu verbringen. Ich war froh, dass meine gemischten Gefühle ihr gegenüber nun der Vergangenheit angehörten. Unter uns Schamanen sagt man zu diesem Prozess, durch den ich gegangen war: »unsere menschliche Form zu verlieren«. Ich war durch meine animalischen Instinkte hindurchgegangen und hatte mein körperliches Verlangen erfolgreich transformieren und in eine andere Richtung lenken können. Weiterhin spürte ich eine große Liebe für meine Maestra, aber jetzt auf rein seelischer Ebene.

Als ich später wieder im Lager war, erschien plötzlich der Geist meines Maestros und rief mich zu einer Felsenformation ganz in der Nähe meiner Höhle. Ich war überrascht, hatte doch Tutex etwas von morgen gesagt, machte mich aber gleich auf den Weg. Es wurde immer mehr zur Normalität, dass wir auf geistigem Weg miteinander in Kontakt traten, was natürlich auch sehr praktisch war, da man sich besser auf das Hier und Jetzt konzentrieren konnte, ohne besorgt darüber zu sein, wo sich der andere gerade aufhielt. Man dachte einfach an ihn, und schon war man bei ihm.

Ich nutzte die Gelegenheit und erfrischte mich noch kurz in meiner Lagune, ehe ich mich in der Dunkelheit der Nacht auf den Weg machte. Ich wusste, wo Etéwa mich hinbestellt hatte und begann gleich nach meinem Eintreffen, Brennholz zu sammeln. Das war ein immer wiederkehrender Bestandteil jeglicher Rituale: das Lagerfeuer, das mit seiner Kraft und Information der Ahnen alle Schritte des Schamanen begleitet.

Als das Feuer bereits in kraftvoller Höhe tanzte, trat Etéwa aus der Dunkelheit des Waldes. Er hatte sein Krafttierfell um die Schultern gewunden und hielt seinen festlich geschmückten Bastón in der rechten Hand. Er schien keinerlei Zeit mit Erklärungen verlieren zu wollen und reichte mir schweigend eine Schale mit Yagé.

Seinen Geist richtete er nun nach innen und nach oben, um den Großen Geist und seine Krafttiere herbeizurufen. Ich verband mich meinerseits mit meiner Kraft und begann, den Vibrationen in meinem Körper nachzugeben und mich frei nach innerer Führung zu bewegen. Als ich einen Moment innehielt, sah ich, wie mein Maestro mit seinem Bastón etwas in den Sand zeichnete und kam interessiert näher. Ein Rinnsal, das von dem Fluss abging, wurde durch die Zeichnung von Etéwa umgeleitet und mündete in eine runde Kuhle.

Er wies mich an, mich in die Kuhle zu stellen und meine Augen zu schließen. Ich tat, wie mir aufgetragen wurde, und hörte den Worten Etéwas zu, der dem Ritual Richtung und Kraft verlieh. Einige Augenblicke später, in denen ich vollkommen versunken in der Endlosigkeit meines Universums gewesen war, fühlte ich plötzlich mehr Wasser um mich herum. Ich öffnete die Augen und sah, dass ich nun in einem reißenden Fluss stand und es mir Schwierigkeiten bereitete, ruhig stehen zu bleiben.

Und noch etwas erweckte meine Aufmerksamkeit: Viele kleine Fische sprangen um mich herum. »Fang dir einen«, war die kurze Aufforderung meines Maestros, die ich in meinem Inneren vernahm. Das war eine meiner leichtesten Übungen, und schnell hatte ich einen dicken silbernen Fisch in meinen

Händen, der wild zappelte. Ich gab ihm einen festen Schlag auf den Kopf und bedankte mich geistig bei diesem Bruder dafür, dass er gekommen war, um mir zu dienen.

Etéwa reichte mir einen kleinen Beutel und wies mich an, den Fisch dort hineinzulegen. Er leitete den Fluss wieder in seine gewohnten Bahnen, und dann bedankten wir uns beim Großen Geist, bevor wir wieder zurück zu unserem Lager gingen. Ich schlief in dieser Nacht tief und fest und fühlte mich, aus welchen Gründen auch immer, so geborgen und beschützt wie lange nicht mehr. Obwohl ich zu diesem Zeitpunkt noch gar nicht richtig verstehen konnte, was genau geschehen war.

Einige Tage später, kurz vor Sonnenaufgang, stand Tutex plötzlich vor meiner Hängematte und weckte mich. Yupary war an ihrer Seite und machte ein besorgtes Gesicht. »Packt alles zusammen, und dann kommt mit!«, waren die kurzen Anweisungen von Tutex. Um uns herum schlief noch alles in der Maloka, und aufgrund der Energie dieses Moments begann mein Herz vor Aufregung wild zu pochen. Es lag wieder etwas in der Luft, das Großes ankündigte. Als wir kurz darauf, ausgerüstet mit Bogen und Pfeilen, vor die Maloka traten, pfiff Tutex uns gleich wieder zurück: »Nein! Ihr habt mich nicht richtig verstanden. Ihr sollt alles mitnehmen!«

Wir tauschten einen ungläubigen Blick aus. »Wie, alles?«, fragte ich verdutzt. »Alles!« Tutex ging zielstrebig vorneweg, und wir rafften in Windeseile unser gesamtes Hab und Gut zusammen und stolperten hinter unserer Maestra her.

Wir kamen an meiner Höhle vorbei und später durch einige enge Passagen am Fluss, die mir bisher noch nie aufgefallen waren. Es war ein sehr mystischer Weg, der gut versteckt und fast nicht sichtbar für unwissende Augen war. Schon bald ging es steil bergauf, und wir hatten unsere Mühe, mit Tutex' Schritttempo mitzuhalten.

Außer Atem stand ich dann vor einem großen Felsen und folgte den beiden Frauen, die begonnen hatten, hinaufzuklettern. Ein glitzernder Wasserfall rauschte an unseren Köpfen vorbei, und nach kurzer, intensiver Kraftanstrengung befanden wir uns schließlich in einer größeren Einkerbung innerhalb der Felswand, die von Lianen vollkommen versteckt gehalten war.

Meine Gefährtinnen hielten auch hier nicht inne, sondern setzten unbeirrt ihren Weg zum Inneren des Berges fort. Jetzt fiel es mir wie Schuppen von den Augen: Yupary wusste genau, wo wir waren und kannte diesen Ort nur zu gut. Eine leise Vorahnung beschlich mich, wohin wir gerade auf dem Weg waren. Voller Spannung folgte ich den Frauen weiter und stand kurz darauf in einer kleinen, unterirdischen Felsenbucht, einer Art Höhle. Nun waren wir angekommen, inmitten von Tutex' Behausung. Es gab keinen Zweifel, denn alles, was ich sah, roch nach ihr und fühlte sich auch nach ihr an.

Yupary war ebenfalls hier zu Hause gewesen und kannte diesen Ort daher bestens. Endlich hatte sich auch dieses Geheimnis gelüftet! Bewundernd sah ich mich um. Es war wirklich schön hier: Auf der gegenüberliegenden Seite hatte die Höhle eine Öffnung zu einem grünen Waldstück, das gut geschützt zwischen riesigen Felsen lag und auf dem vereinzelt Bäume und Grünpflanzen wuchsen. Kleine Strohhäuser waren um die Pflanzen herum errichtet, und ich bemerkte, dass in unmittelbarer Nähe von meiner Maestra um die zwanzig Indigenas wohnten.

Ich erkannte Kakaopflanzen, Bananen- und Tabakkulturen,

umgeben von mehreren Heilkräuterpflanzen, die in kräftigen Büschen wuchsen.

Tutex zeigte nun auf einen Bereich in ihrer Höhle, in der offenbar vor Kurzem aufgeräumt worden war. Hier sollten wir unser neues Lager aufschlagen. »Herzlich willkommen in meinem Reich«, sagte sie, und ihre Augen funkelten mich dabei liebevoll an. »Schön, dass du hier auch einmal vorbeischaust.«

Ich war gerade dabei, meine Sachen abzustellen, als ich bemerkte, dass Yupary nicht mehr an meiner Seite war. Ich drehte mich zu Tutex um, die auf einen Pulk von Frauen deutete, unter denen ich auch meine Partnerin erkannte, die gerade von einer beleibten, älteren Dame umarmt wurde.

»Ihre Mutter«, erklärte Tutex. »Sie lebt auch hier, zusammen mit ihren zwei anderen Töchtern.« Ich blickte zu den Frauen herüber, die aufgeregt miteinander tuschelten und sich verhielten, als hätten sie sich lange nicht gesehen.

»Hier lebst du also«, sagte ich mit feierlichem Tonfall und blickte mich sorgfältig in Tutex' Höhle um. »Ich fühle mich sehr geehrt, dass ich diesen Ort endlich kennenlernen darf.« Mit wachen Augen ging ich durch die Höhle und berührte ihre warmen Wände. Es war wirklich schön hier. Es fühlte sich alles weich, geschmeidig und einladend an. Voller Anmut, Weiblichkeit und Wärme. So, wie meine Maestra selbst.

»Wir dachten, dass Yupary an deiner Seite besser aufgehoben wäre, aber wir haben uns getäuscht. Es ist einfach zu gefährlich und für euch beide sicherer, wenn ihr hier bleibt. Hier finden sie euch nicht.«

»Wer ist es denn genau, vor dem wir uns verstecken müssen?« »Ein älterer Schamane des Volkes Cuiva, der vor einigen Wochen seine Frau verloren hat. Er hat ein Auge auf Yupary geworfen und möchte sie zu seinem Besitz machen. Auf astraler Ebene stehen wir schon seit Langem in Auseinandersetzung, aber er hat es bisher noch nicht geschafft, sie ausfindig zu machen. Ich hoffe, das bleibt auch so.«

Ich fühlte einen kurzen Stich in der Brust bei dem Gedanken, dass Tutex oder Yupary vielleicht etwas zustoßen könnte. »Mach dir keine Sorgen, Taguarí! Hier seid ihr sicher.« Tutex nahm drei Lianenringe von der Wand, die etwa den Durchmesser eines dicken Menschen hatten, und ging hinaus zu Yupary. Sie ließ Yupary durch alle drei Ringe hindurchsteigen und verwischte auf diese Weise ihre Spuren auf astraler Ebene. Nun konnten ihre Feinde sie nicht mehr finden. Auch ich sollte durch die drei magischen Ringe steigen, die auf simple Art eine solch tiefgreifende Wirkung hatten.

In dieser Nacht saßen Yupary und ich gemeinsam mit unserer Maestra um ein Feuer, tranken Yagé und feierten ein kleines, persönliches Willkommensritual. Alle drei waren wir bester Dinge an diesem Abend. Die Anspannung der letzten Wochen war einer verspielten Leichtigkeit gewichen, die uns ein ausgelassenes Strahlen ins Gesicht zeichnete. Wir scherzten und lachten, und ich sendete so oft das Wort »Danke« zum Großen Geist wie schon lange nicht mehr.

Auch unsere Meisterpflanze, das Yagé, war heute voller Sanftmut und füllte uns mit einer zärtlichen Wärme, die die feierliche Atmosphäre dieses Abends noch zu unterstreichen vermochte.

Es war schon sehr spät, als meine Maestra sich erhob und uns zu verstehen gab, dass sie gleich wiederkommen würde. Ich schaffte es gerade mal, mich zu räuspern, da stand Tutex bereits wieder vor uns, mit einem riesigen, grünen Ding in den Händen. Sie setzte sich wieder zu uns und schaute uns beiden nacheinander tief in die Augen.

»Es ist die Zeit gekommen, ein neues Kapitel eurer Einweihung aufzuschlagen. Wir befinden uns bereits in der letzten Etappe, und die große Endprüfung liegt in greifbarer Nähe.« Sämtliche Körperhaare stellten sich mir bei diesen Worten auf. »Ihr wisst bereits alles, was für das erfolgreiche Bestehen des großen Finales von Wichtigkeit ist. Nun geht es noch darum, bereits vorhandenes Wissen zu verinnerlichen, zu bekräftigen und auf neue Höhen zu erheben. Ihr müsst den Glauben in euch und eure Schöpferkraft potenzieren und festigen. Dann werdet ihr beide erfolgreich sein, da bin ich mir sicher.«

»Woraus genau besteht die große Endprüfung, Maestra?«, wollte ich nun wissen, aber Tutex gab mir mit einer kurzen Handbewegung zu verstehen, dass es für die Beantwortung dieser Frage noch viel zu früh war. Das Feuer knackte laut, und ein pfeilschneller Funken fuhr hoch hinauf in den nächtlichen Himmel. Für kurze Zeit lauschten wir gemeinsam den Gesängen der Nacht, ehe Tutex in ihrem Text fortfuhr.

»Dies hier ist eure neue Hängematte. Sie gehört euch beiden. Ihr werdet sie gemeinsam benutzen, in ihr schlafen und gemeinsam den magischen Sex praktizieren.«

Mein Atem setzte für einen kurzen Augenblick aus, und ich konnte spürten, wie ich errötete. Nach so vielen Jahren der körperlichen Abstinenz begann bei diesen Worten von Tutex mein gesamter Organismus zu prickeln und scheinbar Funken zu sprühen. Verlegen drehte Yupary ihr Gesicht zu mir, und wir tauschen einen peinlich berührten Blick aus.

»Beim magischen Sex geht es darum, euer Energieniveau auf ein neues Plateau zu erheben. Ihr werdet euch als zwei Hälften eines Ganzen vereinigen, euch für den Großen Geist öffnen und euch von ihm zu neuen Höhen eurer Macht emporheben lassen.

Der magische Sex ist die siebte Potenz göttlicher Liebe und unterscheidet sich vollkommen von dem animalischen Akt der körperlichen Vereinigung des unbewussten Menschen, bei dem sämtliche aufgebaute Energie wieder verloren wird und das Paar energetisch leerer zurückbleibt, als es vorher war.«

Dieses Gespräch wurde nun wirklich spannend, und ich setzte mich kerzengerade hin, um den Worten meiner Maestra meine volle Aufmerksamkeit zu schenken.

»Und wie funktioniert er genau, dieser magische Sex?« Yupary wirkte sehr verlegen, rückte jetzt aber etwas näher zu mir heran, um die Anweisungen von Tutex besser verfolgen zu können. Tutex genoss sichtlich unsere gespannte Aufmerksamkeit und ließ sich bewusst noch etwas Zeit, ehe sie mit der Beantwortung meiner Frage begann.

»Der Kontakt von Haut zu Haut ist magisch, und durch ihn wird eine Menge an Energie aufgebaut, die ihr lernen werdet, in euch zu speichern und für euch nutzbar zu machen. Zunächst einmal ist es wichtig, dass ihr euch jedes Mal vor Beginn der Praxis gemeinsam auf euer gemeinsames Ziel ausrichtet, das heißt, euer Energiepotenzial erhöht und zu eurer göttlichen Wirklichkeit werdet.

Ihr könnt auch den Großen Geist direkt darum bitten, euch während des magischen Sexes alles zukommen zu lassen, was für den erfolgreichen Abschluss eurer Ausbildung wichtig ist.«

Hier hielt sie inne und lächelte uns geheimnisvoll von der Seite an, sichtlich die Intensität unserer Aufmerksamkeit genießend.

»Zunächst einmal werdet ihr euch nur streicheln, und zwar am gesamten Körper. Die Sexualorgane kommen erst beim zweiten Schritt hinzu. Der Kontakt von Haut zu Haut ist der machtvollste Weg zur Energiegewinnung für alle Wesen auf diesem Planeten, vielleicht sogar der einzige.«

»Wie meinst du das, Maestra? Der einzige?«, wollte ich nun wissen. »Gute Frage, Taguarí. Beim Essen und auch beim Atmen nehmen wir Energie von Mutter Erde in uns auf. Der Unterschied zum magischen Sex ist, dass hierbei dein Energieniveau auf eine Höhe katapultiert wird, die nicht mehr von dieser Welt ist. Es ist eine Annäherung an die Macht und Größe des Großen Geistes höchstpersönlich. Versteht ihr, was ich da sage?« Ehrfurchtsvoll blickten wir auf unsere Maestra und nickten stumm.

»Es ist wichtig, dass ihr bei diesem anfänglichen Streicheln in eure Einheit findet. Ihr solltet im selben Rhythmus atmen und fühlen, was der andere gerade fühlt. Später, wenn ihr gelernt habt, diese Kunst zu beherrschen, können sich dann eure Berührungen mehr auf eure Sexualorgane zentrieren, da hierbei noch einmal mehr Energie in euren Körper schießen wird. Und noch einmal später könnt ihr dann in den eigentlichen sexuellen Kontakt treten. Bitte nehmt euch viel Zeit hierfür und übereilt nichts. Das Allerwichtigste für die Ausübung des magischen Sexes ist, dass ihr niemals zu einem Orgasmus kommt.«

»Und wieso nicht?«, wollte nun Yupary wissen.

»Der herkömmliche Orgasmus ist der Moment, in dem der Mensch wieder sämtliche Energie aus sich hinauswirft, die er gerade aufgebaut hatte. Deshalb haltet stets inne, wenn ihr merkt, dass ihr euch dem Höhepunkt nähert. Verbindet euch mit dem Intento, die aufgebaute Energie in euch speichern und in eigene Macht umwandeln zu wollen.«

Das Feuer verlor allmählich an Kraft und Höhe, und es wurde etwas schwerer, den Worten von Tutex zu folgen, da die Handbewegungen, die zum Verstehen der Sprache Piapoco ja enorm wichtig sind, nur noch schattenhaft zu sehen waren. Sie wusste dies natürlich und wechselte für die letzten Anweisungen in meine Sprache:

»Dann wartet ihr ab, bis der Großteil der Erregung wieder abgeflaut ist, und dann könnt ihr weiterüben. Nach einiger Zeit werdet ihr auf ein neues energetisches Niveau gehoben, auf dem ihr gemeinsam den nach innen gerichteten Orgasmus erleben könnt, bei dem ihr keinen Funken an Energie nach außen hin abgeben werdet, sondern sich alles in geballter Form in euch entlädt.«

Das Feuer glühte nur noch, und wir wussten, dass nun die Zeit des Wortes abgelaufen und der Moment der Tat gekommen war. Wir erhoben uns und nahmen unsere neue Hängematte dankend entgegen. Yupary machte noch das Feuer aus, ehe wir uns in unser neues Lager begaben, um das eben Gehörte in die Tat umzusetzen.

Als wir unsere Hängematte an ihrem neuen Platz angebracht hatten, blieben wir einen kurzen Moment daneben stehen und schauten uns verlegen an. Dann vernahmen wir plötzlich das laute, unverkennbare Röcheln einer Raubkatze ganz in unserer Nähe. Ohne weitere Anlaufschwierigkeiten lagen wir im nächsten Moment auch schon engumschlungen in unserer Hängematte. Unser unangemeldeter Gast erschien nun am Höhleneingang und ging schweren Schrittes direkt auf uns zu. Wir hielten den Atem an und hatten im nächsten Moment den typischen Geruch des Jaguars in der Nase.

Er stellte sich direkt unter uns, und ich atmete tief in meinen Bauch hinein, um eine geistige Kommunikationsleitung zu ihm aufzubauen.

»Was beschert uns die Ehre deines Besuchs?«, sendete ich

ihm im Geist. »Ich komme, um euer Band der Einheit zu segnen. Ihr kämpft nun Seite an Seite, und der Große Geist sagt, dass ab heute ein neues Kapitel eurer Union geöffnet wird.« Er fauchte noch einmal beherzt in unsere Richtung, und ich fühlte die warme, feuchte Luft seines Atems zu uns aufsteigen, ehe er wieder in der Dunkelheit der Nacht verschwand.

In dieser Nacht kamen wir überhaupt nicht zum Schlafen und gaben uns vollkommen unserer neu erwachten Sinnlichkeit hin. Es war bereits hell, als wir Hand in Hand aus unserer Höhle traten und überrascht feststellten, dass wir überhaupt nicht müde, sondern prall gefüllt mit frischen Lebenskräften waren.

»Wie kommt es eigentlich, dass Sie aussehen, als wären Sie gerade 60 Jahre alt?«, stellte ich dem Schamanen nun endlich die Frage, die mir schon seit vielen Monaten auf der Zunge lag.

Don José reagierte nicht gleich, sah weiterhin verträumt aus dem Fenster und schien mit seinem Geist sehr weit weg zu sein. »Das war, als ich 65 Jahre alt war«, erwiderte er dann doch überraschend schnell. »Ich traf eine Hexe, die mir verriet, wie man den körperlichen Alterungsprozess anhalten kann.«

Dann drehte er seinen Kopf zum Fenster und war im nächsten Moment wieder weit weg. Manchmal war es wirklich nicht leicht für mich, in der Ruhe und Geduld zu bleiben, während ich mit Don José zusammensaß. Am laufenden Band war er mit mehreren Realitäten gleichzeitig beschäftigt und dementsprechend konfus, wenn er mal in meiner war. Ständig klingelte das Telefon, und auf Antworten von konkreten Fragen musste ich manchmal sehr lange warten.

Er bewegte sich stets in Zickzack-Linien, wobei ich es gewohnt war, geradeaus, also ohne Umschweife, zu sprechen. Dies war wohl die größte Herausforderung in meiner Zeit mit

Don José: in der Ruhe und im Vertrauen zu bleiben, dass sich das Durcheinander des Schamanen irgendwann in mir zusammenfügen und ordnen würde. »Haben Sie Lust, mir davon zu erzählen, Don José?«, fragte ich nun zaghaft, nicht ganz sicher, ob er mich hören könnte.

Er schreckte hoch und schloss seinen Mund, der bei der Abwesenheit seines Geistes wieder einmal weit offen gestanden hatte. Er blickte mich mit einem Ausdruck der Verwirrtheit an, und ich war überzeugt, dass er den Kontext unserer Unterhaltung mit Sicherheit vergessen hatte. Nach kurzer Zeit fand er dann aber doch den Faden wieder und begann zu erzählen:

Es war im Jahr 1966. Ich reiste gerade durch das Bundesland Meta und kam zu einer Ortschaft, die sich Cumaral nannte. Ich weiß nicht mehr genau, aus welchem Grund ich dort anhielt. Aber als ich dort war, hörte ich von einer Frau, die sich aus der hiesigen Zeitrechnung verabschiedet hatte. »Sie wird nicht mehr älter«, erzählten die Menschen.

Rein rechnerisch wäre sie damals fast 90 Jahre alt, sähe aber aus wie höchstens 35. Doña Mimi wurde sie genannt, und die Leute erklärten mir, wie ich zu ihr kommen konnte.

Sie wohnte etwas außerhalb der Ortschaft in einer großen Finca und empfing dort jeden Tag Dutzende von Menschen, um mit ihnen Schönheits- und Heilbehandlungen durchzuführen.

Am nächsten Tag stand ich vor ihrer Tür und klopfte. Aber es öffnete niemand. Ich wollte gerade wieder gehen, als die Tür dann doch aufsprang. Ich lugte vorsichtig durch den Türspalt und erblickte Doña Mimi, die mich interessiert und etwas argwöhnisch anblickte:

»Was ist das Anliegen deines Besuchs?«

Natürlich wusste sie, wer ich war und was ich konnte. So etwas fühlt und sieht man als Eingeweihter schon, bevor man einem anderen Eingeweihten gegenübersteht. »Ich möchte Sie darum bitten, mir das Geheimnis Ihrer Kunst zu verraten. Wie halten Sie den Alterungsprozess des Körpers an?«

Sie blickte mich lange intensiv an und bat mich dann mit einem kurzen Kopfnicken hinein. Ich blieb nicht lange bei ihr, nur ein paar Tage. Ich sollte ihr einige Tricks von Tutex verraten, und als Gegenleistung brachte sie mir bei, was zu tun war, um nicht mehr zu altern.

Von diesem Tag an musste ich einige Jahre lang eine strenge Diät einhalten, durfte keinen Alkohol trinken, keinen Tabak rauchen und dafür täglich literweise frisches Quellwasser konsumieren. Sie machte mich darauf aufmerksam, dass auch im Alterungsprozess jeder Gedanke unsere Realität bestimmt und ich mich deswegen jung denken, fühlen und auch jung verhalten sollte. Dies war mindestens genauso wichtig wie das Gebet, das sie an unserem letzten gemeinsamen Tag mit ihrer rechten Hand über meinem Kopf sprach.

»Beeindruckend, Don José. Und Sie erzählen mir das, als wäre es das Normalste der Welt. Ihr Körper wird also niemals älter werden?«

»So ist es, meine Liebe.«

»Bedeutet das, dass Sie niemals sterben werden?«

»Nein, das bedeutet es nicht. Aber nur der Große Geist höchstpersönlich weiß, wann der richtige Zeitpunkt für mich gekommen ist, um meinen Körper endgültig zu verlassen.«

TAO, TAO, TAO

Nicht nur wegen unseres neuen Ausbildungsinhalts, sondern auch wegen der allgemeinen Umstände gefiel es uns sehr gut in unserer neuen Behausung: Es war viel luftiger und nicht so überfüllt wie in der Maloka. Ein erfrischender Luftzug tanzte stets durch Tutex' Höhle und sorgte für eine reine und befreiende Energie. Und die neue Nähe zu Tutex bekam uns beiden sehr gut und war eine erfreuliche Wendung in unserem Leben.

Am Abend des nächsten Tages kam Etéwa zu uns, um nach dem Rechten zu sehen und mit uns ein kraftvolles Dankesritual zu feiern. Es wurde ein sehr heiterer Abend. Ich weiß noch, wie ausgelassen Yupary an diesem Abend tanzte, sodass ich manchmal dachte, sie würde vollkommen die Bodenhaftung verlieren und abheben. Man konnte ihr ansehen, wie glücklich sie war, wieder in der Nähe ihrer Mutter und der anderen Frauen zu sein. Und noch etwas erfuhr ich in dieser Nacht: Die Mutter von Yupary war eine der Frauen von Etéwa.

Als der Tanz seinen energetischen Höhepunkt fand, stand plötzlich Etéwa direkt vor mir, riss mich mit seiner starken Präsenz aus meiner Trance und hielt mir einen kleinen Beutel vor die Nase, den ich nach kurzem Überlegen als den Beutel erkannte, in den ich vor einigen Tagen den silberfarbenen Fisch verstaut hatte. Auf seine Anweisung hin griff ich hinein und zog mit großem Erstaunen einen zu Holz gewordenen Fisch heraus, in derselben Form und Größe wie der lebende.

Mit fragendem Blick betrachtete ich Etéwa, der mir den Beutel schon um meine Hüften befestigte und mir erklärte, dass dies mein Beutel der Macht mit meinem Verbündeten sei, den ich von nun an Tag und Nacht an meinem Körper tragen müsse, damit der Verbündete mich machtvoll beschützen könne. »Er hat die Macht, dich in jegliche äußere Form zu verwandeln. In ein Tier, einen Stein, und er kann dich auch unsichtbar machen. Dein Verbündeter weiß, welche Form im jeweiligen Moment die beste ist, um dich vor deinen Feinden zu schützen.«

Ehrfurchtsvoll sah ich zu meinem Maestro und spürte im selben Moment eine sonderbare Schwere, die von meinem neuen Beutel der Macht auszugehen schien. Da erinnerte ich mich an mein Gespräch mit Tutex vor vielen, vielen Monaten, in dem sie mir erklärt hatte, dass der Verbündete eine anorganische Kraft sei, die sich von der Energie seines Besitzers ernährt. »Das ist für dich heute kein Problem mehr, Taguarí.« Etéwa las meine Gedanken und beantwortete sogleich meine Frage, die in meinem Kopf noch nicht einmal ausformuliert gewesen war. »Dein Energieniveau ist jetzt so hoch, dass du ihn gut miternähren kannst. Trage von nun an den Intento in dir, immer ausreichend Energie für dich und deinen Verbündeten aufzubewahren. Und so wird es sein!«

Ich tanzte die ganze Nacht ausgelassen und voller Freude, mit meinem hölzernen Fisch um die Taille, der mich von nun an viele, viele Jahre begleiten sollte. Ich war beschützter als jemals zuvor und wohnte mit zwei machtvollen Schamaninnen zusammen. Das Leben meinte es gut mit mir. Und ich fühlte mich so gesegnet. Funkelnd. Heilig. Glitzernd. Endlos.

Und wie der Große Geist es wollte, sollte ich schon sehr bald die Gelegenheit bekommen, von meinem Verbündeten Gebrauch zu machen. Es zogen dunkle Wolken über das Lager der Piapocos, und die Tiere des Waldes begannen sich zu erzählen, dass es bald zu einem großen Kampf kommen würde.

Der Häuptling der Cuiba hatte sich dazu entschieden, mit Gewalt bei uns einzudringen, um Yupary zu seinem Besitz zu machen. Was er nicht wusste, war, dass die Piapocos über einen viel tiefgehenderes Niveau der Magie verfügten, als er sich jemals erträumen konnte. Er versuchte, sich mit einem ihm übergeordneten Kaliber anzulegen. Etwa die Hälfte der Piapocos hatte Zutritt zur Welt der Magie, was allein Tutex' Verdienst war, die die letzten Jahren dazu genutzt hatte, alle, die es wollten, zu unterrichten.

Auch die Frauen, die bei Tutex wohnten, waren allesamt kraftvolle Kriegerinnen, die sich nun, als der Wald uns von den Plänen des Feindes informierte, zusammenfanden, um Yupary zu verteidigen. Wir erfuhren, dass der Feind mit einer großen Anzahl Krieger kommen würde, die mit Dolchen und Speeren aus Metall ausgerüstet seien. Das hatten wir bei den Piapocos nicht. Unsere Waffen waren ohne Ausnahme der Natur entnommen und aus Holz, Bambus und Pflanzensamen entstanden.

Etéwa kam in jenen Tagen oft zu uns, und wir tüftelten gemeinsam unseren Schlachtplan aus. Zunächst einmal galt es, diese Information vorsichtig und diskret zu behandeln, damit sich unter den Piapocos keine Panik ausbreiten würde. Wir teilten die darauf folgenenden Tage untereinander in Schichten auf, sodass immer jemand mit seiner zweiten Bewusstseinsebene beim Häuptling der Cuibas war und die anderen über Neuigkeiten unterrichten konnte.

Es musste ebenfalls überlegt werden, wie die Ältesten des Stamms und die Kinder geschützt werden konnten und wann der richtige Zeitpunkt sein würde, dies umzusetzen.

Durch den magischen Sex und eine besondere Ernährung erfuhren Yupary und ich einen erheblichen Anstieg unserer Macht, was unser Selbstvertrauen immer fundierter werden ließ. Wir erhielten zusammen mit den Kriegerinnen von Tutex Unterweisungen in die Kunst der Dematerialisierung. Tutex zeigte uns, wie einfach es ist, sich und andere mit Hilfe des Intentos und der Magie des Kreises mitsamt des ersten Körpers zu dematerialisieren und an einen anderen Ort zu transportieren. Es war ganz leicht, jetzt, wo unser Glaube an unsere geistige Schöpferkraft sich in vorher ungeahnten Höhen befand:

Wir zogen einen großen Kreis auf den Erdboden und knieten uns zusammen mit den anderen Menschen in die Kreisfläche. Dann dachten wir mit gezielter Geisteskraft an den Ort, zu dem wir wollten, und warum wir das wollten, und wiederholten dreimal laut das magische Mantra *TAO, TAO, TAO.* Und schon waren wir an dem gewünschten Ort.

Im Rekordtempo wurden das Pfeilgift Curare und Dutzende neue Pfeile hergestellt, was Yupary koordinierte und anleitete. Ich war in diesen Tagen oft an der Seite meines Maestros und half ihm, einige Krieger weitläufig um das Lager herum zu verteilen und Vorräte bei ihnen zu bunkern, die sie für den Fall der Fälle zur Verfügung haben sollten. In den Nächten kochten wir schweigend Yagé und beteten zum Großen Geist um seine Unterstützung.

Dann war es soweit. Yupary kam aus Tutex' Höhle gesprungen und rief: »Er kommt!« Mit Etéwa ging ich wie verabredet zu den Malokas und beobachtete ihn, wie er mit einigen kurzen und sehr sachlichen Ausführungen den Menschen erklärte, was nun passieren würde und warum. In Windeseile hatten alle ihre sieben Sachen beisammen, und jeder, der nicht zum Kämpfen in der Lage war, stellte sich mit seinem Hab und Gut auf unseren Strand, wo Yupary und ich alles für den Abtransport vorbereiteten.

Das Yagé half uns, den magischen Kreis um alle Wartenden zu ziehen und mit Hilfe des Intentos und des heiligen Mantras die Menschen zu dem gut geschützten Ort meiner damaligen Einweihung in die Musik der Erde zu verfrachten.

Dort angekommen, koordinierten Yupary und ich einige sinnvolle Bewegungen unter den Menschen, und als wir sicher sein konnten, dass für alle gesorgt war, transportierten wir uns wieder zurück zu den Malokas. Dies geschah alles innerhalb von etwa fünfzehn Minuten.

Etéwa war dabei, ausgelassen zu tanzen und sich mit Kampfesgeschrei in seine Kraft zu bringen. Tutex schmückte ihre Kriegerinnen mit roter, weißer und schwarzer Farbe, und alle bekamen Yagé zu trinken. Die Pfeile wurden zwar unter den Menschen aufgeteilt, aber ich wusste, dass hier niemand mit körperlichen, sondern eher mit geistigen Kräften und Magie zu kämpfen bereit war.

Yupary und ich wurden geschmückt und bemalt, wir setzten unsere Krafttiermasken auf und stimmten in den wilden Tanz unseres Maestros mit ein. Das Feuer loderte am Flussufer und unterstützte uns mit seiner Kraft. Ich rief alle meine Krafttiere herbei, die mir in diesem Moment einfielen, und bat den Großen Geist darum, uns zu schützen und den Angreifer eines Besseren zu belehren.

»Frriiiiiijjjjhhh.« Durch das unverkennbare Surren eines Pfeils erfuhr unser Tanz ein jähes Ende. Etéwa und Tutex stießen gemeinsam einen schrillen Kampfschrei aus, und ich blickte in die Augen von Yupary, in denen ich Angst, aber auch kühnen Stolz und eine Siegesgewissheit sah, die auch mir Kraft verlieh.

»Nur nicht nachdenken, Taguarí. Lass dich einfach von deinem Gefühl lenken«, hörte ich in meinem Inneren.

Der Kampf dauerte mehrere Tage, in denen mir immer bewusster wurde, in welch außergewöhnlichem Stamm ich doch gelandet war. Die Cuivas kämpften mit Schweiß und Anstrengung, die Piapocos mit Intelligenz, Leichtigkeit und Anmut. Wir machten uns unsichtbar und transportierten unsere Körper nach Belieben von einem Ort zum anderen. Wir spielten Verstecken mit dem Feind und sahen mit Entzücken, wie die Cuivas die Orientierung verloren.

Sie waren uns zahlenmäßig eindeutig überlegen und hatten auch mehr Waffen als wir. Auch hier wurde mir wieder einmal klar, dass der geschulte Geist der Materie weit überlegen ist.

Kurz vor Beendigung des Kampfes sah ich einen großen, gelb bemalten Krieger mit einem goldenen Ring in der Nase direkt über dem Kopf von Yupary auf einem Baum sitzen. Ich erschrak furchtbar und spannte, ohne eine Sekunde zu überlegen, meinen Bogen. Schon im nächsten Moment bohrten sich ihm zwei mit Curare versehene Pfeile durch den Hals, und er fiel rücklings vom Baum. Ich hatte noch nie zuvor einen Menschen getötet und fiel Yupary, von gemischten Gefühlen übermannt, um den Hals.

Wenige Stunden später war der Kampf vorbei, und wir gingen zu unserem Lager zurück, wo wir unseren Maestro fanden, der neben dem feindlichen Schamanen stand, der reglos auf dem Rücken lag. Er hatte den Mund geöffnet und blickte starr auf Etéwa, so, als wollte er ihm noch etwas sagen. Wir entfernten sämtliche Waffen von den Toten und begannen unter Anordnung von Tutex, die Verletzten zu behandeln.

Ich war froh, dass der Kampf vorbei war. Ich hatte zwei Menschen getötet, und das war schrecklich für mich. Ich fühlte eine Schwere auf meinen Schultern lasten, die Dunkelheit und Kälte in mein Wesen brachte.

Als unser Lager wieder aufgeräumt war und alle Verletzten gut versorgt auf ihren Blätterlagern lagen, trafen wir uns mit unserer Maestra bei uns zu Hause. Wir hielten uns eine Weile in den Armen, und alle Anspannung der letzten Tage konnte nun langsam von uns abfallen. Wir hatten es geschafft: Wir waren größtenteils unversehrt davongekommen und hatten den Feind besiegt.

Trotzdem war ich nicht gerade in Feierstimmung, ging mir doch der Gesichtsausdruck des gelben, toten Mannes nicht aus dem Sinn. »Taguarí, ich sehe, was in dir vorgeht, mein Freund. Verbanne diese Bilder aus deinem Bewusstsein, denn sie helfen dir nicht weiter. Hier im Urwald musst du manchmal töten, das weißt du. Wer nicht tötet, wird getötet. So ist das nun einmal.«

Plötzlich wurde mir schwindelig und übel. Ich schnappte nach Luft und bemerkte, dass sich plötzlich alles um mich herum drehte. Das war mir in diesem Ausmaß noch nie passiert. »Tutex!«, hörte ich im nächsten Moment meine verzerrte Stimme nach der Maestra rufen, die sofort mit wachem Gesichtsausdruck bei mir war. Ich wollte mich auf den Beinen halten, sackte aber wie leblos zusammen. Ich kann mich noch an den Glanz in den Augen von Tutex erinnern, die Besorgnis und Anspannung ausstrahlten. Dann ging das Licht um mich herum aus.

Als ich wieder zu mir kam, lag ich bis zum Hals in der Erde. Ich bekam schwer Luft und versuchte, mich zu bewegen. Erfolglos. In meinem Kopf dröhnte es, und ein bleierner Schmerz zog durch meine Blutbahnen. Was war mit mir geschehen? Meine Augen konnte ich bewegen und erkannte entfernt meinen Maestro neben dem Feuer tanzen, bevor ich wieder in einen zentnerschweren Schlaf fiel.

Als ich das nächste Mal erwachte, lag der typische Geruch des Jaguars in der Luft. Mein Herz versuchte, fühlbar schneller zu schlagen, schaffte es aber noch nicht ganz, und ein stechender Schmerz fuhr durch meinen Brustkorb. Als ich meine Augen zu dem großen Tier neben mir drehen wollte, beugte sich dieses im selben Moment zu mir herab und begann, mein Gesicht abzuschlecken. Dabei atmete es tief durch, seine feuchten Nasenlöcher und eine zähe Portion Schleim hingen mir im Gesicht und in den Haaren. Es roch nach säuerlicher Erde.

Dann drehte sich mein treuer Freund zur Seite und ging andachtsvoll seines Weges. Ich schloss meine Augen und war im nächsten Moment wieder weggetreten.

Ich muss lange geschlafen haben, denn als ich meine Augen wieder öffnete, war es hellichter Tag, und alles sah wieder normal aus. Die Vögel zwitscherten, und ich blickte auf einen dunkelgrünen Kolibri, der zirka einen Meter über meinem Kopf in der Luft stand. Als ich meine Augen zu ihm drehte, zuckte er mit einer galanten Bewegung etwas zurück und sagte: »Taguarí! Es ist nun an der Zeit, wieder aufzustehen. Du hast sehr lange geschlafen, denn dein Befinden war brenzlig. Aber nun auf mit dir und sorge dafür, dass du wieder etwas auf die Rippen bekommst!«

Der Kolibri war im nächsten Moment wieder verschwunden, und Tutex' besorgtes Gesicht tauchte in meinem Blickfeld auf. Mit einer kurzen Handbewegung ordnete sie ihre Frauen an, mich auszubuddeln. Mein Nacken schmerzte fürchterlich, und mein Brustkorb fühlte sich an, als wäre er durchgebrochen.

Ich wollte mich erheben, war dazu aber noch nicht imstande. Dann war Yupary plötzlich da und half mir, mich zu erheben. Sie brachte mich zu einem großen Baum, und ich lag stundenlang in einer innigen Umarmung mit ihm. Mein Maestro kam, um mich kurz aufmerksam zu mustern und mir Yagé zu geben. »Das wird dir helfen, dich zu reinigen«, sagte er.

Mein Körper übergab sich mehrmals sehr kraftvoll, und ich wusste immer noch nicht, was eigentlich mit mir geschehen war. Aber ein vager Verdacht stieg nun durch meine allmählich wieder funktionierenden Hirnwindungen.

Als ich meinen Blick gen Himmel schweifen ließ, blickte ich auf das freundlich dreinschauende Geistwesen dieses Baumes. »Du bist aus dem Astral attackiert worden, Taguarí«, hörte ich aus seiner Richtung kommend. »Der gelbe Mann, den du getötet hast, war der Bruder eines anderen Schamanen, der mit seinem zweiten Körper sah, wie du seinen Bruder getötet hast. Nun wollte er dich auslöschen, was ihm dank deines Verbündeten und der Heilungsmaßnahmen deiner Maestros zum Glück nicht gelungen ist.«

Meine Vermutung stimmte also. Ich war zum ersten Mal in meinem Leben aufs Heftigste attackiert worden. Von einem Schamanen, der sich als mein Feind ansah. Bislang hatte ich nie wirklich nachvollziehen können, wie man als Schamane, der die Natur in allem achtet und hütet, überhaupt zu Feinden kommen kann. Etéwa erzählte mir nur immer von den vielen Feinden, die er hatte, und ich konnte mir nur schlecht vorstellen, wie solch ein weiser und gerechter Mann zu Feinden kommen konnte. Nun lüftete sich langsam dieses Geheimnis für mich, und ich begann, die Hintergründe dieser Tatsache zu erkennen.

»Alles, was ihr Menschen tut, zieht eine lange Kette an Konsequenzen nach sich«, hörte ich nun das Baumwesen meine Gedankengänge ergänzen. »Es ist gut, dass du das jetzt weißt und am eigenen Körper gespürt hast. So wirst du in Zukunft besser auf dich aufpassen und immer genug Energie für deinen eigenen Schutz zurückhalten.«

Ich fühlte, dass Yupary sich näherte, bedankte mich geistig bei dem Baumwesen für seine Hilfe und Energie, die es mir hatte zuteil werden lassen, und drehte mich zu Yupary, die mich sorgenvoll anlächelte. »Taguarí! Dem Großen Geist sei Dank! Du siehst wieder viel besser aus. Bin ich froh, dass dir nichts weiter passiert ist. Zwischenzeitlich sah es nicht gut aus mit dir, und ich hatte große Angst um dich.«

Sie fiel mir um den Hals und zog mich vorsichtig an sich. Wir saßen noch eine Weile stumm an dem Baum und hielten uns in den Armen. Ich beobachtete, wie mein Brustkorb sich immer leichter hob und senkte und mich frische Lebenskräfte durchströmten.

Als die Sonne bereits unterging, gingen wir gemeinsam zu unserer Höhle. Dort wartete eine große Überraschung auf uns: Tutex hatte ein wohlschmeckendes Festmahl zubereitet, das mir wieder auf die Beine helfen sollte. Es gab Yuca mit Mais, einige weiße Maden und Platano. Dazu frisch gegrilltes Fleisch. Es war köstlich. Doch obwohl ich vollkommen ausgehungert war, konnte ich nicht so viel essen, wie ich gewollt hätte. Mein Körper musste sich nach der langen Zeit ohne Nahrung erst wieder umstellen.

Nach dem Essen ging Yupary zum nahe gelegenen Wasserfall, um die Gefäße zu säubern, aus denen wir gegessen hatten. Sie blieb lange Zeit weg, und als ich meine Augen schloss, um sie geistig zu suchen, sah ich, dass sie bei ihrer Mutter war und sich mit ihr unterhielt.

Als ich meine Augen wieder öffnete, fiel mein Blick auf Tutex, die mich warmherzig anblickte. »Du magst sie mittlerweile sehr gerne, richtig?« Ich bemerkte, wie ich errötete. »Das ist doch kein Grund, sich zu schämen. Ich freue mich sehr für euch.« Ich bekam eine Hustenattacke, die unsere Unterhaltung jäh unterbrach. Mütterlich besorgt begleitete mich Tutex zu meiner Hängematte. Ich war so erschöpft, dass ich sofort meine Augen schloss und erneut in tiefen Schlaf fiel.

In den nächsten Tagen bekam ich von meiner Maestra die Anordnung, in der Höhle zu bleiben, viel zu schlafen und eine besondere Kraftnahrung zu mir zu nehmen, die sie mir eigenhändig herstellte. Mein Körper war von der Attacke des feindlichen Schamanen immer noch sehr geschwächt, sodass ich mich noch einige Tage erholen musste.

Mit Yupary übte ich weiter die Kunst des magischen Sexes, denn wir wussten natürlich, dass diese Übungen mir ebenfalls helfen würden, zu meinen Kräften zurückzufinden. Mich faszinierte, welche immense Kraft das einfache Streicheln oder ein tiefer und langanhaltender Augenkontakt hatte, um mein Energieniveau wieder auszugleichen.

Schon bald ging es mir erheblich besser, und ich konnte erneut beobachten, dass durch unsere nächtlichen Übungen meine Fähigkeiten in der Magie erheblich an Kraft und Stärke dazugewonnen hatten: Der Intento war spielend leicht geworden, und die Verbindung zu all meinen Sinnen hatte sich verstärkt. Ich fühlte mich wacher im Hier und Jetzt, und mein Körper war geschmeidig und kraftvoll wie nie zuvor in meinem Leben.

Eines Nachts erhielten wir wieder Besuch vom Jaguar. Er stellte sich erneut unter unsere Hängematte und fauchte. Als wir die geistige Verbindung zu ihm hergestellt hatten, begann er sofort zu sprechen: »Ich komme, um euch eine wichtige Nachricht des Großen Geistes zu überbringen. Eure Union hat nur vorübergehenden Charakter. Eure Mission ist es nicht, das gesamte Leben miteinander zu verbringen. Taguarí gehört nicht zu uns, und er wird bald zurück zu Seinesgleichen gehen.«

Ehe wir etwas erwidern konnten, war das prachtvolle Tier auch schon wieder verschwunden. Yupary umklammerte mich von der Seite und verbarg ihren Kopf in meiner Schulterhöhle. Wir sprachen kein einziges Wort, sondern lagen viele Stunden wach nebeneinander, um das eben Gehörte erst einmal zu verdauen.

Ich blickte zu meinem großen Freund, der sich mit seinen Zeigefingern seine müden Augen rieb. Wir saßen schon eine ganze Weile in einem Straßencafé in dem kleinen Ort La Dorada, ganz in der Nähe von seinem Kraftort Puerto Salgar. Ich wagte für eine Weile nicht, ihn anzusprechen, denn ich konnte spüren, dass das eben angesprochene Thema ihm emotional sehr nahe ging. So wartete ich geduldig, bis Don José sich wieder gefasst hatte.

Nur zu oft hatte ich in den letzten Monaten, ja, mittlerweile waren es drei Jahre, in denen wir uns trafen, das Leuchten in den Augen von Don José bewundert, wenn er von seiner Zeit mit den Piapocos sprach. Das Leben dort schien so viel näher am eigentlichen Sinn des Lebens, so viel verbundener, liebevoller und begleiteter zu sein als das hiesige Leben in der Zivilisation.

Der Don José von heute hielt sich an Orten auf, die durch nicht abflauen wollende Gewalt von Menschen, die sich gegenseitig misstrauten und in den Rücken fielen, gezeichnet war. Er sah sehr alt aus in diesem Moment und machte seinem stolzen Alter von nunmehr 111 Jahren alle Ehre. Die rechte Hand sank hinab auf seinen Schoß, und ich konnte erneut beobachten, wie sein Körper sich leerte.

Als er wieder zurückkam, durchzuckte es wie gewöhnlich seinen Körper, ehe er seine Augen öffnete und mich ansah. Ohne eine weitere Sekunde zu warten, sagte er: »Gestern Nacht war ich bei ihnen. Bei meinen Maestros und auch bei Yupary. Sie sind noch alle zusammen in der gleichen Dimension.«

»Und warum sind Sie gegangen, Don José?«

»Es muss um 1970 herum gewesen sein, als die drei das gesamte Volk dematerialisiert und auf eine andere Dimension erhoben haben. Zu jener Zeit gab es schwere Auseinandersetzungen mit anderen Stämmen, und der weiße Mann kam ebenfalls immer näher, um sich an den Reichtümern von Mutter Erde zu vergehen.

Es war der perfekte Zeitpunkt, und es geht ihnen dort, wo sie jetzt sind, gut. Nur Yupary will hin und wieder gerne zurück. Aber das geht leider nicht.«

»Warum geht das nicht, Don José?«

»Es geht schon, aber nicht so, wie sie das gerne möchte: ohne alles wieder zu vergessen und mit demselben physischen Körper. Sie kann natürlich zurückkommen, muss dann aber durch das große Tor des Vergessens und sich wie jeder andere wieder

alles mühsam erarbeiten. Dorthin, wo wir gemeinsam waren, gibt es kein Zurück mehr.«

»Vermissen Sie sie sehr, Don José?«, kam es nun überraschend schnell aus meinem Mund. Ein breites Lächeln huschte über sein Gesicht, als er, ebenfalls ohne zu überlegen, antwortete: »Nicht so sehr wie meine Maestra!«

Don José räusperte sich verlegen und gab dann mit gesenktem Blick zu. »Yupary war zwar meine Partnerin, und ich mochte sie wirklich gerne. Aber an die Liebe zu meiner Maestra kam diese Verbindung nicht heran.«

Vorbereitungen

Es war Januar, der Nebel lockerte sich auf, und das Ende unserer Ausbildungszeit stand unmittelbar bevor. Bislang wurde zwar noch nicht darüber gesprochen, aber es war bereits fühlbar.

Lange Wochen waren wir viel im Wald unterwegs gewesen. Tutex war ungewöhnlich oft bei uns und überprüfte in dieser Zeit zu sämtlichen Gelegenheiten unser Wissen über absolvierte Lerninhalte. Wir wiederholten zum Beispiel viele Details zur Pflanzenkunde und ließen so alles Gelernte noch einmal präsent werden.

Eines Abends, als wir zu dritt um ein Lagerfeuer saßen, sagte Tutex plötzlich aus heiterem Himmel: »Ihr werdet euch morgen bei Sonnenaufgang trennen. Vor euch liegen 27 Tage intensiver Vorbereitung auf eure Endprüfung. Ich werde abwechselnd bei jedem von euch sein und euch anleiten, was nun zu tun ist.«

Ein flaues Gefühl in meinem Magen meldete mir, wie nervös ich vor dieser Endprüfung war, und ebenfalls, wie sehr es mir missfiel, von Yupary getrennt zu werden. Auch meine Partnerin war sichtlich verunsichert durch diese abrupte Wendung und rückte etwas näher zu mir.

Die Beschaffenheit der Energie um mich herum sagte mir, es würde etwas sehr Großes, etwas Waghalsiges auf uns zukommen, was unseren kurvenreichen und herausfordernden Weg der Ausbildung zu einem Schamanen gebührend abrunden sollte. Wie aus dem Nichts tauchte Etéwa vor uns auf und trat einige Schritte aus der Dunkelheit auf uns zu. Neben dem Feuer blieb er stehen und schaute uns mit gewohnter Scharfsinnigkeit eindringlich in die Augen.

»Ihr seid nun beide so weit, den letzten Schritt eurer Einweihung zu gehen: Die Konfrontation mit dem Tod.« Ein Nachtvogel zog krächzend über unsere Köpfe hinweg, so, als ob er sich über uns lustig machen wollte.

»Ab morgen beginnt eure letzte Vorbereitungszeit: Ihr haltet wieder Zölibat und ernährt euch bitte genauso, wie Tutex euch anweisen wird. Ich werde euch für diesen Anlass ein spezielles Yagé herstellen, das etwa doppelt so konzentriert sein wird wie üblich. Beim nächsten Vollmond wird es so weit sein. Es ist wichtig, dass ihr euch in den kommenden Tagen in tiefes Schweigen hüllt und den Stimmen eures Elements und eurer Krafttiere lauscht.«

Ohne weitere Erläuterungen drehte sich Etéwa um und war wieder in der Dunkelheit des Waldes verschwunden.

Yupary nahm meine Hand, und wir sahen uns für einen langen Moment sehr intensiv in die Augen. Wir würden uns morgen auf materieller Ebene trennen, auf geistiger Ebene aber die gesamte Zeit über in tiefer Verbindung stehen. Das wussten wir beide. Dann fiel unser Blick auf Tutex, die gerade dabei war, unser Feuer zu löschen. »Maestra! Was meinte Etéwa genau damit, sich mit dem Tod zu konfrontieren? Wie sollen wir das verstehen?«

»Der Tod des Schamanen ist nicht symbolisch gemeint, sondern vollkommen real. Er ist mit einem erweiterten Bewusstsein überwind- und umlenkbar. Er ist das große Finale, das unter Beweis stellt, dass dein Geist nun vollkommen über deinen Körper herrscht.«

Ich atmete schwer, und mir wurde leicht schummerig. »Das

Wichtigste ist weiterhin, dass du an dich und dein Gelerntes glaubst und keinen Platz für jegliche Zweifel lässt. Du bist nun so weit, Taguarí. Glaube an dich und hab Vertrauen in deine Fähigkeiten. Wir würden euch nicht in diese Prüfung schicken, wenn wir nicht davon überzeugt wären, dass ihr sie beide bestehen könnt.«

Es war stockfinster, als wir Hand in Hand zu unserer Höhle liefen. Ich erinnere mich noch, wie durcheinander sich mein emotionaler Zustand in diesem Moment anfühlte: Da waren Freude, Stolz und Unsicherheit gemischt mit Angst, die von einer tiefen Nostalgie und Wehmut umhüllt war. Ich wusste, dass meine Ausbildungszeit bald zu Ende war und mit ihr die Zeit mit meinen Maestros. Ich würde mich wieder auf den Weg zurück in die Zivilisation machen, obwohl sich dieser Gedanke zu diesem Zeitpunkt nicht nur unsympathisch, sondern auch utopisch und unangemessen anfühlte.

»Ist es wahr? Bin ich wirklich schon so weit, um zu einem richtigen Schamanen geweiht zu werden?«

Ich griff die Hand meiner Partnerin fester und zog sie zu einem meiner Lieblingsbäume, um uns etwas ordnen und aufrichten zu lassen.

»Das ist das Fundament deiner heutigen Macht, Taguarí. Du hast gelernt, dir helfen zu lassen und den Verstand beiseitezulegen, der dir weismachen möchte, dass du alles allein schaffen solltest.«

Dankbar lächelte ich zu dem gutmütigen Baumwesen hinauf, das mir in den letzten Monaten so oft Rat und Beistand geleistet hatte.

Yupary wirkte beherrscht und gefasst an meiner Seite und hatte um sich herum wieder ihren, mir mittlerweile gut vertrauten Schutzmantel aufgebaut. Es war keine Härte, die irgendetwas Grausames in ihrem Inneren zu verbergen versuchte, sondern ein energetischer Schutz, der ihr gewährleistete, sich ganz mit ihrem Inneren und somit ihrer Macht zu verbinden.

Wir hatten bereits begonnen, uns in tiefes Schweigen zu hüllen, was absolut nichts Ungewöhnliches bei uns war, da wir sowieso ständig ohne Worte miteinander kommunizierten.

»Yupary ist schon viel länger als ich in der Ausbildung«, erinnerte sich etwas in mir. *»Ist sie deshalb schon weiter als ich? Ist es nicht vielleicht viel zu gewagt, dass ich mich jetzt schon dieser Prüfung unterziehe?«*

Acht Jahre waren mittlerweile vergangen. Acht Jahre, in denen ich in die Geheimnisse des jahrtausendalten Wissens der amazonischen Schamanen eingeweiht worden war, was mich von Grund auf geändert hatte. Durch alle Schichten hindurch, bis hinein in meinen tiefsten Kern.

Der Gedanke daran, wer ich gewesen war, als ich hier eingetroffen war, brachte mich zum Schmunzeln, und ich ließ noch einmal die Hauptereignisse der letzten Jahre Revue passieren, die mich bis hierher gebracht hatten. Es kam mir vor wie ein anderes Leben, und in gewisser Hinsicht war es auch so.

Ich hatte mich selbst gefunden in dieser Zeit. Meine Kraft, mein Zentrum. Und aus dieser neuen Verbindung heraus hatte sich alles in mir und um mich herum verändert. Mein Körper, meine Bewegungen, meine Betrachtungsweise mir selbst und dem Leben gegenüber. Alles!

Als wir später in unsere Höhle traten, saß Tutex bereits am Feuer. Wir setzten uns neben sie: Yupary links und ich rechts. Mit Verwunderung bemerkte ich, dass Tutex Tränen in den Augen hatte. Sichtlich bemüht, die Fassung zu bewahren, legte sie uns ihre Arme um die Schultern und begann mit etwas gebrochener Stimme zu sprechen:

»Ihr seid meine Familie, mein tiefstes Inneres. Und das wird sich bis zum Ende der Zeit nicht ändern. Der Große Geist hat entschieden, dass nun der Zeitpunkt für die große Wandlung gekommen ist. Hätte ich die Wahl, würde ich euch noch lange bei mir behalten. Aber es steht mir nicht zu, darüber zu entscheiden.«

Sie schluckte mit einiger Anstrengung ihre Emotionen herunter und strich sich mit dem Handrücken über ihre feuchten Augen. Sie brauchte noch eine Weile, ehe sie fortfuhr: »Auch wenn wir uns bald räumlich trennen sollten, werden wir in gewisser Hinsicht auf ewig miteinander verbunden sein.«

Sie blickte uns warmherzig an, und aus ihrem Blick floss wahrhaftige Liebe zu uns herüber, die sich wie Honig um mein Herz legte und mich mit kraftvollen Wellen umspülte. Tutex griff nun nach unseren Händen. »Eins dürft ihr niemals vergessen, egal, was passieren wird: Vor den Augen des Großen Geistes sind wir eine Familie. Versteht ihr, was das bedeutet?«

Noch viele Stunden saßen wir zu dritt am Feuer und hielten uns in den Armen. Die Süße, aber auch das Herbe des Moments in unser gesamtes Sein aufnehmend, würdigten wir gemeinsam, was wir hatten: eine tiefe Verbindung der Liebe, die über Raum und Zeit und alle sonstigen Grenzen menschlichen Seins meilenweit hinausragte. Etwas Wahrhaftiges. Etwas, das unsere tiefste Essenz berührte.

Am nächsten Morgen trennten wir uns. Ich ging mit meiner alten Hängematte, meinem Bogen und einigen Pfeilen, meiner Machete und den wichtigsten heiligen Gegenständen wie meinen Verbündeten (mein weißer Kristall, mein Krafttierfell und einige Baumsamenketten) in den Wald. Beim Abschied hielten wir uns zu dritt noch einmal lange und innig in den Armen, und ich konnte fühlen, wie sich mein Zentrum mit Kraft und Stabilität auflud. Ich hatte von Tutex genaue Anweisungen erhalten, wie ich mich nun zu ernähren hatte, und erhielt ein größeres Yagégefäß, das ausreichend Heiligtum für die folgenden 27 Tage beinhaltete.

Etéwa höchstpersönlich hatte es hergestellt; ein sehr dickflüssiges, konzentriertes Yagé, das nicht wie gewöhnlich etwa zwölf, sondern an die zwanzig Stunden gekocht hatte.

Meine erste Ration trank ich sofort und folgte daraufhin meiner inneren Führung, die mich, vom Geist dieser Pflanze angeleitet, in eine bestimmte Richtung durch den Wald schickte. Zuerst brachte sie mich zu meiner Höhle, meinem Kraftort. Ich war sehr lange nicht mehr hier gewesen, da ich in den letzten Mondphasen zu beschäftigt gewesen war.

Das Yagé zeigte intensive Wirkung, und nachdem ich mich einige Male kraftvoll übergeben hatte, war mein Bewusstsein auch schon von der alltäglichen, materiellen Realität herausgenommen und auf eine grenzenlose, andere Realität ausgerichtet, in der ich Energien, Farben, Formen und Töne wahrnahm. Ich tauchte mich und meine Angst bis auf den Grund meiner Lagune und traf hier auf einige, mir sehr vertraute Wesen, die mir aufmunternd zuzwinkerten. »Viel Glück, Taguarí. Wir drücken dir die Daumen.«

In den darauffolgenden Tagen ging es von einem bedeutsamen Ort meiner Ausbildungszeit zum nächsten. Ich sollte wohl überall noch einmal erscheinen, wo Kräfte der Erinnerungen darauf warteten, von mir gespeichert und mitgenommen zu werden. So kam ich an der Höhle vorbei, in der ich mich zum ersten Mal mit dem Jaguar getroffen hatte, fand mich in meinem Einweihungsbaum der Musik der Erde wieder und sogar an dem Kraftort meines Elements, an dem ich meine erste Zusammenkunft mit Acuarima erlebt hatte.

An all diesen Plätzen schien ich etwas zu erhalten, was ich für die erfolgreiche Absolvierung meiner Endprüfung gebrauchen konnte. Manchmal waren es klare Informationen, ein anderes Mal gestaltlose Energien, die mir Kraft gaben und den Glauben an mich und meine Macht zu stärken wussten.

Ich nahm in dieser Zeit keine feste Nahrung zu mir. Ich trank mein Yagé, frisches Quellwasser, und hin und wieder, wenn es sich richtig anfühlte, kochte ich einige Kräuter zu einem Tee, von denen ich wusste, dass sie meine Kraft potenzieren würden. Bereits nach drei Tagen ohne feste Nahrung begann ich, mich wie ein kraftvoller Leopard zu fühlen: Ich war unbezwingbar, voller Wissen und meine Bewegungen waren geschmeidig. Nichts schien mehr unerreichbar zu sein. Mein Kopf war absolut klar und frei von Zweifel und Bewertung, mein Atem tief und selbstverständlich.

Hin und wieder erschien Tutex an den Orten, an denen ich gerade war. An manchen Tagen unterbrach sie mich nicht bei dem, was ich gerade tat, sondern umspülte mich lediglich mit ihrer Energie der puren Liebe. An anderen Tagen wiederholte sie mit mir einige Übungen der Magie, die mir dabei halfen, in das volle Ausmaß meiner Kraft zu kommen.

Sooft es mir in diesen Tagen möglich war, hielt ich mich in der Sonne auf und sprach mit dem Sonnengott über das, was mir bevorstand. Ich bat ihn um Beistand und Unterstützung und tankte viele Sonnenstrahlen, die meine Energiereserven mit männlicher Kraft auffüllten. Viele von meinen Krafttieren besuchten mich in dieser Zeit der Isolation. Entweder setzen sie sich ruhig neben mich und ließen ihre Energie auf mich wirken, oder sie sprachen mir Mut zu und forderten mich auf, meinen Fähigkeiten und dem Großen Geist zu vertrauen.

Immer tiefer kam ich in einen Bewusstseinszustand der absoluten Zentrierung, in dem ich bei jedem Atemzug meine unzerstörbare Verbindung zum Universum und zu allem, was lebte, fühlen und sehen konnte, mich als geliebten Sohn von Mutter Erde und Vater Himmel wahrnahm, was mir ungeahnte Kräfte verlieh und Zweifel und Ängste immer mehr verblassen ließ.

In den Nächten war ich allein. Hin und wieder besuchte ich in meinem zweiten Körper Yupary, um nachzusehen, wie es ihr ging. Doch meistens fiel ich sehr schnell in einen tiefen Schlaf, in dem mich mein Bewusstsein an immer denselben Ort mitnahm: Ein Tunnel, der von einem gedämpften Licht ausgefüllt war und in dem ich einige Stammesälteste der Piapocos vieler unterschiedlicher Generationen traf. Sie gratulierten mir, als wäre ich schon einer von ihnen. Sie erklärten mir, wie besonders das sei, was sich hier ereignet hatte, da es noch nie einen Weißen und ein junges Mädchen gegeben hätte, denen diese große Ehre zuteil geworden wäre und die zusammen die große Endprüfung absolvieren dürften. Andere gaben mir einige ihrer Weisheiten mit auf den Weg, die sich in meinem Bewusstsein einprägten und bis heute noch sehr präsent in mir sind.

Dann war es plötzlich so weit: Der Zeitpunkt der großen Endprüfung war gekommen. Yupary und ich wurden wieder zusammengeführt und verbrachten eine ganze Nacht damit, nach Erlaubnis unserer Maestros, den magischen Sex zu praktizieren, bei dem wir in dieser Nacht zum ersten Mal das gewaltige Implodieren eines nach innen gerichteten Orgasmus erleben durften.

Es war der perfekte Zeitpunkt, dies zu erleben, da er unser eh schon gewaltig erhöhtes Energieniveau noch einmal in bombastische Höhen katapultierte und auch den letzten kleinen Rest Zweifel aus unserem Sein verbannte.

Wie anders sich unsere Körper anfühlten! Als hätten sie ihre Menschlichkeit abgelegt, waren sie jetzt fast wie Instrumente, die aus einer anderen Welt kamen – göttlich perfekte Instrumente. Es war grandios!

Am nächsten Morgen standen wir Tutex gegenüber, die uns aufmerksam in die Augen blickte. Erst mir, dann Yupary. »Jeder bekommt, was er verdient«, war ihr kurzgehaltener Kommentar zu diesem Moment.

Dann stand plötzlich mein Maestro vor uns. Schon seit Tagen war ich wie in einen Nebel gehüllt, der mir den Kontakt zur materiellen Welt erschwerte. Ich hob meinen Blick und blickte tief in Etéwas Augen, die sich vor mir wie riesige Gewässer öffneten und in die ich im nächsten Augenblick eintauchte.

Schwerelos bewegte ich mich durch die Dunkelheit an funkelnden Sternen und Planeten vorbei, die, in himmlischen Frequenzen vibrierend, ihre heiligen Melodien sangen. An meiner Seite waren die schwarze Schlange, der Leopard, der Piapoco und der Kolibri. Im nächsten Augenblick hielten sämtliche Töne und Bewegungen inne, und ich bemerkte direkt vor mir mein Spiegelbild: Ich blickte auf einen wahrhaftigen Krieger: bunt in den Farben des Leoparden angemalt, mit dem kraftvollen Glanz von Entschiedenheit und wahrhaftiger Weisheit im Blick.

Im nächsten Moment sah ich wieder meinen Maestro vor mir stehen, der mir jetzt seinen Arm um die Schultern legte, was er sonst nie tat. »Es geht los, Taguarí. Du bist nun so weit, dein bisher gesammeltes Wissen unter Beweis zu stellen. Ich weiß, dass du es schaffen wirst. Der Große Geist hat sich bereits entschieden.«

Etwas später standen wir am Flussufer und schauten versonnen auf das glitzernde Nass. Yupary fiel mir um den Hals und drückte mich fest an sich. Ich konnte ihr Herz kraftvoll und etwas schneller als gewohnt schlagen hören und vernahm einen seltsamen, etwas säuerlichen Geruch auf ihrer Haut. Mein Bewusstseinszustand war so verändert in diesem bedeutenden Moment, dass ich alles nur bruchstückhaft in Erinnerung habe.

Ich löste mich aus ihrer Umarmung und lächelte sie an. Tutex wies uns mit einem kurzen Kopfnicken an, im Wasserfall zu baden. Naturgebundene Menschen, die den Kontakt zur wahrhaftigen Macht ihres Geistes wieder hergestellt haben, brauchen keine gesprochene Worte mehr. In gewisser Weise werden wir zu Bäumen oder zu Tieren, die andere, umfassendere Kommunikationsarten bevorzugen.

Wir wussten immer noch nicht, was jetzt genau auf uns zukommen würde, aber die Ungewissheit fand keinen freien Platz in unseren Körpern, in den sie sich hätte einnisten und Verunsicherung produzieren können. Alles war genauso, wie es sein sollte. Wir standen direkt in unserem Zentrum. Direkt in unserer Kraft.

Tutex nahm uns in die Arme und ließ uns auf geistiger Ebene wissen, dass wir nun angemalt werden würden, die Farbe in der Sonne trocknen lassen sollten, um uns später wieder zu Hause mit ihr zu treffen.

Als sie sich umdrehte, kamen bereits Yuparys Mutter und eine Tante auf uns, die uns mit den verschiedensten Farben bemalten. Sie rochen beide nach Yagé, und ich wusste, dass sie von der Pflanze angeleitet wurden, in welcher Weise sie uns anzumalen hatten, denn diese Bemalung stellte eine präzise Spiegelung unserer Macht als Schamanen dar. So wurde ich in den Farben und Formen des Leopards angemalt, Yupary in denen des Adlers, ihrem Krafttier, das sie in Extremsituationen unterstützte.

Nachdem wir geraume Zeit in der Sonne verbracht hatten, um die Farben trockenen zu lassen, kehrten wir wie vereinbart zu unserer Höhle zurück. Die Sonne ging bereits unter, und wir hielten für einen Moment lang inne, um uns beim Sonnengott für seine Geschenke und Begleitung zu bedanken.

»Da seid ihr ja! Setzt euch zu mir, meine Lieben. Ich habe schon auf euch gewartet.« Tutex saß bereits am lodernden Feuer, als wir eintraten. Sie reichte uns eine erneute Ration Yagé, die wir dankend entgegennahmen.

»Morgen früh geht es also los, meine Lieben. Ich bin voller Stolz und Freude. Gleichzeitig aber auch voller Trauer, denn unsere gemeinsame Zeit ist nun zu Ende.« Bei diesen Worten stiegen ihr wieder Tränen in die Augen, und auch ich bemerkte einen schmerzenden Kloß in meinem Hals. Sie räusperte sich verlegen und schaute ins Feuer.

Tief war der Atemstoß, den Tutex nun in Richtung Feuer losließ, bevor sie weitersprach: »Ihr werdet morgen von einer Klippe in einen Fluss springen, der sich ungefähr 50 Meter darunter befindet. Der Aufprall wird euren physischen Körper in viele Einzelteile zerlegen. Eure Aufgabe wird es sein, in eurem zweiten Körper dem Licht entgegenzureisen und euch mit den Seelen unserer Vorfahren zu treffen. Dort, wo ihr hingehen werdet, ist schon alles für eure Ankunft vorbereitet. Sie erwarten euch bereits, um euch einige wichtige Informationen mit auf den Weg zu geben. Später findet ihr dann die Fragmente eurer Körper, flickt sie mit Geisteskraft wieder zusammen und kommt zurück zu uns ins Lager.« Mit einer forschen Handbewegung wischte sie sich den Rest ihrer Tränen aus dem Gesicht. »Gibt es Fragen?«

Das Feuer knallte und knackte, was unser andächtiges Schweigen mit etwas Friedlichem aufzufüllen vermochte.

»Werden wir uns dort im Wasser treffen, Yupary und ich?«, wollte ich nun wissen. »Nein, Taguarí. Ihr werdet auf euch alleine gestellt sein. Diesen Weg muss jeder für sich gehen. Aus seiner eigenen Kraft heraus.«

Stundenlang saßen wir noch um das Feuer und hielten uns in den Armen, ehe wir uns zur Ruhe begaben. Es schien alles gesagt zu sein. In mir war friedliche Leere zu spüren. Eine latente Angst natürlich auch. Aber ich wusste, dass alles so war, wie es sein soll, und war deswegen weder verwundert noch ängstlich. Und noch etwas wusste ich: Das würde wirklich der absolute Höhepunkt meiner Zeit bei den Piapocos werden.«

Tod und Wiedergeburt

»Aber wie ist das denn möglich, Don José?« Die Nachmittagssonne senkte sich langsam über den weitläufigen Andenzug, der unsere Finca in Venecia umgab, zu der wir von einer lieben Freundin eingeladen worden waren. Don José lachte. *»Es ist möglich, werte Frau Doctora, sonst hätten wir beide uns ja nie getroffen. Aber das »Wie« ist schon etwas kompliziert, denn es ist, wie vieles im Schamanismus, nicht mit Worten zu erklären. Vielleicht so viel: Der Geist ist der Chef. Unser Körper reagiert in jeder Sekunde unserer Existenz hundertprozentig auf das, was in höher schwingenden Dimensionen geschieht. In unseren Emotionen und Gedanken sowie in der Unterstützung aus anderen Sphären. Das große Fundament hierfür heißt* »ser consciente de ser« – *ohne Zweifel zu wissen, dass wir göttlich sind. Dass wir SIND.*

Wenn sich ein Mensch zu hundert Prozent darüber im Klaren ist, ist es egal, was mit seinem physischen Körper geschieht, denn wir können seinen Zustand mit unserem Denken und Fühlen in jedem Moment wieder zu dem verwandeln, was wir möchten. Dem sind keinerlei Grenzen gesetzt. So können wir uns zu Steinen oder Tieren verwandeln – oder in einen Baum. Deshalb ist der physische Tod auch für uns überwindbar, denn unser wirkliches ICH kann nicht sterben. Unser Bewusstsein, unsere Essenz, ist unsterblich.«

Ich lehnte mich auf meinem Stuhl zurück und atmete tief in meinen Bauch hinein. Mittlerweile waren fast drei Jahre vergangen, in denen ich immer tiefere Einblicke in die Welt des Don José erhalten hatte. Viel hatte ich gehört, gelernt und mir zu eigen gemacht. Aber die Vorstellung dieses Sprungs in die Tiefe, das Auseinanderfallen des materiellen Körpers und das darauffolgende Zusammenflicken war nun doch schwer für mich zu verdauen.

»Sie dürfen nicht vergessen, dass ich in diesen acht Jahren, die ich insgesamt mit den Piapocos verbrachte, rund um die Uhr nichts anderes zu tun hatte, als meinen Geist zu trainieren und ihn mit der Kraft der Magie zu verbinden. Sie, werte Doctora, können sich nicht mit mir damals vergleichen. Sie leben hier in der Stadt, müssen Geld verdienen und sind Mutter eines Kleinkindes. Daher sind Sie ständig mit vielen anderen Dingen im Außen beschäftigt, die Sie von sich und Ihrem Zentrum abbringen.«

Don José kratzte sich nachdenklich am Kinn. »Ich hingegen stand ständig in tiefer Verbindung zu meinem Kern und von da aus zu den geballten Naturkräften, die mich in gehobene Bewusstseinszustände katapultierten, die man in einer Stadt niemals erreichen könnte. Ich denke, ich muss nicht erwähnen, dass die Endprüfung nicht zum Nachahmen gedacht ist für jemanden, der nicht für viele Jahre einen ähnlichen Weg wie ich zurückgelegt hat.«

Don José setzte sich nun wieder aufrechter hin und drehte sich zu mir. »Ich möchte, dass Sie mich richtig verstehen, Doctora. Jeder hat seinen eigenen Weg, seinen eigenen Rhythmus. Mein Weg war ein sehr schneller und intensiver. Denn das Leben im Urwald lässt es zu, sich explizit und ausschließlich auf das spirituelle Wachstum zu konzentrieren, denn es ist immer alles da, was man braucht.

Außerdem verleiht der Urwald des Amazonas dem bewussten Menschen, der dazu bereit ist, eine solche Power, wie es sonst nur sehr wenigen Orten auf unserem Erdball möglich ist. Ich erzähle

Ihnen das, damit Ihnen klar wird, zu welchen Höhen ein voll bewusster Geist fähig ist. Verstehen Sie, was ich sagen will?«

Bewundernd sah ich auf meinen großen Freund und nickte. Ich versuchte mir vorzustellen, wie es sich wohl anfühlen würde, wenn der eigene Körper in tausend Teile zerfiel.

Es vergingen einige Minuten, in denen wir schwiegen. Einige Grillen zirpten vergnügt und begannen wohl gerade, sich gegenseitig eine gute Nacht zu wünschen. Der Mond erhob sich langsam und hüllte unser Umfeld in ein hellblaues Tuch.

»Darf ich Sie etwas sehr Persönliches fragen, Don José?«

»Natürlich dürfen Sie, nur zu!«

»Warum sind Sie nach Abschluss Ihrer Einweihung wieder zurück in die Stadt gegangen? Ich sehe und fühle, dass sie unsagbar glücklich bei den Piapocos waren. Wieso sind Sie also von dort weggegangen?«

Das Gesicht des alten Mannes wurde dunkel und trüb. Als wäre er plötzlich um zwanzig Jahre gealtert, blickte er nun starr geradeaus, und die Zeit schien stehen zu bleiben. Auf einmal zuckte es durch seinen Körper, und ich schreckte auf. Kurzzeitig dachte ich, er sei vielleicht von einem Insekt gestochen worden, und wollte ihm schon zu Hilfe eilen. Da bemerkte ich voller Verwunderung, dass der große Mann mit den breiten Schultern weinte.

Mit geballter Heftigkeit wurde er von der tiefsitzenden Emotion der Trauer durchschüttelt, die es fühlbar seit langer, langer Zeit nicht mehr bis an die Oberfläche geschafft hatte. Mit Daumen und Zeigefinger drückte er fest gegen seine trockenen Augäpfel, die kein Wasser in Bewegung bringen wollten.

Er war sichtlich beschämt, und auch ich war mit dieser Situation überfordert. Den ersten Impuls, aufzustehen und ihn in den Arm zu nehmen, hatte ich verpasst und saß nun verlegen neben dem großen Magier und sah zu, wie er versuchte, wieder die Fas-

sung zu gewinnen. Es war der ergreifendste Moment, den ich mit José erlebt hatte. Und es hatte viele ergreifende Momente gegeben.

»Bitte entschuldigen Sie mich, Doctora. Das ist mir noch nie passiert, und ich habe keine Ahnung, woher das auf einmal kommt.« »No, no, no, está bien, Don José. *Es ist alles in Ordnung!«*

»Wissen Sie, das ist jetzt alles schon so lange her. Und gleichzeitig kommt es mir so vor, als wäre es gestern gewesen. Aber Sie haben recht: Ich war in meinem Leben nie wieder so voller Leben, so voller Glück, wie damals bei den Piapocos an der Seite von meiner Maestra.« Beim Erwähnen seiner großen Liebe zog endlich wieder ein Strahlen über sein Gesicht. Ich war erleichtert.

»Trotzdem war es damals richtig und gut, aufzubrechen und wieder zu Meinesgleichen zurückzukehren, auch wenn es hart und sehr traurig war.«

»Warum denn?«, wollte ich nun wissen. »Weil es so bestimmt war.« Es dauerte noch eine Weile, bis der große, starke Mann, der seinen Körper mit gebündelter Geisteskraft wieder zusammenflicken kann, es schaffte, wieder normal zu atmen und auf meine Frage zu antworten.

»Wir alle kommen mit einem Auftrag hierher, mit einer Mission. Etwas, das wir in diesem Leben erledigen sollen und wollen. Es liegt nicht in unserer Macht zu entscheiden, wo der richtige Ort für uns ist, um unsere Mission zu erfüllen. Der Große Geist weiß es, und er schickt uns genau dorthin. Ob wir wollen oder nicht! Und meine Mission war es nicht, glücklich und zufrieden im Wald zu sitzen und mich mit seinen Wesen zu unterhalten. Und so schmerzhaft es war und ist: Ich musste gehen, wohin ich gerufen wurde. Ob ich wollte oder nicht!«

»Wissen Sie denn, was Ihre Mission ist?«

»So genau weiß ich das bis heute nicht, obwohl ich ja schon

einige Jährchen auf dem Buckel habe!« Don José lachte warmherzig bei diesen Worten.

»Aber ich gebe die Hoffnung nicht auf, dass ich mich wieder an sie erinnere, bevor ich meinen physischen Körper verlasse.« Der Schamane machte eine kurze Pause und spielte mit seinem Handy, das heute Gott sei Dank ausgeschaltet war. »Aber eins ist mir sonnenklar: Ich sollte zurückkommen, sollte meine Lehre unter die Weißen bringen, hier vielen Menschen helfen und auch Sie treffen, Frau Braun. Denn meine Geschichte wird durch Sie viele Menschen erreichen und ihnen dabei helfen, sich daran zu erinnern, wer sie wirklich sind.

Am nächsten Morgen wurde ich von Stimmen geweckt. Ich sprang auf, rieb mir kurz die Augen und ging aus der Höhle. Tutex stand dort mit einigen Frauen und gab ihnen irgendwelche Anweisungen. Als sie mich bemerkten, hielten sie inne und lächelten mir aufmunternd zu. Trotz der Besonderheit des Moments hatte ich sehr gut geschlafen und fühlte mich ausgeruht, ruhig und zentriert.

Mir wurden mein Bogen und einige Pfeile gereicht, die ich mir wie gewohnt um die Schultern band. Es schien, als würde es sofort losgehen, denn um mich herum waren viele Menschen schon dabei, aufzubrechen. Ich ging in den Schatten eines Baums, um einige Übungen zu machen, die meinen Körper von der Trägheit der Nacht befreien und mich durch vertiefte Atmung mit frischen Lebenskräften auffüllen sollten.

Als ich fertig war, blieb ich für einige Augenblicke in Richtung Osten stehen und verband mich mit der Kraft der aufgehenden Sonne. Es war Vollmond, und ich konnte spüren, wie sämtliche Naturkräfte sich heute in besonders hoher Konzentration um mich herum bewegten und darauf warteten, dass ich sie in mein heutiges Vorhaben mit integrieren würde. Ich rief den Kolibri, den Leoparden, die schwarze Anakonda sowie die geistigen Kräfte meines Kraftorts, meines Kraftbaums und der Kristalle, die ich bei mir trug.

Dann trat ich aus dem Schatten des Baums und blickte auf meinen Maestro und Yupary. Schweigend tranken wir gemeinsam das heilige Getränk. Mir war, als würde ich ein Knistern um uns herum hören, das von der Besonderheit dieses Moments erzählte. Wir sprachen kein Wort und sahen uns auch nicht in die Augen. Jeder war in seiner Welt zentriert und hundertprozentig mit seiner Kraft verbunden. Ich richtete meine Energie auf die bevorstehende Prüfung aus. Der Intento war nun kein Gedanke mehr, sondern ein Gefühl.

Im nächsten Augenblick hörte ich in meinem Inneren die Aufforderung von Etéwa, uns nun auf den Weg zu machen. Der Maestro führte uns selbstverständlich an. Dahinter gingen drei festlich bemalte und geschmückte Krieger, die als Zeugen mitkommen sollten. Dahinter ging Yupary, dann kam ich und schließlich Tutex.

Wir legten einen langen Weg gen Osten zurück. Das weiß ich noch, weil ich mich daran erinnern kann, dass die Sonne mich manchmal blendete. Meine Aufmerksamkeit war aber so nach innen gerichtet, dass ich den Bezug zur Außenwelt verloren hatte und heute nicht mehr genau nachvollziehen kann, wie lange und wohin wir liefen. Mein Körper wusste, was er zu tun hatte, und ich vertraute ihm blindlings. So konnte ich mich mit der göttlichen Kraft meines Atems verbinden, die den Geist des Yagés verstand, in mir die richtigen Freiräume zur Verfügung zu stellen, die gerade nach Führung und Hilfe suchten. Mein Bewusstsein war eins mit dem absoluten Vertrauen in die Göttlichkeit, von der ich ein Teil war.

Plötzlich blieb mein Körper stehen, und ich sah den riesigen Felsen, um den gerade einige Schwalben ihre Kreise zogen. Ich trat neben Etéwa und blickte zu dem winzig wirkenden Gewässer hinunter, das sich sehr weit unter uns befand. Einige strahlend bunte Papageien zogen krächzend an unseren Köpfen vorbei und erinnerten mich an die Heiterkeit und die Farbenfreude, die in sämtlichen Lebenssituationen zu finden ist, was ein wohliges Gefühl der Leichtigkeit in mein Sein zauberte und mich von der allgemeinen Ernsthaftigkeit des Moments etwas zu befreien vermochte. Ich würde die Prüfung bestehen. Das wusste ich. Und es würde leicht und farbenfroh sein, was auch immer jetzt geschehen würde.

Tutex schenkte mir einen ihrer kraftspendenden Blicke, der die Tiefe meines Kerns berührte, ausdehnte und erwärmte. Yupary umarmte mich von hinten, und ich schloss für einige Augenblicke meine Augen, um mich mit ihr und der Kraft, die unsere Union in uns beiden hervorruft, zu verbinden.

Ich weiß nicht, wie lange wir so dastanden und die Energie dieses erhabenen Moments in uns aufnahmen. Es können fünf Minuten, aber auch zwei Stunden gewesen sein. Dann räusperte sich unser Maestro und brachte unsere Aufmerksamkeit wieder zurück ins Hier und Jetzt. Er ließ sich von einem der Krieger seinen Federkranz vom Kopf nehmen und gab ebenfalls seinen Bogen, seine Pfeile und seinen Stab der Macht den drei Zeugen, die direkt hinter uns bereitstanden. Sein Bündel der Macht, in dem er seinen Kristall und seine Verbündeten aufbewahrte, behielt er an seinem Körper.

Mit konzentriertem Gesichtsausdruck kam er auf uns zu und blickte uns gewohnt scharf in die Augen. Yupary löste nun ihre Umarmung und trat an meine Seite. Für einen Moment schien wieder die Zeit stillzustehen, und ich konnte die Kraft des Leoparden in mir fühlen, die nun ihre richtige Position in mir gefunden zu haben schien und sich dort hineinsetzte.

»Ich werde euch den Weg zeigen, und ihr folgt mir, nachdem ihr wie ich eure Waffen abgelegt habt. Einer nach dem anderen. Zuerst du, Taguarí. Wir erwarten dich in exakt zweiundzwanzig Tagen wieder bei uns.« Der Schamane blickte mir tief in die Augen, und vielleicht hörte auch er das röhrende Geräusch des Leoparden, der sich in mir gerade in seine Kraft brüllte.

Der Kolibri umschwärmte mein Herz und versorgte mich mit Licht, Liebe und der Gewissheit, dass alles gut und leicht gehen würde. Die Präsenz von Acuarima war überall um mich herum. Wie ein grün funkelnder Mantel, der mich schützend umgab.

»Yupary, du wirst nur zwölf Tage unterwegs sein. Es ist alles vorbereitet für euch. Die Seelen meiner Vorfahren erwarten euch bereits.«

Er lächelte bei diesen Worten und ließ auf diese Weise die Besonderheit des heutigen Anlasses für alle Piapocos durchblicken. Eine junge Frau und ein Nape, ein Weißer. Das hatte es seit Anbeginn der Zeit noch nie bei ihnen gegeben.

»Und vergesst nicht: Kämpft nicht gegen eure Angst an, sondern verbindet euch mit ihr. Atmet sie tief in euch hinein. Sie ist eure Verbündete, eure Freundin, deren Kraft ihr in eure Macht umwandeln könnt. Ihr werdet erfolgreich sein. Ich weiß es …«

Er war noch nicht fertig mit seinen Worten, da drehte er sich auch schon um, stieß aus voller Kehle seinen Lieblings-Vogelschrei aus und sprang mit geballter Kraft ins Nichts. Für einen kurzen Augenblick schien er in der Luft stehen zu bleiben, und aus seiner Haut blitzten mir die Farben seines Krafttiers entgegen.

Fasziniert und gleichzeitig voller Angst beobachtete ich dann, wie sein Körper pfeilschnell nach unten raste und unter uns eine riesige weiße Wolke formte, die seinen Aufprall in den Fluss meldete. Die Wasserwolke stieg langsam zu uns hinauf und projizierte einen wunderschönen Regenbogen, der sich langsam nach links von uns wegbewegte und dann auflöste.

Ein tiefer Atemzug öffnete mich und setzte den felsenfesten Entschluss in mir frei, meinem Maestro zu folgen. Das Gesicht von Acuarima erschien mir, die mich warmherzig anlächelte und daran erinnerte, dass ich umfassend geschützt war.

»*Nutze deine Angst und wandle sie um zu deiner Stärke*«, hörte ich in meinem Inneren, und meine Lungen öffneten sich erneut, um alles aus der Umgebung in mir aufzunehmen, was bereit war, mir zu helfen.

In tiefer Trance begann ich, meine Sachen abzulegen. Auf meinem Weg zum Abhang blickte ich noch kurz Tutex in die Augen, dann Yupary. So, als wollte ich mir einen Teil von ihnen mitnehmen, wohin auch immer ich gerade unterwegs war.

Das Brüllen des Leopards aus meinem Inneren hüllte mich ein und schien mich von äußeren Gefahren abzuschotten. Ein Bild von meinem Freund, dem Kobold, der mich in frühester Kindheit so treu begleitet hatte, tauchte vor meinen inneren Augen auf, und mein Herz weitete sich erneut. Mein Kopf war absolut leer. Ich war absolut leer. Die Welt in mir und um mich herum schien stillzustehen.

Alles, was da war, war in sich vollkommen. Alles zentrierte sich auf meine göttliche Absicht in mir. Die klare und kraftvolle Absicht, nun diese Prüfung zu absolvieren und zu einem echten amazonischen Schamanen zu werden. Ich war so weit. Die Welt gehörte mir.

Und dann sprang ich.

Nachwort

Es ist bereits einige Zeit vergangen, seitdem Don José in mein Leben getreten ist.

Vieles hat sich danach verändert. Ich bin mir dessen bewusst geworden, wer ich wirklich bin und warum ich hier auf Erden bin. Dieses Bewusstsein verändert alles. Gemeinsam mit der Erkenntnis, dass das Leben ein in sich perfektes Kunstwerk ist, das mich für das achtet und liebt, was ich bin, und mich bei allem, was ich tue, unterstützt. Das Vertrauen und die Dankbarkeit, die dieser Erkenntnis entspringen, verzaubern meinen Alltag. Lassen immer mehr den Nebel der Vergangenheit aufziehen und mich erkennen, wie spielerisch leicht sich alles im richtigen Moment fügt, was wichtig für mich ist.

Manchmal bin ich überwältigt von der Tatsache, dass wir uns als Menschheit so weit von unserem ursprünglichen Sein fortbewegen konnten. Wie wir in Gemeinschaft angefangen haben, daran zu glauben, dass das Leben schwer, ungerecht, voller Negativität und Kampf ist. Dass es nicht genug für alle gibt und es daher notwendig ist, zu kämpfen und uns anzustrengen. Wenn ich heute auf die Realität vor meinen Augen blicke, kann ich erkennen, wie falsch wir mit diesen Überzeugungen liegen und wie sich alles um uns herum zu verändern beginnt, wenn wir uns wieder daran erinnern, wer wir wirklich sind und welche Verantwortung wir haben. (Was nicht heißen soll, dass das, was wir gelebt haben, falsch war. Die Dunkelheit und Verwirrung waren durchaus wichtig, um nun wieder bewusst das Licht erkennen zu können).

Die für mich tiefgreifendste Veränderung wurde von der Erkenntnis eingeleitet, dass unsere Essenz nicht anders ist als die der Schamanen der Urvölker. Was sie leben und welche Kräfte sie täglich zu ihrem Nutzen gebrauchen, ist auch für uns zugänglich. Wir haben dies bereits in einer längst vergessenen Zeit gelebt. Es ist mir ein großes Anliegen, daran zu erinnern, dass diesen Menschen, den Hütern des alten Wissens, unser allerherzlichster Dank gelten sollte, da sie es waren, die dieses Wissen um unsere wahre Natur über all die Jahrtausende des Schreckens, der Dunkelheit und des Krieges für uns aufbewahrt haben.

Genau jetzt sind wir an einem Punkt unserer Evolution angekommen, an dem es nicht mehr weiter geradeaus geht. Ende 2012 ging ein Zyklus zu Ende, und das Leben auf der Erde ist dabei, sich kraftvoll in eine neue Richtung zu verändern. Schauen wir uns heute mit wachen Augen um, ist es schlichtweg nicht mehr zu übersehen, dass wir nicht mehr so weitermachen können wie bisher. Sonst würden wir sehr bald uns und unseren Planeten zerstören. Meines Erachtens wird es nun darum gehen, uns wieder zurückzubesinnen, wer wir sind und wo wir herkommen. Uns an unsere Wurzeln zu erinnern, an unsere wirkliche Natur eines göttlichen Wesens voller Schöpferkraft, das wir alle sind.

Denn wie auch Taguarí, Etéwa und Tutex sind wir ALLE Schöpfer der Welt, in der wir leben. Wir waren es schon immer und werden es auch immer sein. Und es wird Zeit, dass wir uns unserer daraus resultierenden Verantwortung wieder bewusst werden. Wir sollten aufhören, äußere Umstände zu kritisieren, sondern sie vielmehr als Aufforderung des Lebens erkennen, aus unserem Inneren heraus bessere Realitäten zu kreieren.

Nur allzu gerne verbringe ich viel Zeit mit der Vorstellung, wie unser Alltag bald aussehen wird. In einer Gesellschaft, deren Menschen wieder wissen, wer sie sind und die ihre Verantwortung wieder in ihre Hand genommen haben. Die zunächst bei sich selbst beginnen und für ihr eigenes Wohlergehen sorgen. Momentan ängstigen wir uns noch, als egoistisch oder eigenbrötlerisch beschimpft zu werden. Jedoch ist es der erste und unglaublich machtvolle Schritt in die Freiheit, wenn wir damit beginnen, unsere Bedürfnisse ernst zu nehmen und sie in unserem Leben an die erste Stelle zu setzen. Unser Bedürfnis nach Stille, Liebe, wirklicher Nahrung auf allen Ebenen, Gemeinschaft, Ehrlichkeit und Vertrauen.

All das können wir uns geben – jeder für sich. Nur so wird es uns wieder möglich, das Paradies auf Erden zu leben. Wenn wir nicht mehr im Außen nach einer Verbesserung unseres Zustands suchen müssen, sondern erfüllt sind mit dem, was uns nährt und trägt. Erst dann können wir Tag für Tag und ohne Anstrengung einfach SEIN und mit der Natur, den Tieren und unseren Mitmenschen das teilen, was wir sind und uns glücklich macht. Dann werden wir wieder beginnen, zusammen das Leben zu feiern, so, wie es ursprünglich für uns angedacht war.

Warum? Weil das die eigentliche Natur dieser Welt ist. Weil diese Harmonie und dieser Frieden bereits da sind und es immer waren. Wir müssen lediglich damit aufhören, vom Gegenteil überzeugt zu sein. Warum das so wichtig ist? Weil wir, wie gesagt, durch unsere Überzeugungen und Glaubensmuster unsere Realität täglich aufs Neue kreieren. »Nach deinem Wille geschehe dir!«, hieß es schon in der Bibel, und es stimmt: Wie wir an Taguarís Geschichte sehen, können wir mit Geistes-

kraft alles im Außen bewegen. Das ist die Natur der Menschen, die wir jedoch vergessen haben und die es nun gilt, wieder in unser Alltagsbewusstsein zu holen, um sie täglich zu nutzen.

Wir kreieren so oder so, und das unser Leben lang, ob wir uns dessen bewusst sind oder nicht. Doch wenn wir weiterhin unbewusst aus unseren alten Überzeugungen heraus kreieren, wird unsere Realität uns das widerspiegeln, was wir eigentlich nicht wollen: Unfrieden, Schwere und Leid. Hinter uns liegt ein langer Abschnitt der Dunkelheit, der von Unbewusstheit, Machtgier und Orientierungslosigkeit gezeichnet war.

Für mich persönlich ist der einzige Unterschied zwischen uns und den Schamanen des Amazonas, dass diese Menschen niemals getrennt waren von dem Wissen über ihr Sein und ihre Verbindung zu Mutter Erde. Sie wuchsen in einer Welt ohne Plastik, Zement und Asphalt auf, in der die unmittelbare Einbettung in ihren natürlichen Lebensraum stets im Zentrum all ihrer Bewegungen stand, sie begleitete und ihnen Kraft und eine Richtung gab. In dem Bewusstsein, dass sie ein Teil des Großen Ganzen sind und stets um Hilfe bitten können. Denn Mutter Erde liebt und unterstützt alle ihre Kinder im gleichen Maß. Und wir, die sich jetzt wieder erinnern dürfen, bekommen erst dann wieder eine Ahnung davon, was wir alles zu leisten imstande sind, wenn wir wieder anfangen, um Hilfe zu bitten und diese dann auch annehmen. Denn unser Lebensraum ist voller Kraft und Weisheit, denken wir nur mal an die Bäume, die seit so langer Zeit schon darauf warten, uns zu helfen, dieses aber erst tun können, wenn wir sie darum bitten.

Das ist meiner Meinung nach der einzige wirkliche Unterschied zwischen den Schamanen und uns »Zivilisierten«. Wir sind aus demselben Holz geschnitzt. Auch wir können Wetter machen, uns selbst heilen, grenzenlos glücklich und voller Sinn sein. Jederzeit! Aber wir müssen uns zunächst wieder erinnern, wer wir sind.

Und das ist unsere derzeit wichtigste Aufgabe, was übrigens auch der Grund dafür ist, dass es in der nächsten Zeit erst einmal keine Fortsetzung von der Geschichte des Taguarí geben wird. Denn die Geistige Welt zeigt es mir immer und immer wieder: Die Scheinwerfer sind nun auf uns gerichtet, denn wir sind es nun selbst, die Geschichte schreiben dürfen, und zwar durch das Wiederanknüpfen an unsere ursprüngliche Funktionalität, das Erinnern unserer wirklichen Aufgaben und das Leben und Einsetzen unserer wahren Größe und Macht, zum besten Wohl des Großen Ganzen.

Seit meiner Rückkehr aus Kolumbien habe ich all mein Tun und Wirken auf diese Zielstellung ausgerichtet und Seminare und Ausbildungen entwickelt, die meine Klienten bei dieser Aufgabe über einen längeren Zeitraum kompetent unterstützen.

Also erinnere auch du dich jetzt, warum du hier bist, denn auch du wolltest unbedingt dabei sein, wenn die Menschen wieder anfangen, sich zu erinnern. Und das Fest, das uns bevorsteht, wird wahrscheinlich das größte und rauschendste sein, das man auf diesem Planeten jemals erlebt hat.

In tiefer Dankbarkeit, Liebe und Verbundenheit,
Angelika Selina Braun

www.angelikaselinabraun.com

Danksagung

Es hat mir große Freude bereitet, dieses Buch zu schreiben, obwohl es nicht immer leicht war.

Am größten jedoch war die Vorfreude auf diesen Abschnitt, denn ich liebe es, »Danke« zu sagen! Immer regelmäßiger bediene ich mich in meinem Alltag dieser gigantischen Kraft, die aus der Dankbarkeit resultiert, woraufhin ich schon viele Wunder in meinem Innen und Außen beobachten konnte …

Es gab viele Menschen und andere Wesen des Lichts, die mir bei der Entstehung dieses Buches geholfen haben und ohne die dieses Projekt niemals möglich gewesen wäre. Selbstredend möchte ich mich zunächst tief vor Don José Ariza verneigen, zu dem ich mich durch ein starkes Band der Freundschaft und tiefen Respekts für immer verbunden fühlen werde. Von Herzen bedanke ich mich für sein Vertrauen, seine Toleranz und Geduld, die er mir gegenüber gezeigt hat, um mir aus seiner Welt zu berichten. Aufgrund unserer Andersartigkeit war unsere Kommunikation oft für beide Seiten alles andere als leicht und verlangte ein hohes Maß an Flexibilität, Toleranz und Vertrauen.

Mein zutiefst gefühlter Dank geht an meine Eltern, Harald und Irmgard Braun, und an meinen Partner Juan Pablo Escorcia, die mich über all die Jahre der Entstehung von TAGUARÍ tatkräftig unterstützt haben.

Mein unermesslicher Dank richtet sich ebenfalls an Holger Veth, der der Initialzünder für dieses Buch war. Durch seine Präsenz und seinen Glauben an mich und TAGUARÍ gab er mir die notwendige Kraft und das Selbstvertrauen, mich auf diese holprige und tiefgehende Reise überhaupt einzulassen.

Ein herzliches Dankeschön an Agnes Bartel für ihre Hilfe und Unterstützung, die ich ebenfalls nie vergessen werde.

Weiterhin möchte ich mich bedanken bei Elisa Friedrich, Gloria Cecilia Ramirez, Alexandra Sonntag, Gabriele Reichert, Dr. Fabio Ramirez, Beatriz Eugenia Duque, Yvonne Raub, Stefan Koch, Fredy Jímenez Reina, Miriam Banchero, Maria Mercedes López, Myriam Sofía López, die mich alle über die Jahre der Entstehung auf ihre Art unterstützt und inspiriert haben.

Ich danke den Baumwesen, Schwalben, Kolibris, den Wesen des Wassers, der Luft und des Feuers, dem Geist des Yagés und meiner geistigen Führung, die bei der Entstehung von TAGUARÍ maßgeblich beteiligt waren.

Ich bedanke mich bei Crepes & Waffles und Juan Valdez Café, die mir im Poblado von Medellín stets einen angenehmen Arbeitsplatz zur Verfügung gestellt haben.

Ein ganz besonders herzliches Dankeschön möchte ich noch an alle Mitarbeiterinnen des Smaragd Verlags richten. Für ihren Glauben und ihr Vertrauen in TAGUARÍ und ihre facettenreiche Unterstützung.

Nicht zuletzt richte ich meinen Dank an die Kraft meines Herzens und den Mut, auf den Ruf meines Herzens gehört und mich auf dieses große Abenteuer eingelassen zu haben.

Muchas gracias,
Angelika Selina Braun

Anmerkungen

1 **Yagé** = Heilige Medizin der indigenen Bevölkerung des Amazonasgebiets in Kolumbien, Ecuador, Brasilien und Peru sowie des Andenhochlands von Bolivien. Der Name Yagé ist nur in Kolumbien üblich, in anderen Ländern ist diese Medizin unter der Bezeichnung *Ayahuasca* (*aya* = Seele, *huasca* = Liane) bekannt. Sie besitzt breit gefächerte Heilkräfte, übt eine einweihende Kraft auf die Seele aus und setzt sich aus zwei unterschiedlichen Pflanzen des Amazonasurwalds zusammen: der Liane Yagé (*Banisteriopsis caapi*) und der Pflanze Chagropanga (*Diplopterys cabrerana*).

Angelika Braun und Don José Ariza vor einer Yagé-Pflanze

2 **Cordonsillo** = *Diplopteris cabrerana arbusto*. Wird manchmal als Bestandteil zur Herstellung von Yagé verwendet. Man vermutet, dass diese Pflanze den Farbenreichtum in den Visionen verursacht und bei Schizophrenie helfen kann.

3 **Guayacan negro** = *Gua acum*. Die Rinde dieses Baums wirkt insektenabweisend.

4 **Flor morado** = *Jacaranda obtusifolia*. Die Rinde dieses Baums wirkt insektenabweisend. Dient zur Herstellung der Körperfarbe, die bei Zeremonien aufgetragen wird. Wird aufgrund ihrer magischen Heilkräfte verehrt.

5 **Chontaduro** = *Pyrenoglyphis major*, auch Cachipai genannt. Amazonasfrucht zur Herstellung von Chicha (heiliges Getränk).

6 **Maduraverde** = *Aeonium arboreum*. Grüne, saure Frucht. Hilft bei Mandelentzündung.

7 **Clavellino** = *Dianthus deltoide*. Stärkt die Immunabwehr und wirkt hautreinigend.

8 **Piedra** = Gewürz zur Lebensmittelverarbeitung; dient zur Verfeinerung von Speisen.

9 **Vijao** = *Heliconia bihai*. Wird zum Würzen von Speisen verwendet; wirkt menstruationsfördernd und schützend.

10 **Chicichici** = *Mauritia flexuosa*. Die Blätter werden für Handarbeiten verwendet, die Früchte roh oder gekocht verzehrt.

11 **Cumari** = *Astrocaryum aculeatum*. Wird zur Herstellung von Hängematten und Taschen benutzt.

12 **Platanillo** = *Heliconia bihai*. Wirkt menstruationsfördernd und schützt.

13 **Cascache** = Amazonas-Liane (Bezeichnung in Piapoco; die Pflanze hat keinen offiziellen Namen, da sie der Zivi-

lisation nicht bekannt ist). Enthält milchiges Wasser, das zur Reinigung bei Zeremonien oder für die allgemeine Körperhygiene eingesetzt wird. Die Blätter werden zur Befestigung der Behausungen verwendet.

14 **Cunabe** = Bezeichnung in Piapoco; die Pflanze hat keinen offiziellen Namen, da sie der Zivilisation nicht bekannt ist. Sorgt für die Hygiene der Haut sowie des Mund-Rachenraums.

15 **Balso** = *Croton lechieri*. Das Holz wird zur Herstellung von Kanus verwendet. Die Pflanze hat magische Kräfte und dient außerdem der Haarpflege.

16 **Cascarilla** = *Croton eluteria*. Das Öl wird zur Körperpflege benutzt.

17 **Guaira** = *Guaira chondure*. Heilige Pflanze der Ayahuasca-Schamanen. Bedeutet übersetzt »Wind«. Als Blätterfächer säubert und klärt diese Pflanze das Energiefeld des Menschen bei Heilungen und Zeremonien.

18 **Frambueso** = *Rubus idaeus L.* Schwangerschaftsunterstützend, schützt den Fötus, wirkt tonussenkend.

19 **Yira Yira** = *Achyrocline alata*. Wirkt tonussenkend auf die Muskulatur und kann somit den Geburtsvorgang erheblich erleichtern. Analgetikum.

20 **Idragea** = Berghortensie (offizieller Name unbekannt). Löst alle Verhärtungen im Körper (wie z.B. Nieren-, Leber- oder Gallensteine). Analgetikum.

21 **Amarillo** = *Centrolobium paraense*. Baum, der jegliche »Frauenleiden« lindert; aus Rinde und Samen lässt sich ein Haarpflegemittel herstellen.

22 **Quamo negro** = *Inga spectabilis*. Entzündungshemmend.

23 **Cedro amargo** = *Cedrela angustifolia*. Hoch wirksame und vielschichtige Heilpflanze.

Über die Autorin

Angelika Selina Braun mit Don José Ariza (hier 108 Jahre alt)

Angelika Selina Braun ist Erdheilerin, Bioenergie- und Yogatherapeutin, Diplomsportwissenschaftlerin, ganzheitliche Physiotherapeutin und wohnt derzeit in Berlin. Die frühere Leistungssportlerin brachte ein Bandscheibenvorfall auf den Weg der Suche nach Antworten, was Krankheit und wirkliche Heilung für eine Bedeutung und Zweck haben.

In den sieben Jahren, die sie in Kolumbien verbrachte, traf sie auf Don José Ariza und begann, in seine Welt der Magie und Perfektion des Lebens immer tiefer mit einzutauchen.

Heute gibt sie Workshops und Einzelsitzungen und begleitet Menschen auf ihrem persönlichen Weg zurück zu ihrem wahren Potenzial und ihrer Seelenaufgabe in diesem Leben.

Sie hat es sich zur Aufgabe gemacht, die Erfahrungen des TAGUARÍ den Menschen unserer Kultur zugänglich und erfahrbar zu machen. Denn der machtvolle Schamane steckt in jedem von uns!

www.angelikaselinabraun.com

Smaragd Verlag
Lies dich frei!
Bücher für eine bessere Welt
www.smaragd-verlag.de ▪ info@smaragd-verlag.de